ULLSTEIN

Das Buch

Als Tochter armer Bauern wird Meihong Xu 1963 in China geboren. Mit nur 17 Jahren verlässt sie ihr Heimatdorf, um der chinesischen Volksbefreiungsarmee beizutreten. Dort wird sie einer Spezialeinheit zugeteilt und beginnt eine Ausbildung zur Spionin. Sie soll Informationen über den amerikanischen Gastprofessor Larry Engelmann zusammentragen, der unwissentlich den Verdacht des chinesischen Geheimdienstes auf sich gezogen hat. Doch eine innige Liebe entspinnt sich zwischen den beiden. Meihong gerät in Gefahr: Sie wird des Landesverrats bezichtigt, verhört und soll ihren Geliebten beschuldigen, sie vergewaltigt zu haben. Der Amerikaner muss sofort das Land verlassen. Meihong selbst wird aus der Armee verstoßen und aufs Land verbannt. Völlig verarmt, einsam und entehrt schlägt sie sich nun durchs Leben. Mit ihrer letzten Kraft bittet sie Larry Engelmann um Hilfe …

Die Autoren

Meihong Xu wurde 1963 geboren. Während ihrer Zeit in der Volksarmee studierte sie am Institute of International Relations in Nanyang. Nach ihrer Flucht aus China heiratete sie Larry Engelmann und wurde amerikanische Staatsbürgerin. Heute lebt sie in San Jose, Kalifornien, mittlerweile von ihrem Mann getrennt.

Larry Engelmann ist Professor für Geschichte an der San Jose State University. Er hat bereits zahlreiche Bücher veröffentlicht.

Meihong Xu
Larry Engelmann

Tochter Chinas

Die wahre Geschichte einer verbotenen Liebe

Aus dem Amerikanischen
von Ulrike Bischoff

Ullstein

Allen Töchtern Chinas gewidmet

Der Ullstein Taschenbuchverlag ist ein Unternehmen der
Econ Ullstein List Verlag GmbH & Co. KG, München
Deutsche Erstausgabe
1. Auflage 2001

First published by John Wiley & Sons
Translation rights arranged by Sandra Dijkstra Literary Agency
Titel der amerikanischen Originalausgabe: Daughter of China
Übersetzung: Ulrike Bischoff
Redaktion: Petra R. Stremer/lüra – Klemt & Mues GbR, Wuppertal
Umschlagkonzept: Lohmüller Werbeagentur GmbH & Co. KG, Berlin
Umschlaggestaltung: DYADEsign, Düsseldorf
Titelabbildung: Mauritius, Mittenwald/Fotografie der Autoren
Gesetzt aus der Minion
Satz: Josefine Urban – KompetenzCenter, Düsseldorf
Druck und Bindearbeiten: Clausen & Bosse, Leck
Printed in Germany
ISBN 3-548-36239-7

Inhalt

Vögel fliegen immer nach vorn, wie du sagst.
So zeige ich dir nicht die Briefe und das Tuch,
habe sie vergebens aufgehoben.
Und wenn du es nicht tust, summe auch ich nicht mit,
wenn unsere Mütter *Nächte in Schanghai* singen.
Und wenn ich im Frühling Flieder rieche, denke ich nicht an
meine Mutter, die geduldig Geld in mein Mantelfutter nähte,
wenn auch du nicht an deine Mutter denkst,
die deine Flucht vorbereitete.

Denn schließlich war es nur unser Leben,
unser Leben und sein Vergessen.

LI-YOUNG LEE

For a New Citizen of These United States

Danksagungen

Dass es gelang, unsere Erlebnisse in Buchform festzuhalten, ist besonders zwei Menschen zu verdanken: Elizabeth Fernandez vom *San Francisco Examiner* schrieb vor acht Jahren den ersten Artikel über unseren Leidensweg und deutete die Möglichkeit eines Buches an. Unsere Agentin, Sandra Dijkstra, war sofort begeistert, als wir ihr dieses Projekt vorschlugen, und unterstützte und ermutigte uns während der gesamten Arbeit daran.

Besonderer Dank gilt unseren Familienangehörigen und Freunden, die uns unbeirrt zur Seite standen, während wir die Ereignisse durchlebten, von denen dieses Buch erzählt: Zhong Yuhua, Marya Flood, Tim Flood, Erika Erhart, Mike Erhart, Meifang Xu, Peter Martin, Joan Chen, Peter Hui, Yan Geling, Lawrence Walker, Li-Young Lee, Jiang Weng, Alice Weixin Zhang, Yvonne Lynott, Greg Lynott, Mao Lei, Mitch Nelson, John Snetsinger, Bruce Burns, Robert Bernell, Bianka Bernell, Bien Ge, Al Conetto, Alan Soldofsky, Marylin Day, Will Day, Bui Huu, Zhou He, Yanan Li, Sue Chen, Jiajun Lin, Feng Weinian, Jiang Lu, Nevin Zhang, Roy Rowan, Tony Paul, Sidney Fine, David Chang, Katherine Dee Robinson, Patrick Freeman, Jeremy Kagan, Susan Zhu, Xiaofei Chen, Vincent Xie, Jose Alvarez, Sudha Alvarez, Sheela Battu, Charu Gupta, Beate Goetz, Fang Li, Kindra Tully,

Gu Hua, Frank H. Wong, Yu Lin Mei, George Crance, Hall Gardner, Ruth Kling, Charlotte Ku, Richard Gaulton, Richard Pomfret, Rosemary Prentice, Erik Tibbet, Shen Kun, Jamie Anderson, K. C. Leung, Fox Butterfield, Vincent Leung, James Walsh, George Moore, Mai Le Ho, Lynn Cole, June Yee und Katerina Lok.

Einige Namen mussten von dieser Liste gestrichen, andere im Buch geändert werden, um die Betroffenen vor nachteiligen Konsequenzen zu bewahren. All diese Menschen haben selbstlos und großzügig dazu beigetragen, eine Tragödie in einen Triumph zu verwandeln. Dafür danken wir ihnen und werden nie vergessen, was sie für uns getan haben. Wir hoffen, dass sie in ihrem Leben die Liebe und den Frieden finden mögen, die wir durch ihre Hilfe in unserem Leben finden durften.

Diejenigen, die ihre Unterstützung teuer bezahlen mussten, werden für immer einen Platz in unseren Gedanken und Gebeten haben.

Kapitel 1

Die rote Tante

»Wie ein Heimchen in der Ecke
wimmert die Vergangenheit mit leiser,
eindringlicher Stimme.«

Shu Ting

I

Der kleine, unbeheizte Raum ist wie unzählige andere, die ich in Kasernen in ganz China gesehen habe. Früher waren hier sicher acht Soldaten einquartiert. Heute Abend stehen nur vier Betten im Zimmer, zwei an jeder Längswand. Das kleine Fenster ist zugenagelt, an den Scheiben kleben alte Ausgaben der Zeitung der Volksbefreiungsarmee.

Drei Soldatinnen, die zu meiner Bewachung abgestellt sind, hocken dicht beieinander auf dem Bett an der Tür und tuscheln manchmal miteinander. Sie lassen mich keine Sekunde lang aus den Augen. Draußen auf dem Korridor gehen zwei bewaffnete Soldaten auf und ab.

Ich sitze in Khakihose, Bluse und Sandalen auf dem Bett am hinteren Ende des Raumes und schlinge die Arme in dem vergeblichen Bemühen, mich warm zu halten, fest um die Brust. Jedes Mal wenn ich ausatme, verschleiert der leicht wabernde Dunst meines Atems zart und transparent wie das Leben mir den Blick auf meine Bewacherinnen. Bald verliere ich das Interesse an ihnen und starre nur noch auf den rissigen Betonboden und warte.

Nicht mehr lange, dann werde ich wahrscheinlich Schritte auf dem Flur hören, gefolgt von einem nachdrücklichen Klopfen an der Tür. Eine der Wachen wird aufstehen und mit dem Schlüssel an ihrem Gürtel die Tür aufschließen. Weitere Wachen werden hereinkommen, mich aus dem Zimmer führen und den Flur entlang zu einer anderen Tür bringen. Ich sehe schon vor mir, wie wir durch die Schwingtür auf den dunklen Hof gehen, der nur spärlich von vereinzelten Lichtstrahlen, die durch die Ritzen der verhangenen Fenster fallen, beleuchtet wird. Plötzlich bleiben die Wachen wie auf Kommando stehen und treten zurück. Ich warte. Da ich dem Licht den Rücken kehre, kann ich den harten Boden kaum erkennen, der von einer dünnen, glatten Eisschicht überzogen ist. Der Himmel ist sternenlos. Hinter mir höre ich Schritte, jemand stößt mich auf die Knie, reißt mir die Arme auf den Rücken und bindet mir die Hände zusammen. Ich höre meinen rauen Atem und spüre das ängstliche Flattern meines Herzens. Die anderen sind ungeduldig. Sie wollen diese leidige Geschichte hinter sich bringen und wieder ins Haus gehen. Ich starre auf das Eis und warte auf das Rascheln der Uniformjacke, wenn einer der Soldaten die Hand hebt und mir die Pistole an den Hinterkopf setzt. Gedämpft knirschen Eis und Schnee unter den Stiefeln der anderen, die zurücktreten, damit mein Blut sie nicht bespritzt. Dann herrscht völlige Stille. Ich schließe die Augen und denke ein letztes Mal an ihn, meinen Amerikaner. Wird er meine unausgesprochenen Worte hören, wenn ich in diesem Augenblick an ihn denke? Wird er auch an mich denken?

Man wird meine Personalakten vernichten. Nicht ein schriftlicher Beleg wird mehr an meine Laufbahn und mein Vergehen erinnern. Man wird meine Existenz auslöschen und mich zur Unperson machen. Meinen Angehörigen wird man sagen, ich sei verschwunden. Sie wissen, was das bedeutet. Sie werden keine Fragen stellen und lange Zeit meinen Namen nicht laut aussprechen. Wenn sie um mich trauern, werden sie es in aller Stille und Heimlichkeit tun.

Überzeugt davon, dass dieses Schicksal auf mich wartet, sitze ich mit meinen drei Bewacherinnen in diesem Zimmer. Ich zwinge mich, in Erinnerungen an glücklichere Zeiten zu stöbern, und suche nach etwas, was mir Halt gibt. Aber es gelingt mir nicht, die trostlose Gegenwart völlig aus meinen Gedanken zu verbannen.

Das Gesicht des Amerikaners taucht in meiner Erinnerung auf, seine blauen Augen, sein Lächeln. Ich sehe vor mir, wie er die Lippen bewegt, aber ich höre seine Stimme nicht mehr. Ich weiß, dass ich ihn nie wieder sehen, hören, umarmen werde. Sein Bild verblasst.

Die Schritte auf dem Flur messen den Takt des nahenden Todes. Jede Sekunde ist kostbar.

Endlich finde ich Ruhe in der Erinnerung: Lishi, mein Dorf, fällt mir ein und die Geschichte der kleinen Mädchen, die im Feuer verbrannt sind. Wie oft habe ich von ihrem Mut angesichts des Todes erzählen hören? Und ich denke an meine Tante in Lishi, die sich weigerte, Menschen zu verraten, die sie liebte. Ich spüre langsam Stolz und Hoffnung in mir aufsteigen, die mir Kraft geben. Und plötzlich fühle ich mich getröstet und habe keine Angst mehr.

II

Wir sind einfache Leute, Bauern, für die das Leben nur harte Arbeit bereithält. Wir wurden mit kräftigen Schultern und einem starken Willen geboren und sind aus Tradition verbissen hartnäckig und unverwüstlich. Wir leben mit dem Kreislauf der Jahreszeiten und wissen, wann wir den Acker bestellen, düngen und ruhen lassen müssen, damit er uns ernährt.

Sechzehn Jahrhunderte hat unser Dorf Lishi nahe des Spiegelsees Lian Hu in der Provinz Jiangsu, südlich des Jangtsekiang und westlich des Großen Kanals, überlebt. Mensch und Natur sind mit Verwüstungen, Hochwassern, Dürren, Hungersnöten, Seuchen, Erdbeben, Warlords, Tyrannen, ausländischen Teufeln, Revolutionären und religiösen Fanatikern über unser Land hergefallen, haben es zerstört und uns die Früchte unserer Arbeit gestohlen. Aber wir haben überlebt. Wir haben uns an die Arbeit gemacht, das Dorf wieder aufgebaut und die Felder aufs Neue bestellt. Das Leben geht weiter.

Ständig haben uns die Alten daran erinnert, dass Glück und Unglück kommen und gehen. Eins folgt auf das andere, immer wieder, wie die Jahreszeiten. Auch das Glück hat seinen Kreislauf. So ist das Leben. Schicksal. Und wir glauben an das Schicksal.

Wir glauben auch daran, dass wir die Erinnerung an die Verstorbenen bewahren und ehren müssen, die vor uns hier gelebt, gekämpft und gelitten haben, um aufzubauen und zu pflanzen. Die Erinnerung ist für uns das heilige Band, das uns mit unseren Vorfahren verbindet, die uns Vorbild und Lehre sind – ein Band, das eines Tages auch unsere Nachfahren mit uns verbinden wird.

Es gibt jedoch Erinnerungen, die fast unerträglich sind, und dennoch müssen sie weitergegeben werden, denn auch sie erklären, wer wir sind.

Zu diesen Erinnerungen gehört ein Tag im Dezember 1937, dem ersten Jahr des chinesisch-japanischen Krieges. Die Bauern von Lishi redeten sich ein, das Dorf sei zu abgelegen und unwichtig, als dass es in diesem Konflikt eine Rolle spielen könnte; sie fühlten sich sicher in ihrer Bedeutungslosigkeit.

Die Straße von Schanghai nach Nanyang, die südlich des Dorfes durch die Felder führt, war in jenem Dezember voller Flüchtlinge und Soldaten. Tagelang beobachteten die Dorfbewohner besorgt den Menschenstrom, der unablässig nach Westen zog, so weit das Auge reichte. Sie hatten schon viel über die Gräueltaten der japanischen Soldaten gehört, die seit langem ferne Gebiete unseres Landes besetzt hielten. Jetzt waren die kleinen Teufel (*Xiao dong yang*), wie wir sie nannten, wieder auf dem Vormarsch und trieben die Menschen auf dem Weg nach Nanyang, der Hauptstadt der Nationalisten, vor sich her.

Trotz Besorgnis erregender Gerüchte über die vorrückende japanische Armee wussten die Dorfbewohner nicht, ob sie sich dem Massenexodus anschließen sollten. War es wirklich nötig, das Dorf zu verlassen? Wo sollten sie hin, wovon sollten sie leben? Wäre es nicht sicherer, sich auf den Feldern zu verstecken, bis die kleinen Teufel vorübergezogen wären? Das Dorf lag weitab der Landstraße. Wenn man keinen Rauch aus den Häusern aufsteigen sähe und alle sich versteckt hielten, bestünde durchaus die Möglichkeit, ja, Wahrscheinlichkeit, dass die kleinen Teufel gar nicht Halt machen würden.

Einige jüngere Leute aus dem Dorf gerieten jedoch in Panik, packten ihre Habseligkeiten in Körbe und Decken, banden sich ihre Kinder auf den Rücken und schlossen sich dem Flüchtlingsstrom auf der Landstraße an. Wer in Lishi blieb, bereitete sich darauf vor, sich im Haus, hinter den Deichen oder in den Gräben auf den Feldern zu verstecken, wie schon unsere Vorfahren es getan hatten, wenn barbarische Invasoren einfielen und wieder abzogen.

Nach ein paar Tagen wurde der Flüchtlingsstrom immer schwächer und versiegte schließlich ganz. Bald darauf sahen die Dorfbewohner in der Ferne dichte Rauchwolken aufsteigen und hörten dumpfen Geschützdonner, gefolgt von zuckenden Lichtblitzen am Horizont. Immer wieder bebte die Erde unter ihren Füßen.

Als sie gerade ihre Herdfeuer löschen und in ihre Verstecke kriechen wollten, damit man kein Lebenszeichen von ihnen entdecken könnte, bemerkten einige einen chinesischen Soldaten, der allein durch die Felder irrte. Die Männer jagten ihm nach und stellten ihn. Es war ein Junge, kaum älter als sechzehn Jahre, und er zitterte vor Angst. Sie fragten ihn aus, aber er verstand ihren Dialekt nicht. Mit Händen und Füßen und ein paar Brocken Mandarin gelang es ihnen, wie sie meinten, sich mit ihm zu verständigen. Nach ihrer Ansicht sagte er, die kleinen Teufel hätten Halt gemacht und von Norden und Osten rückten Truppen der chinesischen Armee vor. Die Japaner seien auf dem Rückzug nach Schanghai!

Möglich wäre es, sagten sich die Männer. In Nanyang und Zhenjiang waren chinesische Truppen unter einem tüchtigen Kommando stationiert, und wenn sie kämen, gäbe es für die Dorfbewohner keinen Grund, sich zu verstecken.

Mit dieser guten Nachricht kehrten sie ins Dorf zurück. Rasch wählte man aus den Reihen der Dorfältesten ein halbes Dutzend Vertreter aus, die den chinesischen Truppen als Abordnung entgegengehen und ihnen Nahrung und Unterstützung anbieten sollten. Als sie sich auf verschlungenen Wegen über Deiche und Felder zur Landstraße schlichen, folgte ihnen ein Junge, der die chinesischen Soldaten sehen wollte.

Im Dorf standen die Menschen unterdessen beisammen und warteten auf die Rückkehr der Abordnung. In der Ferne hörten sie Gewehrfeuer. Kurz darauf kam der Junge allein zurück, atemlos und weinend. Da wären keine chinesischen Truppen, nur Tausende und Abertausende der kleinen Teufel, schrie er. Die Dorfältesten waren alle tot. Der Junge hatte beobachtet, wie die Japaner ihnen befohlen hatten, sich auf die Straße zu knien; dann hatten sie alle mit langen Messern erstochen und mit ihren Lastwagen überrollt. Anschließend waren sie in die Felder ausgeschwärmt und müssten nun jeden Augenblick das Dorf erreichen.

Es war zu spät wegzulaufen. Da die Japaner immer zuerst nach jungen Mädchen Ausschau hielten, schlug eine ältere Frau vor, diese rasch in den Reisstrohschobern am Rand des Dorfes zu verstecken. In aller Eile hüllten sie die über fünfzig jungen Mädchen des Dorfes in mehrere Kleiderschichten und verbargen sie zu zweit oder zu dritt in den Strohschobern, die jüngeren zwischen ihren älteren Schwestern, damit sie sie beruhigen und still halten konnten, wenn sie Angst bekämen. Sie ermahnten die Mädchen, sich nicht zu rühren, mucksmäuschenstill zu bleiben und vor allem nicht eher herauszukommen, bis ihre Eltern sie holten. Sobald die Dorfbewohner sich überzeugt hatten, dass keine Spuren ihre List verrieten, verbarrikadierten sie sich in ihren Häusern, verkrochen sich unter Tischen, Betten und in den Ecken und warteten eng umschlungen und voller Angst, ob die kleinen Teufel am Dorf vorüberziehen würden.

Kurze Zeit später traten Soldaten die Türen ein, warfen Tische und Töpfe um, zerbrachen Wasserkrüge, urinierten in die Reisvorräte. Manche nahmen sich sogar die Zeit, ihre Hosen herunterzulassen und ihren Darm zu entleeren. Wenn sie die völlig verängstigen Bewohner fanden, lachten sie über ihre entsetzten Mienen, schlugen mit Fäusten und Gewehrkolben auf sie ein, traten und bespuckten sie.

In einem Haus entdeckte ein Soldat einen kleinen Jungen unter einem großen gusseisernen Wok. Er schleppte ihn zu den anderen Soldaten und stellte ihm Fragen, aber der Junge starrte ihn nur mit großen Augen an. Er verstand ihre Sprache nicht. Die Soldaten machten Handzeichen, verzogen die Gesichter und redeten mit hohen Fistelstimmen wie junge Mädchen. Aber der

Junge schwieg. Plötzlich entdeckte einer der Soldaten einige Halme Reisstroh im Haar des Jungen und weitere auf seiner Jacke und seinen Schuhen. Aufgeregt deutete er auf die Strohschober und sagte etwas zu seinen Kameraden, worauf sie lachend zum nächsten Strohschober gingen. Einer von ihnen steckte die Hände in das Reisstroh, tastete umher, fand aber nichts. Er ging auf die andere Seite des Schobers, tastete sich wieder suchend ins Innere vor, zog plötzlich die Hand stöhnend heraus und sprang zurück. Er starrte zuerst auf seine Finger, dann wütend auf den Schober und brummte etwas vor sich hin. Drohend schrie er den Schober an, als sei er lebendig, und verlegte sich dann auf einen schmeichelnden Ton. Keine Antwort. Er steckte das Bajonett auf sein Gewehr und stocherte damit in dem Stroh herum, fand aber nichts. Kopfschüttelnd und ungeduldig ging er zum nächsten Schober und stieß das Bajonett immer wieder hinein. Kein Mucks, keine Bewegung. Die lange, spitze Klinge fand keinen Widerstand. Als er den vierten Strohschober durchstochert hatte, bemerkte er etwas Ungewöhnliches an seinem Bajonett und hielt es den anderen hin, damit sie es sehen konnten. Die Klinge war dunkelrot. Wieder schrie er etwas in das Stroh. Stille. Er legte das Gewehr an, zielte auf den Schober und schoss. Es regte sich immer noch nichts. Ein Soldat holte unter dem Beifall seiner Kameraden einen Benzinkanister aus einem Haus, besprengte sämtliche Strohschober mit Benzin und zündete sie an. Selbst als die Flammen aufloderten, kam aus dem Stroh kein Geräusch, keine Bewegung. Die Soldaten betrachteten eine Weile die brennenden Schober, dann zogen sie ab.

Als die Dorfbewohner sich sicher fühlten, kamen sie nach und nach aus ihren Häusern und sahen nur rauchende Glut, wo vorher noch Strohschober gestanden hatten. Sie durchwühlten wie besessen die Überreste mit Schaufeln, Heugabeln und bloßen Händen, ohne die Brandwunden zu spüren. Der stinkende Rauch hing in der kalten Abendluft und legte sich auf die Felder und die verzweifelten Dorfbewohner. Sie schrien, weinten, riefen die Namen ihrer Töchter und gruben fieberhaft weiter.

Keines der Mädchen von Lishi war den Soldaten entkommen. Am nächsten Tag begruben die Dorfbewohner ihre Überreste in einem Gemeinschaftsgrab an einem Hang mit Blick auf den See. Neben ihnen bestatteten sie die Leichen der ermordeten Dorfältesten. An einem einzigen Tag hatte das Dorf seine Vergangenheit und seine Zukunft verloren.

Als meine Mutter im Frühjahr 1941 geboren wurde, war der Schmerz über den Verlust der Mädchen, die in den Heuschobern verbrannt waren, immer noch lebendig. Ihre Eltern nannten sie Yingdi, *Ying* heißt »Heldin« und *di* steht für die Hoffnung, dass ihr bald ein Bruder folgen möge. Ein halbes Jahr später kam ihre Cousine Lingdi – »Führe zu einem Bruder« – zur Welt. Lingdis Eltern hatten ihr einziges Kind, eine Tochter, in den brennenden Strohschobern verloren. Im Laufe der nächsten Jahre wurden beide Familien mit Söhnen gesegnet, und die beiden Mädchen wuchsen heran und halfen, ihre jüngeren Brüder großzuziehen, und lernten, ihnen zu dienen.

Vier Jahre nach dem Sieg über die Japaner befreite die Kommunistische Armee China von den Nationalisten. Als die Befreier auf der Landstraße in der Nähe von Lishi vorüberzogen, tanzten und sangen Yingdi und Lingdi in ihren schönsten Kleidern mit den anderen Kindern des Dorfes und streuten den Soldaten Blumen auf den Weg. Später traten sie den Jungen Pionieren bei und wurden zu Kadern der Kommunistischen Jugendbewegung. Noch bevor sie zwanzig waren, wurden sie Mitglieder der Kommunistischen Partei und damit zu Stützen der Roten Brigade des Dorfes.

Zwei Jahre nach dem Beginn des Großen Sprungs nach vorn verließen die beiden Mädchen 1960 im Alter von neunzehn Jahren das Dorf, in dem seit längerer Zeit eine Hungersnot herrschte. Damals verhungerten viele Dorfbewohner; andere, deren Familien seit Hunderten Jahren in Lishi gelebt hatten, gingen fort, weil sie lieber auf den Straßen von Schanghai oder Nanyang betteln wollten, als im Dorf zu bleiben und tatenlos auf den Hungertod zu warten. Wer in die Stadt zog, kehrte nie mehr zurück.

Yingdi und Lingdi ergatterten Zugfahrkarten und fuhren in die Tausende Kilometer entfernte Stadt Shenyang, wo sie Arbeit in einer Textilfabrik fanden. Dort arbeiteten sie drei Jahre lang. Jeden Monat schickten sie den größten Teil ihres Lohns nach Hause, aßen als einzige Mahlzeit am Tag nur eine dünne Reissuppe zum Frühstück und waren nach der Arbeit zu müde und hungrig, um noch etwas anderes zu unternehmen, als in ihr Wohnheim zu gehen und zu schlafen. Aber dieses Opfer brachten die Mädchen gern für ihre Familien und ihr Dorf. Sie wussten, dass ihr Aufenthalt in Shenyang für Lishi ein Segen war, da es zwei Mäuler weniger zu stopfen galt und ihre Familien sich von dem Geld, das sie nach Hause schickten, auf dem Schwarzmarkt Lebensmittel kaufen konnten.

Im Frühjahr 1962 kehrten Yingdi und Lingdi nach Lishi zurück. Meine Mutter, Yingdi, heiratete einen jungen Tierarzt aus dem Dorf und arbeitete als Bäuerin auf den Feldern der Volkskommune, die nach der Befreiung gegründet worden war. Meine Tante, Lingdi, heiratete einen Mann aus Schanghai, der vor der Befreiung Kapitalist gewesen war. Die Kommunistische Partei hatte ihn zur Umerziehung durch die Feldarbeit in unser Dorf geschickt. Zwei Generationen vorher hatte auch seine Familie in Lishi gelebt. Er war an ein leichtes Leben in der Stadt gewöhnt, war auf dem Land unglücklich und wurde nie ein guter Arbeiter. Die Leute im Dorf akzeptierten ihn jedoch, weil er aus Lishi stammte. Sie glaubten, die Ehe mit Lingdi würde ihm zu der Einsicht verhelfen, dass körperliche Arbeit notwendig und ehrenvoll und die Weisungen der Partei weise seien.

Am 6. Dezember 1963 kam ich zur Welt, 1965 wurde mein Bruder geboren und 1968 meine Schwester. Lingdi und ihr Mann blieben kinderlos.

Nach vier Jahren Ehe erklärte Lingdis Mann, er wolle sich scheiden lassen. Wenn man nicht gerade ein hochrangiger Parteikader war, bewilligten die Behörden damals eine Scheidung nur aus schwer wiegenden Gründen. Und solche Gründe brachte Lingdis Mann vor. Er wollte unbedingt nach Schanghai zurück, hatte aber nicht vor, seine ungebildete, bäuerliche Frau mitzunehmen.

Dem äußeren Anschein nach war Lingdi eine gute Ehefrau. Sie arbeitete schwer, kochte gut und hielt ihr Häuschen sauber und ordentlich. Außerdem gehörte sie zu den führenden politischen Aktivisten des Dorfes. Ihr einziger erkennbarer Mangel war, dass sie keine Kinder bekam, worüber sie sehr unglücklich war. Aber Kinderlosigkeit wurde als Scheidungsgrund nicht anerkannt.

Als Lingdis Mann vor den Parteikadern erschien, um seine Scheidung zu beantragen, fragte man ihn nach seinen Gründen. »Meine Frau ist keine richtige Frau«, erklärte er.

Auf seine unverhohlene Anspielung herrschte zunächst betretenes Schweigen, dann fragte einer: »Was meinst du damit, dass deine Frau keine richtige Frau ist?«

»Ich meine, sie ist auch ein Mann«, erklärte er. »Sie kann mir keine Frau sein und mir keine Kinder schenken. Sie ist weder eine Frau noch ein Mann, sie ist beides. Und ich kann nicht länger das Bett mit ihr teilen.«

Die Kader waren verblüfft und entsetzt über diese Enthüllung. Innerhalb von Stunden sprach sich die Geschichte herum, und bald tuschelten alle darüber, manche verschämt, andere ungläubig und kopfschüttelnd oder laut lachend.

Als Lingdi von den Anschuldigungen ihres Mannes erfuhr, schloss sie sich tagelang in ihrem Haus ein, weil sie sich schämte, aufs Feld, auf den Markt oder zu den Parteiversammlungen zu gehen.

Nach einigen Tagen besuchten zwei Parteikader sie zu Hause, um sie offiziell vom Begehren ihres Mannes in Kenntnis zu setzen. »Das sind schwer wiegende Vorwürfe«, erklärten sie ihr und legten ihr so taktvoll wie möglich die Einzelheiten dar, die ihr Mann zur Begründung seines Antrags angegeben hatte. Als sie fragten, ob all dies wahr sei, schwieg Lingdi.

Da den Kadern klar war, dass Lingdi ihnen auf ihre Frage keine direkte Anwort geben würde, schlugen sie ihr vor, die Behauptungen ihres Mannes zu widerlegen, indem sie sich in Danyang von einer Ärztin untersuchen ließe. Natürlich habe sie das Recht, sich zu weigern, aber dann könnten sie nur annehmen, dass ihr Mann die Wahrheit sage, und müssten die Scheidung genehmigen.

Aus Scham und Angst blieb Lingdi in Lishi. Sechs Wochen später wurde die Scheidung bewilligt, und ihr Mann zog nach Schanghai. Wir hörten nie wieder von ihm.

Die nächsten Jahre waren recht trist für Lingdi. Im Dorf tuschelte man über sie, machte sich über sie lustig oder mied sie. Manchmal, wenn sie in ihrem Garten oder auf den Feldern der Volkskommune arbeitete, bewarfen die Kinder sie mit Steinen, beschimpften sie und liefen dann weg. Plötzlich war sie, die bis dahin immer als vorbildliche Tochter, Arbeiterin, Ehefrau und Parteimitglied gegolten hatte, eine Ausgestoßene.

Sie ging nie wieder ins öffentliche Bad, verbarg ihren Körper vor den neugierigen Blicken anderer Frauen und schwamm nicht mit ihnen im See. Bald war sie völlig isoliert.

Dennoch bemühte sie sich, ein mustergültiges Parteimitglied zu bleiben. Sie kam immer als Erste zu den Versammlungen, ging als Letzte und arbeitete fleißig auf den Feldern. Doch immer weniger Dorfbewohner äußerten offen Lob und Bewunderung für sie.

Als ich größer wurde, bemerkte ich, dass Lingdi mich besonders aufmerksam mit Geschenken bedachte. Sie schenkte mir neue Schuhe – die ersten richtigen Lederschuhe meines Lebens –, Stifte, Papier, Tinte und Pinsel für die Schule und Kinderbücher, über die ich mich am meisten freute.

Kurz nach der Geburt meiner jüngeren Schwester gestand Lingdi meiner Mutter, dass ihr Leben einsam und leer sei und sie sich ein Kind wünsche. »Kannst du mir nicht Meihong zur Tochter geben?«, bat sie und erklärte, sie könne besser für mich sorgen als meine Eltern und brauche jemanden, der sich im Alter um sie kümmere.

Meine Mutter war überrascht über ihre Bitte, versprach aber, mit meinem Vater darüber zu sprechen, da sie Lingdis Gefühle verstand. Jeder Mensch brauchte ein Kind, das im Alter für ihn sorgte. Mein Vater lehnte es zunächst strikt ab, eines seiner Kinder wegzugeben. Doch als meine Mutter aus Mitleid mit Lingdi weinte und ihm ihre Herzlichkeit und Einsamkeit vor Augen hielt, erklärte er sich schließlich bereit, Lingdi meine jüngere Schwester zu überlassen.

Da Lingdi auf dieses Angebot nicht einging, weil sie nur mich wollte, war die Angelegenheit erledigt. Im Laufe der Jahre behandelte sie mich jedoch wie ihre eigene Tochter, versorgte mich weiter mit Schulsachen, Büchern und Kleidern, kaufte mir an Feiertagen besondere Geschenke, brachte mich oft zur Schule und holte mich abends wieder ab. Sie nahm mich mit zu Parteiversammlungen und kochte mir meine Lieblingsgerichte.

Obwohl meine Mutter drei Kinder zu versorgen hatte und Lingdis Zuwendungen ihre Last erleichterten, bat sie sie mehrmals, mich meinen Geschwistern nicht so offenkundig vorzuziehen. Sie fürchtete, dass meine Tante mich allzu sehr verwöhnen und meine Geschwister eifersüchtig machen könnte.

Während der Großen Proletarischen Kulturrevolution, die

1966 begann, ging eine Woge revolutionärer Begeisterung durch ganz China. Abends fanden Fackelzüge und Versammlungen statt, bei denen Revisionisten, Reaktionäre, Wegbereiter des Kapitalismus und Grundbesitzer angeprangert wurden. Fahrende Theatergruppen, Tänzer, Sänger und Studenten kamen ins Dorf, gaben Vorstellungen, hielten flammende Reden und ermutigten uns, noch roter zu werden. In allen Dörfern der Umgebung hingen riesige Transparente, die den Vorsitzenden Mao und andere politische Führer zeigten.

Gleichzeitig tauchten jedoch konterrevolutionäre Wandzeitungen auf: Bilder des Vorsitzenden Mao und seiner Frau, Genossin Jiang Qing, waren mit einem großen X durchgestrichen, wie es bei hingerichteten Verbrechern üblich war, und Parolen wie »Nieder mit Mao! Nieder mit Jiang Qing! Nieder mit der Partei!«

Von wem diese konterrevolutionären Schmierereien stammten, war allen ein Rätsel. Auf Massenversammlungen wurden die Transparente und Wandzeitungen gezeigt und die unbekannten Verantwortlichen angeprangert.

Auch in der Schule fanden Versammlungen statt, bei denen man uns erklärte, dass es sich bei diesen Schmierereien um schwere Verbrechen handelte. Man befragte uns einzeln, ob wir etwa die konterrevolutionären Parolen geschrieben hätten oder wüssten, wer es getan haben könnte. Wir wurden ermahnt, uns gegenseitig im Auge zu behalten und alle verdächtigen Äußerungen oder Verhaltensweisen unserer Klassenkameraden und Familienmitglieder zu melden.

Jeden Tag gab es nun in der Schule politische Versammlungen, der reguläre Unterricht fand nicht mehr statt, und der politische Kampf wurde geradezu zur Besessenheit. Wir sangen – oder besser: schrien – revolutionäre Lieder und Parolen gegen die Reaktionäre. Es tauchten jedoch immer wieder konterrevolutionäre Wandzeitungen auf.

Rotgardisten und Parteikader sammelten Schriftproben von allen Bewohnern des Dorfes ein und untersuchten sie auf Übereinstimmungen mit den Beweisstücken, konnten aber die Schuldigen nicht ausfindig machen. Die Lehrer wurden nach möglichen Tätern befragt und Verdächtige verhaftet und stundenlang verhört. Doch die ausgefuchsten Konterrevolutionäre ließen sich nicht abschrecken.

Dann riss uns eines Nachts lautes Klopfen an der Haustür aus dem Schlaf. Ein Parteikader holte meine Mutter, die Leiterin der örtlichen Produktionsbrigade war, zu einer dringenden Sitzung ins Brigadebüro. Mein Bruder und ich waren so verstört über die nächtliche Störung, dass wir nicht wieder einschlafen konnten. Wir waren sicher, dass die Amerikaner oder Russen in China eingefallen waren und wir bald feindliche Spione jagen müssten, die unser Dorf infiltrieren wollten.

Als meine Mutter nach einigen Stunden zurückkehrte, hörte ich sie aufgeregt mit meinem Vater flüstern. Ich fragte sie, was passiert sei, aber sie antwortete nur, am nächsten Tag sei keine Schule, weil jeder aus den drei Dörfern der Brigade an einer öffentlichen Versammlung teilnehmen müsse.

Diese Versammlung fand um acht Uhr morgens auf einem großen Platz statt, auf dem sonst Getreide gelagert und allgemeine Parteiversammlungen abgehalten wurden. Alle Mitglieder der Brigade waren erschienen, standen in Grüppchen zusammen und unterhielten sich leise oder saßen wartend auf dem Boden und rätselten, welche Neuigkeiten es wohl geben mochte. Mehrmals erschien ein Parteikader mit finsterer Miene auf dem kleinen Holzpodium, das am Ende des Platzes stand, und verkündete, dass der Beginn der Versammlung um eine halbe Stunde verschoben werde. Mit jeder Verzögerung wuchsen Ungeduld und Unruhe unter den Versammelten. Diesen Ton und dieses Verhalten kannten wir von den Parteikadern nur, wenn jemand hingerichtet oder für konterrevolutionäre Aktivitäten schwer bestraft wurde.

Schließlich trat die örtliche Parteisekretärin auf die Bühne und brüllte durch ein großes Megafon, der für die Schmierereien gegen den Vorsitzenden Mao Verantwortliche sei entlarvt. Dies sei ein schweres Verbrechen, und die Verhaftung des Täters sei ein großer Sieg für die Revolution. Die Parteikader und die Roten Garden hätten nie gedacht, dass ein Klassenfeind sich so geschickt in unserer Mitte verbergen könne.

Dann schrie sie triumphierend: »Der Klassenfeind ist Xu Lingdi! Nieder mit Xu Lingdi! Nieder mit Xu Lingdi!«

Für einen Moment herrschte in der Menge verblüfftes Schweigen, als wären alle gerade Zeugen eines übernatürlichen Phänomens geworden, doch nach und nach fielen die Versammelten ein: »Nieder mit Xu Lingdi! Nieder mit Xu Lindgi!«

Die hasserfüllten Rufe, die mit jedem Mal lauter wurden, trafen mich wie Fausthiebe. Benommen lehnte ich mich an meinen Vater. Ich begriff gar nichts. Noch nie hatte ich Lingdi etwas Abfälliges über die Partei oder den Vorsitzenden Mao sagen hören. Im Gegenteil, sie war ein vorbildliches Parteimitglied, eine mustergültige Revolutionärin und Bäuerin. Meine rote Tante sollte eine Konterrevolutionärin und Agentin der Reaktionäre sein? Sie war immer nett und großzügig zu mir gewesen. Aber vielleicht hatte sie ja die ganze Zeit nur versucht, mich für die Reihen der Konterrevolutionäre zu rekrutieren?, fragte ich mich.

Mit einer Handbewegung brachte die Parteisekretärin die Menge zum Schweigen. »Xu Lingdi hat ihr Verbrechen zugegeben. Sie hat gestanden! Gestanden! Und sie wird streng bestraft.«

Im Laufe der nächsten Tage wurden im Dorf Einzelheiten über die Verhaftung und das Geständnis bekannt. Als die ersten Schmierereien aufgetaucht waren, hatte die Polizei zunächst eine Gruppe notorischer Drückeberger und Unruhestifter verdächtigt.

Diese jungen Burschen brachten bei politischen Versammlungen selten den nötigen Ernst auf, flirteten mit den Mädchen, wenn sie den Rednern hätten zuhören sollen, waren nachlässig bei der Feldarbeit und schlecht in der Schule. Die meisten kleideten sich provozierend unrevolutionär, und manche machten sich sogar Locken ins Haar. Als Reaktion darauf hatte die Partei die Vorschrift erlassen, dass kein Mann mit lockigem Haar in die Kommunistische Jugendliga aufgenommen werden durfte. Aber darüber lachten diese Rüpel nur und erklärten, sie seien froh über diese Politik, weil sie ohnehin nicht in die Liga wollten.

Die Polizei war davon überzeugt, dass diese Gruppe zumindest für einen Teil der konterrevolutionären Schmierereien verantwortlich war. Sie verhafteten ein Dutzend der Jugendlichen und verhörten sie eine Woche lang, aber trotz der Schläge brach keiner zusammen und legte ein Geständnis ab. Obwohl Parteikader und Polizei keine Beweise gegen die jungen Männer hatten, beschlossen sie, drei dieser Rüpel, zu denen auch Lingdis Bruder gehörte, anzuklagen, da ihr Verdacht ihrer Ansicht nach als Beweis genügte.

In den ersten Tagen des geheimen Prozesses gegen die Jugendlichen erschien Lingdi bei der Parteisekretärin und erklärte, sie sei die wahre Schuldige. Die Parteisekretärin glaubte ihr nicht. Ihrer Ansicht nach wollte Lingdi die Schuld nur aus falsch verstandenem Patriotismus auf sich nehmen, um das Dorf davor zu bewahren, dass es auf höherer Parteiebene in Misskredit geriet. Das sei zwar eine selbstlose, aber auch zwecklose Geste, da man die wahren Schuldigen dingfest machen wolle.

Lingdi kehrte jedoch am nächsten Tag wieder, bekannte sich erneut zu den Verbrechen und wurde erneut nach Hause geschickt. Schließlich legte sie die Zeitungen vor, aus denen die Bilder des Vorsitzenden Mao ausgeschnitten waren, und erklärte, sie habe sie an die Hauswände geklebt und mit einem X durchgestrichen.

Zur Verblüffung der Parteisekretärin bewiesen die Zeitungen tatsächlich, dass Lingdi die Wahrheit sagte. Als sie Lingdi fragte, wie ausgerechnet sie so etwas habe tun können, erklärte diese lediglich, sie lege ein Geständnis ab, weil sie nicht wolle, dass drei unschuldige junge Männer, darunter auch ihr Bruder, für ihre Verbrechen angeklagt und bestraft würden. Es breche ihrer Mutter das Herz, dass ihr Sohn für Lingdis Vergehen leiden müsse. Lingdi wurde festgenommen und die drei jungen Männer mit einer strengen Verwarnung wegen ihres schockierend unsozialistischen Benehmens nach Hause geschickt.

Einige Wochen nachdem Lingdis Geständnis und Verhaftung bekannt gegeben worden waren, fand eine weitere Brigadeversammlung statt. Diesmal hingen bettlakengroße rote Fahnen und riesige Transparente auf dem Dorfplatz, auf denen die Verbrechen von Lingdi und allen anderen Feinden der Revolution angeprangert wurden. Ein Plakat ist mir besonders in Erinnerung geblieben. Es forderte den »Tod der Verräterin Xu Lingdi!«.

Zu Beginn der Versammlung stießen die Parteisekretärin und andere Parteikader Lingdi auf die Bühne. Sie trug eine spitze Narrenkappe und ein Plakat um den Hals, auf dem ihre Verbrechen aufgelistet wurden und ihr Name mit einem großen X durchgestrichen war. Sie trug keine Schuhe und hatte die Arme an Ellbogen und Handgelenken auf dem Rücken gefesselt. Da zwei Frauen ihre Arme leicht anhoben, stand sie ungelenk vorgebeugt da und starrte ausdruckslos zu Boden. Als sie den Kopf hob, sah ich, dass ihre linke Gesichtshälfte rot und blau unterlaufen und so geschwollen war, dass sie ihr Auge nicht öffnen konnte. Auch ihre Lippen waren dick und aufgeplatzt. Sie hatte so abgenommen, dass ihre Kleider lose an ihr herabhingen. Nacheinander traten die Parteikader vor, beschimpften sie und schlugen ihr ins Gesicht. Bei jedem Schlag jubelte die Menge.

Dann wurde das Urteil verlesen: Lingdi wurde aus der Partei

ausgeschlossen und zu zehn Jahren Haft verurteilt. Man erklärte ihr, sie habe großes Glück, der Todesstrafe entronnen zu sein.

Währenddessen musste Lingdis Mutter, die Tante meiner Mutter, von zwölf Rotgardisten umringt in der ersten Reihe stehen. Sie war eine schwer arbeitende Witwe und hatte sich immer Sorgen um ihre geschiedene, kinderlose Tochter gemacht. Als man Lingdi schlug und beschimpfte, fiel sie in Ohnmacht, wurde aber von den Rotgardisten aufgehoben und von der Parteisekretärin angeschrien, sie solle stehen bleiben. Als sie versuchte, den Blick abzuwenden, packte einer der Rotgardisten sie an den Ohren und richtete ihr Gesicht zur Bühne. Dann wurde sie gezwungen, ihre Tochter zu beschimpfen, und sie wiederholte flüsternd, wie man es von ihr verlangte: »Nieder mit Xu Lingdi! Lang lebe der Vorsitzende Mao!«

Als man Lingdi schließlich von der Bühne brachte, schleppten Rotgardisten ihre Mutter nach Hause und beschimpften sie, weil sie Mitgefühl mit ihrer verräterischen Tochter gezeigt hatte. Am nächsten Tag kontrollierten sie, ob sie mit ihrem Sohn zur Feldarbeit erschienen war. Die Rotgardisten hatten ihn einige Tage nach Lingdis Verhaftung zusammengeschlagen und ihm den Kopf geschoren. Alle waren sich darin einig, dass er seiner Strafe nicht entgehen sollte, auch wenn er nicht ins Gefängnis kam.

Ich war damals in der Schule Führerin der Jungen Pioniere. Jeden Tag mussten die Schüler kurze Aufsätze über die Vorgänge im Land schreiben und sie in der Klasse laut vorlesen. Sie schlossen immer mit Warnungen vor den Klassenfeinden in unserer Mitte und Anleitungen, wie man Reaktionäre entlarven und zu einem Geständnis bewegen könne.

In Aufsätzen, die ich über Lingdi schrieb und in der Klasse vorlas, beteuerte ich, sie so zu hassen, wie alle Schüler sie hassen sollten. Diese Aufsätze schrieb ich von Zeitungsartikeln über andere angebliche Verbrecher ab und änderte lediglich die Namen.

Das galt während der Kulturrevolution durchaus als anerkannte schulische Leistung. Man hielt uns sogar an, offizielle Parteipublikationen abzuschreiben und unsere Namen darunter zu setzen. Mehrere Schüler schrieben wortwörtlich dasselbe, und jeder bekam dafür die Bestnote. Die Lehrer wagten es nicht, eine solche Arbeit nicht mit der höchsten Zensur zu benoten, weil sie sonst ihre Karriere und ihr Leben aufs Spiel gesetzt hätten.

Als ich wieder einmal einen Artikel aus der *Volkszeitung* abschrieb, Lingdis Namen einsetzte und wie erwartet von den Lehrern dafür gelobt wurde, bat meine Mutter mich, Lingdi nicht länger schlecht zu machen. »Deine Tante hat nichts verbrochen, rein gar nichts!«

Ich war damals erst neun und begriff nicht, was sie mir sagen wollte. Bis dahin hatte ich meine Mutter für eine zuverlässige, lupenreine Revolutionärin gehalten. Doch plötzlich verdächtigte ich sie, mit meiner ehemals roten Tante unter einer Decke zu stecken.

Mein Misstrauen wuchs, als ich spätabends die Gespräche meiner Eltern belauschte, wenn sie glaubten, ich schliefe schon. Tagsüber war meine Mutter eine gute Revolutionärin und Vorsitzende des örtlichen Parteikomitees. In Versammlungen hatte sie Lingdi öffentlich angeprangert, wenn auch nicht mit dem nötigen Eifer, wie ich fand. Abends hörte ich, wie sie zu meinem Vater sagte, sie wisse, dass Lingdi unschuldig sei. All diesen Anti-Mao-Unfug, für den Lingdi die Schuld auf sich genommen habe, hätten jugendliche Rabauken angezettelt. Aber ihnen sei gar nicht klar gewesen, welch schwer wiegende Folgen ihr Tun nach sich ziehen würde. Sie hätten sich einfach einen Spaß daraus gemacht, diese ganze Aufregung über konterrevolutionäre Machenschaften zu schüren. Das habe ihr Lingdis Bruder unter Tränen erzählt und sie gefragt, was er denn nun machen solle. Sie habe ihm geantwortet, er solle nie wieder ein Wort darüber verlieren. Jetzt sei es zu spät, Lingdi zu helfen. Die Parteisekretärin, die Lingdi ins Gefängnis gebracht habe, sei zur Lokalheldin erklärt und öffentlich von anderen Parteikadern gelobt worden. Wenn die Wahrheit jetzt aufgedeckt werde, könne sie nur das Gesicht verlieren, was neue Probleme und Beschuldigungen nach sich ziehen müsse. Meine Mutter litt sehr unter dieser Geschichte und überlegte, ob sie Lingdi im Gefängnis besuchen sollte. Mein Vater war dagegen, aber meine Mutter sprach es immer wieder an und dachte darüber nach, welche nachteiligen Folgen ein solcher Schritt für ihre Stellung im Dorf haben könnte. Letzten Endes verzichtete sie auf den Besuch.

Trotz allem, was ich meine Mutter heimlich hatte erzählen hören, prangerte ich Lingdi in der Schule weiter vehement an, weil ich Angst hatte, dass ich mich nur verdächtig machen würde, wenn ich es nicht mehr täte. Doch schließlich fragte ein Mädchen, ob man nicht misstrauisch gegen die Verwandten dieser Verräterin sein müsste. Man sollte sich fragen, ob diese Leute durch ihre Kritik an Lingdi nicht nur von jedem Verdacht gegen sich selbst ablenken wollten, obwohl sie von konterrevolutionären Ideen infiziert seien. Ich ignorierte das einfach und tat, als ob ich es nicht verstünde. Aber diese unerwartete Wendung jagte mir Angst ein, und ich spürte, dass meine Schulkameraden mich von da an mit anderen Augen sahen.

Als Mao im Herbst 1976 starb und Jiang Qing und drei ihrer Gefährten, die so genannte Viererbande, kurz darauf gestürzt wurden, richteten viele politische Gefangene Gnadengesuche an die Regierung und wurden freigelassen. Lingdi, die seit vier Jahren in einer Handschuhfabrik im Arbeitslager Li Yang, etwa 150 Kilometer von unserem Dorf entfernt, arbeitete, stellte jedoch kein Gesuch und blieb bis 1978 im Gefängnis. Wie ich erfuhr, hatte sie darum gebeten, bleiben zu dürfen, als man sie freilassen wollte. »Ich habe kein anderes Zuhause«, erklärte sie dem Lagerleiter. Wenn sie in ihr Dorf zurückgehe, sei das eine Schande für ihre alte Mutter, ihren Bruder und ihre Cousinen. Sie sei schon lange vor ihrer Verurteilung eine Außenseiterin im Dorf gewesen und habe zu Hause mehr zu leiden als im Lager.

Der Lagerleiter hatte zwar Mitleid mit ihr, erklärte ihr aber schließlich, dass es keine Möglichkeit gebe, sie noch länger dort zu behalten. Sie müsse in ihre frühere Arbeitseinheit zurückkehren. So verlangte derselbe Staat, der sie ins Lager verbannt hatte, nun die Rückkehr in ihr Dorf.

Als sie nach Hause kam, war sie abgemagert und blass, hatte graue Strähnen im Haar und ging gebeugt. Und wie sie befürchtet hatte, verzieh man ihr in Lishi nicht so leicht. Sie zog in ein Häuschen neben den Reisfeldern, bestellte in ihrer Freizeit ihren Garten und kümmerte sich um ihre Mutter. Meine Mutter besuchte sie oft spätabends. Dann saßen die beiden Frauen im Dunkeln am Tisch, tranken Tee und tauschten Erinnerungen aus. Da meine Mutter diese Besuche lieber geheim hielt, sprachen wir nie mit anderen darüber. Man sollte den Ärger schließlich nicht herausfordern.

Meine Tante mochte mich immer noch sehr und zeigte es deutlich, indem sie auf mich zukam oder mich zu sich winkte, wenn sie mich sah. Aber ich gab vor, sie nicht zu bemerken, und hielt Abstand zu ihr. In der Schule warnte man mich, sie habe eine ansteckende politische Krankheit, deren Keime zwar im Verborgenen ruhten, aber immer noch tödlich seien. Wie die meisten im Dorf misstraute ich ihr und hatte Angst vor ihr.

Als ich 1981 zu den zwölf Mädchen aus ganz China gehörte, die für ein Studium am Institut für Internationale Beziehungen der Volksbefreiungsarmee in Nanyang zugelassen wurden, war das ganze Dorf stolz auf mich und feierte. Lingdi freute sich offenbar mehr als jeder andere im Dorf und bat meine Mutter, ein Festessen für mich ausrichten zu dürfen, bevor ich zur Militärakademie ging. Als meine Mutter erklärte, Familie und Freunde hätten meine gesamte Zeit schon mit Beschlag belegt, bat Lingdi darum, mir wenigstens neue Kleider für die Schule kaufen zu dürfen. Aber da ich dort Uniform tragen würde, hatte ich keine Verwendung für neue Kleider.

Eines Abends, als wir gerade zu Bett gehen wollten, klopfte es leise an der Haustür. Es war Lingdi. Sie sagte, sie habe ein Geschenk für mich, drückte mir einen roten Umschlag in die Hand und verschwand so leise, wie sie gekommen war. In dem Umschlag waren 300 Yuan. Als Geschenk zu besonderen Festtagen galten fünf Yuan unter Verwandten im Dorf schon als großzügig. Der durchschnittliche Monatslohn im Dorf betrug etwa 20 Yuan. Lingdis Geschenk war in der damaligen Zeit unglaublich viel Geld, und für ein junges Mädchen wie mich war es schon überwältigend, eine solche Summe auch nur in der Hand zu halten. Meine Mutter bestand jedoch darauf, dass ich ein solches Geschenk nicht annehmen dürfe. So gingen wir zu meiner Tante, um es zurückzugeben. Aber sie sah nicht ein, warum ich es nicht behalten konnte. Es seien ihre gesamten Ersparnisse, und für sich brauche sie sie nicht. Lingdi flehte meine Mutter an, mir das Geld zu lassen, doch meine Mutter drückte es ihr in die Hand und erklärte, das könne ich nicht annehmen. Schließlich begann Lingdi zu weinen. »Ich war Meihong schon immer zugetan, seit ihrer Geburt. Sie ist für mich wie eine eigene Tochter, mein einziges Kind. Ich bin genauso stolz auf sie wie du und will doch nur etwas dazu beitragen, dass sie es im Leben leichter hat als ich. Wenn du mir das abschlägst, verstößt du mich wie alle anderen im Dorf. Du würdest mich damit sehr verletzen.«

Ich hörte sie im Dunkeln weinen und beobachtete, wie meine Mutter ihr wortlos über das Haar strich. Im Licht der Sterne sah ich auf den Wangen meiner Mutter Tränen schimmern. Schließlich sagte sie: »Gut. Sie kann es behalten.«

Lingdi umarmte mich und hielt meine Hände. Auf dem Heimweg sagte meine Mutter zu mir: »Vergiss deine Tante nie, Meihong. Niemals!« Ohne sie anzusehen, wusste ich, dass sie weinte. »Denk daran, was du heute Abend erlebt hast. Lingdi hat dich immer wie ihre eigene Tochter behandelt. Immer. Ganz gleich, was über sie geredet wird, sie ist eine gute Frau. Eine *gute* Frau, denk daran!«

Drei Jahre später, in meinem vorletzten Studienjahr an der Militärakademie, schrieb meine Mutter mir, dass Lingdi bald wieder heiraten wolle. Als ich zum Frühjahrsfest nach Hause fuhr, erzählte sie mir, was geschehen war.

Lingdi war damals schon über dreiundvierzig Jahre alt. Ein Jahr zuvor hatte sie meiner Mutter anvertraut, dass sie gern heiraten würde, aber keinen Verehrer habe. Im Dorf lebte aber ein Blinder, der keine Frau fand und ebenfalls einsam war. Diesen Mann wollte meine Tante heiraten. Meine Mutter willigte ein, als Heiratsvermittlerin zu seiner Familie zu gehen. Aber die zeigte sich erbost. »Wie kannst du es wagen? Sie ist ja nicht mal eine richtige Frau! Wie sollte sie unseren Sohn heiraten?«

Auch Lingdis Mutter war dagegen. »Du brauchst keinen Mann mehr. Du bist zu alt. Vergiss es. Diesen Ärger hast du nicht mehr nötig.«

Ein Jahr später, 1984, erschien jedoch ein anderer Freier auf der Bildfläche. Er war fünfzehn Jahre älter als Lingdi, war in unserem Dorf geboren und aufgewachsen und hatte viele Jahre in Schanghai gelebt und gearbeitet. Er hatte vier verheiratete Töchter und lebte seit dem Tod seiner Frau allein. Nun wollte er eine Frau aus seinem Heimatdorf heiraten und war nach Lishi gekommen, um eine zu suchen.

Als Lingdi von diesem Mann hörte, bat sie darum, ihm vorgestellt zu werden. Eines Nachmittags besuchte er sie. Sie unterhielten sich den ganzen Nachmittag bis in den Abend hinein. Sie kochte für ihn und anschließend saßen sie bis tief in die Nacht vor dem Haus im Dunkeln und sprachen miteinander.

Schließlich erklärte der Mann, statt zu seinen Verwandten im Dorf zu gehen, bliebe er lieber über Nacht bei Lingdi. So etwas hatte das Dorf noch nicht erlebt.

Lingdi hatte natürlich Bedenken, allerdings nicht wegen des Geredes – damit musste sie ohnehin leben –, sondern weil sie immer noch an ihrer Weiblichkeit zweifelte. Aber da sie für diesen Mann stärkere Gefühle hegte als je zuvor für einen anderen, sagte sie schließlich ja.

Am nächsten Morgen gingen Erwachsene und Kinder wie üblich auf den Markt, um Gemüse und Fleisch für den Tag einzukaufen. Der Mann aus Schanghai ging allein auf den Markt, während man Lingdi in ihrem Haus kochen sah. Hatte er sie verlassen? War er böse auf sie? Enttäuscht? Was war passiert? Aber der Mann erledigte wortkarg seine Einkäufe und kehrte zu Lingdi zurück. Den ganzen Tag und die folgende Nacht sah man sie nicht wieder.

Auch am nächsten Tag ging er frühmorgens auf den Markt, kaufte ein paar Dinge und verschwand anschließend in Lingdis Haus. Wieder sah man den Rest des Tages und die nächste Nacht nichts von ihnen.

Am nächsten Tag ging er wieder auf den Markt und kam anschließend zu uns. Er erklärte meiner Mutter, dass er und Lingdi sich sehr mochten. (In unserem Dialekt gibt es kein Wort für Liebe. Ein junger Mann und eine junge Frau, die heiraten, »mögen sich«. Eheleute »respektieren sich«. Kinder respektieren ihre älteren Verwandten, und Eltern sind ihren Kindern »zugetan«. Für tiefere Gefühle gibt es bei uns keine Worte, da sie zu tief sind, um sie auszudrücken.) »Ich danke dir, dass du sie mir vorgestellt hast. Wir wollen nächsten Monat heiraten und möchten, dass du unsere Trauzeugin bist«, sagte er.

Meine Mutter war überrascht und freute sich, brachte aber nur heraus: »Gut. Gut.« Dabei strahlte sie über das ganze Gesicht.

»Noch etwas«, sagte er.

»Ja?«

»Es geht um ihren Exmann und die Dinge, die er erzählt hat. Bei der Scheidung. Du kennst die Geschichte.«

»Ja, ich habe davon gehört«, antwortete meine Mutter, ohne ihn anzusehen.

»Gut, du sollst wissen, dass der Mann ein Lügner war. Er hat alles nur erfunden. Und Lingdi hat fast zwanzig Jahre darunter gelitten. Lingdi ist eine Frau. Eine richtige Frau. Mehr als das. Sie ist eine vollkommene Frau.«

Ein paar Tage später bekam Lingdi von ihrem Verlobten einen Trauring. Nur wenige im Dorf hätten sich damals einen solchen Luxus leisten können. Die beiden fuhren eines Morgens mit dem Zug nach Schanghai und kamen drei Tage später mit neuen Kleidern und Schmuck zurück.

Bei ihrer Hochzeit sah ich meine Tante zum ersten Mal nach zwei Jahren wieder. Sie strahlte und lachte wie ein junges Mädchen. Sofort fiel mir auf, dass sie aufrecht und mit hoch erhobenem Kopf daherging und glücklicher war, als ich sie je erlebt hatte.

Nach ihren Flitterwochen in Schanghai lebten Lingdi und ihr Mann im Dorf. Er arbeitete mit ihr wie ein Bauer im Garten und auf den Feldern. Im Sommer schützten die Frauen im Dorf ihre Haut mit einem Sonnenschirm vor der Sonne. Er hielt Lingdi den Schirm und ging neben ihr her. Am schockierendsten war jedoch, dass sie Händchen hielten, wenn sie spazieren gingen. Manchmal blieben sie sogar stehen, und Lingdis Mann küsste seine Frau auf die Hand oder die Wange. Im Dorf war man empört. Ein derart schamloses Benehmen hatte man hier noch nicht erlebt. Ich hatte bis dahin noch nie gesehen, dass ein Mann im Dorf eine Frau umarmt, mit ihr Händchen gehalten oder öffentlich zärtliche Gefühle für sie gezeigt hätte, und war völlig fasziniert von den beiden.

Natürlich tuschelten die Leute über sie. Sie hatten etwas an sich, das anderen Unbehagen bereitete und sie neidisch machte.

Die Menschen, die sie beobachteten, begriffen einfach nicht, wieso sie der Gesellschaft des anderen offenbar nie müde wurden. Ihr Verhalten war ihnen ein Rätsel, das sie sich nicht erklären konnten.

Kapitel 2

WINTER

»Wer für den Kommunismus kämpft,
der muss kämpfen können und nicht kämpfen;
die Wahrheit sagen und die Wahrheit nicht sagen;
Dienste erweisen und Dienste verweigern;
Versprechen halten und nicht halten. Sich in Gefahr
begeben und Gefahr vermeiden; kenntlich sein und
unkenntlich sein. Wer für den Kommunismus
kämpft, hat von allen Tugenden nur eine:
dass er für den Kommunismus kämpft.«

BERTOLD BRECHT, *DIE MASSNAHME*[1]

1 Bertolt Brecht, *Die Maßnahme*, in: *Werke. Große kommentierte Berliner und Frankfurter Ausgabe*, Frankfurt/M., 1988, Bd. 3, S. 104 f.

I

Das Getuschel meiner Bewacherinnen holt mich aus meinen Erinnerungen zurück in die trostlose Kälte der Kaserne. Wenn ich im Geiste den Weg an mir vorüberziehen lasse, der mich hierher geführt hat, muss ich grinsen. Jetzt sehe ich die warnenden Zeichen und weiß, dass ich seit langem auf dem Weg hierher war, ohne es überhaupt zu merken.

Ganz blind jedoch war ich für diese Warnungen nie. Doch statt darauf zu reagieren, wie man es mir während meiner militärischen Ausbildung beigebracht hat, habe ich sie missachtet, abgetan und mich manchmal sogar benommen, als hätte ich alles vergessen, was ich gelernt hatte. Völlig gebannt von einem romantischen Optimismus, der mich unachtsam machte, habe ich mich verhalten, als gebe es für mich eine Ausnahme von den ehernen Regeln jener Welt, in der ich immer gelebt habe. Das war ein Fehler.

Mehrmals bemerkte ich einen Wagen mit Militärkennzeichen, der nachts vor dem Wohnheim parkte; nur die Glut ihrer Zigaretten verriet, dass die unbeweglich dasitzenden Insassen keine Puppen waren. Ich fragte mich, ob sie wohl eine Wohnung oder ein Telefon in der Nähe abhörten oder Buch darüber führten, wer das Gebäude betrat und verließ. Oder ob es nur junge Offiziere waren, die auf ihre Freundinnen warteten.

Es gab beunruhigende Anrufe, bei denen der Anrufer nach kurzem Zögern wortlos auflegte, nachdem ich mich gemeldet hatte. Überprüften sie eine angezapfte Telefonleitung?, fragte ich mich. Wollte jemand wissen, ob ich in meinem Zimmer war? Warum? Briefe, die Freunde mir schrieben, brauchten länger als früher, bis sie eintrafen. Eine Freundin rief mich an und beklagte sich, dass ich ihr nicht auf ihre Briefe geantwortet habe, worauf ich ihr sagen musste, dass ich keine Briefe von ihr bekommen hatte. Wenn ich nach einem kurzen Spaziergang wieder in mein Zimmer kam, fiel mir auf, dass ein Stift oder ein Buch anders lagen, als ich sie auf den Tisch oder einen Stuhl gelegt hatte. Ein Brief oder eine Notiz, die ich in eine Schublade gelegt hatte, waren am nächsten Tag verschwunden. Dreimal fand ich mein Zimmer unverschlossen vor, obwohl ich mich genau daran erinnerte, es abgeschlossen zu haben, oder ich stand vor verschlossener Tür, obwohl ich wusste, dass ich nicht abgeschlossen hatte.

Bei einem Fremden hätten solche Dinge vielleicht Verdacht erregt. Aber in China gibt es kein Recht auf ein Privatleben. Wir wachsen mit dem Wissen auf, beobachtet zu werden. Zwischen der alltäglichen allgemeinen Überwachung und der besonderen liegt nur ein schmaler Grat. Doch auch wenn es schwer zu erkennen ist, wann man zum Ziel besonderer Aufmerksamkeit geworden ist, sollte jemand wie ich, die ich zur Geheimdienstoffizierin ausgebildet worden war, den Unterschied bemerken und Gegenmaßnahmen ergreifen.

Aber damals machte ich gerade eine tief greifende Veränderung durch und dachte kaum über die schwer wiegenden Konsequenzen nach, die sich daraus vielleicht ergeben könnten. Ich sah meiner Zukunft zunehmend optimistisch entgegen – einer Zukunft außerhalb der Volksbefreiungsarmee. Ich sah neue Möglichkeiten in meinem Leben und spürte, wie alte Ängste sich einfach auflösten. Ich benahm mich wie ein verwundertes

Kind, das gerade die Augen öffnet und die Welt zum ersten Mal sieht.

Ich erinnere mich, dass ich eines Morgens vor dem Spiegel stand und das seltsame Gefühl hatte, nicht mehr die Geheimdienstoffizierin Leutnant Xu Meihong von der Volksbefreiungsarmee Chinas auf ihrem Weg nach oben zu sein. Diese Frau war mir fremd geworden. Plötzlich fühlte ich mich wieder wie das einfache Mädchen vom Land, das den verzweifelten Wunsch hegte, ohne Zwänge zu leben und die Wunder dieser Welt zu sehen. Für einen kurzen Augenblick fühlte ich mich frei, und diese Freiheit berauschte mich.

Aber ich hatte den falschen Moment gewählt, und in China entscheidet die Wahl des richtigen Zeitpunkts manchmal über Leben und Tod. Plötzliches Glück kann eine Täuschung und eine Falle sein. Ich versuchte, mich aus einer Welt zu lösen, die ich immer bereitwillig akzeptiert hatte, und kam gar nicht auf die Idee, dass sie mich nicht freigeben würde.

Mein Schicksal war besiegelt, als ich den Amerikaner mit den selbstbewussten, großen Schritten und dem breitem Grinsen den Flur zu seinem Büro entlanggehen sah. Als wir aneinander vorübergingen, sagte er Hallo, und wir schauten uns für den Bruchteil einer Sekunde in die Augen. So beiläufig begann der letzte traurige Akt meiner Armeelaufbahn und meines Lebens in China.

Aber die Wurzeln meiner Probleme lagen wesentlich tiefer; sie reichten zurück bis in meine Anfangszeit auf der Militärakademie, als meine kindlichen Ideale zu bröckeln begannen. Der Amerikaner hatte lediglich das Pech, in meine Desillusionierung und Sehnsüchte hineingezogen zu werden. Sein Humor, sein Mitgefühl, seine Loyalität, seine Furchtlosigkeit und sein Optimismus eröffneten mir eine völlig neue Welt. Mit ihm und durch ihn fand ich Hoffnung. Und dafür mussten wir beide einen hohen Preis zahlen.

II

Im Sommer 1981 wurde ich mit siebzehn Jahren in die Volksbefreiungsarmee Chinas aufgenommen. Ich gehörte zu einer Elitegruppe von zwölf Mädchen aus ganz China, die für eine Ausbildung an der renommiertesten Geheimdienstschule des Landes – dem Institut für Internationale Beziehungen der Volksbefreiungsarmee in Nanyang –, die Offiziere für das Zweite Büro (den Geheimdienst) der Armee ausbildete, ausgewählt worden war. Da China damals seine Beziehungen zu den Vereinigten Staaten ausbaute, bestand ein größerer Bedarf an Geheimdienstoffizieren, die Englisch sprachen und mit unseren neuen amerikanischen Partnern zusammenarbeiten konnten. Die für militärische Aufklärung zuständigen Stellen waren der Ansicht, dass speziell ausgebildete junge Frauen in manchen Fällen bessere Möglichkeiten als männliche Mitarbeiter hätten, Kontakte zu Amerikanern zu knüpfen und Informationen zu sammeln. Um diese Hypothese zu testen, sollten zunächst einmal zwölf Mädchen ausgebildet werden. Falls dieses Experiment sich bewährte, sollten uns weitere folgen.

In den nächsten vier Jahren erhielten wir eine intensive Ausbildung in Militärwissenschaften, konventioneller Kriegführung, Guerillataktik, Überlebenstechniken, Waffengebrauch, kommunistischer Parteilehre, militärischer Aufklärung und Spionageabwehr, Englisch, technischen Übersetzungen sowie in westlicher Geschichte und Kultur. Jeden Tag hämmerte man uns ein, dass man uns darauf vorbereitete, unserem Land, der Partei, der Armee und unseren Familien zu dienen und Ehre zu machen.

Nach Abschluss unserer Ausbildung am Institut sollten einige von uns als Verteidigungsattachés an unsere Auslandsbotschaften gehen und dort als Angehörige der Volksbefreiungsarmee in Uniform Dienst tun.

Andere sollten jener »göttlichen Schar« Chinas angehören, die »den Schatz eines Souveräns« bilden, wie der große Militärphilosoph Sun Tzu es nannte – also als Geheimagenten tätig sein. Als wir das hörten, überlief uns alle ein stolzes Schaudern – das war *unsere* Mission.

Eine kleine Elite sollte schließlich ins Ausland gehen, wie man uns sagte, um zu »gründelnden Fischen« (*chen di yu*) zu werden. Wir würden als Zivilisten bei Reisebüros, Fluggesellschaften und Zeitungen arbeiten, als Studenten oder Gastdozenten an Auslandsuniversitäten oder als Unternehmer oder leitende Angestellte in die Wirtschaft gehen. Wie Fische am Grund des Meeres würden wir uns in die Gesellschaft einfügen, wo immer man uns auch hinsandte. Manche dieser *chen di yu* würden schon nach einigen Jahren nach China zurückkehren und dem Land und der Volksbefreiungsarmee wieder in Uniform dienen, nachdem sie im Ausland Kontakte geknüpft, Informationsnetze aufgebaut und »Freunde« Chinas gewonnen hätten.

Ein oder zwei aus dieser Elitegruppe sollten jedoch ihr Leben lang eine neue Identität behalten, Kontakte knüpfen, eine fremde Staatsbürgerschaft annehmen, heiraten und eine Familie gründen, die dem Land in der nächsten oder sogar übernächsten Generation von Nutzen sein könnte. Diese »namenlosen Helden« (*wu ming ying xiong*), die zeit ihres Lebens nicht einmal ihre Familien und Freunde in China in ihre wahren Aufgaben einweihen durften, brachten ein Opfer, das – abgesehen von dem Tod für das Vaterland – als größte Heldentat galt.

Doch ganz gleich, wohin man uns schicken, welche Aufgabe man uns zuweisen würde und wie viele Jahre vergehen mochten, der Geheimdienst würde uns nie vergessen. Die Verbindung zu ihm war unauflöslich und würde uns alle mit der Zeit zu Helden machen. Denn dazu hatte man uns auserwählt.

Als man uns diese Aussichten an unserem ersten Tag am Institut vor Augen führte, waren wir alle von patriotischem Stolz überwältigt. Später saßen wir in unserer Unterkunft beisammen, hielten uns an den Händen und malten uns aufgeregt unsere Zukunft aus. Die plötzliche Erkenntnis, dass wir zu Helden ausgebildet wurden, berauschte uns und schweißte uns zusammen. Wir waren jung und rot und glaubten, wir könnten alles schaffen.

III

Doch irgendetwas ging schief. Es geschah ganz allmählich über die Jahre hinweg. Je länger wir in der Volksbefreiungsarmee dienten, umso mehr kühlte unsere patriotische Leidenschaft ab. Die Mechanismen der Heuchelei und Korruption, die wir aus erster Hand bei den Göttern unserer Jugend – der Kommunistischen Partei und der Volksbefreiungsarmee – kennen lernten, stürzten uns in eine Glaubenskrise.

Natürlich versuchten wir, solche Irritationen vor unseren Vorgesetzten und Kameraden zu verbergen. Der Gedanke, dass wir unser Leben einer Sache widmeten, ja, sogar opferten, an die wir nicht mehr glaubten, war jedoch fast unerträglich.

In unseren ständig wiederholten öffentlichen Bekenntnissen zu offiziell anerkannten Zielen fanden wir in gewissem Maße

Trost und Stärkung: Wir waren Helden in der Ausbildung, und Helden haben keine Zweifel. Wie aus einem Reflex heraus machten wir uns gegenseitig Mut. Wir zwölf marschierten, arbeiteten, lernten, duschten und schliefen Seite an Seite. Wir führten Tagebücher, die wir in einer unverschlossenen Schreibtischschublade aufbewahrten (und die von unseren Vorgesetzten sicher regelmäßig gelesen wurden). Allwöchentlich lasen wir unsere Tagebucheintragungen der Gruppe vor, gefolgt von Kritik und Selbstkritik. Jeder unserer Gedanken war Eigentum der Gruppe. Nie waren wir allein.

So schrieben wir denn sorgsam die passenden Gedanken nieder, sangen bei unseren täglichen Märschen alte revolutionäre Lieder, skandierten Parolen über rote Helden und sprachen die vorgeschriebenen Eidesformeln nach, mit denen wir uns zum Gehorsam gegenüber unseren Kommandeuren und Führern verpflichteten. Verzweifelt klammerten wir uns an unseren schwindenden Glauben aus unserer Jugend, weil wir fürchteten, dass wir ohne ihn gar nichts wären.

IV

Als wir im Sommer 1985 unsere Ausbildung beendet hatten, bekamen einige von uns eine Dozentenstelle an anderen Militärakademien, andere erhielten Verwaltungsposten in der Armee und zwei wurden an Abhörposten versetzt.

Ich blieb als Assistentin eines Brigadegenerals am Institut in

Nanyang. Im Frühjahr 1988 heiratete ich einen ehemaligen Klassenkameraden, der in Peking Assistent des Rektors der Universität für Nationale Verteidigung, General Zhang Zhen, war. Eine Stelle an dieser Universität galt oft als Sprungbrett zu einer höheren Position in der Volksbefreiungsarmee. Unseren Hochzeitsempfang richtete als Gastgeber General Zhou Erjun aus, ein Zwei-Sterne-General und Neffe des verstorbenen Ministerpräsidenten Zhou Enlai.

Mein Mann und ich lebten 900 Kilometer voneinander getrennt und sahen uns nur zweimal im Jahr während des Sommerurlaubs und während der Frühjahrsfeiertage. Aber wir schrieben uns täglich. Das war bei Militärangehörigen durchaus nichts Ungewöhnliches. Manche unserer Klassenkameraden, die in Tibet stationiert waren, sahen ihre Ehegatten jahrelang nicht.

Zur Vorbereitung auf ein Sonderprogramm, das an unserem Institut eingeführt werden sollte, schickte man mich im Sommer 1988 zu einer einjährigen Fortbildung an das Zentrum für chinesisch-amerikanische Studien, das zwei Jahre zuvor als Joint Venture der Universität Nanyang und der Johns Hopkins University in Baltimore, USA, eingerichtet worden war. Das Zentrum, das als Modell für internationale Zusammenarbeit gedacht war, hatte ein eigenes, von Mauern umgebenes Gelände neben der Universität Nanyang mit Hörsälen, Seminarräumen, Wohnungen, Wohnheimen, Büros, Bibliothek und Mensa, wo chinesische und amerikanische Studenten gemeinsam lebten und lernten. Die chinesischen Studenten waren meist Regierungs- und Verwaltungsbeamte, Offiziere oder Journalisten, die seit einigen Jahren im Berufsleben standen und von ihren Arbeitseinheiten hierher geschickt wurden, um bei einer kleinen Gruppe ausgezeichneter amerikanischer Gastdozenten Englisch, Geschichte, politische Wissenschaften, Wirtschaftswissenschaften und ähnliche Fächer zu studieren.

Die amerikanischen Studenten kamen fast alle aus höheren Fachsemestern an amerikanischen Universitäten. Einige waren jedoch auch amerikanische Militärs, die hier bei ausgewählten chinesischen Dozenten Chinesisch und chinesische Geschichte studierten.

Die Zimmer im Wohnheim des Studienzentrums, ausgestattet mit einem privaten Telefonanschluss, einem eigenen Bad im westlichen Stil und stundenweise heißem Wasser, waren für die chinesischen Studenten ungewohnt luxuriös, während die Amerikaner sie als spartanisch empfanden, wie ich hörte.

V

Während ich im Zentrum wohnte und studierte, erstattete ich an jedem Wochenende dem Militärinstitut Bericht, arbeitete Akten durch und erfüllte andere Pflichten. Ich arbeitete auch weiterhin eng mit meinem vorgesetzten General zusammen, half bei der Vorbereitung seiner Reisen nach Peking und Schanghai und bei der Ausarbeitung seiner Einsatzbesprechungen, Berichte und Reden.

Andererseits kam ich im Zentrum zum ersten Mal in meinem Leben in engen Kontakt mit amerikanischen Studenten und Professoren, die offen über Politik und Kultur sprachen, ungezwungen Witze über ihre eigenen Politiker machten, keinerlei Furcht vor Strafe hatten, große Hoffnungen in Gegenwart und Zukunft setzten und kaum Ängste damit verbanden. Einmal zeigte ein amerikanischer Dozent uns ein berühmtes Bild, auf dem General George Washington den Delaware überquerte, und fragte uns, warum der General wohl aufrecht im Boot stünde. Die Studenten stellten eine Weile Vermutungen an und fragten schließlich nach der »korrekten« Antwort, worauf der Dozent erklärte: »Er wusste genau, dass, sobald er sich setzt, ihm jemand einen Riemen in die Hand drücken würde.« Wir waren völlig verdutzt und konnten einfach nicht begreifen, wie er es wagen konnte, einen Witz über einen der amerikanischen Gründungsväter zu machen.

Mit der Zeit spürte ich, wie der tägliche Umgang mit den Amerikanern, die Diskussionen, der Unterricht und die Geselligkeiten etwas in mir lockerten. Ich begann, über manche Absurditäten der Welt und der Menschen in meiner Umgebung zu lachen, und verlor meine Ehrfurcht vor Autoritäten. Ich hatte das Gefühl, mich selbst zu finden, meine eigene Identität zu entdecken. Ich lernte allmählich, kritisch und eigenständig zu denken. Wie alle chinesischen Studenten hatte ich bis dahin Auswendiglernen mit Bildung verwechselt. Ich hatte geglaubt, es gebe eine Wahrheit, einen Weg, nur ein System, das für alle Menschen das beste sei, und ich sei ein Teil davon. Doch nun war nichts mehr so einfach wie früher.

In der letzten Novemberwoche 1988 wurden drei meiner Kommilitonen vom Studienzentrum ins Militärinstitut bestellt und dort einzeln vom kommandierenden General befragt. Als sie nachmittags zurückkamen, suchte eine von ihnen, mit der ich gut befreundet war, mich in meinem Zimmer auf und erzählte mir von der ungewöhnlichen Befragung. Es ging um Kleinigkeiten: was die Amerikaner im Unterricht und bei den Mahlzeiten gesagt hatten, wer mit wem gesprochen hatte, wann die Lichter ausgeschaltet wurden und wer nachts auf dem Flur war. Sie konnte sich keinen Reim darauf machen, warum das wichtig sein sollte.

Dann sagte sie mir, der General habe sie gebeten, mir persönlich – nicht über Telefon – auszurichten, dass ich ihn sofort in seiner Wohnung aufsuchen solle. Niemand dürfe davon erfahren.

Kurz nach Einbruch der Dunkelheit machte ich mich auf den Weg. Ich ging einige Blocks zu Fuß, bis ich sicher war, dass niemand mir folgte, und nahm dann den Bus. Für die 45 Kilometer weite Fahrt ins Institut musste ich dreimal umsteigen und den letzten Kilometer zu Fuß gehen.

Nach zwei Stunden stand ich endlich vor der Wohnung des Generals.

VI

Kaffee war eine Passion des Generals. Wie er seinen Assistenten erzählte, hatte ihn eine Amerikareise mit einer chinesischen Militärdelegation auf den Geschmack gebracht. Seitdem hatte er immer verschiedene Sorten Kaffee im Schrank, entwickelte sich zum Kenner auf diesem Gebiet – seine Lieblingssorte war Kona – und ließ sich von seinen Kollegen eine landesübliche Kaffeemischung mitbringen, wenn sie ins Ausland reisten.

Zu Hause oder bei offiziellen Empfängen legte er nach dem Essen, wenn Tee ausgeschenkt wurde, demonstrativ die Hand auf die Tasse und bestellte Kaffee »genau wie die Amerikaner«, schwarz und ungesüßt. Das verlieh ihm eine kosmopolitische Aura, die er offensichtlich genoss und um die untergeordnete Offiziere ihn beneideten.

Als ich an jenem Abend in seine Wohnung kam, hatten der General und seine Frau gerade zu Abend gegessen. Er öffnete auf mein Klopfen die Tür und tat überrascht, mich zu sehen, vermutlich um seiner Frau willen. Dann führte er mich in sein Arbeitszimmer, wo wir in zwei Polstersesseln an einem lackierten Sofatischchen Platz nahmen. Da das Fachgebiet des Generals westliche Militärgeschichte und Politik war, waren die Bücherregale voller englischer Bücher. Er gehörte zu den zukünftigen Größen in der Volksbefreiungsarmee, und man erwartete allgemein, dass er mit der Zeit bis an die Spitze der Armeeführung aufsteigen würde. Ich empfand es als Privileg, für ihn arbeiten zu dürfen.

Seine Frau brachte ihm eine dampfende Tasse Kaffee und mir ein Glas heißen Tee, dann ging sie hinaus und schloss die Tür hinter sich. Der General stellte seine Tasse mit Untertasse auf dem Tischchen zwischen uns ab, lehnte sich zurück und begann, leise und bedächtig zu sprechen.

Nach einer Bemerkung über den schönen Abend, die ich bestätigte, nippte er an seinem Kaffee, blickte aus dem Fenster, zündete sich eine Zigarette an, inhalierte, blies den Rauch in die Luft und betrachtete ihn, als fände er das Muster ungemein interessant. Eine Weile herrschte Schweigen.

Dann stellte er verschiedene Fragen über das Essen im Studienzentrum, die Bedienungen und das Hauspersonal, das der Staatssicherheitspolizei regelmäßig Bericht erstattete, wie er mir in Erinnerung rief. Ich erklärte ihm, das sei mir bewusst. Ein Absolvent unserer Militärakademie arbeitete im Amt für Staatssicherheit ganz in der Nähe des Studienzentrums und sammelte detaillierte Berichte über alles, was dort vorging.

Der General erkundigte sich nach Besuchern, Gesprächen auf den Fluren, Fremden, die spätabends kamen, Militärfahrzeugen, die draußen auf der Straße parkten. Er wollte wissen, was ich von den amerikanischen Studenten und Dozenten hielt, ob ich sie freundlich, kompetent oder laut fand.

Wie waren die chinesischen Dozenten und Verwaltungskräfte? Kamen sie gut mit den Amerikanern aus, begünstigten sie chinesische Studenten? Schnitten chinesische Studenten die Vorlesungen der Amerikaner auf Band mit, gaben sie solche Mitschnitte weiter? Welche Fragen stellten sie den Dozenten? Welche Besucher kamen aus den Vereinigten Staaten? Welche Filme zeigte man den Studenten? Wen fand ich ungewöhnlich, interessant, komisch, freundlich, unfreundlich, verdächtig? Ich antwortete bedächtig und versuchte, an seiner Miene und seinen Gesten abzulesen, welche Antworten und Kommentare er erwartete.

Aber er achtete kaum auf das, was ich sagte, als sei das alles nur ein Vorspiel für Wichtigeres. Schließlich schwieg er eine Weile, dann räusperte er sich. »Ich will Ihnen eine Geschichte erzählen, Meihong. Eine wahre Geschichte.«

Er sprach langsam und leise, sein unpersönlicher, nachdenklicher Ton klang einstudiert, als habe er lange überlegt, was er mir sagen wollte.

»Es gibt da eine junge Studentin am Fremdspracheninstitut in Schanghai. Und es gibt einen amerikanischen Professor für Englisch. Er ist in den Vierzigern. Die Frau ist sehr schön, sehr jung, sehr … sehr lebhaft und lebendig und … romantisch. Sehr romantisch!

Natürlich fiel sie dem Professor auf. Sie freundeten sich an. Sie interessierte sich für alles, was er sagte und fragte. Sie unterhielten sich oft nach dem Unterricht. Sie zeigte ihm Schanghai und die Sehenswürdigkeiten von Suzhou und Hangzhou. Sie machten lange Spaziergänge, redeten und lachten zusammen. Die Leute beobachteten sie. Sie besuchte ihn in seinem Apartment. Sie kamen sich näher und hatten eine Beziehung. Sie vertraute ihm völlig. Wieso auch nicht? Er war ja schließlich nur ein

Sprachlehrer, oder? Dieser Professor erklärte ihr, er habe sich in sie verliebt. Sie antwortete ihm, dass auch sie ihn liebe. Er machte ihr Versprechungen, schöne Worte. Mit schönen Worten kannte er sich aus. Er versprach ihr, sie nach Amerika mitzunehmen und zu heiraten. Er versprach ihr ein schönes Leben in seiner Heimat, eine Familie, ein eigenes Haus, neue Freunde, neue Autos, Geld. Eine strahlende Zukunft.

Als sie Vorbereitungen traf, das Land mit ihm zu verlassen, verschwand sie plötzlich. Sie verschwand ganz einfach. Und er verließ China umgehend ohne sie.«

Der General schwieg, um seine Erzählung wirken zu lassen. Er sah mir in die Augen und wartete auf eine Reaktion. Ich wusste nicht, was ich sagen sollte. Schließlich fragte ich: »Was ist geschehen?«

»Oh, die Staatssicherheitspolizei hat das Ganze beobachtet. Sie entdeckten gerade noch rechtzeitig, dass dieser ›Professor‹ in Wirklichkeit ein Spion war. Er arbeitete für die CIA. Und die junge Frau war natürlich nicht irgendjemand. Sie hatte Verwandte in hohen Positionen. Das wusste er von Anfang an. Er belog sie, benutzte sie. Von allem, was er gesagt hatte, war kein einziges Wort wahr.«

Wieder entstand eine Pause, als der General seine Zigarette ausdrückte und sich sofort eine neue anzündete. Er schaute sich versonnen um, sah mir kurz in die Augen und richtete den Blick wieder auf das Fenster.

»Sie stammt aus gutem Hause. Ihr Vater ist General der Volksbefreiungsarmee und hat eine hohe Position. Sie selbst war natürlich nicht sonderlich wichtig, aber über ihren Vater hatte sie Zugang zu gewissen Informationen und einflussreichen Leuten, die für andere interessant sein könnten.

Aber jetzt ist sie verschwunden, ihr Vater und ihre Familie sind diskreditiert und stehen unter Verdacht. Wusste sie, was sie tat? Wusste ihre Familie Bescheid? Bis jetzt weiß das niemand genau. Und niemand weiß, wo sie ist, nicht einmal ihr Vater. Vielleicht wird man es ihm irgendwann sagen. Aber dieser Makel wird ihm immer anhaften.«

»Wird sie am Leben bleiben?«, fragte ich.

»Ich weiß es nicht«, antwortete der General. »Das hängt davon ab. Aber ich möchte betonen, dass es eine wahre Geschichte ist. Wenn die junge Frau wirklich nur von dem Spion hinters Licht geführt wurde und sie ihm nichts Wichtiges erzählt hat, wenn sie nur eine Liebesaffäre mit ihm hatte, gibt es für sie vielleicht noch Hoffnung. Ihre Verbindungen und das Ansehen ihrer Familie könnten ihr vielleicht helfen.

Wenn sie ihm nichts gesagt, keine Informationen geliefert und keine Kontakte hergestellt hat, taucht sie vielleicht eines Tages wieder auf. Man wird sie im Auge behalten, studieren darf sie nicht mehr, aber sie wird am Leben bleiben.

Aber wenn sie ihm etwas gesagt hat, irgendetwas, oder wenn sie aus ihrer irregeleiteten Liebe heraus wissentlich mit ihm kooperiert hat, dann finden sie es heraus und dann … dann ist ihr nicht mehr zu helfen. Dann kommt sie nie mehr zurück. Ich dachte, Sie sollten das wissen.«

»Warum?«, fragte ich. »Kenne ich die Frau?«

»Nein. Nein. Aber solche Dinge passieren eben. Junge Frauen können naiv sein. Ein Moment der Schwäche, ein Anflug romantischer Gefühle, und plötzlich ist es zu spät. Der Schaden ist angerichtet und es gibt kein Zurück mehr. Es ist tragisch. Wir tun, was wir können, um solche Dinge zu verhindern, aber ab und zu geschieht es doch.«

»Warum erzählen Sie mir das, Herr General?«, fragte ich.

Er sah mich nachdenklich an, als müsse ich die Antwort wissen, zog an seiner Zigarette und schnippte nervös die Asche in den Aschenbecher auf der Armlehne seines Sessels.

»Ich weiß nicht, was mit Ihnen geschehen ist«, sagte er schließlich leise, fast flüsternd. »Aber ich habe den Eindruck, dass etwas in Ihrem Leben schief gelaufen ist. Was ist los, Meihong?«

»Nichts, General«, antwortete ich ohne Zögern. »Was soll denn los sein? Es ist alles in Ordnung.«

»Sie haben doch mit niemandem über Ihre Stellung gesprochen? Über Geheimdienstangelegenheiten? Sind Sie ganz sicher? Mit keiner Menschenseele?«

Ich konnte dem General nicht die Wahrheit sagen. Falls man unser Gespräch abhörte, würde die Wahrheit uns ruinieren. Außerdem war ich überzeugt, dass ich ihm meine Gefühle, Träume und Verhaltensweisen nicht mehr erklären konnte. Wenn ich ihm die Wahrheit anvertraute, würde sie ihn nur beunruhigen. Also log ich und hoffte, ihn damit zu schützen und zu beruhigen, und nicht nur ihn, sondern auch jeden, der sonst noch zuhören mochte.

»Ich glaube nicht«, antwortete ich und tat, als ginge ich in Gedanken alle Gespräche und Begegnungen durch. »Nein. Nein, ich bin sicher, dass ich nicht über solche Dinge gesprochen habe.« Da er nicht überzeugt schien, versicherte ich noch einmal: »Nein, ich habe nichts Vorschriftswidriges getan, Herr General.«

»Wirklich nicht?«, fragte er. »Sei vorsichtig, Meihong. Sehr vorsichtig. Wir leben in gefährlichen Zeiten.«

»Herr General, Sie sind zu nervös. Vielleicht trinken Sie zu viel Kaffee«, sagte ich, um einen leichteren Ton anzuschlagen. »Ich habe keine Fehler gemacht, mir passiert schon nichts.«

Rasch wechselte er das Thema und erkundigte sich nach dem amerikanischen Erntedankfest im Studienzentrum. Die Amerikaner hatten einen riesigen gefrorenen Truthahn besorgt und für die chinesischen Studenten und Dozenten ein traditionelles Festessen veranstaltet. Ich erzählte dem General, dass es allen großen Spaß gemacht hatte. Zu Halloween hatten wir ein Kostümfest und im Augenblick bereiteten wir gerade eine Weihnachtsfeier und eine Silvesterparty im amerikanischen Stil vor.

»Kommt ihr überhaupt zum Lernen?«, fragte er grinsend.

So endete unser Gespräch in unbeschwerterem Ton. Mit einem Blick auf die Uhr stellte der General fest, dass ich den letzten Bus noch bekommen könnte, und bot an, mich zur Bushaltestelle zu begleiten. In unsere Wintermäntel gehüllt und mit hochgeschlagenen Pelzkragen nahmen wir einen schmalen Fußweg, der an einer Mauer entlang durch einen Hain ans Ufer eines gefrorenen Sees führte. So umgingen wir zwei Wachposten und wurden von niemandem gesehen, als wir das Institut verließen.

Ohne mich anzusehen, sagte er unterwegs gedämpft durch seinen Schal: »Du musst mir versprechen, dass du mich niemals verraten wirst.«

»Nie«, antwortete ich sofort. »Das könnte ich gar nicht.«

»Sag mir, dass du dein Land liebst. Dass du die Armee liebst und dass du beides niemals verraten wirst.«

»Niemals!«, versicherte ich ihm.

An der Bushaltestelle wartete er mit mir, bis wir die Scheinwerfer des Busses in der Ferne auftauchen sahen. Dann legte er mir fest die Hände auf die Schultern und sah mich wortlos an. In seinem Blick las ich Angst und Sorge. Er ließ mich los, drehte sich um und verschwand in der Dunkelheit.

Am nächsten Morgen rief mich ein Assistent des Generals an. Offenbar wusste er nichts von unserem Treffen. Wir unterhielten uns ein Weilchen, dann bat ich darum, den General sprechen zu können. »Der General ist im Augenblick beschäftigt. Aber ich sage ihm, dass du nach ihm gefragt hast. Wiederhören.« Ohne auf eine Antwort von mir zu warten, legte er auf.

Nachmittags rief ich meinen Bekannten und früheren Klassenkameraden beim Amt für Staatssicherheit an, das nur ein paar Häuserblocks vom Studienzentrum entfernt lag. Seit ich dort studierte, hatte ich mich mehrmals in seinem Büro mit ihm getroffen und regelmäßig mit ihm telefoniert. Seit Mitte November jedoch hatte ich nichts mehr von ihm gehört. Als ich unter seiner Durchwahl keine Antwort bekam, rief ich sein Vorzimmer an und erfuhr von seiner Sekretärin, er sei nicht da. Sie fragte mich nach meinem Namen, aber ich antwortete lediglich, dass ich es später noch einmal versuchen wolle. Im Laufe des Nachmittags versuchte ich es noch zweimal unter seiner Durchwahl und zweimal bei seiner Sekretärin, die jedes Mal erklärte, er sei nicht da und sie wisse nicht, wann er wiederkäme.

Sobald mir klar wurde, dass ich ihn nicht erreichen würde, wusste ich, was ich zu tun hatte. Ich schloss meine Zimmertür ab und stellte zusätzlich einen Stuhl unter die Klinke. Dann sah ich meine Briefe, Notizen und Fotos durch, riss sie sorgfältig in kleine Stücke und spülte die Schnipsel die Toilette hinunter. Als ich fertig war, suchte ich auf Knien den Boden ab, um mich zu vergewissern, dass ich keine verräterischen Spuren hinterlassen hatte.

Nach dem Abendessen ging ich allein spazieren, um frische Luft zu schnappen. Es war bedeckt und kalt und sah nach Regen aus. Der Himmel war dunkel. Als ich die Straße überquerte, bemerkte ich einen halben Block vom Studienzentrum entfernt ein mit Antennen gespicktes Militärfahrzeug, das am Straßenrand parkte. Die Scheinwerfer waren abgeschaltet, aber der Motor lief. Im schummrigen Licht der Innenbeleuchtung sah ich drei Soldaten, die ich jedoch nicht kannte.

Es war mir unangenehm, noch einmal an dem Wagen vorbeizugehen. Daher kehrte ich später auf einem anderen Weg ins Studienzentrum zurück.

VII

Es war nach Mitternacht, früh am 2. Dezember 1988. Graupel, die wie winzige Perlen glitzerten, mischten sich in den leichten Nieselregen. Prasselnd fielen die Graupelkörner drei Stockwerke unter mir auf den betonierten Hof. Ich stand am Fenster meines Zimmers und hielt Ausschau, ohne zu wissen wonach.

Die hohen Bäume hinter dem dunklen Gebäude auf der anderen Hofseite winkten mir mit kahlen Ästen zu. Der Graupelschauer ging in einen leichten Regen über, das bedrohliche Prasseln hörte auf. Eisige Tropfen glitten wie große Tränen an der Fensterscheibe hinunter. Als auch der Nieselregen aufhörte, war die Nacht totenstill. Plötzlich rüttelten Windböen an meinem Fenster wie ein Einbrecher, der die Verriegelung prüft.

Wie spät mochte es sein? Sobald ich den ersten hellen Schimmer am dunklen Horizont sähe, könnte ich mich wieder sicher fühlen. Aber alles war dunkel. Ich lauschte, hörte nur meinen eigenen Atem.

Ich war allein.

Erschöpft lehnte ich den Kopf an die eisige Fensterscheibe. Was war schief gegangen? Jemand musste mich verraten haben. Wer? Wie? Womit? Noch einmal ging ich alles durch. Ein guter Soldat erinnert sich an jede Einzelheit.

Ich schaltete die Schreibtischlampe ein und sah in den Schubladen nach, ob sämtliche Fotos, Notizen und Briefe fort waren. Die Schubladen waren leer.

Nachdem ich das Licht wieder ausgeschaltet hatte, schlüpfte ich unter die Bettdecke und dachte an den letzten Anruf. Als ich den Hörer abgenommen hatte, flüsterte jemand: »Hallo. Pass auf!« Wieso? Warum flüsterte der Anrufer, warum sagte er nicht mehr? »Wer ist da?«, fragte ich. Er legte ohne Antwort auf.

Immer wieder ging mir der Anruf durch den Kopf. Ich bemühte mich, das zu hören, was er nicht sagte. Pass auf! Wer bist du? Was weißt du? Warte! Bitte, warte! Klick!

Ich konnte nicht einschlafen. Schritte auf dem Flur schreckten mich auf. Sie verhallten im Treppenhaus. Mein Herz raste. Was hatte ich übersehen? Ich mahnte mich zur Ruhe. Mein Kopf schmerzte. War ich vorsichtig genug gewesen? Ich grübelte immer noch über die unausgesprochenen Worte des Anrufers, als ich endlich einschlief.

Am nächsten Morgen war der Himmel zwar grau, aber es regnete nicht. Draußen war es bitterkalt.

VIII

Im Englischunterricht konnte ich mich nicht konzentrieren. Ich entschuldigte mich bei meinem Dozenten, mir sei nicht gut, und ging auf mein Zimmer, um allein zu sein. Nachdem ich schon das Frühstück ausgelassen hatte, verzichtete ich nun auch auf das Mittagessen. Ich hatte keinen Appetit. Fast den ganzen Vormittag und den frühen Nachmittag saß ich am Fenster, starrte hinaus und überlegte, was als Nächstes passieren würde.

Dann rief eine Freundin aus meinem Heimatdorf an, die an der Universität Nanyang studierte. Sie fragte, ob sie kommen und mein Telefon benutzen dürfe, um zu Hause anzurufen. Von den öffentlichen Fernsprechern auf dem Campus sei schwer zu telefonieren, bei mir habe sie mehr Ruhe. Ich sagte ihr, dass ich den Rest des Tages und den ganzen Abend in meinem Zimmer sei und sie solle den Pförtner des Studienzentrums bitten, mich anzurufen, wenn sie da sei.

Danach versuchte ich, ein wenig zu schlafen. Aber ich war unruhig, wachte schon nach zehn Minuten wieder auf und lag dann mit geschlossenen Augen da und versuchte, mich zu beruhigen. Als ich auf die Uhr sah, war es drei. Nichts Ungewöhnliches war passiert. Ich nahm ein Lehrbuch vom Regal und schlug es an der Stelle auf, wo ich vor zwei Tagen zu lesen aufgehört hatte. Kurz darauf klopfte es leise an der Tür.

War es so weit? Als ich fragte, wer da sei, hörte ich eine vertraute Stimme flüstern: »Ich!«

Ich ließ den Amerikaner herein und setzte mich wieder aufs Bett. Er zog sich den Schreibtischstuhl heran und setzte sich mir gegenüber. Schweigend sahen wir uns eine Weile an. Manchmal waren Worte überflüssig. Immer wenn wir zusammen waren, stellte sich Frieden ein. In kurzer Zeit hatten wir viele friedliche Momente und Geheimnisse geteilt.

»Du bist still heute«, sagte er schließlich leise, damit man ihn auf dem Flur nicht hören konnte. »Ich habe gehört, dass du heute Morgen den Unterricht verlassen hast. Was ist los?«

Mir sei nicht gut, erklärte ich ihm. Ich hätte die Nacht kaum geschlafen, irgendetwas stimme nicht. Es werde etwas passieren, etwas Schlimmes, heute oder morgen. Man werde mich für mein Verhalten im Studienzentrum zur Rechenschaft ziehen. Da sei ich mir völlig sicher. Also versuche ich, mich vorzubereiten.

Er merkte, dass ich zitterte, und nahm meine Hand.

»Nichts ist los. Das bildest du dir ein. Alles ist in Ordnung. Wahrscheinlich ist das nur eine Überreaktion.«

Ich zog sein Gesicht zu mir herüber, damit ich ihm ins Ohr flüstern konnte: »Ich glaube, in meinem Zimmer gibt es Wanzen. Ich habe gestern Abend danach gesucht, aber keine gefunden.«

»Nein. Das ist unmöglich.«

»Ich bin sicher, ganz sicher«, sagte ich. »Wahrscheinlich wissen sie, worüber wir gesprochen haben. Jedes Wort. Sie wissen alles.«

»Wer sind ›sie‹? Die Behörden? Nein, sie wissen gar nichts. Aber selbst wenn, was ist daran so schlimm? Du hast doch nichts getan.«

»Erinnerst du dich an die Liste, die du in deiner ersten Woche hier mit den anderen amerikanischen Professoren aufgestellt hast? Über die wir so gelacht haben?«

»Ja. ›100 Dinge, die einen in China umbringen können‹.«

»Erinnerst du dich noch an die einzelnen Punkte?«

»Ja. Warte mal, es fing an mit der Luft, wenn ich mich recht erinnere. Dann das Wasser, das Essen, die Stromanschlüsse, die Heizung, die Abwassergräben, fehlende Kanaldeckel unter kaputten Straßenlaternen.« Er lachte verhalten.

»Ein wichtiger Punkt fehlte auf deiner Liste, den ich dir hätte sagen müssen.«

»Was?«

»Auch Worte können dich hier umbringen.«

»Worte«, wiederholte er. Als er schwieg, wusste ich, dass er meine Sorge allmählich ernst nahm. Schließlich fragte er: »Kann ich irgendwas tun?«

Ich dachte: Kannst du die Uhr drei Monate zurückdrehen? Kannst du dir Flügel wachsen lassen und mich heute Abend hier herausfliegen? Kannst du mich nach Hongkong bringen? Oder nach Amerika? An einen sicheren Ort?

Aber ich sagte: »Ja, ich glaube, eines musst du tun.«

»Alles, wenn ich dir damit helfen kann.«

»Versprich mir was.«

»Was?«

»Wenn du heute aus diesem Zimmer gehst, glaube ich nicht, dass wir uns wiedersehen …«

»Das kommt nicht in Frage«, fiel er mir ins Wort.

»Hör mir zu! Bitte, hör mir ausnahmsweise einfach nur zu.«

»Na gut. Sprich weiter.«

»Versprich mir bitte, dass du, wenn ich morgen nicht hier bin, nicht nach mir fragst und mich nicht suchst. Wenn doch, bringst du uns beide in nur noch größere Schwierigkeiten. Du musst mir versprechen, dass du keine Fragen stellst, sondern mich einfach vergisst.«

»Das ist unmöglich! Das kannst du nicht von mir verlangen.«

»Versprich es mir! Mehr verlange ich gar nicht. Eines Tages wirst du es verstehen. Glaub mir, es ist die einzige Möglichkeit, dich zu retten. Vergiss, dass du mir je begegnet bist. Vergiss alles, worüber wir gesprochen haben. Streite alles ab. Lass meine Briefe verschwinden. Zerreiß meine Fotos. Denk nie wieder an mich.« Ich fing an zu weinen.

»Ich verstehe dich nicht, Meihong.«

»Du hilfst mir damit. Wenn jemand fragt, ob du mich kennst, sag nein. Sprich nie wieder meinen Namen aus. Vielleicht komme ich dann davon.«

»Das ist doch verrückt.«

»Nein. Das ist China. So etwas passiert ständig. Du verstehst dieses Land einfach nicht.«

»Als wir uns kennen gelernt haben, hast du gesagt, ich verstünde China wie kein anderer Amerikaner.«

»Manchmal irre ich mich eben. Du verstehst es nicht. Ich glaube, du kannst es gar nicht verstehen. Menschen mit Rückflugticket und blauem Pass können das Land verlassen, wann sie wollen. Sie können entkommen. Sie leben in einer anderen Welt. Ich habe Fehler gemacht, schlimme Fehler, da bin ich sicher. Ich gebe dir mein Wort, wenn du mich vergisst, werde ich dich niemals vergessen. Das ist die einzige Möglichkeit.«

»Das ergibt keinen Sinn.«

»Versprich es mir, bitte! Wenn dir etwas an mir liegt, musst du es mir versprechen.«

Nach langem Schweigen sagte er: »In Ordnung, ich verspreche es.«

Ich weinte, und weil wir die Gesichter aneinander schmiegten, liefen meine Tränen über seine Wange.

Er wischte sie mit dem Handrücken ab, nahm ein dünnes Silberkettchen ab, das er am Handgelenk trug, und flüsterte: »Jetzt bist du dran. Du musst mir auch was versprechen.«

Er legte mir das Armband um und schloss es sorgfältig. »Meine Töchter haben es mir geschenkt, bevor ich hierher kam, damit ich immer an sie denke, wenn ich es sehe. Sie sagten, es würde mir Glück bringen, und das stimmt. Ich habe dich gefunden. Jetzt sollst du es tragen, damit es dir Glück bringt. Du brauchst es jetzt mehr als ich.«

»Das kann ich nicht annehmen – es ist von deinen Töchtern!«

»Doch. Sie werden es verstehen. Sie würden wollen, dass du es bekommst. Aber es ist nur geliehen. Ich möchte, dass du es mir irgendwann zurückgibst. Wenn alles wieder in Ordnung ist und du keine Angst mehr hast und wir nicht mehr flüstern müssen und du dich sicher fühlst, dann gibst du es mir wieder. Versprichst du mir das?«

»Du verstehst mich nicht. Wir werden uns nie mehr wiedersehen.«

»Ich glaube, du irrst dich.«

»Ich glaube nicht.«

»Vielleicht hast du Recht. Aber ich bezweifle es. Das geht vorüber. In einer Woche lachen wir darüber. Denk daran, dass ich das gesagt habe. Aber jetzt versprich es mir.«

»Gut«, sagte ich. »Ich verspreche es. Eines Tages gebe ich es dir wieder.« Ich glaubte nicht daran, aber ich sagte es, weil er es hören wollte.

»Ich weiß, dass ich dich morgen beim Frühstück sehen werde. Aber dann will ich das Armband noch nicht zurück«, lachte er.

»Sind eigentlich alle Amerikaner so wie du? Könnt ihr alle die Wirklichkeit nicht sehen?«

»O Gott, das hoffe ich doch sehr!« Er strahlte mich an.

Eines der Dinge, die ich an diesem Mann liebte, war seine Fähigkeit, in fast jeder Situation die Möglichkeit eines schlechten Ausgangs einfach abzutun. Er rechnete fest damit, dass alles gut würde. Er hatte in amerikanischen Spielfilmen zu viele Happyends gesehen und glaubte mittlerweile daran. In China glauben wir nicht an solchen Unsinn. Wenn es ein Happyend gibt, sind wir verwundert.

Ich nahm seine Hand und flüsterte: »Du gehst jetzt besser. Es macht einen schlechten Eindruck, falls jemand kommt.«

»OK. Bis morgen«, sagte er, ging an die Tür, drückte langsam, um kein Geräusch zu machen, die Klinke nach unten und spähte durch einen Spalt hinaus, um zu sehen, ob jemand im Flur war. Mit erhobenem Daumen zeigte er mir, dass die Luft rein war. Dann zwinkerte er mir sorglos zu und sagte tonlos »Bye-bye«. Ich zwang mich zu einem Lächeln und hielt mein Handgelenk mit seinem Armband hoch. Er nickte lächelnd, dann ging er hinaus und schloss die Tür hinter sich.

Ich schlug mein Geschichtsbuch wieder auf und las immer wieder dieselbe Seite. Schließlich gab ich es auf und warf das Buch auf den Boden. Ich betrachtete das Armband, ließ es durch meine Finger gleiten und betete stumm.

Das laute Klingeln meines Telefons schrillte wie eine Sirene in der Stille meines Zimmers. Ich nahm den Hörer ab und hörte den Pförtner sagen: »Frau Xu, hier ist Besuch für Sie. Können Sie herunterkommen?«

Meine Freundin von der Universität Nanyang, dachte ich. Ich hatte sie schon fast vergessen. »Ich komme sofort.« Wir mussten Besucher an der Pforte abholen und ihre Ankunftszeit abzeichnen, da für die Behörden genau Buch geführt wurde, wer das Gebäude betrat und verließ. Die Bewohner hatten Ausweise, aber alle anderen mussten sich registrieren lassen.

Ich schlüpfte in meine Sandalen, zog aber keine Jacke an, da ich ja nur kurz hinaus wollte.

Ich lief die Treppe hinunter und winkte in der Eingangshalle zwei amerikanischen Studentinnen zu, die sich in der Nähe der Tür unterhielten. Als sie merkten, dass ich nach draußen wollte, warnte mich eine: »He, Xu Meihong, was hast du vor? Es friert draußen. Zieh dir lieber eine Jacke an, sonst holst du dir noch den Tod.«

Lachend erwiderte ich: »Es ist noch nicht an der Zeit zu sterben. Ich bin gleich zurück.«

Als ich die große Tür aufstieß, kamen mir zwei Chinesen entgegen, die ich nicht kannte. Ich fand es merkwürdig, dass sie ohne Begleitung ins Studienzentrum kamen. Als ich mich noch einmal flüchtig nach ihnen umsah, bemerkte ich, dass sie hinter der Tür standen, mich anschauten und miteinander sprachen.

Ich lief über die betonierte Einfahrt zum Haupttor. Der alte Pförtner stand in seiner Loge und las die *Volkszeitung.*

»Wo ist mein Besuch?«, fragte ich.

Er schaute verwirrt über die Schulter. »Ich weiß nicht. Vor einer Minute war er noch da.«

»Ich warte hier«, sagte ich und wunderte mich, dass meine Freundin so plötzlich verschwunden war, obwohl sie wusste, dass ich auf dem Weg nach unten war.

Eine Weile wartete ich in der Pförtnerloge. Da ich fror, trat ich ungeduldig aus dem Tor und schaute zu beiden Seiten auf den Bürgersteig. Es hatte wieder angefangen zu schneien. Meine Freundin war nicht zu sehen. Dann bemerkte ich ein Militärfahrzeug, das ein paar Meter vom Tor entfernt am Straßenrand parkte. Am Kennzeichen erkannte ich, dass es von unserem Institut war. Der Motor lief, und die blaugrauen Auspuffgase stiegen in die kalte Luft. Dunkle Vorhänge waren vor die Rückfenster gezogen. Sobald ich den Wagen bemerkt hatte, öffnete sich auch schon die Beifahrertür und Major Song, ein Offizier meines Instituts, stieg aus. Ich war überrascht, ihn hier zu sehen.

»Herr Major?«, rief ich ihm zu. »Was machen Sie denn hier?«

»Ich soll Sie ins Institut bringen«, erklärte er und kam auf mich zu. »Dort findet eine Sitzung statt, an der Sie teilnehmen müssen. Es ist wichtig. Sehr wichtig.«

Ich betrachtete ihn prüfend. Er wirkte finster und unsicher.

»Gut, eine Minute«, sagte ich. »Ich wollte gerade eine Freundin hier abholen. Ich möchte nur eben eine Nachricht für sie hinterlassen und mir einen Mantel holen.«

»Wir haben keine Zeit«, erklärte er und packte mich leicht am Arm. »Im Wagen liegt ein Mantel für Sie.«

Plötzlich wurde mir übel. Ich wusste, dass er log. Als ich mich bewegte, wurde sein Griff fester. Ich spürte seine Nervosität und hatte plötzlich Mitleid mit ihm. Mir war klar, dass man ihm keine Wahl gelassen hatte. Wir waren gute Bekannte und Kollegen, und er hatte den offiziellen Auftrag, mich in den Wagen zu schaffen und irgendwohin zu bringen. Das hatte ich schon oft erlebt. Wer eignete sich besser, jemanden still und unauffällig aus einem Zimmer oder Gebäude zu holen, als ein guter Freund oder Bekannter? Wir beim Geheimdienst hatten Übung in Doppelzüngigkeit. Betrug war für uns etwas Alltägliches geworden.

Als mir klar wurde, dass die Falle zuschnappte, schämte ich mich für uns beide.

Major Song öffnete die hintere Seitentür des Wagens und befahl mir einzusteigen. Flüchtig dachte ich daran, mich loszureißen und wegzulaufen, aber dafür war es zu spät. Es gab keinen Ort, an dem ich mich hätte verstecken können. Nicht mehr.

Bevor ich einstieg, warf ich einen letzten Blick auf das Studienzentrum, um zu sehen, ob uns jemand von den Fenstern der oberen Stockwerke aus zusah. Aber es gab keine Zeugen, keine vertrauten Gesichter. Der Pförtner versteckte sich in seinem Häuschen hinter seiner Zeitung.

Major Song setzte sich neben mich, verriegelte die Tür und forderte den Fahrer auf loszufahren. Dieser richtete seinen Rückspiegel so aus, dass er mich besser sehen konnte. Ich kannte ihn. Er hatte mich schon öfter vom Institut zum Zentrum gefahren und sich dabei mit mir unterhalten. Aber das schien lange her zu sein. Als ich ihn im Rückspiegel sah, fand ich in seiner Miene keine Freundlichkeit, kein Wiedererkennen. Er sah mich fast verächtlich an. Ich starrte ihm herausfordernd in die Augen, bis er den Blick abwandte.

Der Wagen fuhr nur einen halben Block weiter und hielt dann an der Einmündung einer Seitenstraße. Hinter einer Mauer kamen zwei uniformierte Männer hervor, die ich vom Institut kannte: Oberst Meng Fan Yan, der im Institut für Sicherheitsfragen zuständig war, und sein Adjutant, ein Hauptmann. Beide waren bewaffnet, und der Oberst trug eine Sonnenbrille, obwohl es bereits Spätnachmittag war. Er setzte sich auf den Beifahrersitz, während der Hauptmann hinten einstieg, so dass ich zwischen ihm und Major Song saß.

Als der Fahrer aufs Gaspedal trat, hörte ich, wie die Reifen auf dem glatten Boden durchdrehten, bevor wir davonschossen.

Ich wusste genau, was hier vorging. Solche »Extraktionen« hatte ich schon miterlebt. Man holte einen Verdächtigen ab, meist nachts, wenn es keine Zeugen gab. Wie lautete die alte Regel?

Wir planen am Tag und handeln nachts. Der ungewöhnliche Zeitpunkt in meinem Fall hatte mich überrumpelt. Die beiden Männer, denen ich am Eingang des Studienzentrums begegnet war, gehörten wahrscheinlich dem Staatssicherheitsdienst an und durchsuchten jetzt mein Zimmer. Es war beinahe komisch. Die Amerikanerinnen hatten Recht: Ich war ohne Jacke nach draußen gegangen und hatte mir den Tod geholt.

Plötzlich klangen die Angst und die Anspannung ab, die seit Tagen in mir gewachsen waren, und ich fühlte mich, als sei mir eine Last von den Schultern gefallen. Das beklommene Gefühl in meiner Brust verschwand. Es gab nichts Unbekanntes, nichts Rätselhaftes mehr zu fürchten. Stattdessen empfand ich eine gewisse Resignation, nahm die Dinge hin, wie sie waren, und erkannte plötzlich, was die Signale in der Vergangenheit zu bedeuten hatten. Ich fühlte mich stark und sogar ein bisschen trotzig.

Ich betrachtete die vorüberziehenden Häuser und die Menschen, die über die verschneiten Bürgersteige stapften oder stoisch auf kalte, überfüllte Busse warteten. Ich lauschte auf das Knirschen der Reifen auf der Straße, als wir durch die Stadt und die Vororte aufs Land hinaus fuhren. Die anderen im Wagen waren stumm wie seelenlose Roboter.

Mir war klar, dass jeder dieser Männer nicht nur einen ausführlichen Bericht über die Vorgänge dieses Tages schreiben (die dann an höherer Stelle miteinander verglichen und mit Einzelbefragungen erhärtet werden würden), sondern auch mit Freunden darüber reden würde. Ich wusste, dass sie mein Verhalten genau beobachten, sich jedes Wort von mir merken und sich mit anderen darüber lustig machen würden. Ich wollte nicht, dass sie über mich lachten, weil sie die Angst in meinem Gesicht gesehen oder in meiner Stimme gehört hatten. Falls ich heute Nacht sterben sollte – und das war durchaus möglich –, würde ich nicht um Gnade oder Mitleid betteln. In Erzählungen, Filmen und Theaterstücken hatte ich das jämmerliche Verhalten verurteilter Gefangener beobachtet, die alles versprachen, um ihre eigene Haut zu retten, und noch flennten und bettelten, bis ein Pistolenschuss sie zum Schweigen brachte. Wenn man sich hinterher lautstark über ihre späte Reue und ihre Beteuerungen lustig machte, klangen ihre letzten Worte beinahe obszön. So wollte ich nicht enden.

Ich musste daran denken, dass mein Leben diesen Männern nichts bedeutete. Wenn sie den Befehl erhielten, mich zu erschießen, würden sie es ohne Zögern tun. Ich war fest entschlossen, mich nicht zu entschuldigen, nicht zu betteln und nicht zu weinen, ganz gleich, was sie mit mir machten. Ich musste die Kraft aufbringen, meine Gefühle zu beherrschen.

Schließlich bogen wir in die Einfahrt zu einer Kaserne. Sie war von hohen Mauern mit Stacheldraht umgeben. Vor dem Tor standen vier bewaffnete Wachen, die sofort Haltung annahmen, als sie unseren Wagen kommen sahen. Offenbar hatten sie uns erwartet. Der Oberst öffnete sein Seitenfenster und reichte einem von ihnen ein Schriftstück. Der Soldat warf einen Blick auf das Dokument, dann auf mich und öffnete gemeinsam mit seinen Kameraden das Tor.

Langsam fuhren wir über einen unbeleuchteten Exerzierplatz, vorbei an mehreren dunklen Baracken, bis wir an eine erleuchtete Baracke kamen. Die Männer stiegen aus dem Wagen. Major Song packte mich am Handgelenk und zog mich hinaus. »Wir sind da«, sagte er.

In der Baracke warteten mehrere Wachen, die offensichtlich erleichtert waren, als sie uns sahen. Sie umringten mich und führten mich einen langen, dämmrigen Gang entlang in ein Zimmer am anderen Ende des Gebäudes.

An der Decke leuchtete eine nackte Glühlampe, die Fenster waren mit Zeitungen verklebt, die Einrichtung bestand aus vier Feldbetten.

Drei weibliche Soldaten, die im Zimmer gewartet hatten, nahmen Haltung an. Als sie mich sahen, zeichnete sich in ihren Mienen Überraschung ab. Wir waren uns schon begegnet, zwei der Frauen kannte ich sogar mit Namen. Die Älteste von ihnen war Major Li Xia, mit der ich schon mehrmals zusammengearbeitet hatte. Als unsere Blicke sich begegneten, wirkte sie kalt und unfreundlich.

Auch die jüngste der Bewacherinnen kannte ich, eine junge Frau namens Xiao Zhang, die in der Telefonzentrale des Instituts arbeitete. Sie starrte mich entsetzt an, bis sie bemerkte, dass ich sie zaghaft anlächelte, dann schaute sie errötend zum Oberst.

Er deutete auf das Bett, das am weitesten von der Tür entfernt stand, und befahl mir, mich zu setzen. Dann ging er mit Li Xia hinaus auf den Flur. Als sie draußen waren, nickte ich Xiao Zhang und der anderen Wache zu, die offensichtlich nervös war, weil sie jetzt mit mir allein waren.

»Hat eine von euch vielleicht eine Jacke für mich?«, fragte ich. »Ich friere.«

Sie sahen sich an, schüttelten den Kopf und starrten unruhig zur Tür.

Nach einer Weile kamen der Oberst und Li Xia wieder herein. Müde, wütend und frierend blieb ich auf dem Bett sitzen.

»Hier werden Sie erst einmal bleiben«, teilte der Oberst mir mit. »Versuchen Sie nicht, das Zimmer ohne Begleitung zu verlassen. Versuchen Sie nicht, sich der Tür oder den Fenstern zu nähern. Das würde Ihre Lage nur noch verschlimmern. In diesem Zimmer ist Li Xia zuständig. Wenn Sie etwas zu sagen haben, wenden Sie sich an sie. Je kooperativer Sie sich zeigen, umso schneller sind alle wieder zu Hause.«

»Stehe ich unter Arrest?«, fragte ich.

»Das werden Sie zu gegebener Zeit erfahren.«

»Warten Sie!«, protestierte ich. »Wenn ich nicht unter Arrest stehe, habe ich das Recht, mich frei zu bewegen. Ich habe das Recht, dieses Zimmer und diese Kaserne zu verlassen, wann ich will. Muss ich Sie daran erinnern, dass ich ebenfalls Offizier der Volksbefreiungsarmee bin, Herr Oberst? Sie können mich nicht gegen meinen Willen festhalten, wenn ich nicht offiziell unter Arrest stehe.«

Der Oberst sah mich an, als wolle er sich vergewissern, ob ich es ernst meine und ob ich noch ganz bei Verstand sei. »Richtig«, sagte er schließlich. »Sie sind in der Armee. Sie haben Ihren Vorgesetzten zu gehorchen. Bleiben Sie hier und tun Sie, was ich Ihnen sage. Ruhen Sie sich aus.«

Im Hinausgehen drehte er sich noch einmal um. Diesmal machte er keinen Hehl aus seiner Wut. »Und halten Sie den Mund, bis Sie gefragt werden, Xu Meihong. Das spart uns allen Zeit und bewahrt Sie vor erheblichen Unannehmlichkeiten.«

Die Arroganz und die Verachtung in seinem Ton trafen mich. Er behandelte mich nicht mehr wie eine Offizierin, Kollegin oder Bekannte, sondern wie eine Gefangene. Er funkelte mich noch einmal wütend an, dann machte er auf dem Absatz kehrt und schloss die Tür hinter sich.

Li Xia schloss die Tür mit einem Schlüssel ab, den sie am Gürtel trug, dann drückte sie noch einmal prüfend auf die Klinke und bedachte mich mit einem warnenden Blick, als wolle sie sich vergewissern, dass mir die verschlossene Tür nicht entgangen war.

Li Xia las Zeitung, die beiden anderen Frauen beobachteten mich oder starrten gedankenverloren ins Leere. Meine Gedanken schweiften ab. Ich brauchte eine Jacke oder einen Pullover, wollte aber nicht noch einmal danach fragen.

Ich hatte früher häufig gefroren; schließlich kam ich vom Land und konnte einiges aushalten, ohne zu klagen. Falls das Teil ihrer Zermürbungstaktik sein sollte, wollte ich diese Prüfung bestehen.

Ich dachte an den Amerikaner. Würde er sein Versprechen halten und mich vergessen? Hatte er meine Briefe vernichtet? Was tat er wohl gerade? Suchte er mich, um zu hören, ob es mir besser ginge? Glaubte er immer noch, dass alles in Ordnung sei und es ein Happyend geben würde? Würde er mich beim Frühstück vermissen?

Ich tastete nach dem Silberarmband an meinem Handgelenk und ließ es durch meine Finger gleiten.

Kapitel 3

Wahre Lügen

»Politische Sprache – und das gilt mit Abwandlungen für alle politischen Parteien von den Konservativen bis hin zu den Anarchisten – zielt darauf ab, Lügen wahr und Mord ehrenhaft erscheinen zu lassen und bloßem Wind den Anschein von Solidität zu geben.«

George Orwell

I

Ich beschloss, jede Anschuldigung zu bestreiten. Auf die Wahrheit durfte ich mich zu meiner Verteidigung nicht verlassen, denn da die Wahrheit in China selten tatsächlich wahr ist, konnte sie mich nicht retten.

Die Kommunistische Partei Chinas bestimmt, was wahr ist und was nicht. Parteikader mögen zwar behaupten, sie wollten anhand der Fakten die Wahrheit herausfinden, in Wirklichkeit sind sie jedoch nur an Fakten interessiert, die eine von der Partei festgelegte Wahrheit bestätigen. Notfalls erfinden sie diese Fakten.

Wenn in China jemand eines Verbrechens beschuldigt wird, gilt er bis zum Beweis seiner Unschuld als schuldig. Nach einer Verhaftung die eigene Unschuld zu beteuern bedeutet daher eine Beleidigung und Herausforderung für die Parteimaschinerie und verschlimmert eher die Lage des Beschuldigten, als ihn zu entlasten.

Wenn das System wie erwartet funktioniert, ist eine Verhaftung das Vorspiel zu einem Geständnis. Wer sich anfangs weigert, wird mit aller Wahrscheinlichkeit später dazu gezwungen, ein Geständnis abzulegen und mit den Behörden zu kooperieren. Angeblich geschieht das zum Wohle des Beschuldigten, der letztlich gezwungen wird, der Wahrheit ins Gesicht zu sehen. Gerichtsverhandlungen sind lediglich Schauprozesse, bei denen einem eingeschüchterten und reumütigen Übeltäter die Anklagepunkte verlesen und das Urteil verkündet wird. Seine Fehler einzugestehen, sich zu entschuldigen und die Namen der Komplizen zu nennen sind die obligatorischen ersten Schritte auf dem Weg zur Rehabilitierung.

Ich schlug einen ganz anderen Weg ein.

II

Nachdem ich etwa eine Stunde schweigend mit meinen Bewacherinnen dagesessen war, merkte ich, dass mir vor Hunger der Magen knurrte. Wenn ich einen klaren Kopf bewahren wollte, brauchte ich unbedingt etwas zu essen.

An Li Xia gewandt rief ich: »Meldung!«, um Sprecherlaubnis zu bekommen. »Ich habe Hunger und Durst. Ich möchte etwas zu essen und heißes Wasser.«

Die drei Frauen sahen mich an und tuschelten dann aufgeregt miteinander, als sei meine Bitte verdächtig.

Schließlich sagte Li Xia: »Noch nicht.«

Also setzte ich mich wieder auf das Bett und versuchte, mich warm zu halten und meinen hungrigen Magen zu ignorieren.

Nach etwa einer halben Stunde hörten wir Schritte auf dem Gang. Als es klopfte, öffnete Li Xia die Tür.

Der Oberst und seine Adjutanten kamen herein, und die drei Bewacherinnen standen auf und salutierten. Weil ich fürchtete, vor Hunger und Kälte das Gleichgewicht zu verlieren, falls ich mich zu schnell bewegte, stand ich ganz langsam auf.

Als ich salutierte, sah ich dem Oberst unverwandt in die Augen. Obwohl mir plötzlich schwindelig wurde und ich mich am Bett festhalten musste, wandte ich den Blick nicht von ihm. Ohne Einleitung las er mit schriller, durchdringender Stimme ein Dokument vor, das er in Brusthöhe vor sich hielt. »Im Namen der obersten Führung der Volksbefreiungsarmee in Bejing teile ich Ihnen, Oberleutnant Xu Meihong, mit, dass Sie erstens beschuldigt werden, die Staatssicherheit gefährdet zu haben, und zweitens den Befehl erhalten, umfassend mit uns zusammenzuarbeiten oder anderenfalls die Folgen zu tragen. Sie wissen, welche Konsequenzen das hat?«

Ich antwortete nicht.

Plötzlich änderte er sein Verhalten. Von einem Augenblick zum nächsten verwandelte er sich vom strengen Ankläger in den väterlichen Offizier. Er reichte das Dokument einem seiner Adjutanten und fragte: »Möchten Sie etwas dazu sagen, Meihong?«

Seine unvermittelte Freundlichkeit ließ mich für einen Moment glauben, dass er Verständnis für meine missliche Lage hätte. »Das ist ein Irrtum, Herr Oberst«, erklärte ich. »Ich weiß nicht, weshalb ich hier bin. Die Anschuldigung gegen mich ist absurd. Sie wissen, dass ich die Staatssicherheit niemals gefährden würde. Jemand muss Lügen über mich verbreitet haben.«

Enttäuscht, dass ich auf seine Freundlichkeit nicht einging, sah er mich ein Weilchen prüfend an und sagte dann in förmlicherem Ton: »Das hier ist keine Übung. Es liegt kein Irrtum vor. Sie haben ein schwer wiegendes Verbrechen begangen. Deshalb sind wir alle heute Abend hier. Wir haben Befehle von höchster Stelle. Lassen Sie uns also tun, was getan werden muss, und zwar so schnell wie möglich. Wir erwarten, dass Sie mit uns kooperieren.«

»Das ist ein Irrtum, Herr Oberst«, beharrte ich. »Wenn Sie mich noch länger hier festhalten, bringen Sie sich und diese Offiziere in eine heikle Lage, davon bin ich überzeugt.«

Der Oberst wurde puterrot vor Ärger darüber, dass ich mich weder zerknirscht noch kooperativ zeigte. »Offenbar ist Ihnen der Ernst der Lage nicht klar«, sagte er. »Das ist schade. Aber es überrascht mich nicht. Ich will die Vorwürfe noch einmal wiederholen, damit Sie sich ihrer Schwere bewusst werden: Sie haben die Staatssicherheit gefährdet. Wissen Sie, was das heißt? Sie haben Ihr Land verraten. Das ist Hochverrat. Begreifen Sie jetzt, welche Konsequenzen Ihr Verhalten hat?«

»Vergessen Sie nicht, dass es sich lediglich um eine Anschuldigung handelt«, erinnerte ich ihn.

»Lassen Sie uns kooperieren«, riet er mir. »Lassen Sie uns heute Abend die Wahrheit herausfinden. Es besteht ja vielleicht die Möglichkeit, dass die Vorwürfe gegen Sie unberechtigt sind. Das ist zwar unwahrscheinlich, aber Irrtümer kommen manchmal vor. Sie können uns helfen, den Irrtum aufzuklären.« Sein Lächeln war falsch.

Mit sanfterer Miene erinnerte er mich: »Ich habe Sie aufwachsen sehen. Ich kenne Sie, seit Sie mit siebzehn Jahren an das Institut gekommen sind. Ich weiß alles über Sie – alles. Sie sind eine gute Soldatin und eine Patriotin.«

Angesichts der Beschuldigungen, die er mir gerade vorgelesen hatte, wirkten seine gespielte Sorge, sein Mitgefühl und die sentimentalen Erinnerungen wie reine Ironie. Doch wie die meisten Kader in China besaß auch der Oberst keinerlei Sinn für Ironie. Er hatte nicht einmal eine Ahnung davon, was dieses Wort bedeuten könnte.

»Denken Sie darüber nach, was Sie getan haben, im Laufe des Abends können Sie mir dann alles erzählen. Morgen können Sie dann zu Ihren Studien am Zentrum zurückkehren«, versprach er und verließ mit einer abrupten Kehrtwende das Zimmer. Li Xia ging mit den Männern hinaus und erhielt hinter geschlossener Tür Anweisungen vom Oberst. Ich verstand nur hier und da ein Wort, bevor sie zusammen weggingen. Nach kaum einer Stunde kam Li Xia mit mehreren Schalen Reis und Gemüse und einer großen Thermoskanne mit heißem Wasser zurück. Über ihrer Schulter hingen eine Uniformjacke und eine dünne Decke. Wortlos warf sie beides auf mein Bett.

Die anderen aßen heißhungrig, während ich nur einige Bissen lauwarmen Reis hinunterbrachte, da die Worte des Obersts mir den Appetit verdorben hatten. Schließlich stellte ich die Schale und die Essstäbchen auf den Boden, goss mir einen Becher heißes Wasser ein und wärmte mir daran die Hände.

Nach dem Essen beschwor ich eine Krise herauf, als ich Li Xia erklärte: »Meldung! Ich muss austreten.«

An diese Möglichkeit hatte offenbar niemand gedacht.

»Was?«, fragte sie fassungslos.

»Ich muss pinkeln.«

Sie sprang auf und schaute sich im Zimmer nach einem Eimer oder Nachttopf um. Es gab keinen. Sie rüttelte Xiao Zhang wach und teilte ihr mit, dass ich mal musste. Sie schaute mich beeindruckt an, als sei das etwas ungemein Exotisches. Li Xia ging hinaus und kam mit dem Oberst wieder.

»Sie müssen zur Toilette?«, fragte er mich.

»Ja, dringend.«

»Gibt es hier keinen Eimer?«, fragte er Li Xia.

»Nein, Herr Oberst, es tut mir sehr Leid«, entschuldigte sie sich ängstlich für dieses Versäumnis.

Er rief seine Adjutanten. Offenbar hatte man sie aus dem Schlaf geholt, und sie waren keineswegs erfreut darüber. Dann eskortierten mich die drei Frauen und drei Männer im Marschschritt aus dem Gebäude. Der Oberst ging mit einer Taschenlampe voran. Die drei Frauen gingen mit mir in die ummauerte Gemeinschaftslatrine, die nur aus vier Wänden und einem Betonboden bestand. Obwohl sie nach oben offen war, stank es. Langsam tasteten wir uns durch die Dunkelheit zu einer langen Betonrinne mit Löchern vor.

Ich wartete, dass sie mich allein ließen, aber meine Bewacherinnen blieben neben mir stehen und Li Xia befahl: »Mach schon!«

»Ich brauche Papier«, antwortete ich. Daran hatte man zum Glück gedacht, denn Xiao Zhang reichte mir ein serviettengroßes Stück Zeitungspapier.

»Könnte ich bitte allein sein?«, fragte ich.

Sofort schnauzte Li Xia: »Nun mach schon! Wir frieren.«

Als wir wieder im Zimmer waren, knöpfte ich meine Uniformjacke bis zum Hals zu und wickelte mich in die dünne Baumwolldecke. An die Wand gelehnt schlief ich schließlich für ein paar Minuten ein. Doch ich fuhr auf, sobald eine der Frauen aufstand, hin- und herging oder die Zeitung umblätterte.

III

Noch vor Tagesanbruch klopfte es. Der Adjutant des Obersts brachte mich in ein Zimmer am anderen Ende des Flures.

Das Vernehmungszimmer war klein und ebenfalls nur von einer nackten Glühlampe beleuchtet. In der Mitte stand ein kleiner Tisch mit vier Stühlen. Vor die Fenster waren schwere Vorhänge gezogen. Der Oberst saß am Tisch, die beiden Adjutanten an den Schmalseiten neben ihm, und ich musste mich ihm gegenüber setzen. Auf dem Tisch lag ein dicker grüner Ordner und in einer Ecke der Tischplatte stand ein tragbarer Kassettenrekorder, dessen rotes Licht abhängig von den Geräuschen im Zimmer heller und dunkler wurde. Der Hauptmann zückte einen Block, um alles mitzuschreiben, was gesagt wurde.

Der Oberst sah mich über den Tisch hinweg an und begann dann mit dem Verhör. »Ihr Name?«

»Mein Name? Sie kennen doch meinen Namen, Herr Oberst. Wir haben lange zusammengearbeitet. Wir sind gute Bekannte«, sagte ich laut, weil ich das im Protokoll haben wollte. »Daran haben Sie mich doch gestern Abend noch erinnert.«

Mein Sarkasmus überrumpelte ihn. Die Beziehung zwischen zerknirschter Gefangener und fähigem, überlegenem Verhörendem war erschüttert.

»Das ist eine offizielle Vernehmung. Beantworten Sie die Fragen, die ich Ihnen stelle«, fuhr er mich an.

»Haben Sie mir nicht gestern Abend erst gesagt, dass Sie alles über mich wissen?«, fragte ich. »Dann vergeuden wir doch die Zeit nicht mit Formalitäten, Herr Oberst.«

Offensichtlich verärgert über meine Antwort formulierte er seine Frage um: »Also, Sie heißen Xu Meihong, stimmt das?«

Ich atmete tief durch, um mich zu beruhigen, und sagte dann leise: »Ja. Ich bin Oberleutnant Xu Meihong von der Volksbefreiungsarmee der Volksrepublik China.«

»Wo sind Sie geboren, wie heißen Ihre Eltern und welchen Beruf haben sie?«

»Was spielt das für eine Rolle?«

»Verdammt!«, schrie er und schlug mit der flachen Hand auf den Tisch. »Beantworten Sie die Fragen, die ich stelle. Ich stelle hier die Fragen, nicht Sie. Sie haben gestern Abend Essen und heißes Wasser bekommen, Sie waren auf der Toilette – das haben Sie nur meiner Nachsicht zu verdanken. Ich kann anordnen, dass Sie kein Essen mehr bekommen. Von mir aus können Sie sich von jetzt an in die Hose machen. Das liegt ganz bei Ihnen. Begreifen Sie denn nicht, dass ich Ihnen nur helfen will? Beantworten Sie die Fragen, die man Ihnen stellt, und ersparen Sie sich und Ihrer Familie unnötiges Leid.«

Er hielt es für erforderlich, mich daran zu erinnern, dass für schwere Vergehen nicht nur der Beschuldigte leiden musste. Seit Jahrhunderten werden in China zur Abschreckung auch die Familie und die Freunde des Beschuldigten bestraft. In einem Land, in dem es wie selbstverständlich kein Privatleben gibt, ist genauso selbstverständlich auch die Strafe keine Privatangelegenheit.

»Ich bin in der Provinz Jiangsu geboren«, antwortete ich. »In Lishi bei Danyang.«

»Ihr Geburtsdatum?«

»6. Dezember 1963.« Ich ging auf den monotonen Rhythmus der Befragung ein, beantwortete jede Frage, die mir gestellt wurde, wartete ab und achtete genau auf die Fallen, die der Oberst mir stellte.

Jede halbe Stunde klickte der Kassettenrekorder und schaltete sich ab. Dann drehte der Oberst die Kassette um oder legte eine neue ein, während wir schweigend zuschauten. Wir waren Sklaven des Rekorders, der Partei und des von ihr vorgeschriebenen Verfahrens.

Wenn ich sprach, wirkten die Männer interessiert, als ob nicht alles schon in meiner Akte stünde.

Als der Oberst meinen Lebenslauf abgefragt hatte, schloss er den Ordner und wechselte in einen Ton, den er offenbar für freundschaftlich hielt. »Gut, Xu Meihong. Jetzt erzählen Sie mir alles über Ihr Leben am Zentrum für chinesisch-amerikanische Studien.«

»Was sollte ich Ihnen über das Zentrum erzählen, was Sie nicht schon wissen? Sie lesen doch die ein- und abgehende Post. Die Telefonleitungen sind angezapft. Sie haben Leute beim Hauspersonal und in der Verwaltung, die Ihnen Bericht erstatten. Sie wissen doch über alles Bescheid, was im Zentrum vorgeht. Was könnte ich Ihnen noch erzählen?«

»Das möchte ich ja gerade herausfinden«, sagte er und bemühte sich um Haltung. »Deshalb sind wir ja hier.«

»Was möchten Sie wissen? Es passiert viel dort. Wo soll ich anfangen? Ich habe nichts zu verbergen«, antwortete ich.

»Nein. Erzählen Sie, was Sie für wichtig halten. Erzählen Sie alles, was Ihnen einfällt.«

»Alles? Gut, Herr Oberst. Ich kam Anfang September 1988 ins Studienzentrum und bekam Zimmer 213. Ich habe drei Kurse belegt, zwei über amerikanische Geschichte und Gesellschaft und einen Konversationskurs in Englisch.«

Ich redete immer weiter über alle erdenklichen Einzelheiten des Alltags am Studienzentrum, die Seminare, die Gespräche, heißes und kaltes Wasser, gutes und schlechtes Essen, Partys, Tanzveranstaltungen, Musik, Filme, Vorträge, Bibliotheksvorschriften, die Heizung, undichte Fenster und schadhafte Wände, Delegationen aus den Vereinigten Staaten und Bejing. Ich ließ nichts aus, so unwichtig es auch sein mochte, Wäsche, Putzdienste, Küchenpersonal, Tischtenniswettkämpfe und rutschige Fußböden.

Als die Kassette zu Ende war, hatte ich über alles und nichts geredet. Meine Schilderungen langweilten selbst mich. Eine neue Kassette wurde eingelegt und der Rekorder wieder auf Aufnahme geschaltet.

Plötzlich stand der Oberst auf, trommelte ungeduldig mit den Fingern auf die Tischplatte und brüllte: »Hören Sie auf! Sie wissen genau, was ich von Ihnen hören will. Sagen Sie es, sofort!«

Ich bemühte mich nach Kräften, ehrlich erstaunt zu wirken. »Herr Oberst, ich weiß nicht, was Sie anderes hören wollen als die Schilderung meines Alltags im Studienzentrum. Wenn Sie es leid sind, mir zuzuhören, sollten wir vielleicht aufhören und nach Hause gehen.«

Seufzend lehnte er sich wieder in seinem Sessel zurück. »Machen Sie weiter.«

»Manchmal gehe ich mit Freunden in ein chinesisches Nudelrestaurant in der Nähe des Studienzentrums. Der Besitzer tauscht Geld für die Amerikaner. Für dieses illegale Privileg besticht er die Polizei. Das Lokal, es heißt Zhou, ist sehr beliebt. Manchmal bleiben wir stundenlang da und unterhalten uns, so wie wir jetzt, nur freundschaftlicher. Sogar Polizisten essen da, aber sie müssen natürlich nichts bezahlen.«

Wie in Zeitlupe beugte der Oberst sich vor und schaltete den Kassettenrekorder aus. Der Hauptmann hörte auf mitzuschreiben. »Gute Nudeln? Erzählen Sie mir nichts von Nudeln. Und Geld interessiert mich auch nicht. Sie wissen genau, weshalb Sie hier sind. Oder sind Sie die Einzige hier im Raum, die das nicht weiß? Wir sind nicht wegen Nudeln hier. Wir sind hier, weil Sie in Schwierigkeiten geraten sind. Wir sind hier, um darüber zu reden, was schief gelaufen ist. Ihre Hinhaltetaktik zieht bei mir nicht. Ihr Mundwerk hat Sie vielleicht ins Verderben gestürzt, aber jetzt kann es Ihre Rettung sein. Haben Sie mich verstanden, Xu Meihong?«

Wir schauten uns lange über den Tisch hinweg an, als wollten wir unsere Willenskraft und Ausdauer aneinander messen. Es herrschte Totenstille. Schließlich schaltete der Oberst den Kassettenrekorder wieder ein.

»Erzählen Sie mir von den Leuten im Studienzentrum.«

»Na ja, die meisten sind nett, bis auf einen: der Verwaltungsassistent des chinesischen Co-Direktors. Er lächelt zwar immer, aber die meisten mögen ihn nicht und misstrauen ihm. Während der Kulturrevolution war er Führer der Roten Garden und hat furchtbare Dinge getan. Er schnüffelt immer noch herum und verlangt sexuelle Gefälligkeiten von den chinesischen Studentinnen und Angestellten.«

»Woher wissen Sie das?«, fragte der Oberst, ohne sich auch nur nach dem Namen des Mannes zu erkundigen.

»Ich habe Augen und Ohren, Herr Oberst.«

»Weiter. Erzählen Sie mir von den Amerikanern, nicht von den Studenten, sondern von den Dozenten. Wie heißen die Dozenten, bei denen Sie Kurse belegt haben?«

Ich nannte den Englischdozenten. Der Oberst war ungerührt. Dann nannte ich weitere Lehrkräfte, bis ich schließlich zu dem Namen kam, auf den er gewartet hatte. Sofort horchte der Oberst grinsend auf. Ich bemühte mich, den Namen emotionslos und unbeteiligt zu nennen.

Bevor ich weiterreden konnte, zog der Oberst ein leeres Blatt aus dem Ordner, schob es mir herüber und sagte: »Schreiben Sie den Namen doch bitte auf.«

Ich schrieb den Namen in Englisch und Chinesisch auf und gab ihm das Blatt zurück. Der Oberst betrachtete es eingehend und reichte es dann grinsend an die anderen weiter.

»Mr. Larry Engelmann. Spricht man das so aus?«

»Ja, ungefähr.«

»Ein deutscher Name.«

»Ursprünglich ja. Seine Familie stammt aus Deutschland. Sie ist vor drei Generationen nach Amerika ausgewandert.«

»Das wissen Sie? Sie kennen die Familiengeschichte? Wie gut kennen Sie diesen Mann?«

»Er ist ein Freund.«

»Ein Freund? Würden Sie sagen, ein *guter* Freund?«

»Ein Freund«, antwortete ich.

Der Oberst suchte in meiner Miene aufmerksam nach Anzeichen, die darauf hindeuteten, dass dieses Thema mir unangenehm sei oder ich kurz vor dem Zusammenbruch stünde. Offenbar erwartete er, dass ich in Tränen ausbräche, ein Geständnis ablegte, um mein Leben bettelte und bereitwillig alles sagte und tat, was er von mir verlangte. Ich richtete mich auf und sah ihm fest in die Augen. Mein Herz pochte so heftig, dass ich fürchtete, er könnte es hören. Als ich unter dem fast höhnischen Blick des Oberst den Namen widerstrebend noch einmal aussprach, kam es mir wie ein Vertrauensbruch vor.

Wir starrten uns gegenseitig nieder wie in einem kindischen Machtkampf. Ich weigerte mich, als Erste den Blick abzuwenden. Nach einer Weile zwinkerte der Oberst, dann grinste er breit, als hätte er in meinen Augen ein Zeichen von Ergebung gelesen. Ich sah ihn weiter unverwandt an, ohne eine Miene zu verziehen.

Schließlich schaute er weg und stellte die nächste Frage: »Wie gut kennen Sie Professor Chu?«

»Sie ist auch eine Freundin. Eine *gute* Freundin. Sie gibt Kurse in Politik und Diplomatie. Sie wissen ja, dass sie wie ich Chinesin ist. Sie ist in Hongkong geboren und spricht fließend Mandarin und Kantonesisch. Wenn wir uns unterhalten, dann immer in Mandarin.«

»Was wissen Sie sonst noch über sie?«

»Ihre Familie stammt ursprünglich aus Nanyang. Mehr weiß ich nicht.«

»Wen kennen Sie sonst noch im Studienzentrum? Von den Amerikanern.«

»Ich kenne alle amerikanischen Dozenten. Das ist nichts Ungewöhnliches. Wir leben im selben Gebäude und essen zusammen in der Mensa. Ich kenne auch die amerikanischen Studenten. Wollen Sie auch etwas über sie hören?«

»Nein, nein.« Er schaltete den Kassettenrekorder aus, lehnte sich zurück und schloss die Augen.

»Das war ganz gut für den Anfang«, sagte er. »Sie haben heute Morgen ein bisschen erzählt, das war hilfreich. Ich denke, wir kommen gut voran.« Ich hatte keine Ahnung, was er meinte. Mit einem Blick auf die Uhr fügte er hinzu: »Sie können jetzt auf Ihr Zimmer gehen und sich ausruhen. Wenn die Mitschnitte dieser Sitzung getippt sind, müssen Sie jede einzelne Seite unterschreiben, um zu bestätigen, dass sie der Wahrheit entsprechen.«

»Ich verstehe.«

Der Oberst gab dem Hauptmann Anweisung, meine Bewacherinnen zu rufen. Als ich aufstand, lächelte er mich kopfschüttelnd an. »Xiao Xu, hören Sie! Es ist sehr wichtig. Man beschuldigt Sie eines schweren Verbrechens, und es gibt stichhaltige Beweise, dessen dürfen Sie sicher sein. Vielleicht gibt es eine Erklärung, die wir hören sollten. Möglicherweise können wir Ihnen dann helfen. Wenn Sie uns erzählen, was im Studienzentrum geschehen ist, können Sie vielleicht dorthin zurück. Bis dahin betrachten Sie das hier als Ihr neues Zuhause.«

Die Frauen hatten geschlafen, während ich verhört wurde. Jetzt besprachen sie leise, wer in einem benachbarten Gebäude das Essen holen sollte. Offenbar hatten sie Anweisung, mindestens zu zweit bei mir im Zimmer zu bleiben und die Tür verschlossen zu halten.

Ich war nicht in der Stimmung zu schlafen, obwohl ich körperlich und seelisch erschöpft war.

Ich ging im Geiste das Verhör noch einmal durch und überlegte, was der Oberst zur Untermauerung der Anschuldigungen gegen mich tatsächlich in der Hand haben mochte.

Da ich immer noch lebte, hatte er offenbar noch nicht die nötigen Beweise und Informationen, nach denen er suchte. Folglich brauchte er ein Geständnis. Aber ich war fest entschlossen, ihm keins zu liefern. Wahrscheinlich suchte er nach Komplizen. Möglicherweise warf er mir ein schweres Verbrechen vor, um mir Angst einzujagen, damit ich ihm im Tausch gegen mein Leben Namen nannte und Informationen gab. Aber auch das wollte ich auf keinen Fall tun.

Ich dachte über seinen Charakter nach. Früher mochte er einmal ein ebenso idealistischer junger Rekrut gewesen sein wie ich, aber das hatte sich mit der Zeit geändert. Als er die Heuchelei und Korruption um sich herum erkannt hatte, hatte er mitgemacht, statt sich dagegen zu wehren, und war schnell aufgestiegen. Er stand für alles, was ich an der Volksbefreiungsarmee und der Partei verabscheute. Seit Jahren wusste ich, wie er Freunde begünstigte, sich Privilegien zunutze machte und um junge weibliche Offiziere herumscharwenzelte.

Wenn das oberste Gebot der Kriegführung lautete, seinen Feind und sich selbst zu kennen, wie Sun Tzu sagte, dann war ich in dieser Konfrontation dem Oberst gegenüber im Vorteil. Denn ich kannte ihn und wusste, was ich wollte. Im Augenblick hatte er mich zwar völlig in der Hand, aber er wusste von mir nur das, was in den Akten stand, und das entsprach mir nicht mehr.

Die Verhöre konnten noch Tage und Wochen dauern und zunehmend länger werden, wenn ich weiterhin standhaft blieb. Im Institut hatten wir Verhörmethoden gelernt und miteinander eingeübt, wie wir einerseits eine Vernehmung führen und andererseits Fragen ausweichen konnten. Grundsätzlich gilt jedoch, dass man jeden Gefangenen dazu bewegen kann, alles zu gestehen. Für jeden gibt es einen kritischen Punkt, der noch weit vor dem Tod liegt. Man muss ihn nur glauben machen, dass sein Tod unmittelbar bevorsteht und nur ein Geständnis und eine kooperative Haltung ihn zu retten vermögen. Ausnahmen von dieser Regel waren nicht der Rede wert, hatte man uns gesagt.

Ich legte mich aufs Bett, wickelte mich fest in die Decke und ließ mir ein Gewirr von Fragen und Strategien durch den Kopf gehen. Ich wollte leben. Aber welchen Preis musste ich dafür zahlen? Wie hoch war er? Wollte ich ihn zahlen, war ich dazu überhaupt fähig? Wie lange würde es dauern, bis ich so weit war? Eine Woche? Einen Monat? Sechs Monate? Wie lange würde ich es schaffen standzuhalten?

Ich betete, dass meine Freunde beim Militär mir rechtzeitig helfen würden. Es gab hochrangige Offiziere, die sich mittlerweile bestimmt Sorgen darüber machten, was ich aussagen würde. Da sie möglicherweise in Gefahr waren, mussten sie versuchen, mich zu finden und zu befreien, bevor es zu einer Katastrophe kam. Oder sie würden versuchen, mich zu eliminieren. Auch das konnte ihrer Sicherheit dienen. Der gegenwärtige Schwebezustand war jedenfalls nicht lange haltbar.

IV

Als es Abend wurde, ging ich ans Fenster und las die Zeitungen, die an der Scheibe klebten. Li Xia kam zu mir und legte mir in der ersten kameradschaftlichen Geste, seit man mich hergebracht hatte, die Hand auf die Schulter. »Wir möchten, dass du uns einen Gefallen tust. Wir wissen, dass dir genauso kalt ist wie uns. Und wir wissen, dass du genauso wenig hier sein willst wie wir. Meine fünfjährige Tochter weint, wenn ich nicht zu Hause bin. Aber ich kann erst nach Hause, wenn das hier geklärt ist. Ich darf sie nicht mal anrufen.«

»Das tut mir Leid, Li Xia«, antwortete ich. »Aber ich bin nicht freiwillig hier. Warum sagst du das nicht dem Oberst? Ich habe hier nichts zu sagen, das weißt du doch.«

»Doch. Du brauchst nur nicht so verstockt und sarkastisch zu sein. Tu, was sie von dir verlangen. Kooperiere mit ihnen. Bitte, tu heute Abend einfach, was sie wollen, dann ist es vorbei und wir können alle gehen.«

Leider hatte sie etwas übersehen, und das sagte ich ihr: »Li Xia, man wirft mir vor, die Staatssicherheit gefährdet zu haben. Ich bin Offizierin. Was glaubst du, was sie mit mir machen, wenn ich zugebe, dass die Beschuldigung der Wahrheit entspricht?«

Sie sah mich wortlos an.

Die beiden anderen Frauen kamen zu uns ans Fenster und die ältere von ihnen sagte: »Li Xia hat Recht. Mein Sohn weiß nicht einmal, wo seine Mutter ist. Mit seinem Vater kommt er nicht gut aus. Ich muss auch nach Hause. Warum tust du uns nicht allen den Gefallen und sagst ihnen einfach, was im Studienzentrum geschehen ist und wer dir die Befehle gegeben hat, dann können wir alle nach Hause. Das muss ja nicht schlecht für dich ausgehen, Xu Meihong.«

»Niemand hat mir Befehle gegeben«, antwortete ich. Ich wusste genau, dass sie jedes Wort weitergeben würden. »Ich habe nichts verbrochen. Aber das glauben sie mir nicht. Sagt dem Oberst, was ihr wollt, nicht mir.«

Auf ein Zeichen der beiden anderen sagte nun Xiao Zhang: »Ich kenne dich aus dem Institut.« Ihre Stimme klang aufrichtig und überzeugend.

»Ich erinnere mich an dich, Xiao Zhang«, antwortete ich.

»Die Kadetten im Institut beneiden dich, sie wollen werden wie du. Weißt du, ich glaube nicht, dass du unser Land verraten hast. Das muss ein Irrtum sein. Warum sagst du ihnen nicht einfach alles und klärst das Missverständnis auf, damit du aus diesem kalten Zimmer herauskommst, weg von dem kalten Essen und dem stinkenden Klo?«

Ich fragte mich, ob man auch ihr vorgeschrieben hatte, was sie sagen sollte. Ich hätte es ihr sogar verzeihen können, denn in ihrem Alter hätte ich wohl auch jede Lüge erzählt, um einen Verräter an der Armee zu überführen. Darin unterschied ich mich nicht von den anderen Kadetten, aber mittlerweile hatte ich mich verändert, sie sich nicht.

Die drei Frauen waren gute Soldaten. Für den Verrat an der Armee würden sie mich jederzeit erschießen. Sie waren dazu ausgebildet, jeden Befehl zu befolgen und für ihr Vaterland zu sterben und zu töten. Wir sind alle Soldaten, dachte ich, deshalb verstehen wir uns. Nur allzu gut.

V

Am nächsten Morgen, dem Morgen des 4. Dezember, wurde ich wieder in das Vernehmungszimmer geführt.

Als ich mich dem Oberst gegenübersetzte, überkam mich eine Welle von Selbstzweifeln und Verletzlichkeit. Ich war mir nicht mehr sicher, wie lange ich dem Wechselbad von Zuckerbrot und Peitsche standhalten würde. Der Oberst schaltete den Kassettenrekorder ein und begann mit seinen Fragen.

»Haben Sie gut geschlafen?«

»Nein.«

»Haben Sie gegessen?«

»Ja.«

»Haben Sie mit den anderen Frauen gesprochen?«

»Nein.«

»Nein?« Meine Antwort überraschte ihn offensichtlich.

»Nein.«

»Haben Sie mir jetzt etwas zu sagen?«

»Nein.«

Schweigend sah der Oberst seine Adjutanten an und schüttelte den Kopf.

»Haben Sie sich gestern Abend gewaschen?«

»Ja.«

»Haben Sie daran gedacht, sich die Ohren zu waschen?«

»Ja.«

»Das glaube ich nicht. Ich glaube, Sie verstehen mich nicht. Ich glaube, Sie hören nicht gut.«

Plötzlich sprang er so wütend auf, dass sein Stuhl mit lautem Gepolter gegen die Wand flog. Er stützte sich auf den Tisch und beugte sich dicht zu mir hinunter. »Ich glaube, Sie haben mich gestern Abend nicht richtig verstanden. Sie sollten sich die Ohren besser waschen.« Er schlug mir mit der flachen Hand so fest ins Gesicht, dass mein Kopf zur Seite flog. Ich schmeckte Blut, meine Augen tränten und meine Ohren dröhnten. Schweigend schaute ich ihm so verächtlich, wie ich nur konnte, in die Augen. Obwohl mir Tränen über die Wangen liefen und ich glaubte, jeden Moment das Bewusstsein zu verlieren und vom Stuhl zu fallen, wandte ich den Blick nicht von ihm ab.

Er hatte einen groben Fehler begangen. In meine bisherige Verachtung mischte sich nun ein tiefer, entschlossener Hass, der mein Selbstmitleid, meine Traurigkeit, meine Verwirrung, mein Bedauern und mein Pflichtgefühl verdrängte. Dieser Hass gab mir Kraft. Ich schaute ihm unverwandt in die Augen, schluckte das Blut hinunter und fand Trost in meinen geheimen Gedanken.

Mein Gesicht brannte.

Langsam ließ der Oberst die Hand sinken, rang um Fassung, hob seinen Stuhl auf und setzte sich wieder.

Sein Wutanfall faszinierte mich. Vermutlich stand er unter Zeitdruck, die Informationen zu beschaffen, die seine Vorgesetzten haben wollten. Ich nahm an, dass meine Freunde beim Militär bereits nach mir fragten, vielleicht hatte doch jemand im Studienzentrum gesehen, wie ich abgeholt wurde. Und wenn meine Freunde und Kameraden nach mir suchten oder mich zu sehen verlangten, hatte der Oberst nicht unbegrenzt Zeit. In diesem Fall standen die Chancen für mich umso besser, je mehr Zeit wir mit Fragen verschwendeten, die in Sackgassen mündeten.

Der Oberst atmete schwer und sah wieder seine Adjutanten an, die über seinen Ausbruch erstaunt schienen. »Verdammt«, brummte er in sich hinein.

Eine Weile herrschte Stille, dann schaltete er den Kassettenrekorder aus und sagte zu seinen Adjutanten: »Bringen Sie sie zurück.« Als ich mich im Hinausgehen noch einmal umdrehte, sah ich, dass er das Band zurückspulte, um den Beweis für seinen Ausrutscher zu vernichten.

An diesem Tag gab es kein Verhör mehr.

VI

Am frühen Morgen des 5. Dezember brachte man mich wieder ins Vernehmungszimmer.

»Kennen Sie diesen Mann?«, fragte der Oberst und schob ein Foto des Amerikaners über den Tisch. Ich kannte das Bild, es war für seinen Ausweis des Studienzentrums in einem benachbarten Fotoatelier aufgenommen worden. Der Staatssicherheitsdienst hatte ebenfalls einen Abzug, ob vom Zentrum oder von dem Fotografen, wusste ich nicht genau. Wenn die Amerikaner ihre Fotos abholten, bezahlten sie jedenfalls, ohne es zu wissen, immer auch die Abzüge für die Behörden mit.

»Ja, das ist Larry Engelmann«, antwortete ich.

»Wie gut kennen Sie ihn?«

»So gut man die Dozenten am Studienzentrum eben kennt.«

»Haben Sie ihm je Briefe geschrieben?«

»Nein.« Der Oberst legte einen dicken Ordner auf den Tisch und schlug ihn auf; ich erkannte meine Handschrift.

»Nein?«

»Nein.«

»Und was ist das?« Er legte mir einige Seiten vor, die aus einem Heft herausgerissen waren.

»Ich habe keine Ahnung. Wahrscheinlich hat jemand meine Schrift gefälscht.«

Er blätterte die Seiten durch, schob sie zusammen mit dem Foto wieder in den Ordner und legte ihn beiseite.

»Hat dieser Ausländer – oder sollte ich sagen: dieser *Amerikaner* – Ihnen je geschrieben?«

»Nein.«

»Sind Sie ganz sicher? Denken Sie nach, bevor Sie antworten.«

»Ich bin mir sicher.«

Es blieb lange still. Der Oberst grinste seine Adjutanten an und schüttelte langsam den Kopf. »Es gibt keinen Grund zu lügen. Wir kennen die Wahrheit. Wir möchten nur, dass Sie sie bestätigen. Sobald Sie aufhören zu lügen, können wir gehen. Verstehen

Sie? Niemand hat diese Briefe gefälscht. Sie stammen aus dem Apartment des Amerikaners und wurden aus Ihrem Heft gerissen.«

»Warum brauchen Sie meine Bestätigung, wenn Sie sich so sicher sind?«

Nun schlug er einen sanfteren Ton an und sagte wie ein nachsichtiger Vater: »Ich kenne Sie so gut. Wir alle hier machen uns große Sorgen um Sie.« Zwischen den Sätzen machte er lange Pausen, als hielte er vor großem Publikum eine Rede und werde ständig von Applaus unterbrochen. »Wir haben Ihnen vertraut. Jetzt brauchen wir Ihre Hilfe. Wenn Sie die Wahrheit sagen, geschieht Ihnen nichts. Versprochen. Sagen Sie uns, was am Studienzentrum geschehen ist, dann lassen wir Sie frei. Sie wissen doch, dass wir nur Ihr Bestes wollen, oder?«

Es war kaum zu glauben, dass dieser Mann mir erst gestern seine Wut und seinen Hass ins Gesicht gespien hatte.

»Bitte erzählen Sie uns mehr über diesen … *Amerikaner.*«

Ich hatte keine Ahnung, wie viel er wusste und welche Informationsquellen er besaß. Da seine Fragen und seine Reaktionen auf meine Antworten mir dazu vielleicht Anhaltspunkte liefern konnten, erzählte ich: »Ich kenne ihn nicht sehr gut, erst seit drei Monaten. Wir sind uns im September zum ersten Mal begegnet.«

»Erzählen Sie uns, was Sie über ihn wissen.«

»Ich glaube, er hat früher in Kalifornien gearbeitet. Er ist Professor für Geschichte, hat zwei Bücher geschrieben und arbeitet gerade an einem dritten.«

»Haben Sie diese Bücher gelesen?«

»Nein.«

»Wer hat Ihnen davon erzählt?«

»Er.«

»Und wovon handelt das Buch, das er gerade schreibt?«

»Von Vietnam.«

»Vietnam. Interessant«, stellte der Oberst fest. »Haben Sie je mit ihm über Vietnam gesprochen?«

»Nein.«

»Nein? Sicher nicht?«

»Nein. Ich weiß nichts über Vietnam.«

»Er schreibt Briefe nach Vietnam. Wir haben sie. An das Verteidigungsministerium. Ist das nicht interessant?«

»Davon weiß ich nichts.«

»Was wissen Sie über seine Familie?«

»Nicht viel. Er hat einmal von seinen beiden Töchtern in Chicago gesprochen.«

»Wissen Sie, wie sie heißen?«

»Nein.«

Der Oberst holte einen weiteren Ordner hervor, klopfte darauf und sagte: »Er schreibt viele Briefe. Nicht nur nach Vietnam, sondern in alle Welt. Wussten Sie das?«

»Nein.«

»Was macht er sonst noch?«

»Er hilft chinesischen Studenten.«

»Wie meinen Sie das?«, hakte der Oberst nach.

»Als er hörte, dass wir in unserer Bibliothek keine Lehrbücher haben, schrieb er an den amerikanischen Verleger und bat ihn, den chinesischen Studenten kostenlos einige Exemplare zu schicken. Sie kamen tatsächlich und so bekam jeder von uns Lehrbücher umsonst.«

»Sonst noch etwas?«

»Ja. Er hat versprochen, uns im Jinling Hotel zu Hamburgern und Pommes Frites einzuladen. Er sagte, wir würden Amerika nie verstehen, bevor wir nicht Hamburger und Pommes Frites gegessen hätten.«

»Hamburger und Pommes Frites? Wie großzügig! Und Bücher!

Eigene Bücher«, sagte der Oberst in gespieltem Erstaunen. »Was glauben Sie, warum er so etwas macht? Machen die anderen Amerikaner das auch? Sind Sie nie misstrauisch geworden?«

»Nein.«

»Ist er ein verkappter Millionär?« Die drei Männer kicherten über diese sarkastische Bemerkung.

»Vielleicht ist er einfach nur … anders.«

Der Oberst und seine Adjutanten lachten lauthals. »Ja«, sagte er. »Das ist Ihnen also aufgefallen. Er ist anders. Ganz anders. Das Wort gefällt mir.«

Ich schwieg.

»Wie sehr unterscheidet er sich von den übrigen Amerikanern, Xu Meihong?«

»Wie meinen Sie das?«

»Glauben Sie, er ist nur hier, um zu unterrichten?«

»Nein. Er möchte auch etwas über China erfahren.«

Die drei grinsten kalt.

»Ja, ja, ja. Ich bin sicher, dass er etwas über China erfahren will. Hat er Sie gebeten, ihm dabei zu helfen?«

»Ja. Er stellt den chinesischen Studenten ständig Fragen.«

»Aber meistens fragt er Sie, nicht wahr?«

»Das weiß ich nicht. Warum sollte er mich häufiger fragen als andere?«

»Vielleicht … vielleicht wegen Ihrer Position. Haben Sie je darüber nachgedacht?«

»Er weiß nichts von meiner Position.«

Er blätterte in dem Ordner und holte ein Foto von mir in Uniform heraus. Ich erkannte es sofort. Der Amerikaner hatte es Mitte November aufgenommen und versprochen, mir den Film zu geben, sobald er voll wäre.

Es gab nichts dazu zu sagen. Meiner Erklärung hätte er ohnehin nicht geglaubt.

»Xu Meihong, Sie hätten schon lange wissen müssen, dass dieser Amerikaner tatsächlich anders ist. Professor ist er nur im Nebenberuf, als Tarnung. Er arbeitet seit Jahren für den amerikanischen Geheimdienst. Haben Sie nie Verdacht geschöpft? Hat man Ihnen das nicht beigebracht?«

»Sie irren sich. Er ist nur Dozent. Ich hatte nie den Verdacht, dass er etwas anderes sein könnte. Wenn es im Studienzentrum einen amerikanischen Agenten gibt, kann er es nicht sein. Es könnte fast jeder sein, aber nicht er.«

»Warum sagen Sie das?«

»Er ist offen. Er spricht kein Chinesisch. Wegen seiner Sprachschwierigkeiten kommt er in Nanyang gar nicht allein zurecht. Er kann unmöglich etwas anderes sein als Dozent.«

»Würde es Sie überraschen zu erfahren, dass er fließend Mandarin spricht?«

Jetzt war es an mir, laut zu lachen. Schließlich fragte ich: »Herr Oberst, wer hat Ihnen das gesagt? Jemand hält Sie zum Narren. Das ist ein Witz. Er kann nur zehn Worte Mandarin und die spricht er ständig falsch aus.«

»Vielleicht ist er ein guter Schauspieler und hat Ihnen etwas vorgemacht. Ist Ihnen das nie in den Sinn gekommen?«

Diese Vorstellung war absurd. Mein Verbrechen sollte also darin bestehen, mich mit einem amerikanischen Geheimdienstagenten angefreundet zu haben? Wenn das tatsächlich ihr einziger Vorwurf war, musste der Oberst sich auf Aussagen von Augenzeugen stützen, die logen, übertrieben oder dumm waren, vermutlich aber alles zusammen.

»Gut, verschwenden wir keine Zeit. Wir wissen, dass er für die CIA arbeitet. Wir wissen, dass er hier einen Auftrag hat. Wir wissen, dass er als Ersatz für einen Agenten gekommen ist, der als Lehrer getarnt am Studienzentrum gearbeitet hat. Das steht fest. Interessant sind seine Kontakte. Er hat Sie ausgesucht und durch

Sie andere kennen gelernt. Wir glauben, dass er hier ist, um produktive Kontakte zu knüpfen und … wie soll ich sagen … zu rekrutieren. Wir glauben, er hat Sie rekrutiert. Vielleicht ist Ihnen das gar nicht bewusst, vielleicht aber doch. Das werden wir sehen. Und wir glauben, dass er Leute rekrutiert hat, die Sie, Xu Meihong, benutzen. Andere Chinesen. Und deshalb sind wir hier. Denken Sie darüber nach. Sie kennen ihn noch nicht lange. Wir haben hier Kopien seiner Briefe. Wissen Sie, dass er an ›einen Freund‹ geschrieben und ihn nach China eingeladen hat? Diesem Freund hat er mitgeteilt, er hätte ›eine gute Dolmetscherin und Fremdenführerin‹ gefunden, nämlich Sie. Überrascht Sie das?

Wir glauben, dass er mit diesem Mann zusammenarbeitet. Wir glauben, dass er vorhatte, Sie diesem Mann vorzustellen. Wir glauben, dass er sein Vorgesetzter ist.«

»Entschuldigen Sie, aber das ist verrückt«, unterbrach ich ihn. »Das ist reine Fantasie. Wer hat Ihnen das eingeredet?«

»Verrückt? Glauben Sie wirklich, dass er zwei Töchter hat?«

»Ja.«

»Er hat keine Kinder. Die beiden Leute, an die er schreibt, sind seine Mitarbeiter. Wir haben das überprüft. Sie leben nicht mal in Kalifornien. Glauben Sie, ›Kiki‹ ist ein richtiger Name? Das ist ein Deckname.«

Die Geschichte wurde immer verrückter. Mich erstaunte, wie überzeugt der Oberst von jedem Wort war, das er sagte. Ich hatte Bilder der Töchter gesehen. Ich hatte ihre Briefe gelesen. Ich war in seinem Zimmer gewesen, als sie ihn anriefen. Und das sollte alles nur vorgetäuscht gewesen sein?

»Wir haben Beweise, dass Sie mit diesem Mann – wie soll ich sagen? – ›intim‹ sind. Stimmt das?«

»Wenn Sie mich kennen, wie Sie ja behaupten, Herr Oberst, dann wissen Sie, dass das nicht wahr ist. Ich hoffe, das ist nicht der Grund, weshalb ich hier bin.«

»Aber ich weiß, dass es wahr ist. Und Sie sollten wissen, dass wir das wissen. Wir alle hier wissen es. Und Ihr Mann weiß es auch, Xu Meihong. Denken Sie darüber nach.«

Ärger und Verlegenheit trieben mir die Röte ins Gesicht. Flüchtig ahnte ich, in welche Richtung sie diese ominöse Fantasie weiterverfolgen würden.

»Ihr Mann ist auch Offizier der Volksbefreiungsarmee, nicht wahr?«

»Das wissen Sie doch.«

»Er ist Adjutant eines Generals an der Hochschule für Nationale Verteidigung in Bejing, richtig?«

»Ja.«

Der Oberst grinste. »Und Ihr Mann war im vergangenen Jahr in den Vereinigten Staaten. Wie gut das alles zusammenpasst. Was für ein Zufall.«

»Was wollen Sie damit andeuten, Herr Oberst?«

Er schaltete den Kassettenrekorder aus. »Sie waren auch schon mal an der Hochschule für Nationale Verteidigung. Sie kennen Leute dort. Sie wissen, was hier vor sich geht. Sie wissen, wer der Amerikaner ist. Sie wissen, wie Sie ihn kennen gelernt und was Sie mit ihm getan haben. Was glauben Sie, was das heißen soll?«

Als ich nicht antwortete, fuhr er fort: »Denken Sie über alles nach, was wir heute besprochen haben, Xu Meihong. Denken Sie darüber nach, was Sie mir nicht erzählt haben. Denken Sie über die Antworten nach, die Sie mir geben sollten. Wir können später weiterreden. Sie haben einen ganzen Tag Zeit nachzudenken. Wenn Sie ehrlich sind, können wir die ganze Sache morgen abschließen. Zeigen Sie sich kooperativ, dann können Sie morgen gehen. Sie haben die Gelegenheit, Ihrem Land und der Partei zu dienen.«

VII

Am nächsten Tag, dem 6. Dezember, gab es kein Verhör. Als ich abends auf dem Bett saß und die vertrauten Schritte auf dem Flur näher kommen hörte, dachte ich, sie wollten mich wieder holen. Doch als Li Xia auf das Klopfen die Tür öffnete, standen der Oberst und seine Adjutanten mit einem riesigen Kuchen davor und riefen: »Herzlichen Glückwunsch zum Geburtstag, Meihong!«

Ich war verblüfft. Die sechs Menschen, von denen ich vor zwei Tagen ernsthaft gefürchtet hatte, dass sie mich hinrichten würden, umringten mich und sangen zuerst auf Englisch, dann auf Chinesisch »Happy Birthday« für mich. Erfreut, dass ihnen die Überraschung gelungen war, applaudierten sie.

Der Oberst stellte den Kuchen auf ein Tischchen, das einer der Adjutanten mitgebracht hatte. »Wir wissen, was Sie gern essen, und haben es Ihnen heute Abend mitgebracht«, sagte der Oberst und ließ von seinen Adjutanten ein halbes Dutzend Schüsseln mit Essen bringen.

»Nein, bitte«, protestierte ich. »Ich möchte das wirklich nicht. Unter diesen Umständen kann ich meinen Geburtstag nicht feiern. Vergessen Sie es einfach, ja?«

Er überhörte meinen Einwand, auch das gehörte zur vorgeschrieben Taktik, von der er sich nicht abbringen ließ.

Tassen wurden ausgeteilt und Tee ausgeschenkt. Der Oberst brachte einen Toast auf mich aus und wünschte mir ein langes Leben. Dann zündete er die 25 Kerzen auf dem Kuchen an und sagte mir, ich solle sie auspusten und mir dabei etwas wünschen. Ich schloss die Augen, wünschte mir etwas und blies alle Kerzen aus. Aber mein Wunsch ging nicht in Erfüllung. Als ich die Augen aufschlug, war ich immer noch in dem kalten Zimmer und der Oberst stand nach wie vor lebendig neben mir.

Als wir mit dem Essen beinahe fertig waren, erklärte der Oberst: »Meinen Glückwunsch, Meihong. Ich hoffe, Sie werden diesen Geburtstag niemals vergessen. Und jetzt habe ich noch ein besonderes Geschenk für Sie.«

Er reichte mir einen unverschlossenen Briefumschlag mit einem Brief und einer Karte von meinem Mann. Auf der Karte stand ein Gedicht, das er für mich geschrieben hatte und in dem er mir sagte, wie sehr er mich vermisste und dass er mich immer lieben werde. Der Brief war kurz: »Zwischen uns hat sich nichts geändert. Ich bin nach Nanyang gekommen, um mit dir Geburtstag zu feiern, und habe gehört, dass du für eine Weile nicht erreichbar bist. Ich hoffe, dass du mit diesen Leuten kooperieren wirst und zur Aufklärung aller Missverständnisse beiträgst, die entstanden sind. Ich weiß, dass du nichts Unrechtes getan hast. Denk daran, ich werde Nanyang nicht verlassen, bevor ich dich wiedergesehen habe.«

Der Brief ging mir unter die Haut, tat mir aber zugleich auch weh. Endlich hatte ich Kontakt zu einem Menschen, dem an mir lag und der auf mich wartete. Ich fragte mich, was sie ihm wohl erzählt hatten, bevor sie sich bereit erklärten, mir seinen Brief zu geben. Ich hatte keinen Zweifel daran, dass mein Mann es ernst meinte. Doch wie allen anderen um mich herum hatte man ihm sicher eine Mischung aus Wahrheit, Mutmaßungen und Lügen erzählt, die ausreichte, dass er mich dazu aufforderte, ausgerechnet mit den Leuten zusammenzuarbeiten, die mir und allen meinen Freunden schaden wollten.

Meine Entschlossenheit, keine Schwäche zu zeigen, bröckelte. Zum ersten und letzten Mal weinte ich rückhaltlos und ohne Scham vor meinen Bewachern.

»Wir wissen, dass Ihnen etwas Schlimmes geschehen ist«, sagte der Oberst sanft. »Wir haben den Auftrag, Ihnen zu helfen. Es gibt andere in der Armee, die sofort eine schwere Strafe für Sie verlangt haben – unverzüglich. Aber Ihre Freunde haben interveniert. Sie sind davon überzeugt, dass es eine Erklärung für Ihr Verhalten geben muss. Auf diese Erklärung warten wir. Sie sind naiv. Sie sind fünfundzwanzig Jahre alt. Als wir so alt waren wie Sie, waren wir auch naiv. Wir alle machen Fehler. Wenn Sie zugeben, dass Sie einen Fehler gemacht haben, und uns sagen, welchen, wird alles gut. Wir wollen Ihnen helfen, aber Sie müssen sich auch helfen lassen.«

Gegen Ende der Geburtstagsfeier nahm der Oberst mich mit hinaus auf den Flur, schloss die Tür hinter uns und sagte gedämpft und scheinbar ernst: »Ich hätte Sie nicht schlagen dürfen. Ich möchte mich dafür entschuldigen. Ich habe die Beherrschung verloren. Es war ein Fehler. Es tut mir Leid.«

Ich wusste natürlich, dass jedes Wort Teil seiner Scharade war. Daher reagierte ich gar nicht auf seine Entschuldigung und bedankte mich auch nicht für den Kuchen und den Brief. In peinlichem Schweigen standen wir uns gegenüber. Schließlich drehte ich mich um und ging ins Zimmer zurück. Die beiden Männer räumten gerade das Geschirr zusammen.

Als der Oberst und seine Adjutanten fort waren, lachten und plauderten die drei Frauen fröhlich miteinander und versuchten, mich in ein Gespräch zu ziehen. War ich nicht überrascht? War der Brief meines Mannes nicht schön?

»Denk daran, er wartet auf dich«, sagte Li Xia. »Er hat von seinem Kommandeur drei Tage Urlaub bekommen. Deine Zeit wird knapp, Xu Meihong.«

»Könnt ihr mir frische Unterwäsche besorgen?«, fragte ich. »Ich bin seit fünf Tagen hier und trage immer noch dieselbe Unterwäsche.«

Sie war sichtlich vor den Kopf gestoßen, dass ich ihre Bemerkungen über meinen Mann einfach ignorierte. Ihr Mitgefühl war wie weggewischt. »Nein, das ist nicht nötig«, erklärte sie. »Das hier ist bald vorbei.«

Manchmal kam es mir vor, als ob bei niemandem außer mir das Gedächtnis weiter als eine Stunde zurückreichte. Sie wechselten widersprüchliche Verhaltensweisen und Persönlichkeiten wie Pullover oder Socken. Wünsche für ein langes Leben waren schon vergessen, bevor sie ganz ausgesprochen waren. Von einer Minute zur anderen war alles möglich: Todesdrohungen, Glückwünsche für meine früheren Leistungen, Versprechungen auf eine glänzende Zukunft, ein Schlag ins Gesicht, ein Gedicht von meinem Mann, Glaube an meine Unschuld oder eine scharfe Zurückweisung, wenn ich um frische Unterwäsche bat. Ich kam mir vor wie in einem Irrenhaus. Ja, ich war von uniformierten roten Verrückten entführt worden.

Kapitel 4

ERSTE LIEBE

»Zum Himmel, der mich letzten Endes richten wird, erhebe ich mein Haupt. Mag der Wind mich auch davonwehen, meinem Herzen gestehe ich das Recht zu, mich nicht zu den Glücklichen zu zählen.«

SHU TING

I

Am nächsten Morgen begann das Verhör schon kurz nach Tagesanbruch.

»Hat Ihnen die Geburtstagsfeier gefallen?«, fragte der Oberst. Als ich schwieg, wiederholte er seine Frage.

»Ja, Herr Oberst. Danke«, antwortete ich.

»Und der Brief von Ihrem Mann?«

»Ja, Herr Oberst. Danke.«

Zu Beginn des offiziellen Verhörs erklärte er, ich sei vielleicht tatsächlich unschuldig. Das müsse sich herausstellen. Möglicherweise hätten andere mich ohne mein Wissen benutzt. Auch das müsse sich herausstellen. Er vermutete eine Verschwörung zwischen einem amerikanischen Agenten und anderen Beteiligten. Selbst wenn ich unschuldig sei, müsse ich ihm alles sagen, was ich gesehen und gehört hätte. Die Schuldigen müssten mit meiner Hilfe ausfindig gemacht und verhaftet werden. Er appellierte an meinen Patriotismus und meine Loyalität gegenüber der Armee sowie an meine Verärgerung, dass man mich missbraucht und irregeführt hätte.

Nach diesen Mutmaßungen, die er als unbestreitbare Fakten hinstellte, erinnerte er mich noch einmal an die möglichen Konsequenzen meiner mangelnden Kooperationsbereitschaft und holte dann einen neuen dicken Ordner hervor. »Das ist interessant«, erklärte er. »Ich habe hier drei Geständnisse. Zwei entsprechen der Wahrheit, eins ist gelogen.«

Er sah mich prüfend an und wartete auf meine Reaktion, als mir klar wurde, um welche Unterlagen es sich handelte. »Erinnern Sie sich an diese Geständnisse? Erinnern Sie sich an Ihre Versuche, sich mit Lügen aus Schwierigkeiten herauszumogeln? Ihre Lügen stehen in Ihren Akten, Xu Meihong. Sie hätten es besser wissen müssen. Sie wollen doch nicht den gleichen Fehler noch einmal machen und wieder lügen, oder?«

II

Der Oberst hatte Recht. Ich hatte schon früher aus Liebe gelogen.

Als ich 1981 an das Institut für Internationale Beziehungen kam, warnte man alle neuen Kadetten in einem ausführlichen Einführungsgespräch vor den schwer wiegenden Konsequenzen, die eine mehr als bloß berufliche und förmliche Beziehung zum anderen Geschlecht nach sich ziehen würde. Wer bei einer amourösen Beziehung erwischt wurde, dem drohte der Verweis von der Akademie und die Entlassung aus der Armee. Um jedem Verdacht vorzubeugen, sollten die weiblichen Kadetten es vermeiden, auf dem Campus und auch außerhalb mit männlichen Kadetten allein zu sein.

Drei Jahre lang hielten die zwölf jungen Frauen meiner Klasse sich streng an diese Vorschriften. Doch wenn wir in den Ferien nach Hause fuhren, hörten wir von Freundinnen, die zivile Schulen besuchten, dass viele von ihnen schon Liebesgeschichten hatten. Sie fanden es ganz natürlich, dass Männer und Frauen in unserem Alter sich verliebten, und waren der Meinung, dass man den Kadetten auf der Militärakademie eine unnatürliche Disziplin abverlangte.

In unserem letzten Ausbildungsjahr änderten sich die Dinge. Wir waren inzwischen reifer, selbstbewusster und leichtsinniger geworden. In den ersten Wochen nach Beginn des letzten Studienjahres erzählten einige meiner Klassenkameradinnen im Vertrauen, dass sie im Sommer Freunde gefunden hatten und ihnen heimlich Briefe schrieben und regelmäßig von öffentlichen Telefonzellen aus mit ihnen telefonierten. Die militärischen Vorschriften konnten uns nicht mehr einschüchtern.

In diesem Jahr verliebte auch ich mich zum ersten Mal in meinem Leben und zwar in Lin Cheng, einen Kadetten meines Jahrgangs. Er sah gut aus, war groß und schlank, der Klassenbeste und bereits Parteimitglied. Es war zu erwarten, dass er sehr schnell in der Armee aufsteigen und Karriere machen würde.

Als er mir im zweiten Studienjahr auffiel, fühlte ich mich gleich zu ihm hingezogen. Da er Gruppenführer der Männer und ich Gruppenführerin der Frauen war, nahmen wir gemeinsam an Sitzungen der Führungskader teil, sprachen aber privat nie miteinander. Wenn ich ihn reden hörte, war ich von seinem Auftreten, seiner Intelligenz und der Achtung beeindruckt, die andere Kadetten ihm entgegenbrachten.

Im Sommer nach meinem vorletzten Studienjahr musste ich ständig an ihn denken. Wann immer ich ihn sah, schlug mein Herz schneller.

Jeden Morgen machten die Kadetten einen Langlauf zum Ufer des Yangtzekiang und zurück. Lin Cheng lief an der Spitze der Männergruppe, und ich folgte dicht hinter ihm, lauschte auf seinen Atem und hoffte, dass er meine Schritte hören, sich umdrehen und mich erkennen möge. Manchmal, wenn die anderen zurückblieben, liefen nur noch wir beide weit voran.

Abends tuschelte ich leise in unserer Stube mit meiner besten Freundin, Tao Hui, über ihn. Sie kicherte, sagte, ich hätte den Verstand verloren, und warnte mich: »Sei vorsichtig. Wenn das jemand merkt, bekommst du Ärger. Und vergiss nicht: Es kann sein, dass sie ihn nach dem Studium nach Tibet schicken oder an einen anderen Posten weit weg. Was dann?«

»Wenn er weit weg geschickt wird, warte ich auf ihn«, erklärte ich.

»Na ja, vielleicht solltest du mit ihm über deine Gefühle sprechen. Aber sei auf jeden Fall vorsichtig!«

In meiner romantischen Verzweiflung beschloss ich, an Lin Cheng zu schreiben. In einigen sorgfältig ausgefeilten Zeilen ließ ich ihn wissen, dass ich besondere Gefühle für ihn hegte und mich fragte, ob es ihm ebenso erginge. Da ich nicht wusste, wie ich ihm den Brief zustecken sollte, ohne dass es jemand merkte, trug ich ihn einige Tage mit mir herum. An einem Samstagabend ging ich in ein Klassenzimmer, um zu lernen, und stellte fest, dass er allein dort saß. Nach einigem Zögern setzte ich mich, hatte aber nicht den Mut, ihn zu grüßen. Eine Stunde lang starrte ich auf dieselbe Buchseite, ohne auch nur ein Wort zu lesen. Schließlich stand ich auf, nahm den Brief aus meinem Buch, ließ ihn auf seinen Tisch fallen und ging. Er schob ihn beiseite und las weiter.

Mit gemischten Gefühlen ging ich in meine Stube. Einerseits fürchtete ich, dass er meinen Brief an einen unserer Vorgesetzten weitergeben könnte und ich des Instituts verwiesen würde. Aber diese Angst wurde von der romantischen Hoffnung gemildert, dass er meine Gefühle vielleicht erwiderte.

Ich konnte weder still sitzen noch schlafen. So ging ich nach zwei Stunden wieder hinüber und beobachtete Lin Cheng durch das Fenster. Er war immer noch allein in der Klasse. Der Umschlag lag ungeöffnet auf dem Tisch.

Am nächsten Abend ging ich wieder in die leere Klasse, öffnete meine Tischklappe und nahm die Lehrbücher heraus. Darunter lag ein Briefumschlag, den ich in mein Buch schob. Schnell suchte ich mir ein abgelegenes Plätzchen in einem Hain auf dem Schulgelände, wo niemand mich beobachten konnte.

Lin Cheng dankte mir für meinen Brief und erklärte, er habe schon bemerkt, dass ich ihn beobachte und mich beim Laufen hinter ihm hielte. »Aber wir dürfen keine Liebesbeziehung eingehen, noch nicht. Ich wünschte wirklich, du würdest dich mehr auf deine Arbeit und deine Aufnahme in die Kommunistische Partei konzentrieren als auf mich. Lass dich nicht durch Kleinigkeiten von den wirklich wichtigen Dingen ablenken. Für uns alle geht die Zeit hier zu Ende. Wir sollten uns auf die Zukunft vorbereiten.«

Immer wieder las ich seinen Brief und versuchte, einen Funken Hoffnung herauszulesen. Als ich ihn Tao Hui zeigte, war sie enttäuscht und riet mir, ihn zu vergessen. »Weißt du, wie viele Männer dir nachsehen, wenn du über den Campus gehst? Weißt du, wie viele dafür sterben würden, allein mit dir sprechen zu dürfen?« Da es am Institut zweitausend Männer und nur zwölf Frauen gab, waren wir alle uns bewusst, dass die männlichen Kadetten uns aufmerksam im Auge behielten. Aber mich interessierte nur einer von ihnen, und ich war fest entschlossen, alles dafür zu tun, dass er eines Tages mein Mann würde.

Am nächsten Morgen lief ich hinter ihm zum Fluss und zurück, ohne dass er meine Anwesenheit zur Kenntnis nahm. Nachmittags schrieb ich ihm wieder, dankte ihm für seinen Brief und sagte ihm, dass ich ihn nie wieder belästigen, aber immer auf ihn warten würde.

Am nächsten Tag bekam ich seine Antwort: »Wir müssen reden.«

Das war nicht so einfach. Wir brauchten zehn Tage und mehrere Briefchen, um ein Treffen zu arrangieren, das wir so sorgfältig vorbereiteten wie eine Militäroperation.

Wir fuhren getrennt mit dem Bus zu einem Park in Nanyang, der weit vom Institut entfernt lag. Ich war so aufgeregt, dass ich eine Stunde zu früh da war. Er kam pünktlich. Wir setzten uns auf eine Bank und sprachen nervös über das Wetter, die Busfahrt, unsere Vorgesetzten, den Unterricht und unsere Klassenkameraden. Wir waren viel zu schüchtern, als dass wir über uns sprechen konnten. Erst nach Stunden brachten wir den Mut auf, von unseren Familien und uns zu erzählen.

Er war schon in der Oberschule Klassenbester gewesen, nahm seine Pflichten sehr ernst, glaubte leidenschaftlich an die Partei und die Modernisierungspolitik Deng Xiaopings. Seine selbstlose Hingabe bestärkte mich in meinem Glauben an die Zukunft der Partei und der Armee.

Wir unterhielten uns den ganzen Nachmittag bis in den Abend hinein und merkten gar nicht, wie die Zeit verging. Als wir von der Parkbank aufstanden, war der letzte Bus zurück zum Institut schon fort. Wir mussten zu Fuß gehen. Da um zehn Uhr abends die Lichter in der Kaserne ausgingen und wir Angst hatten, zu spät zu kommen, gingen wir so schnell wir konnten. Als ich nicht mehr mitkam, nahm Lin Cheng meine Hand. Es war das erste Mal, dass ein Mann meine Hand hielt.

Erst um zwei Uhr nachts waren wir wieder am Institut. Als wir das Licht des Wachpostens sahen, zog Lin Cheng mich beiseite und beugte sich zu mir hinunter, um mir etwas zuzuflüstern. Doch bevor er etwas sagte, küsste er mich. Ich wurde rot.

Er hatte von einigen älteren Kadetten gehört, die sich durch ein Loch im Stacheldrahtzaun auf der Mauer aus dem Institut und wieder zurückgeschlichen hatten. Wir gingen an der Mauer entlang, bis wir die Stelle fanden. Unter dem Loch im Zaun hatte man in Abständen einige Ziegelsteine aus der Mauer gelöst, um Tritte zu bilden. Lin Cheng ließ mich zuerst hinaufklettern und half mir über die Mauerkrone. Ich kroch durch das Loch im Zaun und sprang auf der anderen Seite hinunter. Er kletterte dicht hinter mir her.

Bevor wir uns trennten, küsste er mich noch einmal und drückte meine Hand. Dann liefen wir in entgegengesetzte Richtungen zu unseren Unterkünften. Tao Hui war noch wach und wartete auf mich. Flüsternd erzählte ich ihr von meinem großen Liebesabenteuer, und sie warnte mich erneut: »Jetzt musst du noch viel vorsichtiger sein. Du musst kühler werden.« Aber ich war nicht in der Stimmung, meine Gefühle abzukühlen; ich dachte nur an das nächste Wiedersehen mit meinem Liebsten.

Am nächsten Morgen füllten die Gruppenführer des letzten Studienjahres, die noch nicht in der Kommunistischen Partei waren, ihre Anträge auf Aufnahme in die Partei aus. Ich bekam eine Probezeit von drei Monaten, in der man mein Verhalten und meine Herkunft sorgfältig überprüfen würde, und besuchte Lehrgänge für angehende Parteimitglieder.

In dieser Zeit traf ich mich heimlich mit Lin Cheng außerhalb des Instituts, wann immer wir es einrichten konnten. Wir verabredeten uns sogar, abends auf dem Campus aneinander vorbeizugehen und uns dabei flüchtig die Hand zu drücken.

Eines Nachmittags trafen wir uns in Nanyang. Da ich einige Bücher besorgen wollte, gingen wir von unserem Treffpunkt in der Stadt zu einer Buchhandlung. Als wir zusammen an einem der Stände neue Bücher durchblätterten, sah ich vor dem Laden einen Offizier des Instituts. Er starrte uns an und ging dann schnell davon.

Ich war beunruhigt, aber Lin Cheng glaubte, dass der Offizier uns möglicherweise gar nicht erkannt hätte. Die Armee habe

Wichtigeres zu tun, als älteren Kadetten hinterherzuspionieren. Aber in Zukunft sollten wir vorsichtiger sein.

Am nächsten Morgen wurde ich zu meinem politischen Kommissar gerufen. Ohne Einleitung fragte er mich, was ich in Begleitung eines männlichen Kadetten in Nanyang zu suchen hätte. Ich stritt alles ab und erklärte, ich hätte keine Ahnung, wovon er rede.

Er warf mir vor, einen zweiten schweren Fehler begangen zu haben. Erst hätte ich mich mit einem männlichen Kadetten außerhalb des Instituts getroffen und nun auch noch gelogen. »Sie sind in ernsten Schwierigkeiten«, zischte er. »Warum lügen Sie? Was haben Sie zu verbergen?«

Nach einer Weile bot er mir einen Handel an: »Wenn Sie mir die Wahrheit sagen, wird die Sache keine ernsten Konsequenzen haben.« Da ich Gruppenführerin und angehendes Parteimitglied sei, käme ich mit einer einfachen Verwarnung davon. Ich wusste, dass er einen Augenzeugen hatte und ich ihm eine plausible Erklärung liefern musste. Also sagte ich, ich hätte Lin Cheng zufällig in der Buchhandlung getroffen.

»Ist das alles?«, fragte er.

»Ja.«

»Sie haben sich sonst nie mit ihm getroffen? Nur in der Buchhandlung in Nanyang?«

»Ja.«

»Lieben Sie ihn?«, fragte er.

»Nein«, log ich, spürte aber, dass meine Stimme und meine Augen das Gegenteil verrieten.

Er forderte mich auf, schriftlich festzuhalten, was an dem Tag geschehen war, und den Bericht zu unterschreiben. Dann ließ er mich gehen.

Ich musste Lin Cheng unbedingt erzählen, was ich getan hatte. Aber ich konnte ihn nicht finden. Ich wusste nicht, dass er zur gleichen Zeit von anderen Offizieren befragt wurde. Sie waren freundlich, verwiesen auf seine Stellung in der Akademie und der Partei und erklärten, da sie ihn unmöglich öffentlich disziplinieren könnten, seien sie bereit, ihm beinahe jeden Regelverstoß nachzusehen, wenn er nur die Wahrheit sagte. Zwei Stunden plauderten sie mit ihm über das Leben an der Akademie, seine Hoffnungen und Zukunftspläne, boten ihm Zigaretten an und taten, als handele es sich lediglich um ein freundschaftliches Gespräch. Mit der Zeit wirkte ihr Täuschungsmanöver. Lin Cheng erklärte sich bereit, ihnen alles zu erzählen, wenn sie mich in Ruhe ließen. Als sie einwilligten, gab er zu, dass wir uns liebten und uns heimlich in Nanyang getroffen hatten.

Sie klopften ihm auf die Schulter und versicherten ihm, das sei völlig natürlich und sie könnten ihn gut verstehen. Dann ließen sie ihn jede Begegnung, jede Berührung und jede Einzelheit aufschreiben.

Am nächsten Morgen sprachen wir kurz miteinander, als wir aus dem Klassenzimmer gingen. Ich sagte ihm, dass ich gelogen hatte, um ihn zu schützen, und er sagte mir, dass er ihnen zu meinem Schutz gesagt hatte, er liebe mich.

»Was? Du hast ihnen gesagt, dass du mich liebst?« Mir gegenüber hatte er noch nie von Liebe gesprochen. In meine Sorge über sein Geständnis mischte sich jubelnde Freude. »Was glaubst du, wie viel Ärger wir bekommen?«, fragte ich.

»Gar keinen«, versicherte er mir. »Dafür habe ich gesorgt. Ehrlichkeit ist die beste Politik. Du wirst nie wieder von der Sache hören. Sie haben mir versprochen, dich in Ruhe zu lassen. Wir müssen auf die Partei vertrauen.«

»Wenn sie mich noch einmal rufen, sage ich ihnen die Wahrheit, damit sie wissen, dass du sie nicht belogen hast.«

»Mein armes Kleines, mach dir nicht so viele Sorgen«.

Am selben Nachmittag wurde ich von mehreren Offizieren

gleichzeitig befragt. Sie schrien mich an, schlugen auf den Tisch, schüttelten drohend die Fäuste und hielten mir meine falsche Aussage vor. Immer wieder beschimpften sie mich als Lügnerin und drohten, Lin Cheng und mich sofort aus der Armee zu entlassen und nach Hause zu schicken, wenn ich nicht ein umfassendes Geständnis ablegte. Um Lin Chengs Karriere zu retten, erzählte ich ihnen, dass ich an allem schuld sei, weil ich ihm geschrieben hatte.

Ich durfte das Büro nicht verlassen, bevor ich nicht in allen Einzelheiten aufgeschrieben hatte, was ich Lin Cheng in meinem ersten Brief geschrieben hatte, wo wir uns seitdem getroffen und worüber wir gesprochen hatten.

Am nächsten Tag ließ man mich wieder rufen und erklärte mir, mein Geständnis sei nicht ausführlich genug. Sie verlangten mehr und behaupteten, Lin Cheng habe zugegeben, dass wir sexuelle Beziehungen hätten. Ich antwortete, er könne nicht gestanden haben, was nicht geschehen sei.

»Wollen Sie etwa behaupten, dass Lin Cheng lügt?«

»Lin Cheng ist gar nicht imstande zu lügen«, erwiderte ich. »Bitte versuchen Sie nicht, uns gegeneinander auszuspielen.«

»Wie sollen wir Ihnen noch glauben, wo Sie uns schon mal angelogen haben?«, fragten sie und hielten mir meine erste Aussage vor.

Unter dem Trommelfeuer von Fragen und Anschuldigungen spürte ich meinen Widerstand bröckeln und dachte darüber nach, ob ich ihnen nicht einfach sagen sollte, was sie hören wollten, auch wenn es gar nicht der Wahrheit entsprach. Aber letzten Endes konnte ich es nicht und blieb bei der Wahrheit.

Als ich wieder in meinem Zimmer war, fühlte ich mich so niedergeschlagen und erschöpft, dass ich mich weinend auf das Bett warf.

Auch Lin Cheng wurde noch einmal vernommen. Sie zeigten

ihm meine erste Aussage, in der ich abgestritten hatte, ihn zu lieben, machten sich über ihn lustig, behaupteten, ich hätte nur mit ihm gespielt, und meinten, er solle unsere Beziehung beenden und mich vergessen.

Aber Lin Cheng war wütend, weil die Offiziere, denen er vertraut hatte, ihr Versprechen gebrochen und mich nicht in Ruhe gelassen hatten. Er machte keine weitere Aussage, sondern erklärte nur noch einmal, dass er mich immer lieben würde, ganz gleich, was sie auch sagen mochten.

Am nächsten Tag erhielt ich die offizielle Mitteilung, dass man mich von der Probemitgliedschaft in der Kommunistischen Partei ausschloss, meines Amtes als Gruppenführerin der weiblichen Kadetten enthob und die beiden Geständnisse in meine Personalakte aufnehmen werde.

Lin Cheng aus der Partei auszuschließen wäre dem Eingeständnis gleichgekommen, dass es ein Fehler gewesen war, ihn überhaupt aufzunehmen, und so weit wollten sie nicht gehen. Da sie ihn auch nicht ungeschoren davonkommen lassen wollten, beschlossen sie, dass er öffentlich Selbstkritik üben müsse, was zugleich als Abschreckung für die anderen Kadetten dienen sollte.

Mir gelang es, Lin Cheng in einem leeren Klassenzimmer zu treffen. Unter Tränen gestanden wir uns unsere Liebe und schworen uns, eines Tages zu heiraten, so sehr andere auch versuchen mochten, uns auseinander zu bringen.

Am nächsten Tag sollte Lin Cheng vor den versammelten Kadetten Selbstkritik üben. In der ersten Reihe der Aula saßen all unsere Vorgesetzten und Offiziere.

Lin Cheng ging mit leeren Händen auf die Bühne. Wer Selbstkritik üben musste, las normalerweise sein Geständnis ab. Angespannt wartete ich darauf, meinen Namen zu hören und von allen angestarrt zu werden.

»Es tut mir Leid«, begann Lin Cheng. »Vor zwei Wochen bin ich aus persönlichen Gründen in die Stadt gegangen und zu spät zurückgekommen. Ich bitte euch, meine Entschuldigung anzunehmen.« Er ließ den Blick über das Publikum schweifen, sah flüchtig die Offiziere an und kehrte mit einem leichten Lächeln wieder zu seinem Platz zurück.

Nach dieser Erklärung, die kaum zehn Sekunden gedauert hatte, tuschelten die Offiziere nervös miteinander. Der politische Kommissar wusste offenbar nicht, was er tun sollte. Nach einer Weile trat er auf die Bühne und beendete die Versammlung.

Im Hinausgehen hörte ich einige Kadetten kichern. Lin Cheng hatte seine öffentliche Selbstkritik in einen Triumph für sich und mich verwandelt, und das war den Offizieren klar. Er hatte zwar getan, was sie von ihm verlangten, aber weder Reue gezeigt noch den anderen ein abschreckendes Beispiel gegeben. In diesem Augenblick wusste ich, warum ich ihn liebte.

Solange wir noch Kadetten des Instituts waren, durften wir nicht mehr miteinander sprechen. Aber allen Anweisungen zum Trotz schrieben wir uns heimlich jeden Tag. Wir entwickelten eine eigene Sprache und Geheimzeichen, um uns zu verständigen. Im obersten Stockwerk unserer Bibliothek stand ein dickes Wörterbuch, das so schwer war, dass es jahrelang niemand vom Regal genommen hatte. Das war unser Briefkasten. In jenen letzten Wochen am Institut war ich so glücklich wie nie zuvor in meinem Leben. Das Wertvollste, was ich in der Armee gefunden hatte, war die Liebe.

Lin Cheng musste für seine widerspenstige Haltung bezahlen. Während andere Gruppenführer nach abgeschlossenem Studium begehrte Positionen in Bejing, Schanghai oder Guangzhou bekamen, schickte man ihn als Englischlehrer an eine Militärschule für U-Boot-Offiziere in Taiyuan, der Hauptstadt der Provinz Schanxi. Da die Schule kein sonderliches Ansehen genoss und keine Aussicht auf Beförderung bot, konnte man Lin Chengs Aufstiegschancen beim Militär nicht mehr als viel versprechend bezeichnen.

Als ich hörte, welche Stelle man ihm zugewiesen hatte, war mir ganz elend zumute. Ich fühlte mich schuldig, weil ich meine romantischen Gefühle nicht beherrscht, sondern ihm meine Liebe gestanden und damit seiner Karriere geschadet hatte. Aber er machte mir nie einen Vorwurf und bereute offenbar nichts.

Von den weiblichen Kadetten wurde keine an abgelegene oder ungeliebte Posten versetzt. Ich blieb als Verwaltungsassistentin eines Brigadegenerals am Institut in Nanyang.

Die bevorstehende Trennung setzte Lin Cheng und mir sehr zu. Jedes Mal wenn wir uns trafen, sprachen wir davon zu heiraten. Aber die strengen Vorschriften der Volksbefreiungsarmee verlangten, dass Frauen vierundzwanzig und Männer fünfundzwanzig Jahre alt sein mussten, bevor sie heiraten durften. Ich war damals zweiundzwanzig und er dreiundzwanzig. Wir schworen uns, zu warten und eben zwei Jahre später zu heiraten.

Vor der Abschlussfeier kaufte sich jeder Absolvent der Militärakademie ein »Erinnerungsbuch« mit einem Zitat des Vorsitzenden Mao auf dem Einband: »Tausend Jahre sind zu lang. Nutze den Augenblick.« Jeder bat seine Klassenkameraden, in dieses Buch Namen, Geburtsdatum, Adresse und einen Spruch einzutragen.

Lin Cheng schrieb mir auf die erste Seite: »Hab keine Angst, unter Schmutz begraben zu sein, wenn du aus echtem Gold bist.«

III

Sobald Lin Cheng in Taiyuan war, schrieben wir uns täglich zwei- bis dreimal. Zum chinesischen Nationalfeiertag am 1. Oktober 1985 bekam er ein paar Tage Urlaub und besuchte mich in Nanyang, obwohl die Zugfahrt von Taiyuan achtunddreißig Stunden dauerte. Damals beschlossen wir, notfalls sogar unsere militärische Laufbahn zu opfern, um die schmerzliche Trennung zu beenden und einander näher zu sein.

Anfang Dezember 1987 hatten wir endlich das für eine Heirat erforderliche Alter erreicht. Als ich meinem Vorgesetzten, einem General, von meinen Heiratsplänen erzählte, reagierte er ungewöhnlich erfreut. Als Hochzeitsgeschenk wollte er seine Verbindungen nutzen, um Lin Cheng an einen wichtigen Posten in Bejing versetzen zu lassen. Er rechnete selbst damit, innerhalb eines Jahres in die Hauptstadt versetzt zu werden, und hatte vor, mich als Adjutantin zu behalten, so dass Lin Cheng und ich endlich zusammen wären.

Wir beantragten die Genehmigung zur Heirat, die wir nach zwei Wochen bekamen, als unsere Herkunft überprüft war.

Einen Tag nachdem ich die gute Nachricht erhalten hatte, fuhr ich nach Taiyuan, um unsere Hochzeit vorzubereiten. Doch bevor es so weit war, teilte der General uns per Telegramm mit, dass Lin Chengs Versetzung nach Bejing vorzeitig bewilligt worden sei und er uns sofort in der Hauptstadt treffen wolle. So verschoben wir die Hochzeit und fuhren am nächsten Tag nach Bejing.

Erst hier erfuhren wir, welchen großen Einfluss der General

besaß. Es war ihm gelungen, Lin Cheng eine Stelle als Auslandsassistent von General Zhang Zhen, dem Rektor der Hochschule für Nationale Verteidigung, zu verschaffen. Kurz darauf erfuhr ich, dass er sich seit einigen Jahren gemeinsam mit anderen bemühte, viel versprechende junge Offiziere in einflussreichen Positionen unterzubringen, wo sie mit ihm und anderen hochrangigen Offizieren die Reform der Volksbefreiungsarmee fördern konnten.

Wir waren beeindruckt von dem schönen Gelände der Hochschule in der Nähe des Sommerpalastes. Abends gingen wir lange über den Campus und am Ufer des Kunming-Sees spazieren. Die Aussicht, dass wir beide in absehbarer Zeit zusammen in Bejing leben würden, war für uns wie eine Verheißung: Nach den schwierigen Anfangszeiten unserer Beziehung sollten nun endlich all unsere Träume wahr werden.

Ich kehrte nach Nanyang zurück, und Lin Cheng trat seine neue Stelle an der Hochschule für Nationale Verteidigung an. Gleich zu Beginn betreute er mehrere Tage lang eine Delegation amerikanischer Offiziere als Gastgeber, Begleiter, Dolmetscher und Fremdenführer. Der Delegationsleiter war von Lin Chengs Arbeit so beeindruckt, dass er ihn offiziell zu einem Besuch in Washington, D.C., einlud. Lin Chengs Vorgesetzter genehmigte die Reise, und die Armee bewilligte ihm eine großzügige Sonderzuwendung, damit er sich mit der besten Garderobe ausstatten konnte, um seine amerikanischen Gastgeber zu beeindrucken.

Wir beschlossen, noch vor Lin Chengs Amerikareise zu heiraten. Anfang 1988 gab General Zhou Erjun einen herrlichen Empfang für uns, an dem viele führende Offiziere der Hochschule und Vertreter mehrerer Auslandsdelegationen teilnahmen, die dort studierten. Für die Flitterwochen bekamen wir ganze zehn Tage Urlaub.

Nachdem ich meinen Mann zum Flughafen Bejing gebracht

hatte, kehrte ich nach Nanyang zurück. Als er nach zwei Wochen von seiner Reise zurückkehrte, rief er mich an und erzählte begeistert von Amerika: »Es ist unglaublich, der schönste Ort, den ich je gesehen habe.«

Seine Schilderungen der Vereinigten Staaten standen in krassem Gegensatz zu allem, was man uns über das Land erzählt hatte. Er war sehr beeindruckt, wie sauber es überall war: saubere Straßen, saubere Luft, sauberes Wasser. Ich konnte es kaum glauben. »Und wie geht es den Bauern und Arbeitern?«, erkundigte ich mich. Er erzählte, in Amerika gebe es keine Bauern und die Arbeiter seien nach chinesischen Maßstäben reich. Ich war enttäuscht und glaubte, dass er übertrieb.

Auch in seinem offiziellen Bericht gab er deutlich zu verstehen, dass Amerika für ihn eine Offenbarung war. Sein Vorgesetzter, der Amerika ein halbes Jahr zuvor besucht hatte und für engere Beziehungen zu den Vereinigten Staaten eintrat, billigte seinen Bericht.

Ein hochrangiger Polit-Kommissar, der diesen Bericht las, nahm jedoch Anstoß an den Ansichten meines Mannes, bestellte ihn in sein Büro und ermahnte ihn wegen seiner mangelnden Kritik an den Vereinigten Staaten. »Sie müssen vorsichtiger sein mit dem, was Sie schreiben«, warnte er. »Die Amerikaner verstehen sich auf Täuschung. Das wahre Amerika haben Sie gar nicht gesehen. Sie haben nur reiche Amerikaner kennen gelernt. Es gibt Millionen Obdach- und Arbeitslose, die sie vor Besuchern verbergen. Denken Sie daran. Das wahre Amerika, das man vor uns versteckt, ist hässlich.«

IV

Der Oberst wusste offenbar sehr gut über meinen Mann und mich Bescheid. Er hatte unsere Geständnisse vorliegen, wusste von der Amerikareise meines Mannes und von den Kommentaren seines Vorgesetzten zu Lin Chengs Berichten, er kannte seine Kollegen an der Hochschule, den Mann, der unseren Hochzeitsempfang ausgerichtet hatte und die Namen aller Hochzeitsgäste. Jeder von ihnen sei im Augenblick verdächtig. Das Rätsel ließe sich nur mit meiner Hilfe lösen, erklärte der Oberst, daher sei es unumgänglich, dass ich mich kooperativ zeige, sonst müsse ich die Konsequenzen tragen.

»Ich möchte jetzt mit Ihnen über Ihren Mann und seine Freunde sprechen. Ich möchte wissen, was er Ihnen von seiner Amerikareise erzählt hat und wen er dort getroffen hat. Erzählen Sie mir von seiner Reise nach Nanyang, als er Ihren amerikanischen Freund traf.«

Ich wollte keine Fragen über meinen Mann und seine Freunde beantworten, weil ich fürchtete, dass ich etwas sagen könnte, was seine Karriere gefährdete. Er war nach wie vor ein guter Offizier und Parteimitglied und hoffte, zur Entwicklung der Armee, der Partei und des Landes beizutragen. Ich wollte nicht noch einmal seine Träume zunichte machen und sah nur eine Möglichkeit, jeden Verdacht von ihm abzuwenden.

Als der Oberst sich vorbeugte, um den Kassettenrekorder einzuschalten, bat ich ihn, noch zu warten und fragte: »Darf ich meinem Mann schreiben?«

»Nein, Xu Meihong«, antwortete er mit einem Anflug von

Mitgefühl in der Stimme. »Sie dürfen mit niemandem außerhalb dieses Gebäudes in Kontakt treten.«

»Nicht einmal ein kurzer Anruf?«, bat ich.

Er zögerte. Offenbar sah er eine Möglichkeit, mit mir einen Handel zu schließen, um die Informationen von mir zu bekommen, die er brauchte. »Was möchten Sie ihm denn sagen?«

»Ich möchte meinem Mann sagen, dass ich ihn verlasse und er mich nie wieder behelligen soll.«

»Warum?«

»Weil ich ihn nicht mehr liebe.«

»Aber ich habe Sie gestern Abend weinen sehen, als Sie seinen Brief gelesen haben. Was hat Sie dazu veranlasst, über Nacht Ihre Meinung zu ändern?« Bei dieser Frage schaltete er den Kassettenrekorder ein.

»Ich liebe ihn nicht mehr, Herr Oberst.«

»Warum? Hat er Ihnen etwas getan, Xu Meihong?«

»Ich möchte meinen Mann da heraushalten. Ich will nicht über ihn sprechen.«

»Ich glaube, das geht nicht, Xu Meihong.«

»Er hat nichts getan.«

»Das weiß ich nicht.«

»Er hat nichts getan, Herr Oberst. Das schwöre ich. Es ist Zeitverschwendung, über ihn zu reden.«

»Was Zeitverschwendung ist, entscheide ich«, fuhr der Oberst mich an. »Lassen Sie uns ein paar Dinge klären, dann können wir weitersehen.«

Ich starrte auf die Tischplatte, um den Oberst nicht anzusehen.

»Wer hat Ihren Mann kurz nach seiner Versetzung an die Hochschule für Nationale Verteidigung in die Vereinigten Staaten geschickt?«

Ich starrte ins Leere und tat so, als versuchte ich mich zu erinnern. »Ich glaube, die Hochschule hat ihn geschickt, Herr Oberst.«

»Aber welcher Offizier gab ihm den Auftrag?«

»Ich glaube nicht, dass es ein Einzelner war. Die gesamte Leitung hat seine Reise genehmigt.«

»Aber er hatte eine Einladung amerikanischer Offiziere, nicht wahr?«

»Ja. Sie waren von ihm beeindruckt und wollten seine Gastfreundschaft erwidern.«

»Er war in Washington, D.C.?«

»Ja, seine Gastgeber lebten da.«

»War er im Pentagon?«

»Das weiß ich nicht, Herr Oberst. Ich kann mich nicht erinnern.«

»Er war auch in New York?«

»Ja.«

»Und in San Francisco?«

»Ja.«

»Wissen Sie, wo San Jose liegt?«

»Nein.«

»Nicht weit von San Francisco. Was für ein Zufall.«

»Davon weiß ich nichts, Herr Oberst.«

»Ist Larry Engelmann nicht nach San Francisco gefahren, um Ihren Mann zu treffen?«

»Nein.«

»Das ist wichtig, Xu Meihong. Sind Sie *absolut* sicher, dass Larry Engelmann Ihren Mann nicht in San Francisco getroffen hat?«

Ich dachte ein Weilchen nach, bevor ich antwortete: »Ja, ich bin absolut sicher. Mein Mann hätte es mir erzählt, wenn sie sich getroffen hätten.«

»Hat Ihr Mann Sie je belogen oder Ihnen Informationen vorenthalten?«

»Woher soll ich wissen, ob er mir Informationen vorenthält, Herr Oberst? Diese Frage kann ich nicht beantworten.«

»Wie oft hat Ihr Mann Sie im Studienzentrum besucht?«

»Einmal.«

»Hat er sich damals allein mit Larry Engelmann getroffen?«

»Nein, nicht allein.«

»Aber sie haben sich getroffen?«

»Ja, flüchtig. Sie haben sich auf dem Flur begrüßt, das war alles.«

»Wie lange haben sie miteinander gesprochen?«

»Vielleicht zehn Sekunden.«

»Hat der Amerikaner ihm etwas gegeben? Vielleicht ein Buch oder ein Videoband?«

»Nein. Sie haben sich nur begrüßt, das war alles.«

»Und in Bejing? Sind Sie sicher, dass er sich dort nie allein mit Larry Engelmann getroffen hat?«

»Ja. Ich bin mir sicher.«

Triumphierend holte der Oberst einen weiteren Ordner hervor. »Ich glaube, Sie lügen schon wieder, Xu Meihong. Wir haben Bilder von den beiden. Denken Sie daran, was geschieht, wenn Sie mich belügen! Meine Geduld hat Grenzen.«

»Herr Oberst, sie haben sich nie allein in Bejing getroffen.«

»Aber wir haben Bilder, die nicht lügen. Möchten Sie sie sehen?«

»Ja. Ich glaube Ihnen nicht.«

Er holte eine Fotografie aus dem Ordner und schob sie mir über den Tisch. Sie zeigte meinen Mann und Larry an einem Tisch im Restaurant des Jianguo Hotels in Bejing, in dem Larry eine Woche gewohnt hatte. »Sie waren nicht allein dort, Herr Oberst. Das weiß ich genau. Ich kenne dieses Foto und kann Ihnen sogar sagen, wer es aufgenommen hat.«

»Tatsächlich. Wer?«

»Ich, mit Larrys Kamera. Deshalb bin ich nicht mit drauf. Wenn Sie genau hinschauen, sehen Sie drei Gedecke auf dem Tisch. Stammen die Abzüge aus dem Fotogeschäft in Nanyang?«

»Wohl kaum. Wir haben bessere Quellen«, brummte er.

»Wenn Sie so gute Quellen haben, müssten Sie eigentlich wissen, dass die beiden sich nie ohne mich getroffen haben. Ich sage die Wahrheit, Herr Oberst. Wenn Sie mir das nächste Mal Beweise vorlegen, sollten Sie Ihre Quellen vorher gründlicher befragen, wie sie daran gekommen sind.«

»Hat der Amerikaner je Freunde Ihres Mannes getroffen?«

»Natürlich nicht.«

»Sind Sie sicher? Wir haben bemerkt, dass Sie kurz nach der Abreise Ihres Mannes aus Nanyang hohen Besuch aus Bejing hatten.«

Ich musste eine Weile überlegen, bis mir der Gast einfiel. »Ja«, sagte ich dann. »Das stimmt. Ein General von der Hochschule für Nationale Verteidigung war bei mir.«

»Ein *General*. Und nicht irgendeiner, nicht wahr? Erzählen Sie mir mehr über ihn. Zwei Besucher von der Hochschule für Nationale Verteidigung in einer Woche. Interessant.«

»Ja, er kam kurz vorbei.«

»Warum? Wen hat er dort getroffen?« Plötzlich war der Oberst hellwach, als hätte er einen großen Fisch an der Angel.

»Er war zu einer Tagung im regionalen Hauptquartier der Volksbefreiungsarmee in Nanyang. Da mein Mann seine Zimmerschlüssel bei mir vergessen hatte, bat er den General, sie für ihn zu holen. Deshalb kam er: um die Schlüssel zu holen.«

»Und Sie erwarten, dass ich Ihnen das glaube?«

»Wenn Sie die Wahrheit glauben, ja.«

»Schlüssel?«

»Ja, Schlüssel.«

»Und außer Ihnen hat er niemanden getroffen?«

»Nur mich.«

»Sie lügen. Er hat den Amerikaner getroffen, stimmt's?«

»Nein. Er kam zu mir, und ich gab ihm die Schlüssel.«

»Der Neffe von Zhou Enlai kommt zu Ihnen nach Nanyang, um Schlüssel abzuholen?«

»Ja.«

»Ein Zwei-Sterne-General kommt persönlich, statt einen Adjutanten zu schicken?«

»Ja.«

»Wussten Sie, dass er eine Tochter in den Vereinigten Staaten hat?«

»Das gilt auch für Deng Xiaoping und viele andere Führungskader unseres Landes.«

»Aber Deng Xiaoping war nicht bei Ihnen in Nanyang, um für Ihren Mann Schlüssel zu holen, oder?«

Der Oberst blätterte den Ordner durch und las hier und da eine Seite. Nach einer Weile steckte er ihn in seine Aktentasche und ging hinaus, ohne mich eines weiteren Blickes zu würdigen.

In dieser Nacht ließ ich die Fragen, die der Oberst mir gestellt hatte, noch einmal an mir vorüberziehen, um herauszufinden, worauf er wohl als Nächstes hinauswollte. Mir war immer noch nicht klar, welche Gruppierung hinter ihm stand. Mit wem traf er sich, wenn er die Kaserne verließ? Wer gab ihm die Akten und die Fragen? Wer spielte mit meinem Leben und bei wem lag die Entscheidung darüber, ob ich leben oder sterben würde?

Fünf Tage lang ließ der Oberst sich nicht blicken. Bis auf den kurzen Gang zum Waschraum jeden Morgen verbrachte ich die ganze Zeit eingesperrt mit meinen Bewacherinnen. Ich durfte weder Zeitungen noch Bücher lesen. Meine Unterhaltungen mit meinen Wächterinnen waren kurz. Meist lag ich auf dem Bett, starrte an die Decke und dachte darüber nach, welche Richtung der Oberst bei seinen Vernehmungen als Nächstes einschlagen würde. Wenn ich aufstand und im Zimmer auf- und abging, stellte sich eine der Bewacherinnen vor die verschlossene Tür.

Am sechsten Tag wurde ich noch vor dem Frühstück in das Vernehmungszimmer geführt. Der Oberst schlug eine neue Richtung ein. Offenbar hatte ihm jemand Anweisung gegeben, die Verbindung zu meinem Ehemann nicht weiterzuverfolgen. Jetzt hatten sie ein hochrangigeres, verletzlicheres Zielobjekt: Der Oberst wandte sich meinem Verhältnis zu meinem Vorgesetzten am Institut zu, den er verächtlich den »Kaffeegeneral« nannte.

»Ihr Mann hat seine Stelle an der Hochschule für Nationale Verteidigung bekommen, weil Ihr Vorgesetzter sich für ihn eingesetzt hat. Stimmt das?«

»Mein Mann ist für diese Position qualifiziert.«

»Er hatte einen Förderer. Ohne Hilfe ist er nicht von Taiyuan nach Bejing versetzt worden.«

»Ja, jemand hat sein Talent erkannt und ihm bei seiner Beförderung geholfen.«

»Und das war Ihr Vorgesetzter, der General.«

»Er war hilfsbereit.«

»Ja«, sagte der Oberst. »Er ist ein ehrgeiziger Mann mit einer interessanten Vergangenheit. Lassen Sie uns über den General sprechen. Er hat Sie an das Studienzentrum geschickt, damit Sie Ihren amerikanischen Freund treffen, nicht wahr?«

»Das Institut, nicht ein Einzelner, hat mich an das Studienzentrum geschickt«, erwiderte ich.

»Wir wissen, dass der General Sie häufig am Studienzentrum besucht hat. Der *Kaffeegeneral.* Sprechen wir über ihn, Xu Meihong.« Offenbar war er überzeugt davon, dass er mich dazu benutzen konnte, den Offizier zu diskreditieren, den er mehr als jeden anderen in der Armee hasste.

Kapitel 5

DER GENERAL

»So dumm unsere Vorfahren auch gewesen sein mögen, es gelang ihnen doch, nach einigen tausend Jahren des Nachdenkens ein ausgeklügeltes System für die Kontrolle von Menschen zu entwickeln: Unterdrücke, wen du unterdrücken kannst; die anderen hebe auf ein Podest. Indem du sie auf ein Podest hebst, kannst du sie kontrollieren – du brauchst ihnen nur ständig ins Ohr zu flüstern: ›Tu, was ich dir sage, sonst hole ich dich wieder herunter‹.«

LU XUN

I

Allmählich begriff ich die Taktik, die der Oberst in seinem entschlossenen Eifer verfolgte, in den oberen Rängen der Armee staatsfeindliche Tendenzen aufzudecken: Er verknüpfte Menschen und Ereignisse, die nichts miteinander zu tun hatten, bis der überzeugende Eindruck einer Verschwörung entstand. Als er mit seinen Fragen von meinem Mann und seinen Kollegen zu dem General überging, war mir klar, dass er an eine Geheimdienstverbindung zwischen den USA, Nanyang, Bejing und Schanghai glaubte, für die ich in gewisser Weise ein zentrales Bindeglied darstellte. Er wollte mich und meine Beziehung zu dem Amerikaner unbedingt benutzen, um eine Gruppe von Offizieren zu entlarven, zu diskreditieren und auszuschalten, die im Stillen für eine umfassende Reform der Armee eintraten. Der General setzte sich seit Jahren als führender Vertreter der Reformgruppe für engere Beziehungen zu den Vereinigten Staaten und eine schnelle Modernisierung in Politik, Wirtschaft und Militär ein. An die Stelle von Klassenkampf und korrektem politischem Denken musste seiner Ansicht nach eine pragmatischere Haltung treten, wollte man die Probleme Chinas in den Griff bekommen.

Der Oberst und seine Vorgesetzten gehörten dagegen zu einer mächtigen, zutiefst konservativen Gruppe innerhalb der Armee, die meist aus älteren Offizieren bestand und sich von den ambitionierten Reformern bedroht fühlte, seit Deng Xiaoping an die Macht gekommen war und alternde maoistische Ideologen aus ihren Machtpositionen in Partei und Armee entfernt hatte. Diese Militärs versuchten beharrlich, die Reformer in Misskredit zu bringen. Anfang 1987 erzwangen sie den Rücktritt Hu Yaobangs, der sich offen für Reformen eingesetzt hatte, vom Amt des Generalsekretärs der Kommunistischen Partei. Dann warteten sie auf die nächste Chance, ihre Kritiker innerhalb der Armee zum Schweigen zu bringen. Als sie nun glaubten, führende Vertreter der Reformbewegung mit einem ausländischen Spion in Verbindung bringen zu können, nutzten sie ihre Chance. Sie brauchten nur meine Kooperation und ein Geständnis von mir, um den Reformern einen tödlichen Schlag zu versetzen.

Der General war ein verlockendes Ziel. Im Laufe der Jahre hatte er sich einflussreiche Freunde in Partei und Armee geschaffen. Aber er hatte auch mächtige Feinde. Mit seinem Eintreten für engere Beziehungen zu den Vereinigten Staaten und für einen militärischen und kulturellen Austausch mit dem Westen hatte er junge Offiziere aus dem ganzen Land auf seine Seite gebracht. Die Konservativen fühlten sich durch sein Programm und seine Erfolge bedroht und warteten nur auf eine Chance, ihn zu Fall zu bringen.

Der General war sich der Gefahren durchaus bewusst, die sein Bemühen um eine Veränderung Chinas mit sich brachte. Er hatte mich dazu angehalten, wachsam zu sein und jederzeit mit einem Angriff seiner Kritiker zu rechnen.

Er vertraute mir seit Jahren und hatte mich weitgehend in die Zusammensetzung und Arbeitsweise seines Offizierszirkels und in sein umfassendes Reformprogramm eingeweiht. Die Geheimgruppe des Generals war jedoch nur eine von vielen Fraktionen, die versuchten, sich innerhalb der Volksbefreiungsarmee günstige Positionen für eine Machtübernahme zu verschaffen. Mit gutem

Grund achtete der General ständig auf Anzeichen für einen Verrat. Denn er war schon einmal aus der Armee ausgeschlossen, verhaftet und zum Tode verurteilt, dann aber auf wundersame Weise rehabilitiert worden. Er wusste, dass er auch jetzt wieder große Risiken auf sich nahm. Doch er und seine Freunde waren bereit, für ihre Ziele die nötigen Opfer zu bringen, um – so sahen sie es – China zu retten.

Der General vermutete, dass seine Rivalen zunächst versuchen würden, sich die Kooperation seiner Mitarbeiter und engen Verbündeten zu sichern, bevor sie direkt gegen ihn vorgingen. Wenn man einem ehrgeizigen oder mächtigen Mann die Unterstützung seiner unmittelbaren Umgebung entzog, blieb er isoliert, schwach und verwundbar zurück. Daher wählte der General seine engsten Mitarbeiter sorgfältig aus und bereitete sie gründlich darauf vor, wie sie sich im Fall einer Verhaftung und Vernehmung verhalten sollten. »Unterschreiben Sie niemals ein Geständnis«, hatte er mir mehrfach geraten. »Ganz egal, was sie Ihnen versprechen, unterschreiben Sie nichts. Ihr unterschriebenes Geständnis kann Ihr Todesurteil sein. Auf jeden Fall begleitet es Sie ein Leben lang. Sie können ihm nicht entrinnen, und wenn der politische Wind einmal aus einer anderen Richtung weht, wissen Sie nie, ob es nicht jemand hervorholt und Sie dafür bestraft.« Er warnte mich auch davor, schriftliche Unterlagen zu verwahren: »Vernichten Sie alle Briefe. Führen Sie nie ein Tagebuch. Verbrennen Sie Ihre Notizbücher, sobald sie voll sind. Wenn Sie einmal eine Geschichte für sich erfinden müssen, können Sie auf Ihre Fantasie zurückgreifen und müssen nicht fürchten, dass Papiere aus der Vergangenheit auftauchen, die Ihren Aussagen widersprechen. Und falls man Sie verhaftet, denken Sie immer daran, dass Ihre Freunde sich für Ihre Freilassung einsetzen, ganz egal, was man Ihnen bei den Verhören erzählt.«

Als der Oberst mich nun nach meiner Beziehung zum General und nach seinen Aktivitäten fragte, wusste ich, was auf mich zukam, und war bereit, meine Freunde zu schützen.

II

Als ich im Sommer 1985 mein Studium an der Militärakademie in Nanyang abgeschlossen hatte, wies man mir eine Stelle als Assistentin des Institutsleiters zu. So zog ich von den Studentenquartieren in eine kleine Offizierswohnung.

Damals war das Anfangsgehalt von Absolventen einer Militärakademie doppelt so hoch wie das von Absolventen ziviler Schulen. Außerdem hatten sie Kost, Logis und Uniformen frei und konnten den Fahrdienst des Militärs nutzen.

Dennoch war ich nicht glücklich. Mein letztes Studienjahr hatte mich desillusioniert, da ich am eigenen Leib erfahren hatte, wie Partei und Armee ihre eigenen Leute mit Lug und Trug hinters Licht führten, Freunde und Liebende gegeneinander ausspielten und man meinen Mann an einen abgelegenen Posten versetzt hatte, um uns beide für unsere Verfehlungen zu bestrafen. Ich dachte schon daran, die Armee zu verlassen, aber zu Beginn meiner Ausbildung hatte ich mich zu einer fünfzehnjährigen Dienstzeit verpflichtet. Da ich nicht desertieren wollte, sah ich keine andere Möglichkeit, als mich meiner neuen Aufgabe zu stellen. Freunde, die mein Gehalt und meine Privilegien sahen, konnten nicht verstehen, weshalb ich mich über das Leben in der Armee beklagte.

Mein Vorgesetzter, der Institutsleiter, war für die gesamte Ausbildung und Schulung der Kadetten zu zukünftigen Führungskräften des Militärs und des Geheimdienstes verantwortlich. Er wies den Absolventen des Instituts ihre ersten Stellen zu und förderte auch in den folgenden Jahren ihren Aufstieg innerhalb der Armee. Ihr Erfolg hob nicht nur das Renommee der Akademie, sondern auch das ihres Leiters. Als Gegenleistung für seine Unterstützung erwartete er von ihnen unerschütterliche Loyalität, wo immer ihre Karriere sie auch hinführen mochte.

Umgekehrt sicherte sich die Militärführung in Bejing die Unterstützung des Institutsleiters, damit sie ihm viel versprechende junge Rekruten (oft Familienangehörige) schicken und von ihm die besten Absolventen als Mitarbeiter bekommen konnte. Ein ambitionierter und kompetenter Institutsleiter war daher in der Lage, sich im Laufe der Jahre ein gut funktionierendes Netz von Offizieren in einflussreichen Positionen im ganzen Land aufzubauen, die gemeinsam an spezifischen Personalstrukturen und Programmen arbeiteten.

Drei Monate nachdem ich meine neue Stellung im Institut angetreten hatte, ging der bisherige Leiter in den Ruhestand. Sein Nachfolger, der Mann, den der Oberst als den »Kaffeegeneral« bezeichnete, wurde von der Zentralen Militärkommission in Bejing ernannt und galt als aufsteigender Stern in der Armee. Da man davon ausging, dass das Institut für ihn lediglich ein Sprungbrett zu einer höheren Position in der Armee war, rechnete niemand damit, dass er lange in Nanyang bleiben würde.

Der neue Institutsleiter war Mitte vierzig, groß, gut aussehend und wirkte ungemein distinguiert. An seinem ersten Tag im Institut kündigte er in einer Ansprache an alle Mitarbeiter drastische Veränderungen an. Er würde weder Begünstigung noch Inkompetenz dulden. Für uns beginne nun ein neue Ära der Professionalität. Es werde viel von uns erwartet, aber letzten Endes würden unsere Bemühungen zur positiven Entwicklung des Instituts und der Armee beitragen.

Schon in den nächsten Tagen besuchte er jede Klasse und sprach mit Lehrern und Studenten über den Lehrplan. Er forderte alle auf, ihre Ansichten offen zu äußern, und wog ihre Klagen und Vorschläge sorgfältig ab.

Nur wenige Wochen nach seinem Amtsantritt legte der General einen innovativen Gesamtplan für das Institut vor. Er war fest entschlossen, die Ausbildung im Bereich der militärischen Aufklärung zu modernisieren und qualitativ zu verbessern. Dazu brauchte er Gelder und Unterstützung aus Bejing und Verbindungen zu einflussreichen Führungskräften im Kommando der Militärregionen und in anderen Militärakademien. Darüber hinaus bemühte er sich intensiv, hohe Parteikader für seine Pläne zu gewinnen.

Ich kam von Anfang an gut mit ihm aus, und schon bald übertrug er mir verantwortungsvollere Aufgaben und machte mich zu seiner rechten Hand. Ich musste Unterrichtsbesuche machen, Beurteilungen über die Lehrkräfte abgeben und detaillierte Berichte über alles schreiben, was ich sah und hörte. Diese Berichte besprach er ausführlich mit mir. Die bürokratische Unbeweglichkeit in der Verwaltung wich bald einer dynamischen, entschlossenen Haltung.

Nach und nach zog der General ausgewählte Nachwuchsoffiziere des Instituts, zu denen auch ich gehörte, ins Vertrauen. Im Laufe der Monate sprach er bei privaten Abendessen in seinem Haus immer offener mit uns über seine Kritikpunkte und Pläne, über unsere Unzufriedenheit mit der Armee und unsere Vorstellungen, sie zu verbessern und zu stärken.

Wir hörten seinen Ausführungen über nötige Veränderungen aufmerksam zu und stimmten in allen Punkten mit ihm überein.

Seine Entschlossenheit, die Volksbefreiungsarmee durch schnelle Einführung neuer Technologien, Zusammenarbeit mit ausländischen Experten, Fortbildung unserer Offiziere und die Abschaffung von Korruption, Begünstigung und einer Überbetonung des korrekten politischen Denkens zu modernisieren, steckte uns an. Der General war ein Pragmatiker und vertrat die Auffassung, dass China eine Ideologie entwickeln müsse, die alle Chinesen zu einer effektiven und effizienten Zusammenarbeit bringe, wenn es je wirklich zu den Großmächten der Welt zählen wolle. Da wir jungen Offiziere alle von der zwingenden Notwendigkeit einer Veränderung überzeugt waren, wurden wir mit der Zeit mehr und mehr zu Anhängern des Generals.

Eines Nachmittags, als ich mit ihm allein im Büro saß, erzählte ich ihm von meinen Zweifeln, ob seine Reformpläne gegen die eingefleischt konservative Haltung und die Begünstigung innerhalb der Armee Aussicht auf Erfolg haben könnten. Ich gestand ihm, dass ich in meiner Enttäuschung sogar schon daran gedacht hatte, die Armee zu verlassen. Er hörte mir aufmerksam zu und erklärte mir dann, dass das Verlassen der Armee nichts anderes bedeute, als vor genau den Leuten zu kapitulieren, die ihre Macht und ihren Einfluss innerhalb der Organisation missbrauchten. Ich solle vielmehr mit anderen in der Armee zusammenarbeiten, die genauso dächten wie ich. Es gebe genug gute Leute in der Armee, um das aus ihr zu machen, was sie eigentlich sein sollte.

Das Vertrauen, das der General in mich und andere junge Offiziere setzte, gab mir den Glauben an die Ideale wieder, den ich im Laufe meiner Ausbildung an der Militärakademie verloren hatte. Er war ein fähiger, einfühlsamer und unbestechlicher Idealist, ein Vorgesetzter, wie ich ihn in der Armee nicht mehr zu finden gehofft hatte. Immer wieder versicherte er uns, dass es noch andere wie uns gebe. In dem Maße, wie kompetente, integre

Offiziere in den Stab der Zentralen Militärkommission, der Hochschule für Nationale Verteidigung und unzählige andere einflussreiche Machtpositionen aufstiegen, werde es unweigerlich zu Veränderungen kommen. Wenn junge Reformer nach und nach die alte Garde der Maoisten innerhalb des Militärs ablösten, breche für die Armee und ganz China ein neues Zeitalter an.

Etwa drei Monate nach seinem Amtsantritt bat er mich in sein Büro, bot mir Kaffee an und erzählte mir hinter verschlossener Tür seine Lebensgeschichte, nach der ich ihn schon öfter gefragt hatte.

Sein Vater stammte aus der Provinz Sichuan. Als junger Mann trat er den nationalistischen Truppen der Kuomintang bei und wurde gemeinsam mit zahlreichen anderen Offizieren an einer japanischen Militärakademie ausgebildet. Dort lernte er Chiang Kai-shek kennen, der ebenfalls in Japan studierte. Damals wollten die Chinesen von den Japanern lernen, die eine rasche Modernisierung betrieben und Einfluss und Macht in ganz Ostasien ausdehnten.

Sein Vater kehrte mit Chiang Kai-shek nach China zurück und arbeitete sich im Laufe der Jahre zum Zwei-Sterne-General der Nationalistischen Armee hoch. Mit Ende vierzig lernte er eine junge Frau aus einer reichen, einflussreichen Familie in Schanghai kennen und heiratete sie. Sie bekamen nur ein Kind, einen Sohn, und lebten in einer Villa am Ufer des Xuan-Wu-Sees in einer der schönsten Gegenden von Nanyang.

Als sein Vater desillusioniert feststellte, dass Chiang Kai-shek mehr daran interessiert war, an der Macht zu bleiben, als die Lebensverhältnisse des chinesischen Volkes zu verbessern oder die Japaner zu vertreiben, trat er 1948 mit seiner Truppe zur kommunistischen Seite über. Nach dem Sieg der Kommunisten 1949 wurde er als Volksheld geehrt und bekam ein hohes Amt in der Kommunalverwaltung von Schanghai. Bevor er diese Stelle antreten konnte, starb er plötzlich und ließ seine junge Frau und seinen zehnjährigen Sohn zurück.

Mit der Unterstützung ihrer Familie konnte seine Mutter gut für ihren Sohn sorgen. Er trat in die Fußstapfen seines Vaters, besuchte die besten Schulen Schanghais und studierte an der Militärakademie in Bejing. Anschließend blieb er als Offizier an der Akademie und heiratete eine junge Frau aus Schanghai.

Seine Hoffnungen auf einen raschen Aufstieg in einer modernen, schlagkräftigen Armee sah er durch die Kulturrevolution zunichte gemacht, die 1966 begann. Ganz China spielte plötzlich verrückt. Seine Mentoren und Vorgesetzten wurden verhaftet und gefoltert. Manche von ihnen wurden zu Tode geprügelt oder öffentlich hingerichtet. Als die Militärakademie den Lehrbetrieb weitgehend einstellte, verließ er schließlich die Armee und ging zurück nach Schanghai.

Dort gründete er eine geheime Gruppe, die gegen die Politik der örtlichen Führer der Kulturrevolution arbeitete. Als jemand diese Gruppe verriet, kamen er und seine Freunde ins Gefängnis. Tagtäglich wurden mehrere Männer aus ihren Zellen geschleift und erschossen.

Nach dem Tod Maos und der Verhaftung der Viererbande wurden viele politische Gefangene freigelassen. Auf Betreiben seiner bereits freigelassenen Mitverschwörer, die an Deng Xiaoping appellierten, untersuchte eine Sonderkommission den Fall des Generals und Mitte 1978 wurde er ebenfalls freigelassen und rehabilitiert. Er bekam seine Parteimitgliedschaft wieder und wurde für seine Opposition gegen die Führer der Kulturrevolution als Held geehrt.

Als er nach Hause kam, erkannte seine Frau ihn kaum wieder. Er wog nur noch neunzig Pfund, hatte dünnes, graues Haar und war gesundheitlich angeschlagen, aber er lebte noch, war rehabilitiert und frei.

Als Belohnung für seine Verdienste um China bot man ihm das Amt des Vizebürgermeisters von Schanghai an, aber er wollte wieder in die Armee. Innerhalb weniger Jahre beförderte man ihn zum General.

Nachdem er mir seine Geschichte erzählt hatte, sagte er: »Ich bin ehrgeizig und ungeduldig, aber nicht für mich, sondern für mein Land. Ich liebe China. Als ich aus dem Gefängnis kam, traf ich mich wieder mit meiner Gruppe aus Schanghai. Wir sind alle wieder in der Armee. Wir sind durch die Hölle gegangen und wollen dafür sorgen, dass das, was uns und Millionen anderen Menschen in China widerfahren ist, nie wieder geschehen kann. Wir wollen dafür sorgen, dass fähige Köpfe die Armee und die Partei führen. Wenn es so weit ist, sind all unsere Träume in Erfüllung gegangen und alles, was wir durchgemacht und geopfert haben, hat sich gelohnt.

Ich möchte, dass Sie mit mir und meiner Gruppe zusammenarbeiten. Aber Sie müssen sich darüber im Klaren sein, dass das mit Risiken verbunden ist. Überall lauern Fallstricke. Es gibt mächtige Leute – alte wie junge, auch hier in Nanyang –, die Angst vor jeder Veränderung haben. Sie leben in der Vergangenheit und wissen, dass ein Wandel sie auf den Schutthaufen der Geschichte befördern wird. Sie werden vor nichts zurückschrecken, um jeden zu vernichten, der ihre Macht, ihre Position und ihre Privilegien bedroht.

Das politische Klima in China wechselt häufig. Das weiß ich aus eigener Erfahrung. Es gibt ruhige und stürmische Zeiten. Ich bin 1976 in eine stürmische Zeit geraten und habe nur knapp überlebt.

Wenn so ein Gewitter losbricht, schützen wir das Haus mit einem Blitzableiter, damit es nicht abbrennt. Manchmal müssen wir jemanden um der Sache willen bitten, uns als Blitzableiter zu dienen. Falls es je dazu kommen sollte … könnten Sie dieser

Blitzableiter sein? Könnten Sie den Blitz einfangen und ableiten, damit er unser Haus nicht niederbrennt?«

Ohne Zögern antwortete ich: »Ja, das könnte ich.«

»Denken Sie daran, falls wir je gewinnen: Reich werden wir nicht dabei. Das ist nicht der Lohn, nach dem wir streben sollten. Vielleicht bekommen wir nicht einmal Anerkennung. Aber wir werden dieses Land verändern. Und wenn wir es schaffen, könnten Sie eine Heldin sein, wie Sie es sich erträumt haben. Wenn wir aber scheitern, könnte es sein, dass Sie angeklagt werden, ins Gefängnis kommen und man Ihren Namen aus der Geschichte tilgt. Sie müssen auf das Schlimmste gefasst sein.«

»Das bin ich«, versicherte ich ihm.

»Gut. Dann an die Arbeit.«

Als der General mir erzählte, was er durchgemacht hatte und wie er seinen Einfluss und seinen Glauben an sich und sein Land wiedergewonnen hatte, fand auch ich meine Träume und meinen Glauben wieder. Er verstand es, eine Seite in mir anzusprechen, die mir sagte, dass die Dinge anders sein konnten und die Menschen in China für das Gute, Wahre und Gerechte empfänglich sein würden. Ich wollte glauben, dass der Sozialismus eine Welt zu schaffen vermochte, in der alle Menschen gut und glücklich wären. Ich wollte glauben, dass die Volksbefreiungsarmee aus unbestechlichen Brüdern und Schwestern bestehen konnte, die aufrecht den Marsch in eine leuchtende Zukunft Chinas anführten.

Ich wollte unbedingt glauben.

III

Einige Tage nach diesem Gespräch übertrug der General mir weitere Aufgaben. Er stellte mich zwei Obersten vor, die ebenfalls zu seinem engsten Vertrautenkreis gehörten. Zu dritt arbeiteten wir an einem Graduiertenprogramm, das die besten Nachwuchsoffiziere des Landes an das Institut holen sollte. Der General sorgte dafür, dass ich in meiner Wohnung ein Telefon bekam, ein Privileg, das normalerweise nur höheren Offizieren – Major und aufwärts – zustand.

Anfangs war unsere Arbeit erfolgreich. Der General bekam in Bejing grünes Licht und die nötigen Mittel für unser neues Ausbildungsprogramm. Wie er sagte, spielte dabei ein politisches Geben und Nehmen eine wichtige Rolle, das auf Beziehungen, Verpflichtungen und Gefälligkeiten beruhte. Die Rektoren renommierter Hochschulen in Schanghai, Bejing, Tianjin und Guangzhou besuchten uns, wurden aufwändig bewirtet und bekamen eine Sonderbehandlung und Geschenke. Damit versuchten wir, ihre Unterstützung für unser Vorhaben zu gewinnen. Besonders wichtig war der Beistand in den Familien, deren Söhne und Töchter zum Studium an der Militärakademie zugelassen wurden und später gute Posten bekamen. Solche Gefälligkeiten schufen wichtige Verbindungen und Verpflichtungen, die wir zur Förderung unseres Reformprogramms nutzen konnten.

Dass wir ständig auf dieses empfindliche Gefüge zurückgriffen, machte mir Sorgen. Offenbar gründete sich Erfolg nie allein auf Verdienst. Wir versuchten es nicht einmal. Nur Beziehungen (*guanxi*) und Begünstigung brachten einen weiter. Allmählich kamen mir bei manchen, die unsere Reformbewegung unterstützten, Zweifel an der Echtheit ihrer Überzeugung. Wenn sie als Gegenleistung für ihre Zusammenarbeit persönliche Vorteile und die Stärkung der eigenen Macht erwarten konnten, herrschte bei den Reformern offenbar nicht so großer selbstloser Idealismus, wie ich erwartet hatte. Ich erlebte, wie der General und seine Kollegen sich die Unterstützung für ihr neues Programm mit den gleichen Methoden sicherten, die sie in persönlichen Gesprächen verurteilten. Und zwangsläufig fragte ich mich, ob es klug sei, mit Beziehungen, Begünstigung und Geschenken ein System aufzubauen, das gerade solche Praktiken ausmerzen sollte. Der General vertrat die Auffassung, der Zweck heilige die Mittel, und wenn wir erst einmal Erfolg hätten, würden wir Vetternwirtschaft und Begünstigung abschaffen. Aber ich hatte meine Zweifel.

IV

Damals kam es mit einem unserer Offiziere zu ernsthaften Schwierigkeiten, die deutlich machten, wie weit die Korruption innerhalb der Armee bereits verbreitet war. Ein exponierter und ehrgeiziger politischer Kommissar des Instituts, Oberst Zhu Long, wurde beschuldigt, in einem Hotel in Hangzhou ein Wochenende mit zwei sehr jungen Prostituierten verbracht zu haben.

Ein militärischer Untersuchungsausschuss sollte den Vorwurf prüfen, ob der Oberst grobe moralische Verstöße begangen habe.

Zu unserer Überraschung gab Oberst Zhu zu, dass die Beschuldigungen der Wahrheit entsprachen.

Statt jedoch um Gnade zu bitten, schrie er die Vernehmenden an: »Warum sagen Sie mir, dass das, was ich getan habe, falsch sei? Wissen Sie überhaupt, was die höheren Offiziere tagtäglich tun? Ich sage Ihnen, was ich in Hangzhou getan habe, ist gar nichts im Vergleich zu dem, was tagtäglich in der Armee vor sich geht. GAR NICHTS!«

Keiner der Vernehmenden hakte bei diesen skandalösen Behauptungen nach, keiner stellte sie in Frage oder widersprach ihnen. Ich war über die Arroganz und Selbstsicherheit Zhu Longs ebenso fassungslos wie über die Zurückhaltung seiner Ankläger.

Zhu wurde zwar aus der Armee entlassen, gleich darauf aber zum Leiter eines Arbeitslagers (*laogai*) für politische Gefangene ernannt, in dem die Gefangenen vom Morgengrauen bis zum Einbruch der Nacht Exportgüter für den internationalen Markt produzierten. Die Gewinne aus der Arbeit der Gefangenen flossen in die Taschen Zhus und die seiner Partner. Innerhalb weniger Jahre wurde er ein reicher Mann.

Oberst Zhu war der Offizier, der mich 1984 verhört und Lin Chengs Karriere blockiert hatte, weil wir uns ineinander verliebt hatten. Als Ehemann und Vater hatte er wesentlich schwerwiegendere moralische Verstöße begangen als wir.

V

Unermüdlich setzte der General sich für talentierte junge Offiziere ein, die ihm treu ergeben waren. Als die Johns Hopkins University und die Universität Nanyang in einem Joint Venture das Zentrum für chinesisch-amerikanische Studien in Nanyang eröffneten, förderten der General und andere hochrangige Offiziere das Projekt hinter den Kulissen, weil sie erkannten, welche Vorteile es für unsere Kadetten, Absolventen und Mitarbeiter bringen würde. Sie konnten ganz in der Nähe unserer Akademie ihre Sprachkenntnisse und ihr theoretisches Wissen vertiefen, wichtige Kontakte zu amerikanischen Studenten und Dozenten knüpfen und sich vielleicht mit ihnen anfreunden und Auslandsstipendien bekommen.

Seine erfolgreichen Bemühungen, den Lehrplan und die Ausbildung am Institut zu verbessern und zu modernisieren, und der Aufbau und die Pflege seiner Beziehungen trugen dem General 1987 die große Ehre ein, für ein Jahr an der Hochschule für Nationale Verteidigung in Bejing studieren zu dürfen. Aus dem ganzen Land gingen hochrangige Offiziere an diese Universität, um sich fortzubilden und ihre Kontakte auszubauen. Obwohl er Nanyang nur ungern verließ, hielt der General dieses Studium für ein wichtiges Sprungbrett in eine noch einflussreichere Position.

Im Frühjahr 1988 kehrte er mit einem revolutionären Plan für das Institut nach Nanyang zurück. In ausführlichen Gesprächen mit Offizieren in Bejing, die Amerikaerfahrung besaßen, und durch Gastvorlesungen amerikanischer Dozenten an der Hochschule für

Nationale Verteidigung war er zu der Überzeugung gelangt, dass unser Englischunterricht nicht gut genug war und unsere Absolventen ein völlig unzureichendes Verständnis der amerikanischen Gesellschaft mit auf den Weg bekamen. Seiner Ansicht nach war unser Sprachunterricht viel zu formal; unsere Studenten müssten die Umgangssprache und alle gängigen idiomatischen Wendungen lernen, um in den Vereinigten Staaten nicht wie Hinterwäldler zu wirken. Ihre unbeholfene Ausdrucksweise und Aussprache und die Tatsache, dass sie mit amerikanischen Gepflogenheiten nicht vertraut waren, machten sie in Amerika besonders auffällig statt unauffällig, wie sie es eigentlich sein sollten. Sie beherrschten die alltäglichsten Dinge nicht, konnten nicht Auto fahren, nicht selbst tanken, kamen mit den amerikanischen Banken, Schecks und Kreditkarten nicht zurecht, wussten nicht, was sie in amerikanischen Restaurants bestellen sollten und konnten nicht mit Computern umgehen. Unsere Ausbildung war veraltet und wurde von Tag zu Tag antiquierter, klagte er.

Als Lösung für dieses Problem wollte er in der Nähe des Instituts eine kleine amerikanische Stadt bauen. Der KGB hatte in der Sowjetunion ein ähnliches Projekt bereits erfolgreich realisiert. Offiziere aus dem ganzen Land sollten in dieser geheimen Einrichtung den letzten Schliff bekommen, bevor man sie nach Amerika schickte, damit sie besser auf ihre dortigen Aufgaben vorbereitet waren. Die Auszubildenden sollten in unserer amerikanischen Stadt, in der nur Englisch gesprochen würde, Bus fahren, Auto fahren, im Supermarkt einkaufen, Kinokarten kaufen, Schecks ausschreiben, Kreditkarten und Computer benutzen.

Der Plan des Generals fand zwar bei der Reformgruppe großen Anklang und auch außerhalb einigen Beifall, stieß aber bei den Konservativen im Institut und in Bejing auf unverhohlene Kritik. Sie hatten Bedenken, dass eine allzu intensive Auseinandersetzung mit den Wertvorstellungen, Ideen und Strukturen kapitalistischer Gesellschaften bei unseren Kadetten die marxistischen Werte untergraben könnte, und wollten ihnen über westliche Demokratien nicht mehr beibringen als unbedingt notwendig. Sie fürchteten eine »friedliche Evolution«, wie sie es nannten, oder die stetige Erosion des Marxismus durch liberale westliche Werte.

Andere hatten Angst, dass ein Erfolg des Generals ihre Position bedrohen könnte. Wenn er Unterstützung für sein Projekt bekäme, würden die besten Rekruten des Landes in unsere Einrichtung kommen und bald in sein persönliches Beziehungsnetz eingebunden sein. Da ein solcher Erfolg für die Reformer einen großen Sprung nach vorn bedeutet hätte, waren die Konservativen fest entschlossen, ihn zu verhindern.

Als der General mir den Auftrag gab, detaillierte Pläne für die amerikanische Stadt zu entwickeln, bat ich ihn, mich von dieser zusätzlichen Arbeit zu entbinden und erklärte, ich brauche dringend eine Ruhepause, da ich einer extrem hohen Belastung ausgesetzt sei. Er war zwar verwundert darüber, aber nachdem er einige Tage darüber nachgedacht hatte, war er damit einverstanden, mich für eine Weile zu entbehren, und davon überzeugt, dass ich mit neuen Ideen und frischer Begeisterung ans Institut zurückkehren würde.

Im späten Frühjahr 1988 teilte er mir mit, dass er für mich einen einjährigen Fortbildungsurlaub für ein Graduiertenstudium am Fremdspracheninstitut in Schanghai erwirkt habe.

Ich war begeistert. Doch noch bevor ich mich am Fremdspracheninstitut einschreiben konnte, überlegte der General es sich anders: »Ich möchte, dass Sie am gemeinsamen Studienzentrum der Universität Nanyang und der Johns Hopkins University studieren. Es ist zwar teurer als Schanghai, aber dafür kommen wir auf.« Obwohl die Anmeldefrist abgelaufen war, wollte er für meine Aufnahme sorgen.

Der Grund für diese Änderung war, dass das Studienzentrum auf amerikanische Weise organisiert war und die Dozenten alle Amerikaner waren. Seiner Ansicht nach konnte ich in Nanyang besser die englische Umgangssprache lernen, amerikanische Geschichte und Kultur studieren und aus erster Hand die Lehrmethoden der Amerikaner kennen lernen. Anschließend sollte ich mein Wissen in den Lehrplan des Instituts und in die Planung unserer amerikanischen Stadt einbringen. Er spielte sogar mit der äußerst ungewöhnlichen Idee, ein oder zwei Amerikaner als Gastdozenten an das Institut zu holen, um die Studenten nicht nur mit amerikanischen Lehrinhalten, sondern auch mit ihrem Unterrichtsstil und ihrem Material vertraut zu machen. Er wies ausdrücklich darauf hin, wie wichtig es sei, dass ich im Studienzentrum so viele Bekanntschaften und Freundschaften mit Amerikanern wie möglich knüpfte und ihr Vertrauen gewänne, ohne mehr als unbedingt nötig über mich preiszugeben. »Wahrscheinlich werden Sie einige interessante Leute im Studienzentrum kennen lernen«, sagte er zum Abschied. »Halten Sie Augen und Ohren offen.«

Meine Schilderungen über das Leben und das Studium am Zentrum fesselten ihn so sehr, dass er mich im Herbst dreimal dort besuchte. Er ließ sich sämtliche Gebäude zeigen, von den Zimmern im Wohnheim über die Bibliothek, die Hörsäle und die Klassenzimmer bis hin zur Küche und den Büros der Verwaltung. Er erkundigte sich eingehend über den Tagesablauf im Zentrum, die Aufteilung der Verwaltungsaufgaben zwischen Amerikanern und Chinesen, die Aufnahmeverfahren und die Finanzierung. Er bat mich, ihn mit meinen Dozenten bekannt zu machen, allerdings nicht als Offizier, sondern als Freund, damit er sich mit ihnen über ihre Lehrmethoden, ihre Forschungsarbeiten und ihre Ressourcen unterhalten könne. Als er erfuhr, dass die Amerikaner unzählige Bücher und neue amerikanische Filme nach China mitgebracht hatten, bat er mich, einige für ihn und seine Kollegen auszuleihen.

Als der General das Studienzentrum sah, bestärkte ihn das in seinem Entschluss, seine amerikanische Stadt einzurichten, um dort die besten Studenten des Landes auf ihren Auslandseinsatz vorzubereiten und China ins 21. Jahrhundert zu befördern.

VI

Der Oberst holte einen dicken Ordner mit Unterlagen über den General aus seiner Aktentasche. »Wie oft hat der General Sie gebeten, ihn mit dem Amerikaner bekannt zu machen?«, begann er.

»Nie.«

»War er je im Studienzentrum?«

»Nein.«

»Nein? Sie lügen schon wieder. Haben Sie etwas zu verbergen? Wir haben Fotos!« Damit warf er sie auf den Tisch.

Ich erkannte den General, seine Frau und mich in der Mensa des Zentrums. »Ach ja, er hat mich im Studienzentrum besucht, mit seiner Frau. Jetzt erinnere ich mich. Aber er war nicht in Uniform, wie Sie sehen. Das hatte ich vergessen. Es war nicht wichtig.«

»Hat er darum gebeten, den Amerikaner kennen zu lernen?«

»Nein.«

»Hat der Amerikaner gebeten, den General kennen zu lernen?«

»Warum sollte er? Er wusste ja gar nichts von seiner Existenz.«

»Das glaube ich Ihnen nicht, Xu Meihong. Er wollte den General kennen lernen, um ihm Nachrichten zu übergeben. Sie wissen, auf welchem Weg er mit dem General Nachrichten ausgetauscht hat, nicht wahr?«

»Ich habe keine Ahnung, Herr Oberst.«

»Die Frau des Generals hat den Amerikaner getroffen, stimmt das?«

»Kurz, wir sind uns zufällig auf dem Flur begegnet und ich habe sie ihm vorgestellt. Er wusste nicht, dass sie die Frau eines Generals ist.«

»Hat sie sich etwas von dem Amerikaner geliehen?«

»Nein.«

»Hat sie ihn nicht gebeten, ihr Videokassetten zu leihen?«

Ich dachte für einen Moment darüber nach, was ich antworten sollte. Schließlich sagte ich: »Ach, das. Ich habe mir eine Videokassette von ihm geliehen.«

»Hat er ihr auch eine gegeben?«

»Er hat mir eine geliehen, die sie dann von mir bekam.«

»Haben Sie sich das Video angesehen?«

»Später, ja.«

»Und?«

»Es war ein Spielfilm über einen großen Hai.«

Als ich dem Oberst von dem Film erzählte, grinste er, aber ob er mir glaubte, vermochte ich nicht zu sagen. Lange blätterte er in seinen Unterlagen und fragte schließlich: »Und wie oft hat der General Sie gebeten, den Amerikaner ins Institut zu bringen?«

»Zweimal, glaube ich.«

»Haben Sie sich nie gefragt, warum?«

»Ich wusste, warum. Der General wollte, dass er für unsere Kadetten Vorlesungen über amerikanische Geschichte und Kultur hielt.«

»Ist der Amerikaner ins Institut gekommen?«

»Nein.«

»Warum nicht?«

»Er hat gesagt, er sei zu beschäftigt.«

»Vielleicht wartete er ja auch auf Anweisungen aus Amerika? Wäre das möglich?«

»Ich weiß nicht, wovon Sie reden.«

Obwohl ich alles abstritt, stellte der Oberst mir über Tage hinweg stundenlang immer wieder dieselben Fragen und ging mehrmals dieselben Unterlagen durch, um zu sehen, ob meine Antworten in sich stimmig waren.

»Haben Sie im Büro des Generals je größere Geldmengen gesehen?«

»Nein.«

»Das verstehe ich nicht. Warum sollten Amerikaner im Institut Vorlesungen halten, wenn sie dafür nicht bezahlt werden sollten?«

»Es handelte sich um einen Bildungsaustausch. Die Kadetten sollten Gelegenheit bekommen, einen Amerikaner über sein Land sprechen zu hören, und der Gastdozent sollte einen Abend bei uns verbringen und aus erster Hand mehr Erfahrungen mit chinesischen Studenten sammeln können. Dahinter stand der Gedanke, dass diese Erfahrung uns intellektuell bereichern würde.«

Der Oberst und seine beiden Adjutanten lachten über meine Antwort. »Intellektuell bereichern? Sie glauben, der General wollte den Amerikaner nur zur intellektuellen Bereicherung treffen?«

»Ja, Herr Oberst. Der General ist nicht nur Offizier, sondern auch Akademiker.«

»Können Sie mir die Namen von guten Freunden nennen, die der General in Bejing in der Armee hat?«

»Ich kenne keinen von ihnen.«

»Der Vorgesetzte Ihres Mannes ist sein Freund. Den kennen Sie doch, oder?«

»Nur beruflich.«

»Können Sie mir seine Freunde in Guangzhou nennen?«

»Nein, ich kenne sie nicht.«

Langsam las der Oberst mir eine Liste von Namen vor. Manche kannte ich. Manche hatte ich am Institut getroffen, als sie den General besucht hatten. Die Liste des Obersts enthielt über hundert Namen, von denen viele zur Reformgruppe des Generals innerhalb der Armee gehörten. Ich stritt ab, etwas über sie zu wissen.

Er fragte mich über die Abendessen aus, die der General für die ihm untergebenen Offiziere gegeben hatte. Worüber wurde gesprochen? Wer war dabei? Was hatten die Offiziere hinterher gesagt? Ich antwortete, das wisse ich nicht.

Er fragte mich nach den Reden, die der General gehalten hatte, nach den Berichten, die er geschrieben hatte, und nach Einzelheiten über seine Reisen. Ich erklärte ihm, daran könne ich mich nicht erinnern. Er fragte nach der amerikanischen Stadt, die der General plante. Ich antwortete, darüber wisse ich nur wenig. Wenn der Oberst langatmig komplizierte Verknüpfungen konstruierte, schaute ich ihm manchmal nur noch auf die Lippen, schweifte aber in Gedanken ab. Dann schrie er mich plötzlich an: »Hören Sie mir überhaupt zu?«

»Ja, Herr Oberst«, antwortete ich. »Was haben Sie gefragt?« Dann schlug er auf den Tisch, brüllte mich an, das sei wichtig, und leierte weiter eine Litanei aus Fakten und Fantasie herunter, die nur hin und wieder für eine Zigarettenpause für die Männer unterbrochen wurde. Der Kassettenrekorder lief, schaltete sich ab, lief wieder, und der Hauptmann füllte eine Seite nach der anderen mit seinem Protokoll. Ich achtete sorgfältig darauf, dass der Oberst nichts aus mir herausholte, was sich gegen den General verwenden ließ.

Nachdem er mich sieben Tage in Folge über den General befragt hatte, ließ der Oberst plötzlich durchblicken, dass man außer mir am 2. Dezember möglicherweise noch andere Offiziere verhaftet habe.

»Haben Sie je gehört, dass der General mit jemandem in den Vereinigten Staaten telefoniert hat?«, fragte er.

»Nein.«

»Hat er je davon gesprochen, ins Ausland zu gehen? Haben Sie vielleicht gehört, dass er mit Mitarbeitern einer Fluggesellschaft gesprochen hat?«

»Nein.«

»Hat der General Ihnen erzählt, dass er 1976 zum Tode verurteilt wurde?«

»Nein, davon habe ich nie gehört«, log ich.

»So war es aber. Und jetzt würde er alles – alles – tun, um nicht wieder ins Gefängnis zu kommen. Er würde sogar Freundschaften mit Amerikanern pflegen, um seine Familie nach Amerika zu schleusen, falls er wieder in Schwierigkeiten geriete.«

»Das weiß ich nicht, Herr Oberst. Ich weiß nicht, wieso er Schwierigkeiten bekommen sollte. Und ich weiß nichts über seine Verhaftung und seinen Gefängnisaufenthalt. Ich hatte immer den Eindruck, dass er ein vorbildlicher Offizier ist.«

»Hat er Ihnen nie seine Lebensgeschichte erzählt? Wissen Sie, dass sein Vater General der Kuomintang war?«

»Nein, unser Verhältnis war rein beruflich. Über sein Privatleben hat er mir nie etwas erzählt.«

Allmählich fragte ich mich, ob man den General am 2. Dezember ebenfalls verhaftet hatte oder ob sein Sturz unmittelbar bevorstand. Da ich zu seinen Protegés gehörte, wäre seine Entmachtung auch mein Ende. Aus den Fragen, die man mir stellte, versuchte ich herauszulesen, was mit ihm geschehen war. Gleichzeitig erwog ich die Möglichkeit, dass diese Fragen nur eine weitere List sein könnten, mein Selbstvertrauen zu untergraben, indem man mich glauben machte, dass ich keine Freunde und keine Unterstützung mehr hätte.

Stundenlang stellte der Oberst mir immer wieder dieselben Fragen, blätterte in seinen Unterlagen, ging hinaus – um seine Vorgesetzten anzurufen, nahm ich an – und kam zurück, um das Verhör fortzusetzen oder abzubrechen.

»Wissen Sie etwas von der Existenz einer Gruppe der ›friedlichen Evolution‹ innerhalb der Armee?«, fragte er.

»Nein.«

»Sie wissen also nichts über die Verbündeten des Generals in Schanghai?«

»Nein.«

»Sie haben noch nie von einer reformistischen Offiziersclique in Bejing, Schanghai, Guangzhou und Nanyang gehört?«

»Nein.«

»Ich hoffe, Sie sagen die Wahrheit, Xu Meihong. Ich hoffe, Sie verbergen nichts vor mir, denn der General und seine Freunde versuchen, die Volksbefreiungsarmee zu spalten. Wenn man ihn gewähren lässt, wird er die Armee und die Nation schwächen. Der General ist ein sehr ehrgeiziger Mann – ein Individualist. Aber wir wissen über ihn Bescheid. Ich an Ihrer Stelle würde mich nicht auf seine Hilfe verlassen.«

»Ich vertraue auf die Wahrheit, Herr Oberst.«

Er betrachtete mich prüfend und wandte sich wieder seinen Akten zu.

Manchmal lagen zwischen den Verhören mehrere Tage, in denen ich nichts anderes zu tun hatte, als auf dem Bett zu liegen und an die Decke zu starren oder im Zimmer auf- und abzugehen und die alten Zeitungen an den Fensterscheiben zu lesen. Nach drei Wochen kam der Oberst offenbar zu dem Schluss, dass mein Wissen über den General begrenzt sei und ihn nicht zum erwünschten Ziel führe. Mitte Januar wandte er sich also wieder meiner Beziehung zu dem Amerikaner zu.

Er war überzeugt, dass er kurz davor stand, einen schweren Verstoß gegen die Sicherheitsbestimmungen aufzudecken, auch wenn er andere Offiziere nicht festnageln konnte – noch nicht. Bis dahin konnte er auf den Amerikaner und mich zurückgreifen. Für meine Verstöße hatte er seiner Ansicht nach hinreichende Beweise, auch wenn er mir die Verbindung zu einer Verschwörung in höheren Armeekreisen noch nicht nachweisen konnte. Er war sicher, dass er mich bestrafen konnte, ohne dass es Einwände von irgendeiner Seite geben würde.

Kapitel 6

Der Amerikaner

*»Der Grat zwischen dem eigentlich sehr Ernsten
und dem eigentlich sehr Komischen
ist eigentlich sehr schmal.«*

John le Carré

I

Anfang September 1988 packte ich ein paar Sachen in zwei Taschen und ließ mich von einem Militärfahrzeug zum Studienzentrum bringen. Als ich durch die große Glastür in die Eingangshalle trat, war mir nicht bewusst, dass ich nicht nur von einer Hochschule in die andere wechselte, sondern eine andere Welt betrat, die mich und mein Leben auf eine Weise verändern sollte, wie ich es im Traum nicht für möglich gehalten hätte.

Im Studienzentrum sollte sich jeder chinesische Student einen englischen Namen geben und jeder amerikanische Student einen chinesischen Namen. Ich nannte mich Rose, was einer Übersetzung meines chinesischen Namens am nächsten kam.

Man wies mir im zweiten Stock des Wohnheims ein kleines Zimmer mit Bad und Telefon zu, ein Luxus, wie Studenten an anderen chinesischen Hochschulen ihn nicht kannten.

Kaum war ich in meinem Zimmer, da klingelte das Telefon auch schon. »Willkommen im Studienzentrum«, sagte eine Stimme, die mir vage bekannt vorkam.

»Wer ist da?«, fragte ich. »Woher wissen Sie, dass ich hier bin?«

»Rate mal, Xu Meihong.«

»Ich habe keine Ahnung. Hör auf mit den Spielchen.«

»Erinnerst du dich nicht? Da bin ich aber enttäuscht. Hier ist Li Yan.«

Er hatte die Militärakademie 1982 als einer der Besten abgeschlossen, war aber inzwischen nicht mehr in der Armee, wie ich gehört hatte.

»Meine Güte, wo bist du?«, fragte ich. »Wir haben uns jahrelang nicht mehr gesehen. Was machst du so?«

»Können wir uns treffen? Dann kann ich dir deine Fragen beantworten.«

»Sicher. Wann und wo?«

Er wollte mich noch am Nachmittag sehen. Als ich ihn fragte, ob er sich das Studienzentrum anschauen wolle, erklärte er, er sei schon mehrmals dort gewesen und würde sich lieber irgendwo in der Nähe treffen.

Eine Stunde später wartete ich an einer Straßenecke auf ihn, als ein Wagen hielt und er heraussprang. Er trug Zivilkleider und eine Sonnenbrille, aber etwas an seiner Haltung, seinem Selbstbewusstsein und seiner Art, sich die Leute um uns herum anzuschauen, verriet ihn.

»Arbeitest du jetzt für den Staatssicherheitsdienst?«

»Ist das so offensichtlich?«, fragte er grinsend.

»Nur eine Vermutung«, antwortete ich. »Herzlichen Glückwunsch. Zahlen sie gut?«

Er ging darauf nicht ein. »Du hast dich aber auch gut gemacht, *Leutnant* Xu Meihong. Lange nicht gesehen. Wie läuft's im Institut? Was macht der General?«

»Du kennst den General?«

»Wer kennt ihn nicht? Er macht sich einen Namen. Er ist ehrgeizig, wird's noch mal weit bringen. Gehst du mit ihm?«

»Nein«, sagte ich. »Ich gehe nur ans Studienzentrum. Und jetzt gehe ich mit dir Tee trinken.« Wir lachten über meinen schwachen Versuch zu scherzen.

Beim Tee in einem kleinen Restaurant unterhielten wir uns über das Institut, unsere Klassenkameraden und Freunde.

Schließlich erzählte Li Yan, dass er von meiner Aufnahme am Studienzentrum gewusst und auf mich gewartet hatte.

»Du hast bestimmt sämtliche Personalakten des Zentrums studiert«, antwortete ich sachlich. »Und erzähl mir nicht, dass ihr nicht Leute beim Personal habt, die euch über alles auf dem Laufenden halten, was dort vorgeht.«

»Das ist so üblich.«

»Ich verstehe, aber es klingt so, als würdest du damit deine Zeit und deine Talente verschwenden.«

»Ich tue, was man von mir verlangt.«

»Ich nehme an, die Telefone werden abgehört.«

»Da du vom Fach bist, weißt du, wie das läuft.« Mir war klar, dass er eindeutige Antworten vermeiden würde. Ich hatte das seltsame Gefühl, dass wir zwei alte Bekannte waren, die ein Spielchen miteinander trieben. Wir redeten um den heißen Brei herum. Jeder wollte erfahren, was der andere wusste, ohne allzu viel von sich selbst preiszugeben. Gleichzeitig taten wir so, als wüssten wir nicht, was wir da trieben.

»Warum hast du dich mit mir in Verbindung gesetzt? Überwacht der Staatssicherheitsdienst jetzt schon die Armee?«, fragte ich.

»Natürlich nicht. Es geht um die Amerikaner. Wir wollen wissen, was bestimmte Amerikaner machen und weshalb sie tatsächlich hier im Studienzentrum sind. Du weißt doch, wie das ist.«

»Ja, ich weiß, wie das ist«, sagte ich. »Aber wieso im Studienzentrum? Das ist doch eine Hochschule. Warum sollten sie einen Spion dorthin schicken?«

»Dafür können wir nichts. Die Amerikaner machen so was eben. Ihr Vorgehen zwingt uns zu einer Reaktion. Wenn sie jemanden nach China einschleusen – selbst in eine Einrichtung wie das Studienzentrum –, müssen wir ihn identifizieren, beobachten und loswerden oder neutralisieren.«

»Und wie passe ich ins Bild? Willst du mich rekrutieren?«

»Eigentlich nicht«, antwortete er. »Aber du kannst uns bei dieser Operation am besten helfen.«

»Was also willst du von mir?«

»Ich würde deine Hilfe sehr zu schätzen wissen, aber ich könnte auch verstehen, wenn du Nein sagst. Falls du Ja sagst, werde ich dafür sorgen, dass es sich für dich lohnt«, erklärte er.

»Und wenn ich Nein sage?«

»Brich nicht alle Brücken hinter dir ab, meine Liebe. Wer weiß, wo ich nächstes Jahr bin – oder wo du bist. Das kann für uns beide eine große Chance sein.«

»Ich bin nicht hier, um zu arbeiten«, erwiderte ich. »Ich bin nicht hier, weil ich einen Auftrag habe, sondern um zu studieren.«

»Wie meinst du das, du bist nicht hier, weil du einen Auftrag hast? Hat der General dich denn nicht hergeschickt? Warum hat er das getan? Ursprünglich solltest du doch nach Schanghai.«

»Du weißt aber wirklich alles über mich. Du musst Freunde im Institut haben. Wen?«

»Du weißt doch: Wir sind alle eine große Familie, Xu Meihong«, antwortete er grinsend.

Wir wussten beide, dass ich die Zusammenarbeit mit dem Staatssicherheitsdienst nicht ablehnen konnte, wenn man mich darum bat. Verhandeln ließ sich lediglich über das Ausmaß meiner Hilfe.

»Und was soll ich im Einzelnen für dich tun?«, fragte ich.

»Jemanden beobachten – einen Amerikaner.«

»Macht das nicht schon das Hauspersonal für euch?«

»Ich brauche jemanden, der dafür ausgebildet ist – jemanden wie dich.«

Ich erklärte ihm, dass ich für ihn tun wolle, was ich könne, aber ich müsse mich vor allem meinem Studium widmen. Daraufhin versicherte er mir, meine Aufgabe erfordere lediglich ein Minimum an Zeit und Mühe.

Als wir unseren Tee getrunken hatten, gingen wir bei schönem Wetter zu Fuß zum Amt für Staatssicherheit. Dort wollte er mir etwas zeigen. In seinem Büro nahm er einen großen braunen Umschlag aus dem Safe und holte einige Fotos und Kopien von Dokumenten hervor, die nach amtlichen Formularen oder ärztlichen Berichten aussahen. Die Fotos zeigten einen Amerikaner allein oder mit anderen. Eines der Bilder sah aus wie ein Passfoto. »Schau dir den Mann an«, forderte er mich auf.

»Was für blaue Augen! Wer ist das?«

»Er heißt Engelmann und kommt aus Kalifornien. Sagt er jedenfalls.«

»Sagt er?«

»Vielleicht kommt er ja woanders her. Möglicherweise ist er aus Washington.«

»Erzähl mir mehr über ihn«, forderte ich.

»Er ist gestern angekommen und hat eine Wohnung im Studienzentrum, im vierten Stock. Er gibt zwei Seminare, eins über amerikanische Geschichte und eins über amerikanische Kultur und Gesellschaft. Hilf mir herauszufinden, ob der Mann wirklich der ist, der er zu sein behauptet.«

»Was behauptet er, wer er ist?«

»Ein Professor.«

Ich betrachtete die Fotos aufmerksam. »Wo ist das aufgenommen?«, fragte ich zu einem Bild, das den Amerikaner abends mit zwei anderen auf einer Straße zeigte. Sein Hemd war schweißnass und er wischte sich die Stirn mit einem Taschentuch.

»In Hongkong, vor einer Woche.«

»Und wo habt ihr das her?« Er tat, als hätte er meine Frage nicht gehört, und gab mir damit zu verstehen, dass er es mir nicht sagen durfte.

»Das klingt nach einer wichtigen Sache, Li Yan. Was genau soll ich denn nun herausfinden?«

»Ich bin mir nicht sicher, worauf du achten musst«, sagte er. »Beobachte ihn einfach für eine Weile und sieh, ob dir was Ungewöhnliches auffällt. Aber sprich mit niemandem über dieses Treffen und unser Gespräch. Keine Menschenseele darf wissen, dass du das für mich tust. In Ordnung?«

»In Ordnung. Und was bekomme ich für meine Extratätigkeit?«, fragte ich scherzhaft.

»Ein Abendessen? Einmal in der Woche«, antwortete er.

»Ist das alles?«

»Mal sehen«, sagte er grinsend.

Als ich zum Studienzentrum zurückging, machte ich mir Gedanken über Li Yans Auftrag, der für mich eine unwillkommene Einmischung in mein Leben bedeutete. Ich beschloss, seiner Bitte entsprechend, mit niemandem – nicht einmal mit dem General – über diese Gefälligkeit zu sprechen. Ich hoffte, dass sein Verdacht sich als unbegründet erwies, damit ich schon bald von dieser Pflicht entbunden wäre.

II

In der ersten Woche am Zentrum sollten die Studenten Veranstaltungen zu möglichst vielen Themenbereichen wie internationale Beziehungen, Wirtschaft, Politik, Geschichte, Kultur und Literatur besuchen, die Professoren kennen lernen, sich ihre Einführungsvorlesungen anhören und sich anschließend für zwei Wahlfächer entscheiden.

Neben einem Intensivkurs in Englisch belegte ich zwei Seminare bei Larry Engelmann über amerikanische Geschichte und amerikanische Kultur und Gesellschaft und entsprach damit sowohl den Wünschen des Generals als auch der Bitte Li Yans.

Da ich neugierig auf den angeblichen amerikanischen Spion war, kam ich schon früh in den Seminarraum und setzte mich in die erste Reihe. Etwa zwanzig Studenten hatten sich zu seinem ersten Seminar eingefunden. Als ich ihn sah, war ich überrascht. Er war groß, schlank, hatte lockiges braunes Haar und so blaue Augen, wie ich noch nie welche gesehen hatte. Im Gegensatz zu allen anderen Professoren, die ich kannte, trug er Bluejeans, ein weißes Hemd mit offenem Kragen und ein Sportsakko. Bevor er irgendetwas sagte, zog er das Sakko aus, hängte es über einen Stuhl und setzte sich auf eine Ecke des Lehrerpults. Statt eine Vorlesung zu halten, wie wir es gewohnt waren, sprach er schlicht und leise in normalem Gesprächston. Er wirkte selbstsicher und würzte seinen Vortrag mit humorvollen Anekdoten, die uns zum Lachen bringen sollten.

»Ich möchte Ihnen erzählen, wie ich hierher gekommen bin«, begann er. »Die Geschichte könnte für Sie amüsant und lehrreich sein.«

Ich sah mehrere Studenten eifrig mitschreiben, während andere Grimassen schnitten, weil ihnen klar war, dass das Folgende vermutlich kein Prüfungsstoff und somit Zeitverschwendung war.

Er bat die Studenten, ihre Stifte beiseite zu legen und begann. »Meine Geschichte ist ungewöhnlich, auf eine komische Art merkwürdig. Sagen wir komisch. Ein Teil ist allerdings traurig komisch, ein anderer Teil ist zum Lachen komisch. Oder komisch komisch.«

»Welche Sprache spricht dieser Mann?«, fragte ich mich verwundert. »Ist das ein geheimnisvoller amerikanischer Dialekt?« Darauf war keiner von uns vorbereitet.

Nach einer Weile bemerkte er unsere Verwirrung. »Wenn Sie finden, dass ich zu schnell spreche, heben Sie bitte die Hand«, bat er. Sofort gingen alle Hände bis auf einige wenige nach oben. Lachend erklärte er, er werde nun langsamer sprechen.

»Wenn Sie verstanden haben, was ich gerade gesagt habe, heben Sie bitte die Hand.« Nicht eine Hand war zu sehen.

Als er nun ausführlich die verschiedenen Bedeutungen des Wortes »komisch« erklärte, verstanden die meisten von uns allmählich, was er gesagt hatte, und waren amüsiert, wie »verdreht« die englische Sprache sein konnte. Während des ganzen Semesters erklärte er uns von nun an immer wieder sprachliche Wendungen und geläufige Ausdrücke des Englischen.

Wie er uns erzählte, hatte er seinen Aufenthalt in Nanyang vor allem einem Mann zu verdanken, nämlich Nikita Chruschtschow. Als die Sowjetunion 1957 mit dem Sputnik den ersten künstlichen Satelliten ins All schoss, war der amerikanische Kongress von dieser technischen Meisterleistung so alarmiert, dass er ein umfangreiches Förderungsprogramm verabschiedete, das qualifizierten Schülern aus Familien mit niedrigem Einkommen Darlehen für ein Universitätsstudium gewährte. So konnte er an der University of Minnesota studieren. »Gott segne Nikita Chruschtschow«, verkündete er. Nachdem er anschließend an der University of Michigan seinen Magister und den Doktortitel erworben hatte, bekam er eine Dozentenstelle an der San Jose State University in Kalifornien. »Als 1975 Südvietnam zusammenbrach, flohen 130.000 Südvietnamesen in die Vereinigten Staaten. Einige Hundert von ihnen landeten an meiner Universität. Im letzten Jahr waren 25 Prozent meiner Studenten Asiaten, die meisten Vietnamesen. Sie überredeten mich, über Vietnam zu schreiben.«

Bei der Arbeit an seinem Buch über Vietnam lernte Engelmann einen Korrespondenten der *New York Times* kennen, Fox Butterfield. Er war 1975 in Saigon akkreditiert und hatte später das Büro der *Times* in Bejing geleitet. Bei einem Besuch in Kalifornien wohnte er bei Larry, erzählte ihm von seinen Erfahrungen in China und bestärkte ihn, sich für eine Dozentenstelle am Zentrum für chinesisch-amerikanische Studien der Universität Nanyang und der Johns Hopkins University zu bewerben. Larry befolgte Butterfields Rat und bekam die Stelle.

»Sie sehen also: Ohne einen kommunistischen Sieg in Vietnam hätte es keine vietnamesischen Studenten in meinem Seminar gegeben, keinen Korrespondenten der *New York Times* bei mir zu Hause, und dieser Amerikaner aus Kalifornien würde jetzt nicht vor Ihnen stehen. Wenn Sie also Schwierigkeiten mit meinem Unterricht haben, beschweren Sie sich bei den Russen, o.k.? Oder geben Sie Ihrer Regierung die Schuld, weil sie Nordvietnam unterstützt hat.«

Er lachte laut über seinen eigenen Witz, aber die Studenten schwiegen.

Nach seiner Einführungsstunde erklärte er: »Ich habe Ihnen einige persönliche Dinge erzählt, weil ich glaube, dass Sie aus meiner Erfahrung etwas über Amerika lernen können. Ich kann von Ihnen ebenso viel lernen wie Sie von mir. Ich denke, deshalb sind wir hier. Lassen Sie uns dafür sorgen, dass es für uns alle eine denkwürdige Erfahrung wird.«

Anschließend ging ich in sein Büro, um seine schriftliche Genehmigung einzuholen, dass ich seine beiden Kurse belegen konnte. Seine Tür stand offen, und als er mich sah, bat er mich herein und bot mir einen Platz an. Das Büro war voller Bücher, die sich auf dem Boden stapelten, in Kisten lagen und auf Regalen standen. Außerdem gab es stapelweise Videokassetten und ein halbes Dutzend große Kisten mit Unterlagen.

Ich fragte ihn, warum er so viele Bücher und Papiere mit nach China gebracht habe und wie er sich die Frachtkosten habe leisten können.

Aufgeräumt antwortete er: »Es war nicht so teuer, wie es aussieht. Das meiste habe ich schon zu Beginn des Sommers per Schiff hergeschickt, nicht per Luftpost. Ich möchte mindestens zwei Jahre bleiben und meine Forschungen betreiben. Daher habe ich alles mitgebracht, was ich brauche.«

»Wie viele Bücher haben Sie denn mitgebracht?«, erkundigte ich mich erstaunt.

»Ich denke, so um die 200, etwa 15 oder 20 Kisten«, antwortete er.

»Und wie viele Videokassetten?«

»Nur etwa 50. Aber auf jeder Kassette sind drei Spielfilme. Das macht 151 Filme. Ich mag Spielfilme. Eigentlich hatte ich damit gerechnet, dass der Zoll mir Schwierigkeiten macht, aber sie haben alle durchgelassen.« (Er wusste nicht, dass die Zollbeamten neue Spielfilme, die Ausländer mitbrachten, kopierten und auf dem Schwarzmarkt verkauften. Deshalb musste man nach der Einreise etwa ein bis zwei Wochen warten, bis die Filme kopiert waren und freigegeben wurden.) »Jetzt habe ich festgestellt, dass es hier eine Aula mit Videorekorder und großer Leinwand gibt und ich die Filme – hoffentlich – allen zeigen kann, wenn das genehmigt wird. Es wäre jedenfalls schön. Sie alle können durch unsere Spielfilme viel über Amerika lernen und haben dabei noch was zu lachen. Und man hat mir empfohlen, selbst dafür zu sorgen, dass ich hier bei Laune bleibe.«

Auch ich liebte amerikanische Spielfilme, aber als ich die Titel auf den Kassetten las, stellte ich fest, dass ich von keinem der Filme je gehört hatte.

Überrascht bemerkte ich die Unterlagen, die er an einer Wand gestapelt hatte. Es waren getippte Dokumente, auf denen groß

»Geheim« und »CIA« stand. »Was ist das?«, fragte ich. »Dürfen Sie mir das sagen?«

»Ach, die sind für mein nächstes Buch«, sagte er lachend. »Unterlagen aus Saigon und Washington von April 1975. Die Geheimhaltung ist aufgehoben. Es sind amerikanische Aufklärungsberichte über Militäreinheiten in Nord- und Südvietnam. Der schwarze Strich durch das Wort ›Geheim‹ bedeutet, dass die Unterlagen für Forschungszwecke freigegeben sind.«

»Jeder in den Vereinigten Staaten darf sie einsehen?«

»Wenn er Forschung betreibt, ja.«

»Und man hat Ihnen erlaubt, sie mit hierher zu bringen?«

»Ja«, sagte er. »Sie haben wohl nicht geglaubt, dass ich sie an die chinesische Regierung verkaufen würde. Hier muss es Millionen Leute mit Geld geben, die gern was über den Fall Saigons vor dreizehn Jahren erfahren würden, was?«

Ich wusste nicht, wie ich reagieren sollte, konnte mir aber denken, dass diese Unterlagen der Grund waren, weshalb der Staatssicherheitsdienst ein Auge auf ihn geworfen hatte. Mir fehlte jegliches Hintergrundwissen, um die amerikanische Praxis, geheime Verschlusssachen freizugeben, zu verstehen. Dokumente, die in Amerika einmal als geheim eingestuft waren, dürften für die chinesischen Geheimdienste nach wie vor interessant sein. Zumindest ließ sich daraus ersehen, welche Art von Dokumenten geheim gehalten wurde, auch wenn der Inhalt nicht mehr wichtig war.

»Wie wird Ihr Name ausgesprochen?«, fragte er mit einem Blick auf mein Anmeldeformular.

»Meihong«, antwortete ich. »Aber Sie können mich Rose nennen, das ist mein englischer Name.«

»Das ist schön. Aber da ich Chinesisch lerne, möchte ich lieber Meihong sagen.« Er sprach meinen Namen falsch aus. »Ist Ihnen das recht?«

»Natürlich. Und wie soll ich Sie nennen? Haben Sie auch einen chinesischen Namen?«

»Ja, aber er ist albern: La Li. Das soll so klingen wie Larry.«

»Er hat keine Bedeutung.«

»Das hat man mir auch gesagt. Außerdem habe ich gehört, dass es im Dialekt von Schanghai ›Reißverschluss‹ heißt und in anderen chinesischen Dialekten ›Durchfall‹ oder ›Glatze‹ bedeutet. Ich finde das alles nicht besonders schmeichelhaft. Also nennen Sie mich am besten Larry.«

»Aber Sie sind Professor«, wandte ich ein.

»Und …?« Er schaute mich verständnislos an.

»Ich … wir … sollten Sie Professor Engelmann oder Dr. Engelmann nennen.«

»Nein, bitte, nennen Sie mich Larry. Einige der Studenten sind in meinem Alter, und der ›Professor‹ klingt da doch ein bisschen lächerlich.«

Seine freimütige Offenheit war entwaffnend. Es machte mir Spaß, mich mit ihm zu unterhalten, zumal er ehrlich interessiert an allem zu sein schien, was ich zu sagen hatte.

Er hatte per Schiff einen Computer kommen lassen und auf seinem Schreibtisch aufgestellt. Als ich ihn danach fragte, zeigte er mir, wie das Textverarbeitungsprogamm funktionierte, ließ mich Worte und Befehle eingeben und ausdrucken. Carol Chu, seine amerikanische Kollegin, die meine Studienberaterin war, hatte uns in ihrem Büro nebenan gehört und kam herüber. Auf Larrys Vorschlag gingen wir zu dritt zum Mittagessen in ein nahe gelegenes Nudelrestaurant, Zhou, wo Ausländer schwarz Geld tauschen konnten. Mir fiel auf, dass Larry über alles und jedes Witze machte und gern laut über seine eigenen Scherze lachte. Nach dem Essen machten wir gemeinsam einen Spaziergang über das Gelände der Universität Nanyang und plauderten und lachten dabei wie alte Freunde.

Als ich spätabends an meinem Schreibtisch saß und las, schaute ich kurz aus dem Fenster und bemerkte Licht in einem Fenster im gegenüberliegenden Trakt des Studienzentrums. Es kam aus Larrys Büro. Ich schaltete mein Licht aus und zog die Vorhänge weiter auf, um im Dunkeln hinauszusehen, ohne selbst gesehen zu werden. Larry saß an seinem Computer, blätterte einen Stapel Papiere durch und schrieb gelegentlich etwas. Während ich ihn beobachtete, dachte ich über die Dinge nach, die er mir erzählt hatte, erinnerte mich an die Andeutungen meines Freundes vom Staatssicherheitsdienst und fragte mich, ob es möglich war, dass er tatsächlich mehr als nur Professor war. Er wirkte durch und durch offen und ehrlich. Ich nahm an, dass der Staatssicherheitsdienst in seiner Einschätzung einen Fehler gemacht hatte. Falls die Amerikaner einen Spion ins Studienzentrum eingeschleust haben sollten, musste es jemand anderes sein.

Am dritten Morgen im Studienzentrum rief mein Freund vom Staatssicherheitsdienst an. Ich ging in sein Büro, schilderte ihm ausführlich, was ich über Larry in Erfahrung gebracht hatte, und ergänzte mit Nachdruck, dass er sicher nicht der gesuchte Spion sei.

III

In den ersten Seminarstunden forderte Larry die Studenten auf, sich am Rand ihrer Lehrbücher Notizen zu machen und wichtige Absätze zu unterstreichen. Das Studienzentrum hatte jedoch für den gesamten Kurs nur vier Lehrbücher angeschafft. Wir mussten unsere Bücher aus der Bibliothek leihen und anschließend unversehrt zurückgeben. Als wir Larry das erklärten, dachte er eine Weile nach und sagte dann, er wolle dafür sorgen, dass wir jeder ein eigenes Exemplar erhielten. Wie wollte er das erreichen? Wir glaubten nicht daran.

Aber noch am selben Nachmittag schrieb er an den Lehrbuchverlag, wies darauf hin, dass er das Buch schon seit Jahren in Amerika verwende, dann schilderte er seine Arbeit in China und bat darum, für seine Studenten kostenlose Exemplare nach China zu schicken.

Diesen Brief gab er mit der Bitte an das Sekretariat, ihn per Telex in die Vereinigten Staaten zu schicken. Nach zwei Tagen bekam er den Brief mit einer Anmerkung der amerikanischen und chinesischen Co-Direktoren zurück, in der es kurz und bündig hieß, es sei im Studienzentrum nicht üblich, für die Studenten eigene Lehrbücher zu beschaffen.

Daraufhin ging Larry ins Jinling Hotel und schickte den Brief selbst per Telex an den Verlag. Eine Woche später trafen die Lehrbücher im Studienzentrum ein. Als der chinesische Co-Direktor von dem Geschenk erfuhr, war er wütend. Dabei ging es nicht darum, wer Recht, sondern wer das Sagen hatte. Er würde Larry niemals verzeihen, dass er sich über seine Anweisungen hinweggesetzt hatte. Obwohl jeder Student von den Büchern profitierte, stempelte der chinesische Co-Direktor Larry von diesem Tag an als Störenfried ab und suchte ständig nach Möglichkeiten, ihn zu demütigen.

Auch bei den Studenten weckten die geschenkten Bücher manche Befürchtungen, denn sie vermuteten, dass damit eine Verpflichtung verbunden sei. Warum sonst sollte ein amerikanischer Verlag chinesischen Studenten Bücher schenken? Dafür gab es keinen vernünftigen Grund.

Larry erklärte: »Ich nehme an, man hat es getan, weil es einfach richtig war. Es war einfach eine großzügige Geste. Selbst in kapitalistischen Gesellschaften kommt so etwas manchmal vor.«

Die Vorstellung, dass man an ein Geschenk, eine Gefälligkeit oder eine großzügige Geste keine Verpflichtungen knüpfte, war den meisten Studenten fremd. Ein Geschenk verpflichtete, war mit Einfluss und der Pflege von Beziehungen verknüpft und öffnete Türen. Als mein Freund vom Staatssicherheitsdienst mich fragte, welche Gefälligkeiten Larry meiner Ansicht nach als Gegenleistung von den Studenten erwarten könnte, musste ich ihm sagen, dass mir keine einfielen.

Die chinesischen Studenten am Zentrum kamen wie ich zum großen Teil aus dem Berufsleben. Es waren chinesische Professoren, Lehrer, Verwaltungsbeamte, Lektoren, Redakteure, Journalisten und Offiziere von Mitte zwanzig und Mitte vierzig, die mit diesem Studium ihre Kenntnisse auffrischen und amerikanische Lehrinhalte und -methoden kennen lernen sollten. Jeder von uns gehörte zu einer »Arbeitseinheit«, die eine Personalakte über uns führte. Diese Akte begleitete uns ein Leben lang von einer Stadt zur anderen, von einer Stelle zur anderen. Am Ende unseres Studienjahres am Zentrum musste der chinesische Co-Direktor einen Bericht über unsere Leistungen und unser Verhalten schreiben, der in unsere Personalakte aufgenommen wurde.

Larry begriff nie, unter welchem Druck seine Studenten in den Seminaren standen. Jede politisch nicht korrekte Bemerkung, auch wenn sie noch so beiläufig oder scherzhaft war, konnte an den Co-Direktor weitergeleitet werden und so den Weg in unsere Personalakte finden und uns für den Rest unseres Lebens als Makel anhaften. Wenn Larry uns immer wieder nach unserer Meinung zu verschiedenen Themen fragte und versuchte, sie mit der heutigen Welt und der Politik Chinas in Zusammenhang zu bringen, oder wenn er uns fragte, welche Bedeutung Begriffe wie

Individualismus, Konformität, Privatleben oder Freiheit in unserem Alltagsleben hätten, antworteten wir sehr zurückhaltend und pauschal. Enttäuscht versuchte er dann nachzuhaken, worauf die Studenten ihm meist auswichen. Häufig erhielt auf seine Fragen nur ein Ich-weiß-nicht zur Antwort.

Am besten gefiel es den Studenten, wenn Larry über amerikanische Schriftsteller und Philosophen sprach und aus ihren Schriften vorlas. Außerhalb der Seminare diskutierten wir in unseren Zimmern über die Fragen, die im Unterricht unbeantwortet geblieben waren. Wir sprachen über die Bücher, die er uns empfohlen hatte, und über die Ideen, über die wir darin lasen. Wir waren begeistert davon, dass Larry Schriftsteller wie Melville, Hawthorne, Thoreau, Whitman und Emerson mit unserem Leben in Zusammenhang brachte, wenn er über Fanatismus, die Bürde der Geschichte, Hexenverbrennungen und das Beispiel großer Männer sprach. Sicher war er enttäuscht über unsere ausweichenden Antworten auf seine Fragen und ahnte gar nicht, dass er uns mit seinem Unterricht Fenster und Türen zu einem völlig neuen Denken öffnete. Aber dass wir unsere Gedanken und Gefühle nicht offen zeigen konnten – durften –, hieß keineswegs, dass unser Geist und unsere Fantasie nicht fieberhaft gearbeitet hätten. Er glaubte, dass das, was er nicht sehen und hören konnte, auch nicht existiere, aber diesen Fehler machen viele Ausländer in China.

Im Laufe der Wochen vertiefte ich mich nicht nur in mein Studium, sondern stürzte mich auch in das gesellige Leben am Studienzentrum. Jede Woche gab es Partys, Tanzveranstaltungen, Filmvorführungen und zwanglose Diskussionen. Als eine der Amerikanerinnen einen Aerobic-Kurs anbot, machte ich sofort mit. Ich musste Hausarbeiten und Klausuren schreiben und mir mehrere Stunden wöchentlich im Sprachlabor englische Tonbänder anhören. Meine knappe Freizeit verbrachte ich in der Bibliothek mit Lesen. Doch ich genoss jede Minute.

Als ich dem General von meinen Erfahrungen im Studienzentrum erzählte, beschloss er, mich dort zu besuchen, um sich die Einrichtung selbst anzusehen. Eines Morgens kam er mit seiner Frau in Zivilkleidung ins Zentrum, und wir aßen gemeinsam in der Cafeteria zu Mittag. Damals bat er mich, einen Professor auszuwählen, den wir zu Gastvorlesungen über zeitgenössische amerikanische Kultur ans Institut einladen könnten. Ich fragte Larry, aber er lehnte ab, weil er zu sehr mit seinen Seminaren und der Arbeit an seinem Buch beschäftigt sei. »Vielleicht im nächsten Semester«, sagte er.

Als die Frau des Generals mich ein zweites Mal im Zentrum besuchte, trafen wir Larry auf dem Gang. Ich stellte sie ihm als meine Mutter vor, und Larry machte uns Komplimente und sagte, dass ich ihr sehr ähnelte. Bei dieser Gelegenheit bat ich ihn, mir für »meine Eltern« einige Videos zu leihen. Der General und einige seiner Kollegen schauten sich die Filme gemeinsam an, und eine Woche später gab ich sie Larry zurück und sagte ihm, dass sie meinen Eltern sehr gefallen hätten.

IV

Eines Nachmittags ging ich allein spazieren, als Larry aus dem Haupttor des Studienzentrums trat. Er freute sich, mich zu sehen. »Ich muss diese Briefe aufgeben«, sagte er und hielt eine Hand voll Briefe und Postkarten in die Höhe. »Möchten Sie nicht mit zur Post kommen und für mich dolmetschen?«

»Sie haben aber viele Freunde in den Staaten«, stellte ich fest.

»Die meisten gehen nicht in die Staaten, sondern nach Vietnam«, erklärte er. Bevor Larry nach China gekommen war, hatte er vier Wochen lang in Vietnam Interviews gemacht und für sein Buch *Tears Before the Rain* recherchiert. »Sehen Sie hier!« Er zeigte mir einen der Umschläge. Er war an Oberst Bui Tin im Verteidigungsministerium von Hanoi adressiert, also an jenen Mann, der 1975 die Kapitulation Südvietnams entgegengenommen hatte.

»Sind Sie mit ihm befreundet?«, fragte ich.

»Nein, aber ich habe ihn interviewt und treffe ihn im Januar in Hanoi wieder. Das ist nur ein Dankeschön und die Ankündigung meines nächsten Besuchs in Vietnam. Er war sehr hilfsbereit und gastfreundlich, als ich im August dort war.«

Ich fühlte mich sehr unwohl, als Larry die Briefe mit Marken versah und in den Briefkasten warf, da ich genau wusste, dass Kopien dieser Schreiben in Larrys Akte beim Staatssicherheitsdienst wandern würden.

Auf dem Rückweg zum Studienzentrum winkte Larry einer jungen Chinesin zu, einem etwa fünfzehnjährigen Mädchen, das in der Nähe des Postamts gegenüber des alten Rundturms (*Gulou*) auf einem Schemel auf dem Bürgersteig saß und mit alten Autoreifen, Nägeln und Rasierklingen Schuhsohlen reparierte.

»Ich möchte mich gern mit ihr unterhalten. Könnten Sie für mich dolmetschen?«, bat Larry mich.

»Natürlich«, antwortete ich, obwohl ich mir nicht vorstellen konnte, worüber ein amerikanischer Professor mit einem Mädchen reden wollte, das auf der Straße Schuhe flickte. Sein aufrichtiges Interesse an dem Mädchen rührte mich, als ich das Gespräch übersetzte. Er erkundigte sich nach der Schule, den Arbeitszeiten und der Familie des Mädchens. Da ich nicht nachvollziehen konnte, warum er sich so dafür interessierte, und ich darüber nachdachte, ob er wohl irgendwie helfen wollte, fragte ich ihn später danach. Er erklärte mir, dass er einfach nur neugierig sei und wissen wollte, wie die Menschen lebten, die die meisten Touristen nie kennen lernten. Als ich damit nicht zufrieden war, sagte er wieder, er sei einfach nur neugierig, mehr nicht.

Einige Tage später begleitete ich ihn wieder zur Post. Anschließend setzten wir uns in einen Park gegenüber des Rundturms und schauten den Passanten zu. Er fragte mich: »Wie gefällt es Ihnen im Studienzentrum?«

»Es ist luxuriös«, antwortete ich.

Er sah mich verwundert an. »Machen Sie Witze?«

»Nein. Bestimmt nicht. Heißes Wasser – wenigstens manchmal –, eine eigene Dusche, Telefon. Das ist für einen Studenten hier schon ungewöhnlich. Sehr schön.«

»Sie sparen an allen Ecken und Enden«, sagte er. »Eigentlich sollte es noch viel schöner sein.«

»Wie meinen Sie das?«

»In unseren Apartments sind 15-Watt-Birnen in den Lampen. Als ich neue Glühbirnen kaufte und sie auswechseln wollte, fielen die Fassungen von der Decke. Sie waren mit Zahnstochern festgeklemmt. Jemand hat die Schrauben gestohlen. Und als ich die Fassungen ersetzen wollte, musste ich feststellen, dass es keine Verteilerdosen gibt.«

Da ich gelernt hatte, mit schwachen Glühbirnen zu leben, konnte ich seinen Ärger nicht nachempfinden. »Das ist mir gar nicht aufgefallen«, sagte ich.

»Jedes Mal wenn einer der Hauswarte eine Glühbirne wechseln muss, schaltet er klugerweise die Hauptsicherung aus, und im ganzen Gebäude fällt der Strom aus. Für ihn ist das sicherer, aber für uns, die wir mit Computern arbeiten … Jedes Mal wenn eine Glühbirne ausgewechselt wird, stürzt der Computer ab und unsere Arbeit geht verloren. Ich habe meinen Computer jetzt so programmiert, dass er meine Dokumente jede Minute speichert. Das ist auf eine jämmerliche Weise komisch.«

»Aber die Amerikaner haben das Haus doch gebaut.«

»Nein, die Amerikaner haben es *bezahlt*. Gebaut haben es die Chinesen, glaube ich. Die Amerikaner nennen das ›Kooperation‹, manche bezeichnen es allerdings als ›Komplizenschaft‹. So ein Gebäude habe ich in Amerika noch nie gesehen. Wenn der erste große Sturm kommt, möchte ich lieber nicht hier sein. Haben Sie den Kleinbus gesehen?«

Das Studienzentrum hatte einen Kleinbus, der den Lehrkräften für Dienstfahrten in Nanyang zur Verfügung stand und sie zum Flughafen oder Bahnhof brachte und auch wieder abholte.

»Nein. Studenten benutzen ihn nicht.«

»Jemand, vermutlich unser Fahrer, hat alles ausgebaut bis auf die Sitze, das Lenkrad und den Schaltknüppel. Sämtliche Instrumente sind weg. Im Armaturenbrett sind nur Löcher.«

»Warum sollte er?«

»Er sagt, er ›repariert‹ sie. Sie wissen doch bestimmt, dass es einen zweiten Kleinbus gibt?«

»Nein, den habe ich noch nie gesehen. Wo ist er denn?«

»Das ist eine gute Geschichte. Offenbar hat man den zweiten Bus dem Präsidenten der Universität Nanyang zu seiner persönlichen Verfügung bereitgestellt. Offiziell ist er für die Dozenten und Studenten angeschafft worden. Man hat uns geraten, kein großes Aufhebens darum zu machen. Und dies ist nur eine von vielen ›Kleinigkeiten‹ – Aufmerksamkeiten gegenüber Chinesen in Machtpositionen –, die die Amerikaner in Kauf nehmen, um das Studienzentrum zu erhalten. Schon wieder Komplizenschaft. Sich mit kleinen Diebstählen abzufinden entspricht der chinesischen Vorstellung von kulturellem Taktgefühl. Jedes Mal wenn wir uns bei der Verwaltung der Johns Hopkins University beschweren, heißt es: ›Das ist nun mal China. Was haben Sie erwartet?‹«

»So läuft das hier eben manchmal. Die Menschen regeln Dinge durch gegenseitige persönliche Gefälligkeiten.«

»In Amerika gehen Leute dafür ins Gefängnis, außer in Chicago.« Er lachte über seinen eigenen Witz. »Das Budget für Lebensmittel ist völlig überhöht, gemessen an der Qualität des Essens, das wir dafür bekommen. Für die Sojabohnensprossen mit Zahnseide, die sie uns jeden zweiten Abend vorsetzen, kann ich mich wirklich nicht begeistern. Und ich kenne keinen Amerikaner, der die Spezialität des Tages mag: Reis mit Kieselsteinen. Einer hat sich an dem Reis einen Zahn abgebrochen. Und als es neulich Hühnersuppe gab, hat Carol einen Hühnerkopf mit Schnabel, Augen, Federn und allem Drum und Dran in ihrer Suppe gefunden. Ich könnte noch hinzufügen, dass der einzige übergewichtige Chinese des ganzen Personals der Küchenchef ist. Jeden Morgen fährt er mit dem Fahrrad und einem Sack voller Lebensmittel davon und kehrt mit leeren Händen wieder zurück. Glauben Sie, dass er sie verkauft? Wo sind die Lebensmittel, die mit dem amerikanischen Geld bezahlt werden? Und dann das Wasser! Haben Sie das gesehen?«

Das Wasser, das im Studienzentrum aus der Leitung kam, bezeichnete er als »farbenfroh«. In der Tat hatte es jeden Tag eine andere Farbe, manchmal war es bleigrau, andere Male kupferrot und gelegentlich goldgelb. Das war unser Badewasser. Und obwohl man den Amerikanern »heißes Wasser 24 Stunden am Tag, beginnend um 7 Uhr morgens« versprochen hatte (was Larry als »kommunistische Logik« bezeichnete), gab es gerade morgens und abends, wenn man es gewöhnlich brauchte, nur selten heißes Wasser. Meistens war damit erst am späten Vormittag zu rechnen, und dann sprach es sich unter Dozenten und Studenten so schnell herum, als hätte jemand Gold gefunden. Sofort liefen alle auf ihre Zimmer, um zu duschen, und so war es schnell wieder verbraucht. Larry fragte mich, warum es in kommunistischen Ländern Wasser nur in zwei Temperaturen gab, eiskalt oder siedend heiß. Dazwischen gab es nichts. Sowohl in Vietnam als auch in China sollte Duschen offenbar eine Art Folter sein.

»Und von jeder Computer-Software werden Raubkopien gemacht und verkauft. Wegen des ›kulturellen Feingefühls‹ sagt nicht ein einziger Amerikaner den chinesischen Behörden, dass das gegen das Gesetz verstößt.«

»Beklagen sich alle Amerikaner so wie Sie?«

»Nein, und es tut mir Leid. Ich weiß, es muss Ihnen unangenehm sein. Entschuldigen Sie. Ich bin das nur einfach nicht gewöhnt. Es ist alles völlig anders, als ich es erwartet hatte. Nicht nur exotisch und bunt, sondern auch unehrlich. Was nicht niet- und nagelfest ist, wird gestohlen. Man sagt, hier gebe es nur wenig Kriminalität, aber überall gibt es kleine Gaunereien. Jeder, der ein bisschen Macht hat, ist auf Beute aus, scheint mir. Und die Amerikaner, die es besser wissen müssten, lächeln nur und gucken weg.«

»Larry, es wird doch schon besser hier. Versuchen Sie, die Dinge ein bisschen positiv zu sehen.«

»Sie sind sehr tolerant. Sind alle Chinesen so wie Sie?«

»Manches lässt sich einfach nicht so leicht ändern. Klagen nützt doch nichts. Es ist Zeitverschwendung. Das macht Sie nur zynisch. Das ist eben China, Larry. Ich glaube, Sie müssen noch viel lernen, und das Erste, was Sie lernen müssen, ist Geduld.«

Er schwieg eine Weile, bevor er einräumte: »Vermutlich haben Sie Recht, Meihong. Ich bin ungeduldig. Ich hatte keine Ahnung davon, wie es hier zugeht. Ich hätte es besser wissen sollen. Es tut mir Leid, wenn ich Sie gekränkt habe. Es gibt viele gute Menschen hier. Die Leute auf der Straße gefallen mir – das Mädchen, das die Schuhe flickt, die Schneider, die Wahrsagerinnen und Nudelköche. Sie arbeiten alle schwer.«

An seinem Ton hörte ich, dass er es ernst meinte. »Niemand ist hier blind«, sagte ich. »Wir sehen all das, was Sie auch sehen. Aber wir können die Dinge nicht über Nacht ändern. Wir tun, was wir können. Und wir beklagen uns nicht. Wir passen uns an. Wir tun, was wir tun müssen, um zu überleben.«

»Dann helfen Sie mir«, sagte er. »Ich bringe Ihnen alles bei, was ich über Amerika weiß, und Sie bringen mir über China bei, was Sie können. Helfen Sie mir, das zu sehen, was ich Ihrer Ansicht nach sehen sollte, und helfen Sie mir, Fehler zu vermeiden.«

»Gut«, sagte ich. Mir wurde klar, wie einfach dieser Mann es mir machte, ihn zu beobachten und festzustellen, ob er tatsächlich der war, der er zu sein vorgab, und meinem Freund beim Staatssicherheitsdienst diese Information weiterzugeben.

V

Als Larry am Nachmittag des nächsten Tages in mein Zimmer kam und fragte, ob ich Zeit für einen Spaziergang hätte, willigte ich ein, mich außerhalb des Studienzentrums mit ihm zu treffen. Er wollte ein bisschen die Umgebung erkunden, sich vielleicht mit einigen Leuten unterhalten und fotografieren. Das Wetter war schön. Nachdem wir Postkarten und Briefe bei der Post eingeworfen hatten, gingen wir zum Jinling Hotel und tranken dort Kaffee. Anschließend schlenderten wir auf Umwegen zurück zum Studienzentrum. Larry blieb für eine Weile bei einem Mann stehen, der einen Nudelstand auf der Straße hatte, und unterhielt sich mit ihm. Der Mann konnte sich noch an die japanische Besatzung von Nanyang erinnern, und Larry hörte ihm eine halbe Stunde zu und stellte ihm einige Fragen. Passanten blieben stehen und lauschten. Der Mann fühlte sich offenbar geschmeichelt, dass ein Ausländer sich für seine Erinnerungen interessierte. Anschließend unterhielt Larry sich mit einem kleinen Mädchen, das mit Waage und Messlatte an einer Ecke stand. Für drei Fen konnte man sich wiegen und messen lassen. Für weitere drei Fen erhielt man ein Kärtchen mit dem IQ. Larry war fasziniert von dem Mädchen, das den ganzen Tag dort stand, statt zur Schule zu gehen.

Da er sein Chinesisch verbessern wollte, fragte er mich unterwegs nach den Worten für fast alles, was wir sahen, hatte aber offensichtlich keinerlei Gehör für die Aussprache. Frustriert lachte er über sich selbst, wenn die Leute auf der Straße kein Wort von dem verstanden, was er sagte. Ich half ihm, seine Aussprache zu korrigieren, und nach einigen Mühen schaffte er es, sich halbwegs verständlich zu machen, wenn er sagte: »Darf ich Sie fotografieren?«, »Ihr Kind ist schön« oder »Wir möchten Tee, bitte.« Das alles fiel ihm sehr schwer, und er vergaß die Worte fast augenblicklich wieder, aber er war davon überzeugt, dass er bei ständiger Übung bald fließend Mandarin sprechen könnte. Ich hatte meine Zweifel, da er meiner Ansicht nach keinerlei Talent für Sprachen besaß, entmutigte ihn aber nicht.

Er hörte den Menschen, die er traf, gern zu, und ich genoss die Spaziergänge und die Gespräche mit ihm.

»Ich habe noch nie einen Menschen getroffen, der so neugierig ist wie Sie«, sagte ich. »Was erfahren Sie, wenn Sie all diesen Menschen zuhören? Wonach suchen Sie?«

»Ich glaube, ich habe schon vor langer Zeit gelernt, dass jeder eine gute Geschichte zu erzählen hat. Akademiker und Schriftsteller besitzen kein Monopol auf das, was in der Welt vorgeht.

Ich denke sogar, dass Akademiker als solche die langweiligsten Menschen der Welt sind. Sie sprechen nur über das Leben, sie leben es nicht. Manchmal – eigentlich würde ich sogar sagen: immer – verstehen die Menschen auf der Straße die Dinge besser als all die Leute in ihren Elfenbeintürmen oder in der Regierung.«

Da musste ich ihm zustimmen. »Wenn Sie sich jeden Tag so mit den Menschen unterhalten, werden Sie sich ein Bild von diesem Land verschaffen, das die meisten Ausländer nie bekommen. Die Leute sind überrascht, wenn Sie ihnen Fragen stellen, weil sich sonst niemand für ihr Leben interessiert – die Regierung nicht, die Wissenschaftler nicht, die Touristen nicht, niemand außer der Polizei. Anfangs sind sie natürlich misstrauisch. Aber wenn sie Sie öfter hier auf der Straße sehen, werden sie vielleicht aufgeschlossener.«

»Und was ist mit Ihnen? Werden Sie auch aufgeschlossener, wenn wir jeden Tag spazieren gehen? Sie haben bestimmt auch eine gute Geschichte zu erzählen, oder? Erzählen Sie mir von sich. Woher kommen Sie, wie sind Sie hierher gekommen? Ich wette, es gibt in Ihrem Leben manches Interessante.«

»Eigentlich nicht«, antwortete ich. »Mein Leben war wie das aller anderen, die Sie hier kennen gelernt haben. Ich habe an einer Universität studiert, bevor ich ans Studienzentrum kam. Und ich bin verheiratet.«

»Wirklich? Wo ist Ihr Mann, und was macht er?«

Ich hielt es für unklug, ihm zu sagen, dass ich in der Armee war. Da es ihn aber erst recht neugierig oder misstrauisch machen würde, wenn ich mich weigerte, ihm Einzelheiten von mir zu erzählen, log ich: »Er ist Geschäftsmann in Bejing. Wir haben uns an der Uni kennen gelernt.«

Seine Reaktion zeigte, dass er mir offenbar jedes Wort glaubte.

Eine Woche später ertappte er mich aber fast bei meiner Lüge, als er in mein Zimmer kam. Am Wochenende zuvor war ich im Institut zum Oberleutnant ernannt worden und hatte meine neue Uniform erhalten. Da ich in einem hohen Spiegel sehen wollte, wie ich darin aussah, hatte ich die Uniform mit ins Studienzentrum genommen und probierte sie gerade an, als es klopfte. Ohne nachzudenken, öffnete ich die Tür einen Spalt und verbarg mich dahinter. Es war Larry. Ich hatte jedoch nicht bedacht, dass er mich in dem Spiegel hinter mir sehen konnte. »Was ist das denn?«, fragte er.

Da ich ihm eine harmlose Erklärung geben wollte, bat ich ihn herein und schloss die Tür hinter ihm. »Gefällt sie Ihnen?«, fragte ich.

»So eine habe ich noch nie gesehen. Woher haben Sie sie?«

»Sie gehört einer Freundin«, log ich. »Ich verwahre sie für sie. Sie hat sie gerade in Nanyang reinigen lassen und holt sie im Laufe der Woche ab.«

Larry zog plötzlich eine Pocket-Kamera hervor und sagte: »Lächeln!«

Ich konnte ihn nicht mehr daran hindern, auf den Auslöser zu drücken, und sagte hastig: »Ich möchte das Foto haben. Können Sie mir den Film geben?«

»Es sind noch mehr Bilder auf dem Film. Ich gebe Ihnen einen Abzug, wenn er entwickelt ist.«

»Nein!« Ich bemühte mich, nicht allzu ängstlich zu klingen. »Es verstößt gegen die Militärvorschriften, wenn ich mich in Uniform sehen oder fotografieren lasse, weil ich nicht in der Armee bin. Bitte, ich brauche den Film, Larry.«

Er versprach, mir den Film zu geben, sobald er voll sei. Mir blieb nichts anderes übrig, als ihm zu glauben. In den nächsten Tagen machte er keine Fotos, und als der Film voll war, hatte er sein Versprechen vergessen.

VI

Bald traf ich mich täglich mit Larry. Ich half ihm, Chinesisch zu üben, dolmetschte für ihn auf der Straße und zeigte ihm die Stadt. Wenn das Wetter schlecht oder er müde war, lud er mich in sein Apartment ein und wir unterhielten uns dort. Manchmal schauten wir uns Videos an und er erklärte mir den Inhalt eines Films.

Als ich ihn fragte, ob ich einige meiner Hausarbeiten auf seinem Computer schreiben dürfe, erlaubte er mir, ihn jederzeit zu benutzen, wenn er ihn gerade nicht brauchte. Als ich mich darüber beklagte, dass es im Studententrakt zu laut sei, um zu lernen, ließ er mich in seinem Apartment lesen, während er in seinem Büro war.

Wenn ich in seiner Wohnung oder in seinem Büro arbeitete, ließ er mich oft allein, um zu einer Sitzung oder in die Bibliothek zu gehen. So bekam ich Zugang zu den Unterlagen, die er im Büro und in der Wohnung aufbewahrte. Ich stöberte in seinen Papieren, seinen Briefen und seinem Kalender auf der Suche nach Hinweisen, ob er heimlich mit jemandem in China in Kontakt stand oder Berichte in die Vereinigten Staaten schickte. Ich fand nichts. Allerdings stieß ich in den Briefen von seinen Freunden in Amerika auf meinen Namen. Offenbar wussten sie von unseren Spaziergängen und Gesprächen. Als ich an seinem Computer arbeitete, suchte ich nach den Briefen an seine Freunde. Wieder fand ich längere Passagen über mich. Als ich herausfand, was er geschrieben hatte, fühlte ich mich sehr unbehaglich. Denn er betonte immer wieder, wie sehr er mich und meine Freundschaft schätze und dass er eine »besondere Zuneigung« zu mir gefasst habe. Ich sei einer der wenigen Menschen, mit denen er offen und ehrlich sprechen könne, und manchmal schütte er mir sein Herz aus. Ich höre ihm geduldig zu und sei wohl die ehrlichste und einfühlsamste Frau, die er seit Jahren kennen gelernt habe. Einige seiner Freunde erkundigten sich in ihren Briefen sogar, ob er sich in mich verliebt habe. »Sie ist wie aus einem Traum«, hatte er an einen Freund geschrieben. »Oder sollte ich besser sagen, wie aus einer chinesischen Seidenmalerei, das entzückendste Wesen, das Gott mir je über den Weg hat laufen lassen.«

Ich schämte mich, weil er keine Ahnung hatte, dass ich dem Staatssicherheitsdienst über unsere Gespräche Bericht erstattete. Lange dachte ich über ihn und über das, was ich tat, nach. Es gefiel mir ganz und gar nicht. Er war so harmlos, wenn es um die komplexe Dynamik chinesischer Politik ging. Er lachte zu viel. Um ihn herum gab es so vieles, das ganz und gar nicht komisch war, aber er sah es gar nicht. Ich wollte ihn beschützen und verhindern, dass man ihm wehtat. Wenn ich las, was er über mich geschrieben hatte, fühlte ich mich zu ihm hingezogen. Etwas rührte sich in meinem Inneren, obwohl ich wusste, dass mir jede Sympathie für ihn gefährlich werden konnte. Aber ebenso wie er konnte auch ich nichts dagegen tun.

Ich beschloss, meinem Freund vom Staatssicherheitsdienst nicht zu erzählen, was Larry privat über mich geschrieben hatte. Einen solchen Vertrauensbruch wollte ich nicht begehen.

Als Larry und ich mehr und mehr Zeit miteinander verbrachten, stellte ich fest, dass er mir rückhaltlos vertraute, obwohl ich sein Vertrauen nicht verdiente. Ich genoss unser Beisammensein und freute mich darauf. Am liebsten hätte ich ihm von dem Verdacht des Staatssicherheitsdienstes erzählt, aber dann hätte ich ihm auch sagen müssen, dass ich ihn beobachtete. Andererseits gelang es mir auch nicht, den Staatssicherheitsdienst dazu zu bewegen, die Überwachung einzustellen. Ich wusste nicht mehr, was ich tun sollte.

Eines Abends ging ich in sein Büro, entschlossen, ihn zu warnen, dass er beobachtet wurde und in seinen schriftlichen Äußerungen vorsichtig sein müsse. Es war schon spät, meine Schritte hallten durch die leeren Gänge. Seine Tür war nur angelehnt. Er saß an seinem Computer und hatte offensichtlich die Zeit vergessen. Ich ging hinein, grüßte, setzte mich auf einen Stuhl neben seinem Schreibtisch und fragte ihn, wie er so spät noch arbeiten könne.

Zum ersten Mal, seit ich ihn kannte, bemerkte ich in seinem Blick Müdigkeit und eine untypische Traurigkeit. Er antwortete, er arbeite, um nicht über Dinge nachzudenken, die ihn unglücklich machten. Als ich fragte, ob er in China denn unglücklich sei, sagte er, er sei unglücklich mit seinem Leben, China habe damit nichts zu tun.

Er stand auf, schaute aus dem Fenster und erzählte mir, dass er schon lange einsam sei, seit seiner Scheidung vor elf Jahren. Seitdem lebe er allein und könne sich damit nicht abfinden. Er glaube nicht, dass sich das je ändern würde. Mit all seinen Scherzen wolle er sich selbst vormachen, er sei glücklich, aber es funktioniere nicht.

Ich hörte ihm schweigend zu, gebannt von seiner Verletzlichkeit und seiner Schwermut. Er sagte, obwohl er in Amerika fast alles habe, was er sich wünschen könne, werde er das Gefühl nicht los, es fehle etwas in seinem Leben, er sei innerlich wie abgestorben.

»Was hast du erwartet, als du beschlossen hast, nach China zu kommen?«, fragte ich.

Er sei nach China gekommen, um ein neues Leben zu finden, aber die alte Leere und Traurigkeit seien ihm gefolgt. Er könne ihnen nicht entfliehen. Wenn er Buddhist wäre, würde er glauben, dass er für etwas Schreckliches bezahlen müsse, das er in einem früheren Leben getan habe.

Lange sagten wir kein Wort. Als er aus dem Fenster in den schwarzen, sternenlosen Himmel starrte, hätte ich ihm am liebsten die Hand auf die Schulter gelegt und ihm gesagt, dass alles gut werde. Dass das Schicksal sich unverhofft ändern könne und wir nie wüssten, was die Zukunft für uns bereithalte. Aber ich schwieg.

Schließlich schaute er mich an und sagte mit einem gezwungenen Grinsen: »Tut mir Leid, dass ich dich damit belaste. Ich will dir nicht meine persönlichen Probleme aufhalsen.« Er setzte sich an den Schreibtisch, speicherte die Datei und schaltete den Computer aus. Das Licht auf dem Monitor implodierte zu einem winzigen grünen Punkt, der verblasste und schließlich verschwand. Als wir hinausgingen, strich er mir mit den Fingerspitzen über Haar und Gesicht. »Weißt du … du bist so schön. Wahrscheinlich ist es besser, wenn du dich von jetzt an von mir fern hältst. Ich mache dich bestimmt unglücklich oder gerate in Schwierigkeiten oder sorge dafür, dass du mich hasst. Das kann ich nämlich gut.«

Ich antwortete nicht. An der Treppe, wo wir uns trennen mussten, nahm ich seine Hand und fragte: »Bist du in Ordnung?«

Er schien sich von seinem Trübsinn etwas zu erholen und sagte, wenn er erst einmal geschlafen habe, ginge es ihm wieder gut. Er klopfte mir auf die Schulter, wünschte mir eine gute Nacht, drehte sich um und ging langsam die Treppe hinauf zu seiner Wohnung.

In meinem Zimmer saß ich noch lange da und dachte nach. Was würde er wohl empfinden, wenn er wüsste, dass ich seine Post und in seinem Kalender las und dem Staatssicherheitsdienst von unseren Gesprächen berichtete? Wie konnte ich nur einen so vertrauensvollen Menschen verraten und betrügen? »Ich muss damit aufhören«, sagte ich mir. »Ich kann das nicht mehr.«

Schließlich schrieb ich meinem Mann, dass ich ihn vermisste, und bat ihn, mich bald zu besuchen.

VII

Ich war völlig davon überzeugt, dass Larry nichts mit dem amerikanischen Geheimdienst zu tun hatte. Er war vollkommen harmlos.

Doch so nachdrücklich ich dies meinem Freund vom Staatssicherheitsdienst auch versicherte – er behauptete, ich sei naiv, und zählte die Indizien auf, die gegen Larry sprachen: Der erste amerikanische Co-Direktor des Studienzentrums war kein Professor, sondern ein Diplomat der amerikanischen Botschaft, ein Mr. Leon Sloane, ein *politischer Beamter*. Li Yan deutete an, dass mehr dahinter stecken müsse als eine Analyse der Politik Chinas. Sloane war sicherlich aus anderen Gründen für diese Position ausgewählt worden und würde zwei Jahre am Studienzentrum bleiben. Der Staatssicherheitsdienst ging davon aus, dass er anschließend ersetzt werden würde, prüfte die Akten sämtlicher amerikanischer Dozenten und Studenten und war nun davon überzeugt, dass Larry dieser Ersatzmann war. Seine Kontakte zu den amerikanischen Medien (Journalisten galten allgemein als Spione), seine Vietnamreise und die Tatsache, dass er ehemals geheime CIA-Dokumente besaß, waren stichhaltige Indizien für seine Geheimdiensttätigkeit.

Es war sinnlos, Li Yan von Larrys Harmlosigkeit überzeugen zu wollen. Wenn ich ihm allzu hartnäckig widerspräche, würde ich mich nur selbst verdächtig machen. So kam ich zu dem Schluss, dass ich Larry warnen musste, vorsichtig zu sein und nicht in eine der Fallen zu tappen, die man ihm stellte. Außerdem musste ich ihm dringend sagen, dass er mich in seinen Briefen nach Amerika nicht erwähnen durfte, weil seine Arglosigkeit meiner Karriere und Zukunft schaden könnte.

Ich ging also eines Nachmittags in sein Büro und bat ihn, mit mir spazieren zu gehen. »Stimmt etwas nicht?«, fragte er, sobald wir das Studienzentrum verlassen hatten.

Ich antwortete nicht, bevor wir in einem nahe gelegenen Park auf einer Bank saßen. Dann fragte ich ihn: »Ist der Film endlich voll? Du hast versprochen, ihn mir zu geben.«

»Warum bist du heute so kühl? Was ist los?«, fragte er.

»Larry, ich möchte den Film haben. Ich brauche ihn.«

»Er ist voll«, sagte er. »Ich habe ihn gerade zum Entwickeln geschickt. Ich gebe dir morgen die Abzüge, wenn ich sie bekomme.«

Ich konnte es nicht fassen. »Du weißt, dass du mich mit diesen Fotos in große Schwierigkeiten bringst. Du bist doch wirklich Professor, oder?«

»Erstens weiß ich nicht, wie ich dich in Schwierigkeiten bringen sollte, und zweitens, ja, ich bin Professor«, versicherte er mir feierlich. »Sind meine Seminare so schlecht?« Er lachte über seinen Scherz.

»Ich weiß, dass du China kennen lernen möchtest, und ich versuche, dir zu helfen. Aber es gibt hier eine unsichtbare Welt, von der du nichts weißt. Ich möchte, dass dir das klar ist, denn sonst kannst du dir großen Ärger einhandeln. Es ist besser, vorsichtig zu sein und anderen nicht so leicht zu vertrauen.«

»Das verstehe ich nicht.«

»Gut, dann will ich es ganz klar ausdrücken: Wenn du deinen Freunden in Amerika schreibst, erwähne bitte nicht mehr meinen Namen.«

»Woher weißt du, was ich meinen Freunden in Amerika schreibe?«

»Larry, alle Ausländer hier sind verdächtig. Auch du. Das musst du wissen und sehr vorsichtig sein.«

»Und was hast du damit zu tun? Beobachtest du mich?«

Darauf konnte ich keine offene Antwort geben. Ich konnte ihm lediglich sagen, dass die Post von Ausländern routinemäßig gelesen wurde. »Denk daran, hier in China hast du kein Privatleben«, warnte ich ihn. »Vertrau niemandem und erwähne mich bitte nicht in deinen Briefen.«

Er schwieg ein Weilchen, bevor er sagte: »O.k., Meihong. Wenn du es sagst.«

»Und der Film?«

»Ich bringe dir morgen die Abzüge.«

»Ich brauche auch die Negative.«

»Die Negative? Meine Güte, du bist aber gründlich. Was bist du? Eine Spionin?«

»Ich bin keine Spionin«, versicherte ich ihm. »Ich bin nur eine Freundin, die sich große Sorgen um dich macht.«

Ich war davon überzeugt, dass er mir glaubte und tun würde, worum ich ihn gebeten hatte. Aber ich irrte mich. Im Studienzentrum ging er sofort zu Carol, erzählte ihr von unserem Gespräch und fragte sie, ob ich Märchen erzähle. Carol rief zwei weitere amerikanische Professoren in ihr Zimmer, und sie besprachen gemeinsam, was ich gesagt hatte. Noch am selben Abend schrieb Larry seinen Freunden von unserem Gespräch und schilderte die Paranoia, die er überall in China spürte. Er war frustriert, verunsichert und empfand meine Warnungen halb belustigt als Stoff aus einem Mantel-und-Degen-Film.

Der Staatssicherheitsdienst zeichnete jedes Wort auf, das an diesem Nachmittag in Carols Zimmer gesprochen wurde, und nahm Kopien von Larrys Briefen zu seinen Akten.

VIII

In den nächsten Wochen dachte ich, Larry hätte meine Warnung beherzigt und sein Verhalten geändert. Er sprach mich nicht mehr darauf an, und wenn wir uns unterhielten, ging es meist um das Studium oder die bevorstehende Fahrt nach Bejing. Ich nahm an, er sei nun vorsichtiger in mündlichen und schriftlichen Äußerungen und der Staatssicherheitsdienst würde allmählich das Interesse an ihm verlieren.

Am 1. November fuhren die Studenten und Dozenten des Studienzentrums zu einer einwöchigen Studienreise nach Bejing. Ich versprach Larry und Carol, ihnen die Stadt zu zeigen. Am ersten Tag besuchte ich mit ihnen die Verbotene Stadt, den Tiananmen-Platz, Maos Grab und den Himmelstempel. Als ich sie abends wieder in das Jianguo Hotel brachte, wo die beiden wohnten, luden sie mich als Dank zum Essen im eleganten Hotelrestaurant im westlichen Stil ein.

Auf jedem Tisch im *Justine's* stand ein hübsches Gebinde aus Blumen und Kerzen. Die Kellner waren ausgesprochen höflich. Larry und Carol, die »zu Ehren der besten Fremdenführerin Chinas« schlemmen wollten, bestellten französischen Wein und französisches Abendessen, da ich noch nie von einer westlichen

Speisekarte etwas zu essen bestellt und keine Ahnung hatte, was gut sein mochte. Es wurde ein herrlicher Abend.

Am letzten Abend in Bejing lud Larry mich in einen Nachtclub ein. Wir unterhielten uns über das Institut, die Sehenswürdigkeiten in Bejing, lauschten der Musik und sahen den Tanzenden zu. Als ein langsames Stück gespielt wurde, forderte Larry mich zum Tanz auf. Wir gingen durch die Menge zur Mitte der Tanzfläche, wo er sehr förmlich die Arme ausbreitete. Ich nahm seine Hand. Er zog mich an sich, und wir tanzten. Ich verlor mich im Dämmerlicht des warmen Lokals und der romantischen Musik – Larry sang den Text auf Englisch mit – und hatte das Gefühl, den Boden unter den Füßen zu verlieren. Als die Musik aufhörte, sagte ich, wir sollten gehen, aber Larry bat mich um einen weiteren Tanz. Und so tanzten wir wieder und wieder. Jedes Mal zog er mich fester an sich, und jedes Mal verlor ich mich mehr in seinen Armen. Mich drängte es nicht mehr zu gehen, aber schließlich sagte er, es sei an der Zeit aufzubrechen. Er brachte mich zu einem Taxi und bezahlte den Fahrer, der mich zu meiner Unterkunft bringen sollte. Als wir uns verabschiedeten, küsste er mich auf die Stirn, hielt meine Hand und dankte mir für die Tage in Bejing, die er nie vergessen würde.

Als wir wieder in Nanyang waren, musste ich mich intensiv auf die Prüfungen vorbereiten. Manchmal machte ich abends einen kurzen Spaziergang, um frische Luft zu schnappen, bevor ich mich wieder für Stunden an den Schreibtisch setzte. Ein paar Blocks vom Studienzentrum entfernt gesellte Larry sich zu mir, und gemeinsam machten wir unsere gewohnte Runde um die Universität von Nanyang. Manchmal nahm er im Dunkeln meine Hand, um mich durch die dunklen Straßen zu führen. Doch auch wenn wir an einer Straßenlaterne vorbeikamen, ließ er sie nicht wieder los, und ich entzog sie ihm nicht. Unsere Freundschaft hatte eine weitere Grenze überschritten, aber keiner von uns wagte, in Worte zu fassen, was wir dachten und fühlten. Ich glaube, wir wussten beide, dass unsere Beziehung wunderbar, voller Wärme und falsch war, aber das war uns egal – zumindest für den Augenblick.

Eines Abends saßen wir auf einer Bank am Gulou-Turm, zu dem uns unser erster Spaziergang im September geführt hatte, und blickten in den Sternenhimmel. Ich fragte ihn, ob er immer noch zuweilen traurig sei. Er antwortete, er habe ein Heilmittel gegen seine trüben Stimmungen gefunden – mich.

Als ich ihn fragte, ob er mich vermissen werde, wenn er aus China fortginge, sagte er: »Meihong, ich glaube, an einem anderen Ort, unter anderen Umständen, in einer perfekten Welt würde ich mich unsterblich in dich verlieben. Ich würde dir gern alles zeigen, was du kennen lernen möchtest, und mit dir die Welt sehen.«

An jenem Abend saß ich im Dunkeln an meinem Schreibtisch und starrte verträumt aus dem Fenster. Ich sah Larry in seinem Büro am Computer arbeiten und beobachtete ihn, bis er das Licht ausschaltete und die Tür hinter sich schloss. Er ahnte nicht, dass ich ihn beobachtete. Und wir beide ahnten nicht, dass andere, die bereits wussten, wie diese Geschichte enden würde, uns in jener dunklen Nacht ebenfalls beobachteten.

IX

Mitte November suchte ich Li Yan im Amt für Staatssicherheit auf, um ihm über die Bejingreise Bericht zu erstatten und noch einmal zu betonen, dass ich Larry nicht für einen ausländischen Spion hielt. Zu meiner Überraschung stimmte Li Yan mir diesmal zu: »Du hattest Recht, wir haben uns geirrt.«

»Du meinst, du glaubst, dass er tatsächlich Professor ist, wie er es sagt?«

»Ja. Nichts anderes.«

Ich atmete erleichtert auf. Dann sprachen wir über Li Yans Frau, seine Familie und seine Zukunftspläne und er erkundigte sich nach meinen Prüfungen. Ich hatte das Gefühl, dass mir eine schwere Last von den Schultern fiel. Endlich konnte ich mich voll und ganz meinem Studium widmen. Ich ahnte nicht, dass ich gerade einen der größten Fehler meines Lebens begangen hatte.

X

»Sie mochten diesen Amerikaner, nicht wahr?«, fragte der Oberst, als er Mitte Januar die Verhöre wieder aufnahm. »Sie mochten ihn sehr?«

»Ja.«

»Wie sehr?«

»Wie Sie sagen, Herr Oberst, sehr.«

»Würden Sie sagen, Sie haben ihn *geliebt*?«

Vielleicht, weil ich erschöpft war, antwortete ich fast wie aus einem Reflex heraus: »Ja, ich denke schon.«

An der Art, wie er sich vorbeugte und einen verstohlenen Blick auf den Kassettenrekorder warf, erkannte ich, dass ich einen Fehler gemacht hatte: Achtlos hatte ich zugestimmt, als er das Wort »Liebe« in den Raum warf. Er hatte mich verletzen wollen, und es war ihm gelungen.

Worte waren Waffen. Jetzt war dieses Wort aufgezeichnet und ließ sich nicht mehr zurücknehmen. Der Oberst hatte es gegen mich in der Hand.

Er tauschte einen wissenden Blick mit den anderen und grinste breit. »Das wussten wir schon lange.«

Ich wollte nicht mit ihm über die Bedeutung dieses Wortes streiten. Liebe war schließlich kein Kapitalverbrechen. »Das war mein einziger Fehler, Herr Oberst«, sagte ich. »Ist das wirklich so wichtig für Sie? Bin ich deshalb hier? Ja, ich habe einen Amerikaner geliebt. Aber etwas anderes habe ich mir nicht zuschulden kommen lassen.«

Der Oberst schaltete den Kassettenrekorder aus und beendete das Verhör. Ich nahm an, dass er mein Geständnis seinen Vorgesetzten melden und mir dann weitere Fragen stellen würde. Ich sollte Recht behalten.

»Warum haben Sie uns nicht gleich gesagt, dass Sie diesen Mann lieben? Sie hätten uns allen viel Zeit sparen können«, sagte der Oberst.

»Ich bin eine verheiratete Frau«, antwortete ich. »Ich wollte nicht den Rest meines Lebens zerstören. Ich wollte mein Leben, meine Karriere, meine Ehe und meine Würde bewahren. Jetzt wissen Sie von meinem Fehler. Ist es das, wonach Sie gesucht haben?«

»Eines möchten wir gern verstehen: Wir wissen, dass Sie Ihren Mann lieben und dass Sie sich unmöglich in diesen Ausländer verliebt haben können. Sie sind ein braves Mädchen. Wir sehen die Dinge jetzt klarer. Er hat Ihre Jugend und Unwissenheit ausgenutzt, um Sie zu verführen und Dinge aus Ihnen herauszuholen, die Sie ihm nie hätten sagen dürfen.«

Der Oberst ignorierte mein Kopfschütteln.

»Zunächst möchte ich wissen, wie dieser Amerikaner vorgegangen ist. Wie hat er sich in Ihr Vertrauen geschlichen? Sie kennen Ihn seit drei Monaten. Schauen Sie sich an, was er in dieser kurzen Zeit mit Ihnen angestellt hat. Wir glauben, dass er Sie mit irgendeinem Mittel, einer besonderen Manipulation hinters Licht geführt hat. Er hat Sie einer Gehirnwäsche unterzogen, und wir wollen wissen, wie er das gemacht hat. Hat er Ihnen vielleicht Drogen gegeben, bevor er sich Ihnen aufgenötigt hat? War Ihnen je schwindelig oder benommen, wenn Sie etwas mit ihm getrunken hatten? Er könnte Ihnen sogar etwas in den Tee getan haben, bevor er … Sie *vergewaltigt* hat.«

»Herr Oberst, das ist alles nur Ihre schmutzige Fantasie.«

»Hat er Ihnen Geld geboten, Meihong? Hat er Ihnen Geschenke oder Versprechungen gemacht?«

»Sie begreifen gar nichts, Herr Oberst. Wahrscheinlich können Sie das nicht verstehen. Wir sind Freunde, wir waren viel zusammen, haben uns unterhalten, getanzt, gemeinsam gegessen. Das ist alles. Er hat mich nicht verführt. Er hat mir nichts getan. Er wollte nichts von mir. Er hat mich nicht hinters Licht geführt. Ich habe Ihnen alles erzählt, was es über ihn zu sagen gibt. Wenn es einen Schuldigen gibt, dann nur mich, weil ich als verheiratete Frau und Offizierin keine solchen Gefühle für einen Ausländer haben darf.«

»Meihong, dieser Amerikaner hat sich Ihnen aufgenötigt. Wir können die ganze Sache beenden, wenn Sie für uns eine einfache schriftliche Erklärung aufsetzen und unterschreiben. Danach können Sie gehen. Es ist das Letzte, was ich von Ihnen verlange.«

»Was soll ich schreiben?«, fragte ich argwöhnisch.

»Zum Wohle der Armee und der Partei und um der Sicherheit des Landes willen bestehen wir darauf, dass dieser Mann unser Land verlässt. Er hat seine Stellung und Ihr Vertrauen missbraucht, Sie gezwungen, ihm Ihre Position und Ihren Rang zu offenbaren, und Sie mit List dazu gebracht, ihm Informationen zu liefern, die nie in die Hand eines Ausländers hätten gelangen dürfen.«

»Ich habe ihm nie meinen Rang und meinen Dienstgrad genannt.«

»Schauen Sie sich doch dieses Foto an«, antwortete der Oberst und schob mir das Bild von mir in meiner neuen Uniform über den Tisch.

»Herr Oberst, die Wahrheit würden Sie mir doch nicht glauben.«

»Stimmt, ich würde Ihnen nicht glauben. Aber es gibt eine Möglichkeit, alles wieder in Ordnung zu bringen. Wir haben für Sie eine Erklärung vorbereitet, aus der hervorgeht, dass der Amerikaner Sie vergewaltigt hat. Sie sind zu uns gekommen, weil er seine Macht über Sie missbraucht hat. Anfangs haben Sie sich geschämt, aber jetzt wollen Sie Gerechtigkeit für sich, Ihren Mann und China. Sie wünschen, dass die chinesischen Behörden ihn ausweisen, um Sie und alle anderen chinesischen Frauen zu schützen. Schreiben Sie diese Erklärung ab und unterschreiben Sie sie.«

Einer musste bezahlen. Der Oberst konnte schließlich in seinem Bericht nicht zugeben, dass er in dieser ganzen Zeit nichts weiter ans Licht gebracht hatte als eine kleine Liebesgeschichte.

Er brauchte etwas Skandalöseres. Eine Vergewaltigung und die Weitergabe von geheimen Informationen erfüllten diesen Zweck hervorragend.

Ich rang mit den Tränen und starrte auf das leere Blatt Papier, ohne den Stift in die Hand zu nehmen.

»Oberleutnant Xu, es ist wichtig. Um Himmels willen, dieser Mann ist doch nur ein Amerikaner«, drängte der Oberst mich.

»Aber ich kenne ihn. Wie können Sie von mir verlangen, einen Unschuldigen zu zerstören? Glauben Sie denn, die amerikanischen Stellen würden diesen Unsinn glauben? Ich mache mich nur lächerlich, und Sie ebenfalls.«

»Im Gegenteil. Die Amerikaner werden es akzeptieren. Machen Sie sich darüber keine Sorgen. Mehr brauchen wir nicht. Wir versuchen nur, einen gefährlichen Ausländer mit einem Minimum an Peinlichkeit und öffentlichem Aufsehen loszuwerden.«

Ich hatte nicht die Kraft, laut zu werden. »Mit mir können Sie machen, was Sie wollen, Herr Oberst. Sie können mir drohen, so viel Sie wollen. Aber ich kann das nicht schreiben. Ich werde Ihnen nicht helfen, ihn mit dieser Lüge abzuschieben.

Seit Sie mich hergebracht haben, sagen Sie mir, dass Sie nur die Wahrheit wissen wollen. Und wenn ich Ihnen die Wahrheit sage, werfen Sie sie weg. Wir haben so viel Zeit verschwendet. Diese Erklärung entspricht nicht der Wahrheit.«

»Wahrheit? Falls Sie es vergessen haben sollten, Xu Meihong, die Wahrheit ist das, was wir sagen. Es steht Ihnen nicht zu, über die Wahrheit zu entscheiden oder zu urteilen. Wir wissen, dass dies die beste Lösung für ein Problem ist, das Sie uns beschert haben. Sehen Sie das denn nicht? Das alles dient nur zu Ihrem Schutz. Wir haben so lange so viel für Sie getan, und jetzt bitten wir Sie zum ersten Mal, etwas für uns zu tun. Falls Sie das für ein Opfer halten, dann bringen Sie dieses Opfer für Ihr Land, Xu

Meihong. Dieser Mann ist kein Chinese, er ist keiner von uns. Auf wessen Seite stehen Sie eigentlich?«

»Der Amerikaner hat nichts getan, nichts. Ich kenne die Wahrheit so gut wie Sie. Selbst wenn ich den Amerikaner nicht leiden könnte, würde ich diese Lüge nicht für Sie schreiben. Ich würde so ein Papier nicht einmal unterschreiben, wenn man Sie fälschlich der Vergewaltigung bezichtigen würde, Herr Oberst.«

Er nahm das Papier fort und sagte: »Gut. Ich verstehe. Sie brauchen nichts zu schreiben.«

»Danke«, sagte ich.

Er grinste, als sei ihm plötzlich die perfekte Lösung eingefallen. »Warum unterschreiben Sie nicht einfach unter diesem Schriftstück? Um den Rest kümmere ich mich dann schon.«

Ich lachte zum ersten Mal seit Wochen. Es war ein gutes Gefühl. Ich hielt mir den Bauch und krümmte mich vor Lachen, bis mir die Tränen aus den Augen liefen. Es war alles so absurd. »Das werde ich nicht tun, Herr Oberst. Und wenn Sie es wagen, meine Unterschrift unter dem Dokument zu fälschen, werde ich allen die Wahrheit erzählen.«

»Die Wahrheit? Die Wahrheit ist zu groß für Sie. Ich biete Ihnen den einzigen Ausweg an, der für Sie hier herausführt, und Sie weigern sich, ihn zu gehen. Dieses Schwein hat Sie vernichtet, auch wenn es Ihnen noch nicht klar ist. Ohne ihn hätten Sie ein schönes Leben, eine glänzende Zukunft und eine gute Ehe gehabt. Das ist jetzt alles vorbei. Ihr Leben ist am Ende, sehen Sie das nicht? Wenn wir aber aufdecken, dass er Sie vergewaltigt hat, immer wieder wie ein Tier, dann sind Sie das Opfer und tragen keinerlei Verantwortung für das, was geschehen ist. Statt verurteilt zu werden, wird man Sie loben, weil Sie ein Verbrechen aufgedeckt haben.«

Nach einer längeren Pause sagte der Oberst: »Überlegen Sie es sich, Meihong. Wir haben noch ein bisschen Zeit. Denken Sie ein paar Stunden darüber nach.«

XI

Meine Bewacherinnen hatten eine Überraschung für mich vorbereitet. Während meiner wochenlangen Haft hatte ich mich öfter mit Xiao Zhang, der jüngsten von ihnen, unterhalten. Sie hatte vermutlich die Erlaubnis, ausführlich mit mir zu reden, weil man hoffte, dass ich einer Frau manches erzählen würde, was ich dem Oberst und seinen Adjutanten verschwieg.

Sie fragte mich häufig nach dem Leben im Studienzentrum, und ich erzählte ihr von allen schönen Dingen und lustigen Begebenheiten, an die ich mich erinnern konnte. An ihren Zwischenfragen merkte ich, dass sie darüber Berichte schrieb. Doch manchmal schien sie völlig in unser Gespräch vertieft und zeigte ehrliches Interesse an meinem Leben und meiner Freundschaft mit einem Ausländer. Sie selbst hatte noch nie einen Ausländer getroffen.

Seit acht Wochen trug ich nun schon dieselbe Unterwäsche, da man meine Bitte um frische Wäsche immer abgelehnt hatte. Eines Nachmittags bat ich Xiao Zhang, mir saubere Wäsche von zu Hause mitzubringen, und fragte sie, was ich als Gegenleistung für sie tun könne. Da sie wusste, dass ich zu den besten Tänzerinnen am Institut gehörte, und sie nie tanzen gelernt hatte, bat sie mich, ihr Tanzen beizubringen, und versprach, mir die Unterwäsche zu besorgen.

Als ich nach dem letzten Verhör wieder in die Zelle kam, fand ich eine kleine Papiertüte mit zwei neuen Garnituren Unterwäsche auf meinem Bett. Ich lächelte Xiao Zhang an, die mich strahlend ansah.

»Möchtest du jetzt tanzen lernen?«, fragte ich sie. Sie schaute fragend zu Li Xia, die zustimmend nickte. Die anderen beiden legten ihre Lektüre beiseite und schauten uns zu. »Es ist ganz einfach«, sagte ich. »Mach es mir nach. Ich bin der Mann.«

Während wir die Schritte übten, summte ich das Lied, das Larry mir bei unseren Spaziergängen beigebracht hatte: »Somewhere Out There.«

»Und jetzt richtig«, sagte ich, legte ihr den rechten Arm um die Taille, nahm ihre rechte Hand und zog sie sanft an mich. »Nicht so steif«, forderte ich sie auf. »Das ist nicht wie Marschieren. Es soll Spaß machen. Mach einfach mit.«

Singend zählte ich den Takt mit, während wir uns immer wieder im Kreis drehten. »Nicht auf die Füße schauen! Sieh mich an.« Sie lächelte mich an. Ich flüsterte ihr zu: »Und jetzt ein Geheimnis: Manchmal kannst du den Kopf an die Schulter des Mannes lehnen, wenn du keine Angst hast. Versuch's mal.« Sie legte den Kopf schüchtern an meine Schulter. Mit geschlossenen Augen wirbelte ich sie auf engstem Raum herum und erinnerte mich, wie ich in Bejing mit Larry zu diesem Lied getanzt hatte.

Nach einer Weile flüsterte Xioa Zhang mir zu: »Wir kommen morgen weg. Hast du das gewusst? Wir fahren nach Hause.«

Mich überlief ein kalter Schauer. »Wirklich? Wie schön«, sagte ich.

Nach einer Pause fragte sie: »Wie war er?« Sie wirkte ehrlich neugierig. Ob sie alles, was ich sagte, melden würde? Wie vorsichtig musste ich sein?

»Er war … Amerikaner. Es ist schwer zu beschreiben. Er tanzt gern. Er lacht über fast alles, am lautesten über sich selbst. Er bringt jeden zum Lachen. Aber im Inneren ist er traurig und kämpft immer gegen eine dunkle Macht an. Sein größter Fehler ist, dass er zu vertrauensselig und naiv ist. Er traut den falschen Leuten. Immer den falschen. Er möchte glücklich sein, aber er weiß nicht, wie.« Ich wusste, dass Xiao Zhang den Mann, den ich ihr beschrieb, unmöglich verstehen konnte.

Wir drehten uns noch eine Weile im Kreis, dann ließ ich sie los und sagte: »Ende der ersten Stunde.« Sie wirkte enttäuscht, machte aber keine Einwände. Nachdem wir die Betten wieder an ihren Platz geschoben hatten, legte ich mich hin und versuchte zu schlafen.

XII

Kurz vor Tagesanbruch wurden wir geweckt und der Oberst wies uns an, uns für den Aufbruch fertig zu machen. Die Frauen hatten bereits gepackt.

»Fahre ich mit?«, fragte ich ihn.

»Wir fahren alle«, antwortete er und schloss die Tür. Draußen hörte ich zwei Wagen vorfahren. Als die Tür geöffnet wurde, gingen die drei Frauen wie auf Kommando hinaus. Bevor Xiao Zhang ging, winkte sie mir zu. Dann hörte ich einen Wagen abfahren.

Ich war kaum eine Minute allein, als der Oberst hereinkam und mir befahl mitzukommen. Wir gingen zu dem wartenden Wagen. Als ich auf dem Rücksitz saß, wurde die Tür verschlossen und die Vorhänge zugezogen. Niemand sagte ein Wort.

Schnell bogen wir aus dem Tor auf die Hauptstraße. Es wurde allmählich hell. Niemand sagte mir, wohin wir fuhren, und ich fragte auch nicht, ob man mich in ein Militärgefängnis oder in die Freiheit brachte. In den nächsten Stunden war alles möglich.

Zwei Stunden später hielt der Wagen vor einem großen Backsteinbau, der von außen schmuddelig und baufällig wirkte. Viele Fensterscheiben waren zerbrochen. Ich erkannte, dass ich nicht weit von der Militärakademie entfernt war; an diesem Gebäude war ich auf dem Weg zum Bus öfter vorbeigekommen.

Man führte mich in ein kleines dunkles Zimmer, in dem nur zwei Feldbetten standen. Daneben lag ein kleiner Waschraum.

»Hier bleiben Sie«, erklärte der Oberst, bevor er mich allein ließ. »Da dies Ihr neues Zuhause ist, wollen Sie vielleicht ein bisschen putzen.«

Ich ließ Wasser in einen Eimer laufen und putzte Boden und Wände meines Zimmers. Vor der Tür war eine Wache postiert, die mir zweimal täglich Essen brachte.

Drei Tage lang sah ich sonst niemanden und hing meinen Tagträumen nach. Am vierten Tag kam der Oberst mit seinen Adjutanten und erklärte, die Dinge stünden gar nicht so schlecht. »Es ist alles geklärt. Wir brauchen nur noch eine schriftliche Erklärung von Ihnen, in der Sie darlegen, weshalb Sie das Zentrum für chinesisch-amerikanische Studien verlassen haben. Schreiben Sie, dass Sie gegangen sind, weil Sie Angst vor dem Amerikaner, Larry Engelmann, hatten.«

»Ich weiß eine bessere Lösung«, antwortete ich. »Bringen Sie mich ins Studienzentrum und lassen Sie mich vor allen Studenten und Dozenten in eigenen Worten erklären, weshalb man mich aus dem Zentrum geholt hat und ich nicht zurückkommen kann. Zeigen wir Ihnen ein echtes chinesisches Drama.«

»Wir brauchen lediglich eine offizielle Mitteilung von Ihnen, dass Sie Ihr Studium abbrechen. Das ist für alle das Beste.«

»Für alle? Für mich? Für meinen Mann? Für Larry Engelmann?«, schrie ich ihn fast an.

»Ich hätte Ihnen sagen sollen, dass der Amerikaner endgültig

Einer der ersten Sätze, den ich sprechen lernte: »Wir fürchten weder Not noch Tod!« Doch als 1964 dieses erste Foto von mir entstand, weinte ich im Atelier des Fotografen aus Angst vor der Dunkelheit.

Dieses Foto entstand 1976, als ich die Dorfschule verließ. Da wir arm waren und auf dem Land Schulbildung für ein Mädchen als unwichtig galt, wollte meine Mutter, dass ich auf dem Feld arbeitete. Das wenige Geld meiner Familie sollte für die Ausbildung meines Bruders gespart werden.

Meine Familie, aufgenommen Mitte der siebziger Jahre im Dorf Lishi. Dieses einzige Familienfoto, für das wir unsere besten Kleider anzogen, nahm mein Onkel auf. Er war beim Militär und besaß eine Kamera.

Meine Kameradin und ich in meinem ersten Ausbildungsjahr bei der VBA in Nanyang, 1981. Damals waren wir noch jung, enthusiastisch und rot.

Als Kadett der höheren Semester an der Militärakademie Nanyang, 1984. Ich hatte bereits meinen Optimismus und meine Jugendträume verloren.

Ich empfand es als Privileg, unter dem General, einem aufsteigenden Stern in der VBA, zu dienen. Ich war sogar bereit, ihm zu folgen und jedes Opfer zu bringen, falls sich das politische Klima in China ändern sollte.

Um die Ausbildung der Offiziere und Auslandsagenten an der Militärakademie zu verbessern, lud der General ausländische Dozenten zu Gastvorlesungen ein. Ich half ihm 1988 bei der Planung und Vorbereitung.

Gruppenfoto mit sieben der »zwölf Pandas« bei einem Klassentreffen an der Militärakademie 1987. Ich bin die Zweite von rechts.

Larry und seine Fremdenführerin, Wendy Kim, August 1988 in Hongkong. Dieses Foto war bereits im Besitz des Ministeriums für Staatssicherheit, bevor er nach Nanyang kam.

Blick aus Larrys Apartment im fünften Stock.

Larry mit Kollegen des Studienzentrums in einem Restaurant in Nanyang.

Dieses Foto, das Larry von mir aufgenommen hatte, nahm die Armee als Beweis, dass ich ihm die Wahrheit über meine militärische Stellung gesagt hatte.

Larry bei einem Besuch in Schanghai in der ersten Novemberwoche 1988.

Das Geschick dieser Flickschusterin am Rundturm in Nanyang faszinierte Larry. Ich dolmetschte ihre Unterhaltung.

Larry vor dem Tor des Himmlischen Friedens. Dieses Foto entstand während einer Studienreise nach Bejing im November 1988.

Während dieser Reise fotografierte Larry mich vor der Verbotenen Stadt.

Panzer in der Nähe des Tiananmen-Platzes am Morgen des 4. Juni 1989.

Vor dem Restaurant Zhou, wo ich mich Anfang Juni 1989 mit Carol Chu traf.

Larry und ich im Wartesaal des Bahnhofs Schanghai vor der Abreise nach Zhenjian, Januar 1990.

Kurz vor meinem Flug in die Vereinigten Staaten im Oktober 1990. Das Silberarmband und eine Perlenkette, die Larry mir geschenkt hatte, trug ich jeden Tag.

Mein erster Tag in den Vereinigten Staaten im Dezember 1990: Larry und ich zusammen auf der Golden Gate Bridge in San Francisco. Damals endete mein altes Leben und ein neues begann.

fort ist. Das Schriftstück ist lediglich für die Akten. Eine reine Formalität.«

»Was ist mit ihm?«, fragte ich mit bebender Stimme. »Was haben Sie mit ihm gemacht?«

»Er ist fort und kommt nicht wieder. Er ist auf eigenen Wunsch gegangen, vielleicht weil er sich schuldig gemacht hat. Er sagte, ihm gefalle das Leben in China nicht und er wolle nicht mehr hierher zurückkehren. Die amerikanische Verwaltung hat seinem Wunsch entsprochen. Alles ist zufrieden stellend geregelt. Dieses Schriftstück wird Ihnen dabei behilflich sein, wieder in Ihre Stellung am Militärinstitut zurückzukehren.«

Der Oberst zeigte erstaunlich viel Geduld. Zum ersten Mal hegte ich die Hoffnung, dass die ganze Sache weniger tragisch enden könnte, als ich befürchtet hatte.

Er reichte mir Schreibpapier und Stift und diktierte: »Während meines Studiums am Zentrum für chinesisch-amerikanische Studien hatte ich eine Affäre mit dem amerikanischen Professor Larry Engelmann. Jetzt bedaure ich, was geschehen ist, und möchte nicht mehr ans Studienzentrum zurückkehren. Ich schäme mich für meine Taten.« Schon nach dem ersten Satz hörte ich auf zu schreiben.

»Wenn Sie den Rest Ihres Lebens in dieser Zelle verbringen wollen, dann bleiben Sie ruhig bei Ihrer arroganten Haltung. Ihr Schicksal liegt jetzt ganz in Ihrer eigenen Hand. Wenn ich dieses Zimmer ohne das Schriftstück verlasse, schwöre ich Ihnen, dass ich die Tür mit Brettern vernageln und Sie nie wieder hier herauslassen werde.«

»Ich muss darüber nachdenken. Kommen Sie später wieder«, sagte ich.

Zu meiner Überraschung drohte er mir nicht weiter, sondern ging mit seinen Adjutanten hinaus. Als er nach zwei Stunden wiederkam, machte er mir einen anderen Vorschlag:

»Wir haben nachgedacht und möchten die Formulierung ändern. Sie brauchen nicht zu sagen, dass Sie mit dem Amerikaner eine Affäre hatten.«

»Was gibt es dann noch zu schreiben?«, erkundigte ich mich. »Damit ist die Sache ja wohl erledigt.«

Aber der Oberst reichte mir wieder Papier und Stift und sagte: »Schreiben Sie Folgendes, Meihong: Wegen persönlicher Schwierigkeiten (*sheng huo wenti*) habe ich mich entschlossen, das Studienzentrum zu verlassen.« Die Formulierung, die er mir diktierte, konnte bedeuten, dass man finanzielle oder familiäre Probleme hatte oder dem Druck während des Studiums nicht gewachsen war.

Obwohl die Ausdrucksweise mehrdeutig war, schrieb ich die Erklärung nieder und unterzeichnete sie. Mit einem erleichterten Seufzen las der Oberst, was ich geschrieben hatte, und ging wortlos hinaus.

Drei Tage später kamen sechs Offiziere in meine Zelle. Einer von ihnen war der General, den ich zum ersten Mal sah, seit er mich im November zu sich nach Hause bestellt und gebeten hatte, ihn nicht zu verraten. Ich hatte Wort gehalten, und er wusste es.

Als ich in ihren Mienen las, dass mir eine traurige Zeremonie bevorstand, wusste ich, dass der Oberst mich mit seinen Versprechungen wieder einmal getäuscht hatte.

Einer der Offiziere erklärte: »Xu Meihong, wir haben Ihren Fall untersucht und sind zu einem Urteil gelangt.« Der General musste die Entscheidung der Untersuchungskommission verlesen.

Mir war völlig klar, dass die Gegner des Generals mir eine letzte Chance geben wollten, meinen Kommandeur zu verraten, um meine Haut zu retten. Sie erwarteten, dass ich zusammenbräche und ihm die Schuld an allem gäbe, wenn er mein Urteil verlas. Mein Geständnis wäre sein Untergang, so hofften sie.

Der General trat vor und verlas das Urteil in förmlichem, ausdruckslosem Ton. Die Armee war zu dem Schluss gekommen, dass ich erstens einen schwer wiegenden Fehler begangen habe, indem ich eine persönliche Beziehung zu einem Ausländer eingegangen war. Zweitens bestehe der Verdacht, dass ich vertrauliche Informationen die Staatssicherheit betreffend weitergegeben hätte, sofern die Beziehung weiterbestanden hätte. Drittens hätte ich durch mein Verhalten und meine offenkundigen Intentionen der Armee und der Volksrepublik China ernsthaft geschadet und das Ansehen aller guten Chinesinnen besudelt.

Ich wurde rot und fühlte Übelkeit in mir aufsteigen. Doch ich bewahrte Haltung und hörte mir die Liste der Anklagepunkte bis zum Ende an.

Wegen meiner hervorragenden Beurteilungen bis zum September 1988 ließ die Armee in ihrem Urteil Milde walten.

Ich wurde erstens aus der Kommunistischen Jugendliga ausgeschlossen. Zweitens wurde ich unter Aberkennung meines Dienstgrades aus der Armee entlassen. Drittens hatte ich in mein Heimatdorf zurückzukehren und für den Rest meines Lebens in der Landwirtschaft zu arbeiten.

Abschließend wurde mir jeglicher Kontakt mit Ausländern verboten. Bei Zuwiderhandlungen drohte mir »schwerste Bestrafung«.

Während der General das Urteil verlas, spielte ich mit dem Silberarmband, das Larry mir bei unserer letzten Begegnung gegeben hatte, und rang um Fassung. Es zu berühren, gab mir Kraft.

Zum Schluss fragte mich der General, ob ich zu den Beschuldigungen und dem Urteil etwas zu sagen hätte.

Ein Weile schwieg ich. Dann sagte ich ruhig: »Genossen, ich möchte euch allen danken. Ich bin in allen Punkten unschuldig. Aber ich weiß, dass ihr euer Urteil nach bestem Wissen und Gewissen gefällt habt. Als gute Soldatin, die ich immer war, akzeptiere ich es und weiß eure Milde und alles, was ihr für mich getan habt, zu würdigen. Ich werde meine Jahre in der Armee nie vergessen. Ich werde diesen Tag nie vergessen, und ich verspreche euch, dass ich auch keinen von euch vergessen werde.«

Lange herrschte Schweigen. Als mein Blick flüchtig den des Generals streifte, meinte ich Erleichterung und Dankbarkeit zu erkennen. Ich hatte Wort gehalten. Er wusste als Einziger im Raum, dass ich tatsächlich eine gute Soldatin war.

Abends bat ich die Wache um Papier, Stift und einen Briefumschlag und schrieb einen kurzen Brief an meinen Mann: »Ich muss dringend mit dir sprechen. Komm bitte zu meinen Eltern. Ich warte sieben Tage lang am Bahnhof von Danyang auf dich. Wenn du in dieser Zeit nicht kommst, wirst du mich nie wieder sehen. Ich danke dir für alles, was du für mich getan hast. Du hast mir immer sehr viel bedeutet, und ich werde dich nie vergessen. Es tut mir Leid, wenn ich dir wehgetan habe. Das war nie meine Absicht. Ich kann dir nicht erklären, was geschehen ist, weil ich es selbst noch nicht verstehe. Glaube nichts von dem, was andere dir über mich erzählen. Du weißt, wie es in meinem Herzen aussieht, sie nicht. Pass auf dich auf!«

Als ich fertig war, legte ich mich schlafen. Doch eine halbe Stunde später ging die Tür auf und das Licht wurde eingeschaltet. Mit vor Angst pochendem Herzen setzte ich mich auf und war völlig verblüfft, als der Oberst mit meinem Mann hereinkam. Li Cheng war in Ausgehuniform und sah umwerfend gut und gesund aus.

Er umarmte mich, küsste mich immer wieder auf den Kopf und flüsterte mir ins Ohr: »Lächele! Lächele für diesen Mistkerl!«

Und ich lächelte unter Tränen. Ich hob den Brief, den ich geschrieben hatte, vom Boden auf und sagte: »Den wollte ich dir morgen schicken. Ich wusste nicht, ob du noch einmal zu mir kommen würdest.«

»Was redest du denn da?«, fragte er verwundert. »Ich komme immer wieder zu dir. Du bist meine Frau. Ich bin da, wo ich hingehöre. Ich warte schon seit ein paar Tagen auf dich, aber sie wollten mir bis heute Abend nicht sagen, wo du bist. Ich musste einfach heute Abend noch sehen, wie es dir geht. Sie sagen, du darfst erst morgen heraus. Also komme ich morgen wieder.«

Er küsste mich auf Stirn, Nase und Mund, bevor er mit dem Oberst hinausging.

Als ich wieder allein war, schaltete ich das Licht aus, legte mich ins Bett und weinte. Dabei biss ich mir in die Hand, damit die Wache mich nicht hörte.

Es war vorbei. Ich hatte überlebt, aber mein bisheriges Leben war gestorben. Morgen früh begann für mich ein neues Leben.

Weinend stellte ich mir immer wieder dieselbe Frage: »Meihong, was hast du nur getan?«

Kapitel 7

Die verlorene Tochter

»Lieg still,
während ich mich auf meine Zukunft vorbereite,
die zweifellos schwere Zeiten bringt,
in denen ich brauche, was ich jetzt so sicher weiß.

Ich nutze das eine, das ich von all den Dingen gelernt
habe, die mein Vater mich zu lehren versucht hat:
die Kunst der Erinnerung.«

Li-Young Lee

I

Ich schlief unruhig in jener Nacht und wachte schon vor dem Morgengrauen auf und wusch mich an dem Metallbecken. Die Temperatur im Zimmer lag unter dem Gefrierpunkt, und das Wasser, das aus der Leitung kam, war eiskalt. Seit meiner Verhaftung vor acht Wochen hatte ich nicht duschen dürfen und keinen Spiegel gesehen. An jenem letzten Tag meiner Haft wollte ich jedoch frisch und sauber wirken, um ihnen zu zeigen, dass sie zwar die Macht besaßen, mich gefangen zu halten, mich aber nicht zerstören konnten.

Gegen acht Uhr betrat Lin Cheng mit dem Oberst und drei bewaffneten Soldaten das Zimmer. »Du siehst heute Morgen wunderbar aus«, sagte er und nahm mich fest in die Arme. Dann zog er seinen Uniformmantel aus und half mir hinein. Der Oberst und die Soldaten sollten mich zu meinem Apartment im Institut begleiten, wo ich eine halbe Stunde Zeit hätte, das Nötigste zu packen, bevor man mich in mein Heimatdorf brachte.

Im Institut begegneten wir auf dem Weg zu meiner Wohnung mehreren Soldaren und Kadetten, die mich anstarrten, als käme ich von einem anderen Stern. Man hatte sie über meinen Fall und meine Strafe informiert, und keiner wagte es, mich zu grüßen.

Auch die stellvertretende Institutsleiterin, die ich gut kannte, kreuzte unseren Weg. Sie hatte es eilig und blätterte im Gehen einige Papiere durch. Als sie aufsah und mich erkannte, bedachte sie mich mit einem Blick, als hätte sie gerade eine Fliege verschluckt, und wandte sich rasch wieder ihren Unterlagen zu.

Als wir einen meiner ehemaligen Lehrer trafen, mit dem ich mich im Laufe der Jahre angefreundet hatte, starrte er unverwandt meinen Mann an und tauschte einige Höflichkeitsfloskeln mit ihm aus. Ich war unsichtbar geworden.

II

Der General erwartete uns mit meinem Wohnungsschlüssel am Gebäudeeingang. Er grüßte und wies den Oberst, die Wachen und meinen Mann an, im Erdgeschoss zu warten, während er mich auf mein Zimmer begleitete.

Schweigend gingen wir die Treppe hinauf. Sobald wir die Tür hinter uns geschlossen hatten, atmete ich auf. Ich nahm an, dass er das Zimmer nach Wanzen durchsucht hatte und wir offen sprechen konnten, ohne abgehört zu werden.

»Haben sie irgendwelche Beweise? Haben Sie etwas gesagt?«, fragte er, vor Nervosität zitternd.

»Wovon reden Sie? Was für Beweise?«, entgegnete ich verwirrt.

»Haben Sie ihnen etwas über mich erzählt, was sich irgendwann gegen mich verwenden ließe?«

»Haben Sie die Protokolle gelesen?«

»Ich bin sicher, dass sie bearbeitet waren. Ich würde es lieber von Ihnen hören. Hat dieser Mistkerl da unten nach mir gefragt?«

»Ja. Er hat oft nach Ihnen gefragt. Er wollte unbedingt etwas über Sie herausbringen. Er wusste nichts. Und er weiß immer noch nichts.«

»Was haben Sie ihm gesagt, als er nach mir gefragt hat?«, hakte der General nervös nach.

»Beruhigen Sie sich, Herr General, ich habe mein Versprechen gehalten, dass ich Sie nie verraten werde. Ich habe niemanden verraten. Sie sind in Sicherheit. Ich bin die Einzige, die in Schwierigkeiten ist.« Ich ging an meinen Schrank und holte einige Kleider heraus, die ich mitnehmen wollte. Solange ich ihm den Rücken zuwandte, schwieg der General.

Schließlich drehte ich mich um und sagte: »Und wie geht es Ihnen, Xu Meihong?«

»Was?«

»Ich habe gesagt: Und wie geht es Ihnen, Xu Meihong? Wollen Sie mich nicht fragen, wie es mir geht? Ich bin diejenige, die man bestraft, erinnern Sie sich? Was wird jetzt aus mir? Interessiert Sie das?«

»Es tut mir Leid«, stammelte er, offensichtlich peinlich berührt. Allmählich fand er seine Fassung wieder. »Es tut mir Leid, Meihong. Sie wissen, dass ich mir große Sorgen um Sie mache. Meine Frau wollte eigentlich kommen, um sich von Ihnen zu verabschieden. Aber sie konnte sich nicht frei machen. Sie wünscht Ihnen alles Gute. Ich soll Ihnen sagen, dass sie Sie vermissen wird.«

Mir wurde warm ums Herz. Ich hatte also doch noch Freunde, denen an mir lag. Mit Tränen in der Stimme sagte ich: »Ich werde sie auch vermissen. Bitte richten Sie ihr das von mir aus, ja?«

»Da ist noch einiges, das Sie wissen sollten«, sagte der General.

»Erzählen Sie, ich bin neugierig, auch wenn es mir jetzt nicht mehr nützt«, sagte ich.

»Es könnte Ihnen helfen. Das Zweite Büro (der Volksbefreiungsarmee) und der Staatssicherheitsdienst haben Sie immer noch in Verdacht, mit einem ausländischen Spion zusammengearbeitet zu haben, und sie glauben, dass Sie gegen die militärischen Vorschriften verstoßen haben, indem Sie ein Verhältnis mit dem Amerikaner eingegangen sind.«

»Sie irren sich«, erklärte ich. »Aber was spielt das jetzt noch für eine Rolle?«

»Ich habe um Ihr Leben gefürchtet. Ich dachte wirklich, sie würden Ihnen etwas antun. Ihr Mann, Ihre Freunde und ich, wir alle haben Sie verteidigt. Wir haben getan, was wir konnten. Aber damit haben wir uns selbst verdächtig gemacht. Unsere Möglichkeiten waren natürlich begrenzt. Wenn Sie mit ihnen kooperiert hätten, wäre der Preis für jeden, der Ihnen helfen wollte, sehr hoch gewesen.«

»Ich weiß«, versicherte ich. »Ich habe nicht kooperiert.«

»Sie haben Ihre Entschlossenheit unterschätzt. Sie dachten, Sie würden sehr bald zusammenbrechen und alles gestehen, was sie wollten.«

»Was wollten sie denn von mir hören?«

»Sie sollten gestehen, dass Sie an Korruption beteiligt seien, von gestohlenen Geldern wüssten, vom Verkauf nationaler Geheimnisse an einen amerikanischen Spion, dem Sie geholfen hätten, in China lohnende Kontakte zu knüpfen. Sie wollten Sie zu ihrem willigen Sprachrohr machen. Natürlich hatten sie es dabei auf größere Fische als Sie abgesehen. Sie wollten mich, meine Freunde und Verbündeten. Sie wollten einen Block des Reformflügels der Armee mit einem Streich ausschalten. Und das war erst der Anfang, da bin ich sicher. Es wird noch viel schlimmer werden.«

»Was soll ich jetzt machen?«, fragte ich.

»Sie glauben, dass Sie in Ihrer Verzweiflung irgendwann unvorsichtig werden. Sie sind noch nicht mit Ihnen fertig, aber sie warten jetzt erst einmal ab. Sie denken, dass Sie sich mit Ihren Mitverschwörern in Verbindung setzen, sie um Hilfe bitten werden und sie ans Messer liefern, wenn Sie keine Unterstützung finden. Außerdem vermuten sie, dass das harte Leben auf dem Land und die Schikanen Ihrer Umgebung Sie so mürbe machen, dass Sie sich letzten Endes doch auf einen Handel mit ihnen einlassen. Denken Sie daran, dass man Sie ständig im Auge behalten wird. Eine Zeit lang können Sie ihnen vielleicht entkommen, aber am Ende wird man sie finden und Ihnen auf der Spur bleiben.«

»Ich begreife das nicht. Warum bin ich immer noch so wichtig für sie?«, fragte ich.

»Nach Ihrer Verhaftung hat jemand aus Nanyang dem Generalsekretär der Partei, Zhao Ziyang, von Anschuldigungen gegen einen hiesigen Offizier erzählt. Damit waren Sie gemeint, Xu Meihong. Zhao war sofort an der Sache interessiert und hat seine Freunde darauf angesetzt. Er wollte sogar die Verhöre an sich ziehen. Offenbar war er davon überzeugt, das sei nur die Spitze des Eisbergs. Von dem Zeitpunkt an lief alles aus dem Ruder.«

»Meine Güte, was habe ich denn mit ihm zu tun? Warum hat ihn das interessiert?«

»Seine politischen Reformen greifen nicht«, erklärte der General. »In Wirklichkeit sind sie gescheitert. Und er braucht unbedingt einen Sündenbock. Wie Sie wissen, hat er kaum Unterstützung innerhalb der Armee und besitzt daher keine wirkliche Macht. Tatsächlich liegt die Macht in Bejing nach wie vor beim Vorsitzenden der Zentralen Militärkommission, Deng Xiaoping, und bei Staatspräsident Yang Shang Kun, die beide aus der Armee kommen. Im Augenblick ist ein politischer Kampf im Gange.

Da Zhao glaubt, dass die Armee seine Macht untergräbt, muss er einige hochrangige Offiziere in Misskredit bringen. Als er von Ihrem Fall erfuhr, sah er eine Gelegenheit, eine Gruppe illoyaler Offiziere zu entlarven, und wollte eine große Sache daraus machen, um zu demonstrieren, wie weit Korruption und Illoyalität in der Armee verbreitet sind. Es hätte ein großer Sieg für ihn werden können, einige von Yangs Anhängern mit einer Verschwörung in der Armee in Verbindung zu bringen. Sobald Zhao Ziyang sich eingeschaltet hatte, verloren die Männer, die Sie hatten verhaften lassen, ihre Unterstützung innerhalb der Armeeführung. General Yang erkannte sofort die Gefahr und teilte dem Zweiten Büro mit, dass er den Fall so schnell wie möglich vom Tisch haben wollte. Damit saßen die Männer, die Sie verhaftet hatten, in ihrer eigenen Falle und wussten nicht, was sie tun sollten. Sie brauchten einen Ausweg und eine glaubwürdige Erklärung für ihr Vorgehen. Es war fast schon komisch zu sehen, wie sie sich in den eigenen Fuß schossen.«

»Wer hat Zhao Ziyang von meinem Fall erzählt?«, erkundigte ich mich. »Ob er es wollte oder nicht, er hat mich gerettet.«

»Ich kann Ihnen keinen Namen nennen, Meihong. Aber Sie haben jetzt wohl eine Lektion in Politik gelernt, oder?«

»Ich hasse Politik.«

»Aber sie klebt jetzt an Ihnen und wird Ihnen den Rest Ihres Lebens folgen.«

»Und was ist mit Ihnen, Herr General?«

»Politik ist mir nicht neu. Sie bedeutet einen endlosen Kampf. Das habe ich alles schon mal durchgemacht und bin bereit, es wieder auf mich zu nehmen – und vermutlich verhaftet zu werden. Aber machen Sie sich um mich keine Sorgen. Sie sollten an sich denken. Es gibt jetzt viele, die Sie hassen. Die konservative alte Garde hat Ihretwegen das Gesicht verloren, aber den Reformkräften sind Sie auch nicht mehr willkommen, weil Sie beinahe zu einer Waffe für ihre Vernichtung geworden sind. Sie wollen sich von Ihnen distanzieren. Denken Sie daran, dass manche Leute nur auf einen günstigen Moment warten, um Sie wieder zu verhaften und zu verhören.«

»Was soll ich tun?«

»Sie müssen aus China verschwinden, so bald Sie können. Aber das wird sehr schwierig, wenn nicht gar unmöglich sein. Es muss erst etwas geschehen, das diejenigen ablenkt, die Sie im Auge behalten. Allerdings müsste es schon eine größere Sache sein. Eine nationale Katastrophe käme Ihnen sehr gelegen, aber darauf würde ich mich nicht verlassen. Beten wir, dass es bald politische Unruhen gibt. Und wenn das eintritt, sollten Sie rasch handeln.«

»Und wenn ich Hilfe brauche?«

»Dann bekommen Sie Hilfe«, versicherte er mir.

Wir gingen wieder hinunter zu den Wachen und meinem Mann. Inzwischen war ein Kleinbus gekommen, der mich in mein Heimatdorf bringen sollte. Ich musste mich auf die hintere Bank setzen, flankiert von zwei Wachen. Mein Mann fuhr vorn auf dem Beifahrersitz mit, und in der Mitte saßen zwei weitere Soldaten.

Als wir abfuhren, sah der General mir reglos nach. Keiner von uns winkte. Ich blickte aus dem Fenster; mit jedem Baum, jeder Rasenfläche, jedem Gebäude und jedem Weg waren Erinnerungen verbunden. Fast acht Jahre hatte ich hier verbracht, einige der schönsten Jahre meiner Jugend. Ich weinte leise vor mich hin. Mein Mann wandte sich zu mir um und sagte tonlos: »Sei stark.«

Die Fahrt nach Danyang dauerte vier Stunden. Je länger wir fuhren, umso mehr wuchs meine Verzweiflung. Ich wusste, welche Schande ich über meine Familie brachte.

Immer hatte ich im Dorf als leuchtendes Vorbild gegolten. Meine Eltern waren stolz auf meine Leistungen. Wo ich auch hinkam, stellten mich die Leute ihren Kindern als Beispiel hin. Meine

Heimkehr in Begleitung von Militärpolizisten würde hart für meine Eltern. Es würde nicht lange dauern, bis alle im Dorf erfuhren, warum und wie ich nach Hause kam. Ich erinnerte mich gut daran, wie es meiner Tante Lingdi nach ihrer Rückkehr im Dorf ergangen war, und wusste, dass man mich wie eine Aussätzige behandeln würde.

Noch schlimmer war, dass mein Bruder seine Hochzeit für die Woche des chinesischen Neujahrsfestes geplant hatte. Da er ihr einziger Sohn war, wollten meine Eltern ein besonders großes Fest für ihn ausrichten, das meine Anwesenheit eigentlich hatte aufwerten sollen. Jetzt konnte ich mir schon vorstellen, wie die Leute mich anstarren und tuscheln würden: »Man hat sie wegen eines Verbrechens verurteilt«, »Sie hat mit einem Ausländer geschlafen«, »Sie hat ihren Mann betrogen«.

Als wir nur noch etwa eine Viertelstunde von meinem Dorf entfernt waren, begann ich wieder zu weinen. Mein Mann durfte sich neben mich setzen. »Ich möchte nicht, dass bewaffnete Soldaten mich bis zur Haustür meiner Eltern bringen«, sagte ich zu ihm. Meine Eltern würden diese Demütigung kaum ertragen können. Sie würden eine Empfangsbescheinigung für mich unterschreiben müssen, als sei ich eine zurückgeschickte Ware.

Lin Cheng holte fünf Stangen Marlboro aus seinem Koffer, die er in Nanyang als Neujahrsgeschenk für meine Eltern gekauft hatte. Jetzt hatte er eine bessere Verwendung dafür. Er gab jedem Soldaten und dem Fahrer eine Stange Zigaretten. »Hören Sie«, sagte er zum Oberst, »Meihong ist meine Frau. Ich bin ihre Familie. Es wäre doch völlig in Ordnung, wenn Sie sie einfach hier auf der Stelle an mich übergeben. Ich bin Parteimitglied und Offizier. Ich unterschreibe für sie, und den Rest des Weges gehen wir zu Fuß. Das erspart Ihnen Zeit, und Sie können zum Fest nach Nanyang zurückfahren. Lassen Sie uns einfach hier aussteigen.«

Der Oberst dachte ein Weilchen nach, bevor er sagte: »Ich

verstehe Ihre Lage.« Er ließ den Fahrer halten. Lin Cheng unterschrieb die erforderliche Bescheinigung, und wir stiegen mit unseren Taschen aus. Schweigend sahen wir zu, wie der Kleinbus wendete und auf der Landstraße davonfuhr.

Wir setzten uns am Straßenrand auf unsere Taschen, und ich überlegte, was ich meinen Eltern sagen sollte. »Ich will nicht nach Hause«, sagte ich zu meinem Mann. »Bring mich irgendwo hin, aber nicht zu meinen Eltern. Ich kann so nicht zurück.«

»Sei nicht kindisch«, antwortete er. »Zuhause ist immer noch Zuhause. Deine Eltern verstehen das schon. Sie werden dich immer lieben. Man hat ihnen gesagt, dass du kommst. Sie erwarten dich heute zurück. Wenn du nicht erscheinst, fragen sie bestimmt nach, und das macht alles nur noch schlimmer. Es gibt keinen Ausweg, Meihong. Du musst zurück. Früher oder später musst du dich der Situation stellen. Du kannst jetzt nichts weiter tun, als dich so munter zu geben, wie es eben geht, um deinen Eltern zu zeigen, dass du damit fertig wirst.«

»Du meinst, sie wissen schon alles?«

»Ja. Der Oberst war vergangene Woche im Dorf. Er hat es ihnen gesagt.«

Ich weinte in den Armen meines Mannes, bis ich keine Tränen mehr hatte.

III

Als wir zu Hause ankamen, kochte meine Mutter gerade das Mittagessen. Ich konnte ihr nicht in die Augen sehen. Ihr Lächeln war gezwungen und wenig überzeugend. Mein Vater begrüßte mich und verließ das Zimmer. Ich ging ins Schlafzimmer, um allein zu sein. Beim Mittagessen saß ich schweigend am Tisch, ohne zu essen.

Nach dem Essen machten mein Mann und ich einen Spaziergang über die schneebedeckten Felder.

»Du siehst ja, wie es hier ist«, sagte ich zu ihm. »Ich kann nicht hier bleiben. Ich kann einfach nicht hier leben, wo ich weiß, dass ich meiner Familie solche Schande bereitet habe. Hilf mir, hier wegzukommen, sonst sterbe ich.«

»Vielleicht solltest du mit mir nach Bejing kommen. Ich sorge für dich.«

»Ich darf das Dorf doch nicht verlassen. Ich möchte nicht, dass man dich für einen Verstoß gegen die Vorschriften verantwortlich macht, der dich deine Karriere kosten würde.«

Schweigend gingen wir eine Weile weiter und suchten nach einer Lösung. Schließlich sagte er: »Ich habe einen Freund, der uns vielleicht helfen kann. Ich rufe ihn an. Gibt es im Dorf ein Telefon?«

Ich lachte. »Nein. Dazu müssen wir zur Hauptpost in der Stadt.«

Wir liehen uns das Fahrrad meines Bruders und fuhren nach Danyang. Von einem öffentlichen Fernsprecher im Postamt rief mein Mann seinen Freund an der Hochschule für Nationale Verteidigung an, dem er bereits von meinen Schwierigkeiten erzählt hatte. Der Vater dieses Freundes leitete einen Betrieb in den Ölfeldern im Westen der Provinz Henan und könnte mir dort eventuell eine Stelle verschaffen. Niemand würde mich finden. Er stellte jedoch die Bedingung, dass niemand – auch nicht meine Eltern – wissen dürfe, wo ich sei, und dass sein Vater nichts von meinen politischen Schwierigkeiten erführe.

Mit einer großen Packung Feuerwerkskörpern und Krachern fuhren wir ins Dorf zurück. Es war der Vorabend des chinesischen Neujahrs. »Dieses Jahr haben wir Pech gehabt«, sagte mein Mann. »Wenn diese Kracher losgehen, jagen sie vielleicht das Pech davon und bringen uns Glück im nächsten Jahr.«

Als in jener Nacht vor allen Häusern Kracher explodierten und Feuerwerksraketen hoch in die Luft schossen und in leuchtenden Farben herabregneten, dachte ich, wie schön es wäre, wenn ich plötzlich in der Dunkelheit davonfliegen und für immer verschwinden könnte.

Mein Bruder teilte uns später beim Essen mit, dass er die Hochzeit abgesagt habe. Die Familie seiner Verlobten hatte von meiner Lage erfahren und war der Ansicht, dass dies kein geeigneter Zeitpunkt für eine Hochzeit sei.

Es herrschte gedrückte Stimmung. Unmittelbar nach dem Essen zogen Lin Cheng und ich uns ins Schlafzimmer zurück. Ich fing wieder an zu weinen. »Du hast doch immer noch mich«, versuchte mein Mann mich zu trösten. »Kopf hoch! Du darfst nicht aufgeben. Ganz egal, was geschieht oder was du auch tust, ich bin immer da, um dir zu helfen. Ich bin dein Mann und habe dich nicht nur für gute Zeiten geheiratet.«

Ich erinnerte ihn an die Pläne, die wir bei unserer Heirat gemacht hatten: Wir wollten eines Tages gemeinsam in Bejing leben und ein Kind bekommen. Ich gestand ihm, dass die Hoffnung auf diese Zukunft nun eines der wenigen Dinge war, die mich noch am Leben hielten.

Nach langem Schweigen sagte er: »Meihong, ich liebe dich, aber wir dürfen niemals Kinder bekommen. Diesen Traum solltest du besser so schnell wie möglich aufgeben, sonst wirst du nur enttäuscht.«

Damit zerstörte mein Mann eine der letzten Bindungen, die zwischen uns erhalten war: den gemeinsamen Traum von einer glücklichen Familie. Er liebte mich und hatte große Opfer für mich gebracht, aber nun wurde mir klar, dass die raue Wirklichkeit unsere Ehe in Mitleidenschaft gezogen hatte.

»Du musst unsere Lage begreifen«, sagte er. »Selbst wenn du eines Tages nach Bejing kämst und ein Kind hättest, würde es wegen seiner Eltern und ihrem Ruf diskriminiert. Es könnte nie das Leben und die Karriere haben, die wir uns für es wünschen. Und das tue ich einem Kind nicht an. Wenn wir weiter verheiratet bleiben, dann ohne Kinder.«

Wenn wir weiter verheiratet bleiben, dachte ich, wenn? Ich fragte mich, ob Lin Cheng überhaupt wusste, was er da gesagt hatte.

Als er mich nun fragte, was im Studienzentrum eigentlich mit mir geschehen sei, konnte ich es ihm nicht erklären. Ich wusste nicht, wieso ein einfacher Auftrag des Staatssicherheitsdienstes und eine Bitte des Generals in eine persönliche Katastrophe gemündet war. Wie sollte ich erklären, was mich anfangs zu Larry hingezogen hatte? Warum ich solche Gefühle empfand, als ich mit ihm getanzt hatte? Sie hatten selbst mich überrascht. Sie kamen völlig unerwartet. Ich hatte ein schlechtes Gewissen, weil ich mich wohl fühlte, wenn er mich hielt, mit mir tanzte und meine Hand berührte. Jedes Mal hatte ich beschlossen, nicht wieder mit ihm spazieren zu gehen und ihn nicht mehr zu besuchen. Doch wenn er kam, gab ich wieder nach. Ich war mir nicht sicher, weshalb ich ihm nicht widerstehen konnte. Und wenn ich selbst meine Gefühle schon nicht verstand, wie hätte ich sie da einem anderen erklären sollen? Ich war davon überzeugt, dass meine Zuneigung und Achtung für Larry mit meiner Liebe zu Lin Cheng nichts zu tun hatten. Ich war immer davon ausgegangen, dass Larry und ich uns eines Tages trennen würden und dieses Jahr am Studienzentrum für uns beide eine unvergessliche Erinnerung bliebe. Larry würde nach Amerika und ich zu meinem Mann und meinem früheren Leben zurückkehren. Es war nie meine Absicht gewesen, meine Ehe oder meine Karriere aufs Spiel zu setzen. Aber genau das hatte ich getan.

An jenem Abend wurde mir klar, dass Lin Chengs Liebe nicht mehr dieselbe war wie früher, auch wenn er mir half. Nach außen wirkten wir sicher immer noch wie das perfekte Paar, das sich innig liebte, aber das war eine Illusion. Nach den romantischen Anfängen unserer Beziehung war ich überzeugt, dass Liebe jugendfrisch, wagemutig, leidenschaftlich, verzeihend und voller Hoffnung und Respekt sein musste, sonst war es keine Liebe. Und solche Liebe besaß auch die Macht, Träume wahr werden zu lassen.

Als Lin Cheng mir nun sagte, dass unsere – meine – Träume nie wahr werden könnten, wusste ich, dass auch seine Liebe meinem Verhalten im Studienzentrum zum Opfer gefallen war.

Lange lag ich in jener Nacht wach neben meinem Mann, starrte an die Decke, wiederholte in Gedanken immer wieder seinen letzten Satz und weinte mich schließlich in den Schlaf.

IV

Er hatte Recht. Ich musste akzeptieren, dass ich nicht mehr dieselbe war wie vor einigen Monaten. Nicht nur meine militärische Laufbahn war zu Ende, mein ganzes Leben würde sich von nun an ändern.

Am nächsten Morgen besuchte mich meine beste Freundin aus der Oberschule, Zhong Yuhua. Sie war inzwischen Dozentin an der Quinghua-Universität in Bejing und lebte in einem Wohnheim auf dem Campus. Als wir allein waren, sagte sie, dass sie schon gehört habe, was mir passiert sei, und fragte mich nach meinen Plänen. Als ich ihr sagte, dass ich keine hätte, schlug sie vor: »Komm nach Bejing, du kannst bei mir wohnen. Nimm einen anderen Namen an, dann findet dich niemand. Ich helfe dir.«

»Eines Tages vielleicht, aber jetzt noch nicht«, antwortete ich. »Im Moment habe ich noch andere Möglichkeiten.«

»Du hast meine Telefonnummer in Bejing?«, fragte sie zum Abschied.

»Ja.«

»Ruf mich an, wenn du mich brauchst. In Bejing kannst du ganz von vorn anfangen.«

»Du hörst von mir.«

»Wann?«

Da mir der Rat des Generals einfiel, sagte ich: »Sobald in Bejing die Hölle losbricht.«

»So bald schon?«, antwortete sie lachend. Vor der Haustür drehte sie sich noch einmal um. »Vergiss mein Angebot nicht.«

»Bestimmt nicht«, versicherte ich ihr. Als ich ihr nachsah, glaubte ich nicht, dass ich sie je wiedersehen würde.

In China ist es üblich, während der einwöchigen Neujahrsfeiern Verwandte zu besuchen und ihnen ein gutes neues Jahr zu wünschen. Mein Mann und ich machten also die Runde zu meinen Tanten, Onkeln, Cousins und Cousinen in den Nachbardörfern, aber ich fühlte mich unwohl bei ihnen. Keiner fragte nach meiner Verhaftung, aber alle wussten, was geschehen war. Ich war arbeitslos, arm und ohne Zukunftsperspektive. Nur bei Lingdi und ihrem Mann war ich gern. Sie umarmten mich zur Begrüßung, schenkten uns Tee ein und boten uns Neujahrskuchen an. Lingdi hielt meine Hand, während wir uns unterhielten. Bei ihr hatte ich das Gefühl, noch immer dieselbe zu sein wie früher. Ihre Gefühle für mich hatten sich nicht geändert. Sie wusste, was ich durchmachte und wie es war, als Ausgestoßene im Dorf zu leben. Und sie versuchte, mich zu trösten, wie meine Mutter sie nach der Rückkehr aus dem Arbeitslager zu trösten versucht hatte.

Als wir nach Neujahr wieder zur Post fuhren, um Lin Chengs Freund in Bejing anzurufen, erfuhren wir, dass ich in die ländliche Provinz Henan fahren konnte. Dort würde sich jemand um mich kümmern und mir eine Arbeit geben, ohne mich zu melden.

Wir beschlossen, bis Wuhan mit dem Schiff den Yangtsekiang hinaufzufahren und dort den Zug bis an meinen Zufluchtsort zu nehmen. Wir waren noch nie mit dem Schiff gefahren, es sollte also unsere erste und, wie mir klar wurde, wohl auch letzte Schiffsreise sein.

Meinen Eltern erzählte ich nichts von meinen Plänen, um sie vor den Fragen der Armee und des Staatssicherheitsdienstes zu schützen. Später würde ich sicher eine Möglichkeit finden, ihnen mitzuteilen, dass ich in Sicherheit war.

Früh am nächsten Morgen fuhr Lin Cheng mit dem Zug nach Nanyang, um Fahrscheine zu kaufen. Ich hatte noch etwas Wichtiges zu erledigen und sagte ihm, dass ich mich am Spätnachmittag mit ihm am Kai in Nanyang treffen wolle. Da ich im April zum Quing-Ming-Fest, wenn die Familien sich um die Gräber der Ahnen kümmerten, nicht in Lishi sein konnte, musste ich mich vor der Abreise von meiner toten Großmutter verabschieden.

V

❀

Zum ersten Mal ging ich allein auf den fünf Kilometer entfernten Friedhof von Lishi und den Nachbardörfern, auf dem es angeblich spukte.

In den sechziger Jahren hatte man in Bejing ein Gesetz erlassen, das die Verbrennung der Toten vorschrieb, weil die Beerdigung in Särgen eine Verschwendung landwirtschaftlicher Nutzflächen sei. Während der Kulturrevolution waren Rote Garden in unser Dorf gekommen, hatten die alten Gräber ausgehoben, die Überreste der Toten verbrannt und ihre Asche in kleineren Grabstellen beigesetzt. Die älteren Dorfbewohner waren erbost über die Roten Garden gewesen und fürchteten, dass die Geister der Toten sich für diese Störung ihrer Totenruhe rächen würden. Seither traute sich niemand mehr allein dorthin, weil die zornigen Geister angeblich nur darauf warteten, die Lebenden zu holen. Aber mir machten die Toten keine Angst mehr, ich hatte Angst vor den Lebenden.

Ich ging zum Grab meiner Großmutter, die mich als schreiendes, blutiges Wesen buchstäblich in diese Welt gezogen hatte. Den Erzählungen nach hatte sie mich so fest am Kopf gepackt, dass ihre Fingerabdrücke bis heute deutlich als kleine Vertiefungen an meinen Schläfen zu erkennen sind. Meine Großmutter hatte mir auch meinen Namen gegeben, mich aufgezogen und meinen Werdegang mit großem Stolz verfolgt. Ich vermisste sie sehr, und nun war sie die Einzige, der ich mein Herz ausschütten konnte. Aber ich war froh, dass sie meine Entlassung aus der Armee und meine Verbannung aufs Land nicht mehr miterleben musste. Es hätte ihr das Herz gebrochen.

»Ich muss fort, Großmutter«, sagte ich und erinnerte mich mit geschlossenen Augen an ihr Gesicht, ihr Lachen, ihr Schimpfen, ihre Stimme, ihre Hände und an ihr tragisches Geheimnis, das sie mir anvertraut hatte.

VI

Meine Großmutter hieß Zhu Xiaoying (kleine Heldin) und kam 1905 zur Welt, als Tzu Hsi, die letzte Kaiserin der Ch'ing-Dynastie, noch in China herrschte. Sie war die dritte Tochter einer Bauernfamilie mit sechs Kindern, die in bescheidenem Wohlstand lebte. Als sie noch recht klein war, bat eine entfernte kinderlose Verwandte aus einem anderen Dorf ihre Eltern, sie großziehen zu dürfen. Da nur Söhne als Segen für eine Familie galten, Töchter aber nicht, willigte ihr Vater ein, sie wegzugeben.

Ein weiterer Grund für diese Entscheidung war wohl, dass meine Großmutter sich hartnäckig weigerte, ihre Füße binden zu lassen, wie es damals allgemein üblich war. Jedes Mal wenn ihre Eltern es versuchten, wickelte sie ihre Füße wieder aus, so oft sie dafür auch geschlagen wurde. Da sie willensstark und widerspenstig war, gab ihre Familie es schließlich auf und fand sich damit ab, dass sie es wohl nie zu einer guten Partie bringen würde, da vornehme Männer keine Frauen mit großen Füßen heirateten.

Ihre Adoptiveltern waren beide gebildet, fortschrittlich und hielten nichts davon, den Mädchen die Füße zu binden. Sie behandelten meine Großmutter gut, lehrten sie Lesen und Schreiben und gaben ihr Bücher. Als Xiaoying vierzehn war, starb ihre Adoptivmutter, und da ihr Adoptivvater fürchtete, sie allein nicht großziehen zu können, brachte er sie zu ihrer Familie zurück.

Ihr Vater beschloss, sie so schnell wie möglich zu verheiraten. Damals war ein Mädchen auf dem Land mit vierzehn Jahren durchaus im heiratsfähigen Alter. Sie war groß und von derber Schönheit, nicht so zierlich wie die Frauen aus der Stadt, aber sie hatte große Augen, reine Haut und langes, glänzend schwarzes Haar. Die Männer auf dem Land starrten ihr immer voller Bewunderung nach.

Eines Morgens, als meine Großmutter allein zu Hause war, kam der Dorfvorsteher und versuchte, sie ins Bett zu zerren. Sie wehrte ihn ab, aber er schwor, am nächsten Tag wiederzukommen. Sofort ging Xiaoying zu ihren beiden älteren Schwestern und erzählte ihnen, was vorgefallen war. Die beiden hatten zwei Brüder geheiratet, die Söhne eines Warlords und Mitglieder eines Geheimbundes waren.

Zwei Nächte danach rissen zwei maskierte Männer den Dorfvorsteher aus dem Schlaf, zerrten ihn nach draußen, verprügelten und warnten ihn: »Rühr Xiaoying nie wieder an. Sprich sie nie wieder an, sonst wartet eine Kugel auf dich.«

Der Dorfvorsteher war so verängstigt, dass er weglief und sich versteckte, sobald er Xiaoying auch nur auf der Straße sah. Als die anderen Männer im Dorf erfuhren, was geschehen war, hatten auch sie Angst, ihr nahe zu kommen. Im Dorf war sie nun zwar sicher, doch ihr Vater konnte auch keinen Bräutigam für sie finden.

Schließlich schaltete er Heiratsvermittler ein, die nach einigen Tagen eine gute Familie mit einem Sohn im heiratsfähigen Alter ausfindig machten. Der Sohn der Xus lebte in Schanghai und leitete dort die Schuhfabrik der Familie.

An dem Tag, den ein Wahrsager als günstigen Termin für die Hochzeit bestimmt hatte, schickte die Familie Xu acht Träger mit einer Sänfte, die Xiaoying in ihr neues Heim bringen sollten. Ihre Familie folgte in einem feierlichen Hochzeitszug.

Als die Gesellschaft bei den Xus eintrafen, erfuhr sie, dass der Bräutigam noch in wichtigen Geschäften in Schanghai war. Die Hochzeit sollte dennoch stattfinden.

Während der traditionellen Hochzeitszeremonie musste die Braut einen Kotau vor ihren Schwiegereltern, deren Ahnen und ihrem Mann machen. Sie trug ein rotes Seidentuch vor dem Gesicht und konnte niemanden sehen. Als Xiaoying plötzlich jemanden neben sich spürte, dachte sie, ihr Mann sei doch noch verspätet eingetroffen, und verneigte sich ihm zu Gefallen besonders feierlich vor den Bildern seiner Ahnen, seiner Familie und ihm.

Als man ihr anschließend das rote Tuch vom Gesicht nahm, stellte sie jedoch fest, dass nicht ihr Mann, sondern ein großer roter Hahn neben ihr stand, der den Bräutigam nach der in der Gegend herrschenden Tradition vertrat. Nachts schloss man sie mit dem Hahn im Hochzeitsgemach ein.

Obwohl die Familie Xu lediglich der alten Sitte folgte, war Xiaoying auf ihren Mann schon böse, bevor sie ihn auch nur gesehen hatte. Ein Leben lang warf sie ihm vor, dass er nicht einmal bei seiner eigenen Hochzeit gewesen war, obwohl er ihr immer wieder erklärte, dass es nicht seine Schuld war.

Als ihr Mann fünf Tage nach der Hochzeit schließlich eintraf, empfand sie auf Anhieb Abneigung gegen ihn, zumal er mit einer Größe von 1,53 Meter wesentlich kleiner war als sie.

Doch obwohl er so klein war, sah er nicht schlecht aus. Er war elegant, gewandt und wirkte auf dem Lande fehl am Platz. Da er in Schanghai ein erfolgreicher Geschäftsmann war, hielt er sich für sehr weltgewandt und benahm sich entsprechend. Er trug nur maßgeschneiderte Anzüge in westlichem Stil aus gutem Tuch, einen verwegen schief sitzenden Filzhut und teure handgefertigte Schuhe. Seine Schlüssel trug er an einer Goldkette bei sich und sein Geld in einer echt ledernen Börse.

Einen Monat blieb Xiaoyings Mann bei ihr auf dem Land, dann fuhr er wieder nach Schanghai.

Als Ehefrau des Erben der Familie Xu war es nach damaliger Sitte ihre Pflicht, sich um ihre Schwiegereltern zu kümmern, wie eine Dienerin für sie zu arbeiten und ihrem Mann Söhne zu gebären. Wenn diese Söhne dann einmal heirateten, würde sie sich von deren Frauen bedienen lassen. Für eine Frau, die so unabhängig, gebildet, intelligent und rastlos war wie meine Großmutter, bedeutete diese Pflicht eine schwere Bürde.

Da die Familie Xu nur einen Sohn hatte, gab es keine Schwägerinnen, mit denen sie sich die Arbeit hätte teilen können. Sie stand um vier Uhr morgens auf, machte ihren Schwiegereltern das Frühstück, fütterte die Schweine, Schafe, Hühner, Wasserbüffel und Kaninchen. Anschließend mistete sie die Ställe aus und bestellte die Felder.

Mit bäuerlichen Arbeiten musste sie sich erst einmal vertraut machen, da ihre Lehrer sie auf ein Leben als Ehefrau eines Gelehrten vorbereitet hatten. Nach ihrer Heirat erlaubten ihr Mann und seine Familie ihr nicht mehr zu lesen oder zu schreiben, da ihr Mann sich von ihrer Intelligenz und Bildung bedroht fühlte. Er wollte nicht, dass sie sich gegenüber seiner Mutter und seinen Schwestern, die Analphabeten waren, überheblich verhielt. Er selbst hatte lediglich die Mittelschule abgeschlossen, da sein Vater der Ansicht gewesen war, es reiche völlig aus, wenn sein Sohn mit dem Abakus umgehen konnte, damit man ihn im Geschäftsleben nicht übervorteilte. Jede weitergehende schulische Bildung sei reine Verschwendung.

In den ersten zehn Jahren ihrer Ehe blieb Xiaoying kinderlos, was der Familie Xu große Sorgen bereitete. Meine Großmutter beschloss, nach Schanghai zu ihrem Mann zu ziehen, und bemerkte sogleich, dass viele junge Frauen ihm unverhohlen schöne Augen machten. Nach alter ländlicher Tradition konnte ein Mann seine Frau verstoßen, wenn sie ihm nicht innerhalb einer angemessenen Zeit einen Sohn und Erben schenkte. Daher fragte sie sich, wie lange es wohl noch dauern mochte, bis eine dieser Frauen ihren Platz einnähme.

Schließlich machte sie ihrem Mann einen überraschenden Vorschlag: »Ich habe eine Cousine in Schanghai, deren Mann kürzlich gestorben ist. Sie hat drei Kinder, alles Söhne. Sie ist erst Ende zwanzig und hat offenbar ein Talent, Söhne zur Welt zu bringen. Seit dem Tod ihres Mannes hat sie nur ein spärliches Einkommen und braucht dringend Geld, um ihre Kinder zu versorgen. Wir können sie dafür bezahlen, uns einen Sohn zu gebären.«

Großvater war durchaus interessiert.

Meine Großmutter versprach ihm, nicht eifersüchtig zu sein und ihre Vereinbarung geheim zu halten.

Als sie die Frau einluden, damit mein Großvater sie kennen lernen konnte, fand er sie sehr schön. Daraufhin erzählte meine Großmutter ihr von ihrem Plan, und nach einigen Verhandlungen über die Abfindung willigte die Frau ein.

Sie zog als Haushälterin zu meinen Großeltern und wurde einen Monat später schwanger. Da der Zweck der Vereinbarung erreicht war, forderte meine Großmutter ihren Mann auf, nicht mehr mit der Frau zu schlafen.

Als sie aber feststellen musste, dass mein Großvater weiter mit der Frau schlief und sich zwischen den beiden ein regelrechtes Verhältnis entwickelt hatte, befürchtete sie, dass diese Frau nach der Geburt ihres Sohnes ihren Platz im Haus einnehmen könnte.

Eine Woche später entdeckte meine Großmutter zu ihrer großen Überraschung, dass auch sie schwanger war. Als sie sicher war, dass sie ein Kind erwartete, verlangte sie von meinem Großvater, die Frau sofort auszuzahlen und aufs Land zu schicken.

Meine Großmutter war sicher, dass sie einen Sohn bekommen würde. Die Entbindung war schwierig, und sie hatte große Angst, weil so viel auf dem Spiel stand. Als das Kind schließlich da war und sie feststellte, dass es ein Mädchen war, brach sie in Tränen aus und war untröstlich. Sie wiegte das Neugeborene in den Armen und fragte es immer wieder, warum es denn kein Junge sein könne. »All die Jahre habe ich auf dich gewartet. Endlich war ich schwanger und jetzt kommst du. Warum? Warum bringen Mädchen nur so viel Elend in die Welt?«

Mein Großvater wartete besorgt vor dem Schlafzimmer, in dem seine Frau niederkam, und wollte nur einen einzigen Satz hören: »Du hast einen Sohn.«

Als er von seiner Tochter erfuhr, war er am Boden zerstört. Er konnte den Säugling nicht einmal anschauen. »Was nun?«, fragte er seine Frau.

Völlig erschöpft sagte sie: »Ich weiß es nicht. Es tut mir Leid.«

Mein Großvater hatte insgeheim schon einen Plan für den Fall gefasst, dass seine Frau ein Mädchen zur Welt brachte. »In meiner Fabrik gibt es einen Arbeiter mit vier Söhnen. Seine Frau hat gestern wieder einen Sohn geboren. Da sie keine Söhne mehr wollen, sind sie bereit, ihr Neugeborenes abzugeben. Ich rede mit ihm und sehe, ob wir unsere Tochter gegen ihren Sohn tauschen können. Den Leuten können wir sagen, dass du einen Sohn bekommen hast. Niemand wird Verdacht schöpfen.«

Meine Großmutter war in einer heiklen Lage. Wenn sie sich dazu entschließen sollten, müsse es rasch geschehen, damit niemand den Unterschied bemerke, drängte ihr Mann. Als sie die Enttäuschung ihres Mannes sah, willigte sie in den Tausch ein.

»Gut. Mich hat man als Kind auch in eine andere Familie gegeben und meine neuen Eltern waren freundlicher zu mir als meine richtigen Eltern. Vielleicht hat sie es ja gut bei ihnen. Aber zuerst möchte ich sie baden.«

Sie bat ihren Mann, aus dem Zimmer zu gehen. Dann nahm sie ein kleines Baumwolltuch mit Spitzenrand und einem eingestickten Muster, das unzählige spielende Kinder darstellte. Sie hatte es in Schanghai gekauft, um darin ihren Sohn seinem Vater zu präsentieren. Nun wusch sie behutsam und liebevoll ihre neugeborene Tochter mit diesem Tuch. Als das kleine Mädchen dabei zum ersten Mal die Augen aufschlug, hatte meine Großmutter plötzlich Bedenken.

Nachdem sie ihre Tochter gewaschen hatte, legte Xiaoying das nasse Tuch mit den Flecken von ihrem eigenen Blut und den winzigen schwarzen Haaren ihrer kleinen Tochter unter das Bett.

Sie wickelte das Mädchen in eine saubere Decke, betrachtete ein letztes Mal das wunderschöne Gesicht und gab den Säugling ihrem Mann, der vor der Schlafzimmertür wartete.

Eine Stunde später brachte mein Großvater ihr einen neugeborenen Jungen, den sie sofort an ihre Brust legte. Als sie sich nach der anderen Familie erkundigte, versicherte er ihr, dass sie sich über ihre neue Tochter freute. Und sie konnten nun allen erzählen, dass er einen Sohn hatte. Er war sehr zufrieden mit dem Tauschhandel.

Aber meine Großmutter konnte das kleine Mädchen nicht vergessen, das mit verwunderten Augen in die Welt geschaut hatte. In diesen wenigen Augenblicken war ein Band zwischen Mutter und Tochter entstanden.

Drei Tage lang fragte sie sich immer wieder: »Mein Gott, was habe ich nur getan? Sie war meine Tochter. Ich liebe sie und will sie wiederhaben.«

Schließlich schlug sie ihrem Mann vor: »Wir können doch beide behalten. Wir können allen sagen, dass ich Zwillinge bekommen habe, einen Sohn und eine Tochter.«

Mein Großvater war wütend. »Verdammt, vergiss sie! Sie ist fort. Sie ist nicht mehr deine Tochter. Der Handel ist abgeschlossen und bezahlt. Du hast einen Sohn. Kümmere dich um ihn.«

»Ich kann mein Mädchen nicht vergessen«, weinte meine Großmutter. »Ich sehe es vor mir, sobald ich die Augen schließe.«

»Dann sag dir einfach, dass es gestorben ist«, riet er ihr.

Aber die Erinnerung an das kleine Mädchen verfolgte sie Tag für Tag. Ständig weinte sie, hatte keinen Appetit mehr, ihre Milch versiegte. Mein Großvater stellte eine Amme ein, die seinen Sohn stillte. Immer wieder flehte Xiaoying ihren Mann an, ihre Tochter zurückzuholen. Aber er weigerte sich hartnäckig und wollte nicht mehr darüber sprechen.

Lange Zeit stieß sie mit ihren Fragen nach dem Mädchen auf eine Mauer des Schweigens. Als der Junge zwei Jahre alt wurde, fielen ihr an seinem Aussehen Dinge auf, die sie zu einer schockierenden Schlussfolgerung zwangen.

So fragte sie ihren Mann eines Abends: »Er ist wirklich dein Sohn, nicht wahr? Er ist dein Fleisch und Blut.«

»Wieso sagst du das?«, fragte er sichtlich erschüttert. »Er ist das Kind eines Fabrikarbeiters.«

»Aber je älter er wird, desto ähnlicher sieht er dir«, antwortete sie. »Schau dir seine Ohren an. Sie sind genau wie deine. Und sieh dir seine Wangen und Augen an, genau wie deine. Auch seine Hände und sein Gang sind wie deine. Er ist in Wahrheit dein Sohn, den du mit meiner Cousine gezeugt hast, oder etwa nicht?«

In die Enge getrieben gestand mein Großvater: »Ja, du hast Recht. Er ist der Sohn, den deine Cousine uns geboren hat. Aber es war doch deine Idee, erinnerst du dich? Es ist nicht meine Schuld.«

Meine Großmutter fühlte sich betrogen. »Und wo hast du meine Tochter hingebracht? Hast du sie etwa dieser Frau gegeben?«

»Nein. Sie konnte sich kein Kind mehr leisten.«

»Wo ist mein kleines Mädchen? Was hast du mit ihm gemacht? Wer hat es?«

Wortlos ging mein Großvater hinaus. Als er spätabends zurückkehrte, bedrängte seine Frau ihn wieder mit Fragen, bekam aber keine Antwort. Sie weigerte sich, weiter das Bett mit ihm zu teilen.

»Sag mir, wohin du meine Tochter gebracht hast«, verlangte sie immer wieder zu wissen.

Schließlich erklärte er ihr resigniert und wütend: »Ich habe sie in eine Familie gegeben, wo sie es gut hat. Der Vater ist Lehrer in Schanghai. Er und seine Frau sind kinderlos. Das ist alles. Kein Wort mehr darüber.«

Aber meine Großmutter war nicht zufrieden. »Wo wohnen sie? In welchem Viertel? In welcher Straße?«

»Es hat keinen Sinn zu fragen. Ich werde es dir niemals sagen. Ich habe ihnen versprochen, es niemandem zu sagen.«

Also machte meine Großmutter sich auf eigene Faust auf die Suche nach ihrer Tochter. Sie besuchte sämtliche Freunde und Geschäftspartner ihres Mannes, ging zu allen Arbeitern der Schuhfabrik nach Hause, suchte Waisenhäuser auf und sprach mit den Schwestern über ihr vermisstes Kind. Sie setzte Anzeigen in die Zeitung, klebte Zettel an Hauswände und setzte eine Belohnung für denjenigen aus, der ihr Mädchen fände. Aber niemand wusste, wo das Kind war.

Als sie zuletzt bei jedem Wetter mit einem kleinen Gong durch die Straßen von Schanghai zog und mit lauten Aufrufen nach ihrer verlorenen Tochter suchte, klagten die Leute bei meinem Großvater, sie sei verrückt, ein öffentliches Ärgernis und eine Schande für die Familie. Immer wieder bat er sie aufzuhören, aber sie gab nicht nach.

Schließlich bot er ihr an, ihr zu sagen, wo das Mädchen sei, wenn sie verspräche, nicht mehr durch die Straßen zu ziehen.

Widerstrebend willigte sie ein, und er sagte: »Ich habe sie vor der Fabrik in den Müll geworfen. Sie ist tot. Sie ist die ganze Zeit schon tot.«

Für einen Moment warf diese Enthüllung meine Großmutter völlig aus dem Gleichgewicht, doch dann rief sie: »Das ist nicht wahr! Sie ist nicht tot. Bestimmt hat sie geweint, nachdem du weg warst, und jemand hat sie gefunden. Ich bin sicher, dass sie noch lebt, irgendwo in Schanghai. Und ich werde sie finden!«

Als die Kommunistische Partei 1949 in China an die Macht kam, wurde Großvaters Fabrik enteignet. Gegen einen geringen Lohn musste er sie weiterhin für die Partei leiten. Da er seine Frau nicht mehr ertragen konnte, schickte er sie in sein Heimatdorf, wo sie ihren Sohn, meinen Vater, großzog. Im Dorf war die verlorene Tochter ein gut gehütetes Geheimnis, niemand erfuhr, dass mein Vater nicht das leibliche Kind meiner Großmutter war.

Als meine Mutter in die Familie Xu einheiratete, stellte meine Großmutter große Ansprüche an sie, wie es der traditionellen Rolle der Schwiegermutter gegenüber ihrer neuen Schwiegertochter entsprach. Als meine Mutter jedoch in den letzten Monaten ihrer ersten Schwangerschaft war, änderte sich meine Großmutter völlig. Sie kümmerte sich um meine Mutter, kochte für sie und behandelte sie wie ihr eigenes Kind.

Am Morgen des 6. Dezember 1963 brachte mich meine Mutter nach drei Tagen Wehen zur Welt. Während der Niederkunft steckte ich plötzlich fest. Meine Mutter blutete stark, und meine Großmutter fürchtete, dass sie verbluten und ihr Baby sterben könnte. Sie griff tief in meine Mutter hinein, packte mit den Fingerspitzen mein Köpfchen, drehte mich und holte mich in die Welt.

Meine Mutter verlor das Bewusstsein und schwebte einen Tag lang zwischen Leben und Tod. Meine Großmutter wich nicht von ihrer Seite, bis sie sicher war, dass meine Mutter durchkommen würde.

Als einziger Sohn und Erbe der Familie Xu wünschte mein Vater sich einen Sohn, der den Familiennamen weitertragen würde. Als meine Großmutter ihm eröffnete, dass er eine Tochter hatte, zeigte er wenig Begeisterung. Aber sie freute sich unbändig. »Das müssen wir feiern. Endlich haben wir eine Tochter in der Familie.«

Weil die Entbindung so blutig und schwierig verlaufen war, wollte meine Großmutter mir einen Namen geben, der widerspiegelte, welch ein Triumph meine Geburt für sie bedeutete. Sie nannte mich Meihong: »Schönes Rot«.

VII

Als meine Großmutter zweiundachtzig Jahre alt war, besuchte sie mich in der Militärakademie in Nanyang. Vier Wochen wohnte sie in einem Gästehaus, kochte für mich und wusch von Hand meine Wäsche. Sie war gesund und rüstig und geistig noch völlig klar. Abends machten wir lange Spaziergänge, und bei dieser Gelegenheit erzählte sie mir ihre Lebensgeschichte, und ich versprach, ihr Geheimnis zu bewahren.

Drei Monate später, am 20. Juli 1987, bekam ich ein Telegramm von zu Hause. »Großmutter gestorben. Komm bitte sofort nach Hause.« Als ich dort ankam, war sie jedoch bereits verbrannt und ihre Asche begraben. Abends erzählte mir meine Mutter, dass Großmutter keines natürlichen Todes gestorben war, sie hatte sich erhängt.

Sie hatte all ihre Andenken in einer Schachtel unter ihrem Bett aufbewahrt. Ich wollte sie durchsehen, um vielleicht einen Hinweis zu finden, warum sie sich das Leben genommen hatte.

In der Schachtel lag ein Foto von mir in Uniform. Es gab auch Fotos von meiner Großmutter mit ihren Schwestern, als sie alle noch sehr jung waren. Von ihr und ihrem Mann gab es keines, nichts wies darauf hin, dass sie je verheiratet gewesen war. Die Briefe, die ich ihr im Laufe der Jahre geschrieben hatte, waren fein säuberlich mit einem rosafarbenen Band zusammengebunden.

Ganz unten in der Schachtel lag, ordentlich gefaltet, ein sehr altes, fein besticktes weißes Tuch mit deutlichen Flecken. Ich nahm es heraus, legte es auf meine Knie und faltete es auseinander. Die verblasste Stickerei zeigte Hunderte Kinder. Meine Großmutter hatte das Tuch nie gewaschen, nachdem sie damit vor über vierundfünfzig Jahren ihre neugeborene Tochter sauber gemacht hatte. Es war mit Blut verkrustet, das mit der Zeit schwarz geworden war. Als ich das Tuch auseinander faltete, bröckelte das getrocknete Blut ab und rieselte wie winzige Buntglassplitter zu Boden.

Ich faltete das Tuch wieder zusammen und legte es zurück in die Schachtel. Dann räumte ich auch die anderen Sachen wieder genauso hinein, wie sie dort gelegen hatten, schloss die Schachtel und schob sie unter das Bett. Meinen Vater bat ich, sie gut aufzuheben, denn sie enthielt die Lebensgeschichte seiner Mutter.

VIII

Fast den ganzen Vormittag verbrachte ich am Grab meiner Großmutter, dachte an sie, sprach mit ihr und erklärte ihr, warum ich fortging. Ich bat sie um die Kraft, den Kopf hochzuhalten und für ein neues Leben zu kämpfen.

Schließlich fuhr ich nach Danyang und von dort mit dem Zug nach Nanyang. Am Kai traf ich mich mit Lin Cheng.

An Bord des Schiffes gingen wir in unsere Kabine, die wir mit zwei weiteren Passagieren teilten. Einer von ihnen war in Uniform. Wenn ich ihn ansah, beschlich mich jedes Mal ein unbehagliches Gefühl. Was machte er hier? Meinen Mann fragte ich, ob ihn jemand gesehen habe, als er die Fahrscheine kaufte. Er schüttelte den Kopf.

Der Soldat begann ein Gespräch mit uns. Er arbeitete im Militärdistrikt Gouangzhou und hatte seine Eltern in Nanyang besucht. »Sie sehen aus, als wären Sie in der Armee«, sagte er zu mir. Ich nahm an, dass ihm meine Haltung aufgefallen war – alle Kadetten übten die gerade Haltung von Schultern und Rücken so lange, bis sie ihnen in Fleisch und Blut übergegangen war.

Als ich bejahte, fragte er, wo ich stationiert sei. Ich sagte, dass ich an der Militärakademie Nanyang sei. »Welch ein Zufall«, sagte er. »Erst gestern Abend habe ich mit Ihrem politischen Kommissar gegessen. Er ist ein guter Freund meines Vaters. Wie heißen Sie?«

Ich erfand einen Namen und konnte mein Pech kaum fassen. Falls dieser Soldat herausfand, wer ich wirklich war, und es dem Politkommissar in Nanyang erzählte, könnten sie mich ohne weiteres aufspüren. Die Neujahrskracher hatten nicht gewirkt.

Ich bat meinen Mann, mit mir in den Speisesaal zu gehen, weil ich Hunger hätte.

Der Speisesaal war schmutzig und überfüllt, das Essen schlecht und teuer.

Mir verging der Appetit. Ich brauchte frische Luft. Wir gingen an Deck, obwohl es regnete. Aber wir waren wenigstens allein. Wir standen im Regen an der Reling, sprachen über die vergangenen Tage und blickten zum Ufer hinüber, das an uns vorüberglitt.

Kapitel 8

Maos Kind

»Der Boden vor meinem Bett ist hell:
Mondlicht – wie Raureif – in meinem Zimmer.
Ich hebe den Kopf und betrachte den Mond.
Ich lasse den Kopf hängen und denke an zu Hause.«

Li Bai

I

Vom Deck des Schiffes aus wirkte Wuhan groß, überfüllt und trist. Am Ende der Gangway drängten sich Männer, die eifrig ihre Dienste als Gepäckträger anboten. Sie umringten die ankommenden Passagiere und bettelten darum, das Gepäck tragen zu dürfen. Jeder erzählte eine Geschichte: hungernde Kinder, eine kranke Frau, keine Arbeit, kein Essen, keine Wohnung. Ein entsetzlich magerer Mann um die vierzig kam auf uns zu, verbeugte sich mehrmals servil und sagte, er habe seit drei Tagen nichts mehr gegessen. Er war barfuß und vom Regen durchnässt. Lin Cheng reichte ihm unser Gepäck, doch als er uns gerade vom Kai führen wollte, platzte eine meiner Taschen auf. Der gesamte Inhalt – meine Kleider und Toilettenartikel – ergoss sich auf die morastige Straße. Ich wusste nicht, ob ich lachen oder weinen sollte. »Kann sonst noch was schief gehen?«, fragte ich mich mit einem wütenden Blick zum bleifarbenen Himmel. Der Träger entschuldigte sich erschrocken, als rechne er mit Schlägen. Aber ich versicherte ihm, dass es nicht seine Schuld sei, und zu dritt knieten wir uns auf die Straße, stopften hastig meine schmutzigen Sachen wieder in die Tasche und banden sie zu.

Nachdem der Träger uns an den Bus zum Bahnhof gebracht hatte, gab Lin Cheng ihm ein großzügiges Trinkgeld. Er freute sich so darüber, dass er darauf bestand, uns Sitzplätze im Bus zu suchen und unser Gepäck zu verstauen. Dann wartete er draußen, bis der Bus abfuhr, und winkte uns strahlend nach, als wären wir nahe Verwandte.

Der riesige höhlenartige Bahnhof von Wuhan gehört zu den größten in China. Wir saßen auf unseren Taschen, bis unser Zug angekündigt wurde. Sofort riss uns eine Flutwelle von Menschen mit, die alle auf den Bahnsteig hasteten. Die Eisenbahnwagen verfügten weder über Heizung noch Lüftung. Die Menschen standen so dicht gedrängt, dass ich die Hände nicht mehr aus den Manteltaschen ziehen konnte, wenn ich sie einmal hineingesteckt hatte. Und die Luft war blau vor Zigarettenrauch, da offenbar jeder Mann im Zug rauchte. Die Fahrt dauerte vier Stunden. Männer husteten und spuckten den Auswurf auf den Boden oder bewegungsunfähigen Passagieren auf die Schuhe. Wem es gelang, seinen Proviant auszupacken, der ließ das Papier und die Abfälle einfach fallen. Das Rattern und Quietschen der Räder machte jede Unterhaltung unmöglich. Selbst in der Hölle konnte es wohl nicht viel schlimmer sein. Ich versuchte mich daran zu erinnern, wie es war, frische Luft zu atmen. Zum ersten Mal in meinem Leben schlief ich buchstäblich im Stehen ein.

Sobald der Zug kreischend hielt, rissen die Schaffner die Türen auf, und Hunderte Menschen, die auf den Bahnsteigen warteten, versperrten die Ausgänge und zwängten sich in die Wagen. Frauen und Kinder schrien in dem Gedränge, Männer fluchten. Wer in den Zug wollte, hatte Angst, auf dem Bahnsteig zurückgelassen zu werden, und wer aussteigen wollte, musste fürchten, die Zugtür nicht zu erreichen.

Lin Cheng hakte mich fest unter und zerrte mich auf den Gang; wir zwängten uns zum Ausgang und pressten unsere Taschen in der Hoffnung an uns, dass die Griffe nicht abreißen und die Seiten nicht aufplatzen würden. Schließlich hatten wir es geschafft und sprangen auf den Bahnsteig. Auf ein Klingelzeichen stiegen die Schaffner in den Zug und schlossen die Türen, ohne auf die Passagiere zu achten, die lauthals protestierten, weil man sie nicht aussteigen ließ.

Das einzige Licht im Bahnhof kam von den Straßenlaternen in der Nähe. Die Menschen, die dicht gedrängt auf ihrem Gepäck saßen und auf einen Zug warteten, waren lediglich als dunkle Schatten zu erkennen.

Wir hatten noch eine mehrstündige Busfahrt bis zu der Siedlung vor uns, in der mein Leben in der Verbannung beginnen sollte, und ließen uns mit dem Menschenstrom aus dem Bahnhof treiben.

Als wir auf die Straße gelangten, umringten uns gleich mehrere Werber für Hotels. Ein junger Mann empfahl eins, das einige Blocks entfernt lag, als sauber und billig. Da es schon nach Mitternacht war und der Busbahnhof erst am nächsten Morgen öffnete, beschlossen wir, dort zu übernachten.

Der Portier an der Rezeption in der dämmrigen Eingangshalle des Hotels verlangte von uns einen Preis, der doppelt so hoch war, wie wir erwartet hatten. Aber da wir zu müde waren, mit ihm zu handeln, bezahlten wir und verlangten den Schlüssel. Er erklärte uns, die Zimmer hätten keine Schlösser, aber das Hotel sei völlig sicher.

Die einzige Lichtquelle in unserem Zimmer, eine nackte Glühbirne an der Decke, ließ sich nur von einem Schalter am Ende des Korridors ein- und ausschalten, damit die Hotelgäste keinen Strom verschwendeten. Der Portier gab uns zehn Minuten, bevor er das Licht ausschaltete.

Da die Bettwäsche aussah, als sei sie seit Wochen nicht gewechselt worden, beschlossen wir, auf der Couch zu schlafen. Aus Angst, dass jemand unsere Taschen stehlen könnte, wollten wir abwechselnd schlafen. Lin Cheng übernahm die erste Wache und verbarrikadierte die Türklinke mit einem Stuhl. Nach einer Weile gelang es mir einzuschlafen. Als ich Stunden später aufwachte, lag Lin Cheng neben der Couch auf dem Boden und schlief fest. Der Stuhl klemmte noch unter der Klinke, und unser Gepäck war noch da. Es war bereits Mittag.

Als ich mich auf dem Weg zum Busbahnhof über das Hotel beklagte, erinnerte Lin Cheng mich daran, dass das Leben für die meisten Menschen in China schwer war, besonders wenn sie keine Beziehungen hatten und keiner guten Arbeitseinheit angehörten. »Wir waren letzte Nacht in einem billigen Hotel, aber du darfst nicht vergessen, dass die meisten sich nicht mal das leisten können«, sagte er.

Und auch ich müsse nun akzeptieren, dass mein bisheriges Leben endgültig vorbei sei, und lernen, meine Erwartungen und Ansprüche zu mäßigen.

Ich hörte ihm schweigend zu, dachte aber: »Wenn das mein neues Leben ist, wenn ich ohne Würde und Anstand leben soll, welchen Sinn hat mein Leben dann überhaupt noch? Wie lange kann ich das aushalten, ohne verrückt zu werden?«

Die Busfahrt über holprige Straßen in die gut 80 Kilometer entfernte Siedlung der Ölgesellschaft dauerte drei Stunden. Schweigend starrten die Fahrgäste aus dem Fenster auf die kahlen Felder mit den gefrorenen Furchen, die von einer dünnen Schneedecke überzogen waren.

Etwas abseits der Straße stand ein kleines Mädchen vor einer großen Scheune und fütterte ein altes braunes Pferd mit einem Büschel Heu. Jedes Mal wenn das Tier etwas Futter aus seiner Hand gerupft hatte, streichelte das Mädchen sanft seinen Kopf. Es sah aus, als singe es dem Pferd etwas vor.

»Das habe ich früher auch getan«, flüsterte ich Lin Cheng zu, aber er war eingeschlafen.

»Ich erinnere mich. So war ich auch. Ich habe den Tieren auch etwas vorgesungen. Und das ist noch gar nicht so lange her.«

II

Damals hatte ich in den Schulferien die Wasserbüffelherde des Dorfes gehütet. Für eine Zehnjährige war das schwere Arbeit. Jeden Tag schnitt ich mit einer Sichel Gras für die Tiere, führte sie zum Trinken an den Fluss und über feste, sichere Wege an den Deichen entlang, damit sie sich nicht verletzten, sich nicht verirrten oder gar gestohlen wurden. Abends brachte ich sie wieder in den Stall. Ich kam gut mit ihnen aus.

Sie erkannten mich am Geruch und an der Stimme und wurden mit der Zeit zutraulich. Eine Büffelkuh mochte mich besonders gern. Wenn sie mich kommen sah, senkte sie den Kopf. Ich stieg mit nackten Füßen auf die glatten Hörner, und sie hob behutsam den Kopf wieder an, damit ich auf ihren Rücken klettern konnte.

Den ganzen Tag hing ich auf dem Rücken der Büffelkuh meinen Träumen nach und erzählte sie den Tieren. Sie schienen mir tatsächlich zuzuhören und schauten manchmal zu mir hinüber, wenn ich zu reden aufhörte, als seien sie neugierig, wie die Geschichte weiterginge. Mein liebster Traum war der, eines Tages Offizierin der Volksbefreiungsarmee zu werden und dem Genossen Lei Feng, dem heldenhaften Märtyrer der Armee, und seinen selbstlosen, mutigen Taten nachzueifern. Ich las den Wasserbüffeln die Geschichten von Lei Feng vor und versprach, mich eines Tages in Uniform mit ihnen fotografieren zu lassen.

Der Freund meines Vaters, »Onkel« Xinglong, war schon lange in der Armee. Wenn er in Uniform ins Dorf kam, folgten ihm alle Kinder auf Schritt und Tritt. Er besaß eine Kamera und ließ sich mit sämtlichen Dorfbewohnern fotografieren. Die Fotos hingen in allen Häusern an den Wänden wie Heiligenbildchen und verkörperten die Träume, die alle Eltern im Dorf für ihre Kinder hegten.

Die Armee war der einzige Ausweg aus der Plackerei des bäuerlichen Lebens. Sie bot die Aussicht auf eine bessere Bildung, beruflichen Aufstieg und vorteilhafte Beziehungen. Für die Bauern in China war die Volksbefreiungsarmee damals etwas Ähnliches wie der Himmel für die Christen: eine wunderbare, schillernde neue Welt, in der jeder eine schöne Uniform trug und Gutes für sein Vaterland tat. Bauernkindern war der Weg in eine Hochschule versperrt, sie konnten keine Arbeit in der Stadt oder eine Umzugsgenehmigung bekommen. Die Armee war für uns das einzige Sprungbrett in die Verwirklichung unserer Träume.

Onkel Xinglong war ein vorbildlicher Soldat. Er war freundlich, zuvorkommend und spielte sich niemals auf. Er sagte zu mir: »Wenn du groß bist, rekrutiere ich dich für die Armee, Meihong. Ich mache dich zur Soldatin.«

Das war mein Traum, von dem ich den Wasserbüffeln an den langen Tagen auf den Wiesen immer wieder erzählte. Wenn ich mit meinen Klassenkameraden oder meinen Eltern darüber sprach, hielten sie mir nur vor, wie schwierig es sei, in die Armee zu kommen. Aber die Büffel hörten mir aufmerksam zu, und ich stellte mir vor, dass sie im Gegensatz zu allen anderen im Dorf an meinen Traum glaubten. Nur sie verstanden mich und wussten, dass ich eines Tages fortgehen und als Heldin zurückkehren würde.

Wenn der Himmel sich verdunkelte und Regen aufzog, versuchte ich, die Tiere zu beruhigen, indem ich ihnen etwas vorsang. Da ich nur die revolutionären Lieder kannte, die ich in der Schule gelernt hatte, sang ich ihnen *Der Osten ist rot* und *Die Internationale* vor. Es funktionierte. Sobald sie mich singen hörten, wurden sie ruhiger, lauschten meiner Stimme und gingen langsam von Weide zu Weide, bis die ersten Regentropfen fielen oder sie den ersten Donner hörten. Dann half auch das Singen nicht mehr.

Eines Morgens lahmte die alte Büffelkuh und konnte den Stall nicht verlassen. Vater untersuchte sie und stellte fest, dass sie nicht mehr arbeiten konnte. Sie sollte geschlachtet und das Fleisch unter den Bauern des Dorfes aufgeteilt werden.

Den Tag, an dem die Schlachter meine Büffelkuh töteten, werde ich nie vergessen. Als sie einen der Männer mit Seilen und dem riesigen Messer kommen sah, schien sie zu spüren, was er vorhatte, und wollte weglaufen, war aber zu alt und krank, um sich zu bewegen. Sie sah mich in der Nähe stehen, schaute mich an und brüllte laut. In ihren Augen sah ich Tränen, und ich glaube noch heute, dass sie mich um Hilfe bat. Als einer der Männer ihr die Hand in den Nacken legte und nach der Stelle tastete, an der er schneiden wollte, begann ich zu singen: »Der Osten ist rot«, ihr Lieblingslied. Sie beruhigte sich, weil sie meine Stimme und das Lied erkannte, und sah mich unverwandt an. Als das Messer ihr in die Kehle fuhr, zitterte sie. Blut spritzte. Sie fiel auf die Knie, stöhnte, würgte an ihrem Blut, fiel auf die Seite, trat mehrmals heftig in die Luft, zitterte und starb.

An dem Abend, als meine Mutter das Fleisch der Büffelkuh auf den Tisch brachte, brach ich in Tränen aus und weigerte mich zu essen.

Nie wieder sah ich zu, wenn ein Tier getötet wurde. Ich konnte es nicht ertragen.

III

Mein Leben auf dem Hof war hart. Nach der Schule musste ich viele Stunden auf den Feldern und in den Ställen arbeiten und wurde häufig darauf hingewiesen, dass ich großes Glück hatte. Die Kindheit meiner Mutter war noch viel schwieriger gewesen als meine eigene. Als meine Mutter 1941 geboren wurde, herrschten in der Provinz die Japaner, die im benachbarten Danyang Truppen stationiert hatten.

Ihre Familie hieß ebenfalls Xu, ein gebräuchlicher Name im Dorf, und war sehr arm, wenn auch noch nicht lange. Denn ihr Großvater und ihr Vater hatten noch zu den wohlhabendsten Grundbesitzern des Dorfes gehört und waren zudem mit gesunden, kräftigen und klugen Söhnen gesegnet.

Ende der zwanziger Jahre war ein Warlord mit einigen seiner Männer und mehreren großen Truhen ins Dorf gekommen und hatte sich für die Nacht bei meinem Urgroßvater einquartiert, der mit seiner Familie draußen schlafen musste, während der Warlord und seine Leute in den Betten lagen.

Am nächsten Morgen zogen sie weiter. Doch einige Nachbarn meines Urgroßvaters glaubten, der Warlord habe eine seiner Truhen im Haus zurückgelassen. Das sprach sich bald bis zu einer Räuberbande aus der Umgebung herum, die bei meinem Urgroßvater einfiel und die Truhe des Warlords verlangte. Als er erklärte, der Warlord habe nichts zurückgelassen, befahl der Räuberhauptmann seinen Männern, die Wahrheit mit Prügel aus meinem Urgroßvater herauszuholen. Aber er blieb dabei, dass der Warlord keine Truhe dagelassen habe.

Die Banditen fesselten meinen Urgroßvater und seine Söhne, brachten sie auf den Dorfplatz, riefen alle Dorfbewohner zusammen und fragten, wo die Truhe sei. Niemand wusste es. Die Räuber holten eine riesigen Kochtopf aus einem der Häuser, füllten ihn mit Öl und zündeten ein Feuer darunter an. Als das Öl siedete, hoben sie meinen Urgroßvater hoch über den Topf und gaben ihm ein letztes Mal die Chance, das Versteck der Truhe zu nennen.

Mein Urgroßvater schrie und bettelte, ihn gehen zu lassen, seine Söhne und seine Frau warfen sich auf die Knie und flehten um sein Leben, aber die Räuber kannten keine Gnade mit jemandem, der ihnen vermeintlich einen Schatz vorenthielt. Als er immer wieder beteuerte, es gebe keine Truhe, ließen sie ihn schließlich in das siedende Öl fallen. Ein kurzer Entsetzensschrei, ein lautes Knistern und Brodeln, und mein Urgroßvater war tot.

Als seine drei Söhne, die sie nun ebenfalls über den Topf hielten, nachdrücklich beteuerten, dass der Warlord keine Truhe zurückgelassen habe, glaubte die Bande ihnen schließlich und ließ sie frei. Doch bevor die Männer abzogen, plünderten sie das Haus meines Urgroßvaters, nahmen Lebensmittel, Kleider, Decken, Geld, Hausrat, das gesamte Getreide und die Sämereien mit, töteten das Vieh und brannten das Haus nieder.

Als die Räuber morgens ins Dorf gekommen waren, war mein Urgroßvater einer der reichsten Bauern von Lishi; als sie nachmittags abzogen, war er tot und seine Witwe und seine Söhne waren obdachlos. Sie mussten nach und nach ihr gesamtes Land verkaufen, um ein neues Haus zu bauen und meine Urgroßmutter zu pflegen, die nach dem Mord an ihrem Mann sehr krank wurde.

Mein Großvater vergaß das nie und dürstete nach Rache.

Bevor meine Mutter zur Welt kam, gebar ihm seine Frau noch

zwei Töchter, die jedoch starben, weil sie kränklich waren, es nicht genug zu essen für sie gab und kein Geld für ärztliche Behandlung da war. Da mein Großvater sich keine Särge leisten konnte, begrub er sie in Baumwolldecken. Der Tod seiner beiden Kinder brach ihm das Herz, obwohl es nur Mädchen waren.

Nach meiner Mutter, Yingdi, bekamen meine Eltern noch zwei Söhne und eine Tochter, die alle überlebten.

Mein Großvater musste schwer arbeiten, um seine Familie zu ernähren. Da die Japaner ihm während der Besatzungszeit den größten Teil seiner Ernte wegnahmen und er das wenige, das übrig blieb, seinen Kindern und seiner Frau überließ und selbst nur von den Resten lebte, wurde seine Gesundheit in Mitleidenschaft gezogen. Er wurde herzkrank. Aber er beklagte sich nie.

Als nach dem Sieg über die Japaner der Bürgerkrieg ausbrach, befreiten kommunistische Truppen unser Dorf. Mein Großvater, der in der kommunistischen Partei den Gott der Gerechtigkeit sah, auf den er so lange gewartet hatte, versteckte Kommunisten vor den Nationalistischen Truppen in seinem Haus und wurde noch vor ihrem Sieg das erste Mitglied der Kommunistischen Partei in unserem Dorf.

Die Partei ernannte ihn zum Leiter der Landreform in der Umgebung. Der Tag der Gerechtigkeit war gekommen, und in Lishi verkörperte mein Großvater diese Gerechtigkeit.

Wer der Familie früher Land abgenommen hatte, dem wurde jetzt sein Land von der Partei weggenommen. Die Besitzer der größten Parzellen wurden als »Grundbesitzer« diffamiert und nach der Enteignung ihres Landes hingerichtet. Der örtliche Warlord und der Räuberhauptmann und seine Männer wurden gefangen genommen und öffentlich hingerichtet. Mein Großvater und seine Brüder standen in der ersten Reihe, um den Räuberhauptmann um Gnade winseln zu hören, bevor das Erschießungskommando ihn zum Schweigen brachte. Letztendlich jedoch verspürten sie kaum Genugtuung. Auch der Tod des Verbrechers brachte ihnen den Vater nicht zurück.

»Die Partei war unsere Rettung«, erzählte meine Mutter mir immer wieder, als ich größer wurde. »Sie hat uns vor dem Verhungern und den Warlords gerettet und uns Gerechtigkeit und Land gegeben.«

Mein Großvater glaubte damals fest an die Partei und arbeitete unermüdlich für sie. Bei der Verteilung des Landes ging er so gerecht vor, dass die Einheimischen ihn zu respektieren begannen und die Partei ihn als idealen kommunistischen Bauern hinstellte.

Sie brachten ihn in die Nachbardörfer, wo er Lobreden auf die Partei und ihre Leistungen in Lishi hielt. Er sprach über das alte Regime der Warlords und Banditen und das Schicksal seiner Familie und über die Große Wende in der Geschichte. Der Vorsitzende Mao habe Recht, endlich habe das chinesische Volk sich erhoben, erklärte er. Den Menschen gefielen seine Reden, sie applaudierten begeistert und standen anschließend Schlange, um ihm die Hand zu schütteln.

Es dauert jedoch nicht lange, bis mein Großvater mehr Zeit damit verbrachte, Reden zu halten als seine Felder zu bestellen. Er sprach in Danyang, Zhenjiang, Nanyang und anderen großen Städten und reiste mit einer Parteidelegation im Zug durch Jiangsu und die Nachbarprovinzen, um die Geschichte seiner Familie, seines Dorfes und der Veränderung zum Guten durch die Partei zu schildern.

Auf Dauer fühlte mein Großvater sich in seiner neuen Rolle jedoch nicht wohl und hegte den Verdacht, dass die Partei seine politische Leidenschaft ausnutzte. Als er einem Parteikader erklärte, die Menschen sähen doch mit eigenen Augen, was die Partei geleistet habe, es sei nicht nötig, das immer und immer wieder zu schildern, bekam er zur Antwort, das Volk und die

Partei seien auf Helden angewiesen. Die Bauern auf dem Land müssten von ihresgleichen sehen und hören, was in Dörfern wie Lishi geschehen sei. Solche Berichte seien wie Trompetenschall.

Mein Großvater hatte jedoch Zweifel, denn er sprach Mandarin mit einem stark ländlichen Akzent und sprach die Worte oft falsch aus. Er bemerkte, dass manche im Publikum über ihn kicherten. Als das häufiger vorkam, beauftragte die Partei eine Gruppe junger Schriftsteller, ihm lange Reden zu schreiben und vor seinen öffentlichen Auftritten die Aussprache mit ihm zu üben. Da mein Großvater nicht lesen konnte, las man ihm die Reden so lange vor, bis er sie Wort für Wort auswendig kannte, obwohl er viele Begriffe gar nicht verstand.

Immer wieder bat er darum, nach Hause fahren zu dürfen. Schließlich stellten die Kader seine kommunistische Gesinnung in Frage. Zunehmend machte er sich Sorgen um seine Felder und seine Familie. Auf der Bühne fühlte er sich befangen und machte immer mehr Fehler. Manche Kader warfen ihm sogar vor, er wolle durch seine unbeholfenen Auftritte die Partei lächerlich machen.

Mein Großvater brach in Tränen aus. Er wollte doch nur auf seinem Land arbeiten, wieso konnten sie das nicht verstehen? Er war kein Held. Er war zwar Kommunist, aber er hatte auch Verantwortung gegenüber seiner Frau und seinen Kindern.

Nachdem er einige Monate für die Partei herumgereist war, brach er eines Abends in Zhenjiang während einer Rede zusammen und wurde in ein Krankenhaus gebracht. Die Ärzte stellten fest, dass er lediglich erschöpft sei.

Mein Großvater warnte die Parteikader, das viele Auswendiglernen und die Reden würden ihn noch umbringen, aber sie lachten nur und rieten ihm, sich nur einmal richtig auszuschlafen.

Drei Tage später jedoch stockte mein Großvater bei einer Rede in Nanyang mitten im Satz, griff sich an die Brust und brach auf der Bühne zusammen. Bis man ihn von der Rednertribüne in ein Haus gebracht und auf einen Tisch gelegt hatte, war er tot.

Die Partei brachte seiner Familie in Lishi seinen Leichnam und pries ihn bei einer Gedenkfeier als Helden. Unter dem alten Regime sei er zu so schwerer Arbeit gezwungen worden, dass sein Herz buchstäblich verschlissen sei.

IV

Nach dem Tod ihres Mannes wurde auch meine Großmutter immer schwächer. Sie hatte bald nicht mehr die Kraft, auf dem Feld zu arbeiten, und wurde bettlägerig.

So musste meine Mutter als älteste Tochter bereits mit zwölf Jahren die Verantwortung für die ganze Familie übernehmen. Da sie ebenso wie ihre Eltern nicht lesen und schreiben konnte, arbeitete sie den ganzen Tag auf dem Feld, um ihre Mutter, ihre zweijährige Schwester und ihre beiden Brüder im Alter von sieben und fünf Jahren zu versorgen. Auch heute noch hat sie das Gefühl, um ihre Kindheit gebracht worden zu sein.

Sie stand jeden Tag vor Morgengrauen auf und arbeitete bis zum Einbruch der Dunkelheit. Anfangs lachten die Erwachsenen, weil sie glaubten, dass sie in ihrem Alter die schwere Arbeit nicht lange durchhalten würde. Aber sie hatte gar keine andere Wahl.

Als sie fünfzehn war, hatte sie genug Geld gespart, um ihre Geschwister in die Dorfschule zu schicken und ihnen die Voraussetzungen für ein besseres Leben zu schaffen. Ihre Schwester erwarb später den Mittelschulabschluss und ihre Brüder besuchten die Oberschule. Beide wurden Parteimitglieder und der Ältere brachte es zum Parteisekretär der Brigade.

1960, als meine Mutter neunzehn Jahre alt war, führte die Politik des Großen Sprungs nach vorn in den ländlichen Gebieten Chinas zu einer Hungersnot. Innerhalb von fünf Jahren verhungerten fast 30 Millionen Menschen, weil die Bauern Stahl produzieren mussten und ihre Felder nicht bestellen konnten. Lebensmittel gab es nur noch für viel Geld auf den Märkten der Stadt zu kaufen, und wer sie sich nicht leisten konnte, der verhungerte.

Meine Mutter und ihre Cousine Lingdi gingen in jener Zeit als Fabrikarbeiterinnen nach Shenyang im Nordosten Chinas, schickten allmonatlich Geld nach Hause und retteten damit ihre Familie vor dem Verhungern.

V

Als Mutter 1962 aus Shenyang zurückkehrte, war sie im heiratsfähigen Alter, und meine Großmutter beauftragte Heiratsvermittler, ihr einen guten Mann zu suchen.

Meine Mutter galt als entschlossene, willensstarke, fleißige und intelligente junge Frau und als gute, zuverlässige Tochter, die ihre Familie ernährt und für die Ausbildung ihrer Brüder gesorgt hatte. Sie bekam mehrere gute Angebote von den Heiratsvermittlern, blieb aber lange ungerührt.

Schließlich erzählte ihr eine Nachbarin von einem jungen

Mann, der gerade seinen Abschluss an der Hochschule in Zhenjiang gemacht hatte und nun als neuer Tierarzt im Dorf arbeitete.

Als ein Heiratsvermittler ihn meiner Mutter vorstellte, mochten die beiden sich auf Anhieb. Nachdem meine Mutter sich mehrmals mit ihm unterhalten hatte, stellte sie fest, dass er alle Eigenschaften besaß, die sie sich von einem Mann wünschte: Er war ehrlich, zurückhaltend und humorvoll, gehörte zu den wenigen gebildeten Menschen, die sie je kennen gelernt hatte, und besaß eine wichtige Stellung in der Volkskommune.

Am Nationalfeiertag, dem 1. Oktober 1962, heirateten sie. Meine Mutter packte ihre Habe in einen alten Pappkoffer, der ihre gesamte Mitgift darstellte, und zog in das Haus ihres Mannes. Ihrer Mutter und ihren Geschwistern versicherte sie, dass sie für sie sorgen werde wie bisher. Und sie hielt ihr Versprechen.

VI

Vierzehn Monate später, im Dezember 1963, dem Jahr des Kaninchens, kam ich zur Welt. In China herrschte immer noch Hungersnot, und meine Mutter hatte während der Schwangerschaft nur wässrigen Reisbrei gegessen. Daher wog ich weniger als fünf Pfund. Meine Großmutter, die mich auf die Welt holte, sagte mir Jahre später, ich sei so klein wie ein Kaninchen gewesen.

Die Leitung der Volkskommune gewährte meiner Mutter nach meiner Geburt 45 Tage bezahlten Mutterschaftsurlaub. Danach musste sie wieder auf dem Feld arbeiten und mich tagsüber in der Obhut meiner Großmutter lassen. Zusammen mit anderen älteren Frauen des Dorfes brachte diese mich zweimal am Tag zu den Stillzeiten aufs Feld, um neun Uhr morgens und um drei Uhr nachmittags. Die Mütter suchten sich ein schattiges oder geschütztes Plätzchen am Rande der Felder und stillten ihre Kinder.

Damals waren alle dazu angehalten, drei kritische Artikel (*Lao San Pian*) von Mao zu studieren und auswendig zu lernen. Immer wieder hörte ich meine Eltern die Sätze des Vorsitzenden Mao aufsagen, und als ich anfing zu sprechen, gehörten zu meinen ersten Worten diese: »Wir fürchten weder Not noch Tod«, »Dem Volke mit Leib und Seele dienen«, und »Von dem alten Mann lernen, der den Berg versetzte«.

Als ich zwei Jahre alt war, nahm meine Mutter mich mit zu Parteiversammlungen, stellte mich in der Pause auf einen Tisch und ließ mich Worte des Vorsitzenden Mao aufsagen, die ich mit vorgeschobener Brust und gen Himmel gewandtem Kopf hinausschrie.

Solche Versammlungen dauerten meist drei bis vier Stunden, und nach einem langen Arbeitstag fiel es vielen schwer, nicht einzuschlafen, wenn eintönige Reden gehalten oder lange Statistiken mit Produktionszahlen verlesen wurden. Sobald der Parteisekretär bemerkte, dass mehr als einem halben Dutzend Zuhörern die Augen zufielen, rief er mich nach vorn, damit ich Worte Maos brüllte und so die schlafenden Kader weckte.

Allerdings bemerkte meine Mutter eine beunruhigende Neigung zum Materialismus in meinen Vorführungen. Beifall allein genügte mir nicht. Nach einer meiner ersten Vorführungen gab der Parteisekretär mir eine Hand voll Erdnüsse, und von da an weigerte ich mich zu sprechen, wenn ich nicht vorher die Erdnüsse sah. Meiner Mutter war das ungemein peinlich. Zu Hause stöhnte sie, es sei schon erstaunlich: Da stünde ich und sage die kommunistische Parteilinie auf und benähme mich dabei wie ein habgieriger kleiner Kapitalist. Ich hätte wohl leider von beiden Großvätern mein Erbteil abgekommen. Immer wieder fragte sie, wenn ich meine Erdnüsse aß: »Ach, Meihong, was soll bloß aus dir werden?«

Mein Großvater väterlicherseits hasste den Vorsitzenden Mao und die Kommunisten, weil sie ihn nach der Befreiung des Landes in seiner eigenen Fabrik zum Pförtner gemacht und ihm später die Leitung der Fabrik für ein Pförtnergehalt wieder übertragen hatten. Die Partei duldete seine unverhohlenen Klagen und seine eigensinnige Meinung nur, weil sie ihn in der Fabrik brauchte. Doch nach Beginn der Kulturrevolution 1966 wurden seine Äußerungen und sein Verhalten gefährlich für die ganze Familie, weil man für jede kritische Bemerkung über die Partei, Mao oder ein anderes Regierungsmitglied ins Gefängnis kommen oder hingerichtet werden konnte. Doch mein Großvater ließ sich von den Warnungen vor unverhohlener Kritik nicht beeindrucken und äußerte weiterhin freimütig seine Ansichten.

Einmal, als er uns im Dorf besuchte und mein Vater und ich ihn vom Bahnhof abholten, beschimpfte Großvater schon beim Verlassen des Zuges die Parteiführung, die Roten Garden und den Vorsitzenden Mao als Narren, die nichts von Wirtschaft verstünden, als Intriganten und Schlägerbanden, die nicht besser seien als die Warlords. Kapitalisten wie er, die jungen Menschen vom Land Arbeit und Aufstiegschancen böten, seien nicht der Feind, sondern die Rettung Chinas, der Feind seien die Kommunisten.

Da ich damals schon eine glühende Kommunistin war, gefiel es mir gar nicht, wenn er so redete, zumal nicht vor anderen Leuten. Auch mein Vater machte sich Sorgen und bemühte sich, meinen Großvater bei solchen Gelegenheiten in ein Gespräch über das Wetter oder die Landschaft zu verwickeln. Er versuchte verzweifelt, meinen Großvater auf ein anderes Thema zu bringen, aber dieser schimpfte auf die Partei, wann immer er den Mund aufmachte. Das war seine Leidenschaft.

Sobald mein Großvater zu einer seiner Hetztiraden ansetzte, schloss mein Vater Türen und Fenster, damit niemand ihn hören könnte. Aber er sprach nur noch lauter. Obwohl die ganze Familie ständig damit rechnete, dass die Parteikader hart gegen ihn vorgehen würden, rührten sie ihn nicht an und er änderte sein Verhalten nie.

Einmal verbrachte ich mit meiner Großmutter und meinem zweijährigen Bruder sechs Wochen bei meinem Großvater in Schanghai. Drei Tage nach unserer Rückkehr ins Dorf wurde meine Schwester geboren. Ich hatte gar nicht gemerkt, dass meine Mutter schwanger war. Sie kam nach zehn Stunden Feldarbeit gegen sechs Uhr abends nach Hause und kochte das Abendessen für uns. Als wir beim Essen saßen, stand Mutter plötzlich schwankend und mit schmerzverzerrtem Gesicht auf und erklärte, ihr Kind käme. Meine Großmutter führte sie in eine Nische, die mit Bettlaken, die über einer Schnur hingen, vom übrigen Raum abgetrennt war. Mein Vater raste mit dem Fahrrad ins Nachbardorf, um einen Arzt zu holen. Kurz darauf kam eine Ärztin in Weiß mit einer kleinen Instrumententasche und verschwand hinter den Laken.

Mir war das alles ein Rätsel, denn ich hatte keine Ahnung, wo die Babys herkamen. Unter der Aufsicht meiner Großmutter machten die Erwachsenen Wasser heiß, trugen Tücher und Laken hin und her. Als ich es vor Neugier nicht mehr aushalten konnte, schlich ich mich in die Nische zu meiner Mutter, die schreiend und stöhnend auf dem Bett lag. Sie tat mir so Leid, dass ich fast in Tränen ausbrach. Ich dachte, die Ärztin, die sich mit Mundschutz und Gummihandschuhen über sie beugte, tue ihr weh. Ich ging zurück an meinen Platz in der Küche und wusste nicht, was ich tun sollte.

Am nächsten Morgen weckte meine Großmutter mich mit der Neuigkeit, dass ich eine kleine Schwester bekommen hatte.

Da bei der Entbindung Komplikationen aufgetreten waren, musste meine Mutter für drei Wochen ins Krankenhaus und konnte wegen der Medikamente, die sie nahm, ihre neugeborene Tochter nicht stillen. Meine Großmutter brachte meine kleine Schwester zu anderen stillenden Frauen, die sie mit durchfütterten.

Als Älteste musste ich mich um meine beiden jüngeren Geschwister kümmern. Großmutter band mir ein Tuch so um Arme und Schultern, dass ich meine kleine Schwester auf dem Rücken tragen konnte. Ich war damals zwar erst sechs Jahre alt, aber sie sagte mir, dass ich nun die Pflichten einer Erwachsenen zu übernehmen hätte.

VII

Mit sieben Jahren kam ich in die Schule des Nachbardorfes, zwanzig Minuten Fußweg von uns entfernt. Das kleine Schulgebäude hatten die Bauern aus selbst gebrannten Ziegelsteinen gebaut. Die Schüler mehrerer Schuljahre wurden gemeinsam in einem Klassenraum unterrichtet, indem eine Gruppe Unterricht bekam, während die anderen still ihre Aufgaben erledigten. An sechs Tagen in der Woche hatten wir von sieben Uhr morgens bis vier Uhr nachmittags Schule, im Winter gab es drei Wochen und im Sommer drei Monate Ferien. Außerdem hatten wir im Herbst zwei Wochen frei, damit wir bei der Ernte helfen konnten.

Im Lehrplan lag der Schwerpunkt auf der politischen Erziehung. An unserem ersten Schultag bekam jeder von uns ein kleines rotes Büchlein mit Worten des Vorsitzenden Mao. Vorn im Klassenzimmer hing ein großes Bild, von dem aus Mao gütig auf uns hinabblickte, und hinten hing in großen Schriftzeichen der Spruch: »Jeden Tag lernen und Fortschritte machen.«

Wenn unsere Lehrerin morgens die Klasse betrat, sprangen wir alle auf. Dann las sie einen Satz aus dem kleinen roten Buch vor, den wir aus vollem Hals nachsprachen. Anschließend sangen wir *Der Osten ist rot.* Zum Abschluss des Schultages sagten wir einen anderen Spruch aus dem kleinen roten Buch auf und sangen *Die Internationale.*

Neben chinesischer Literatur und Geschichte, die man uns in den unteren Klassen anhand einfacher Geschichten und Übungen nahe brachte, übten wir jeden Tag stundenlang chinesische Schriftzeichen. Selbst in Fächern wie Mathematik, Naturwissenschaften und Politik zielte der Unterricht in erster Linie darauf ab, uns zu folgsamen Parteianhängern zu machen, statt uns zu eigenständigem, analytischem Denken zu erziehen. Gehorsam und Anpassung waren die Grundlagen konfuzianischer Erziehung, und obwohl Konfuzius bei der Partei schon längst in Ungnade gefallen war, orientierte sich das chinesische Schulsystem an seinen Lehren.

Ein Teil der Schulstunden war täglich der körperlichen Ertüchtigung vorbehalten, die ebenfalls eine politische Komponente besaß. Wir übten Langstreckenläufe, um dem Feind entgegentreten zu können, und stärkten Arme und Schultern, um Handgranaten werfen zu können. Neben Kurzstreckenlauf, Hochsprung, Weitsprung und Spielen wie Tischtennis oder Basketball lernten wir auch, in geschlossenen Reihen mit Spielzeuggewehren zu marschieren. Je älter wir wurden, umso martialischer und weniger spielerisch gestaltete sich der Sportunterricht.

Im ersten Schuljahr mussten wir einen Aufnahmeantrag für die Jungen Roten Garden (*Hong Xiao Bing*) stellen, eine 1966 geschaffene Jugendgruppe, die die älteren Roten Garden als Speerspitze der Kulturrevolution unterstützen sollte.

Die Lehrerin schrieb einen Musterantrag an die Tafel, den wir feierlich abschrieben. Von der Aufnahme in diese Gruppe konnte unsere Zukunft abhängen, denn jedes Jahr wurden nur etwa 20 Prozent der Bewerber aufgenommen. Manche Schüler bekamen die Mitgliedschaft nie. Das stempelte sie zu Außenseitern, und Außenseiter waren in China verdächtig.

Nachdem wir unsere Bewerbungen geschrieben hatten, folgte eine Woche gespannten Wartens. Schließlich verkündeten die Lehrer bei einer Versammlung, welche Schüler bei den Jungen Roten Garden aufgenommen werden sollten. Von den 30 Bewerbern meiner Schule wurden nur sechs bei der ersten Bewerbung akzeptiert, und ich gehörte dazu.

Jubelnd lief ich nach Hause, um meiner Mutter die gute Nachricht zu überbringen und sie um die 15 Fen zu bitten, die ich brauchte, um mir das rote Halstuch, das Abzeichen der Jungen Roten Garden, zu kaufen. Sie war stolz auf mich und gab mir das Geld gern.

Am folgenden Nachmittag fand nach der Schule eine Versammlung der Jungen Roten Garden statt, an der alle Lehrer und die Marschkapelle der Schule teilnahmen. Die neuen Rekruten legten einen Treueid auf Mao und die Revolution ab, wurden namentlich und mit Handschlag vom Schulleiter beglückwünscht, und anschließend sangen wir, begleitet von der Kapelle, revolutionäre Lieder.

Ich war außer mir vor Freude, weil ich den ersten Schritt in meine heldenhafte rote Zukunft getan hatte.

Nach den Liedern erfuhren wir, welche Erwartungen wir als Junge Rote Garden zu erfüllen hatten: Wir sollten Musterschüler sein, nicht ungefragt reden, gerade sitzen und gehen, Bestnoten erzielen und Führer sein.

Nachdem wir versprochen hatten, die Regeln der Gruppe zu befolgen, gaben die älteren Roten Garden jedem von uns ein rotes Tuch und zeigten uns, wie wir es knoten mussten. Diesen Knoten beherrsche ich bis heute. Das Tuch sollten wir von nun an jeden Tag als Zeichen unseres Patriotismus, unserer Hingabe und furchtlosen revolutionären Entschlossenheit tragen.

Im ersten Schuljahr wurde ich außerdem Mitglied der kleinen Roten Blumen, einer Kindergruppe, die tanzte, sang und Theaterstücke aufführte. Mehrmals im Jahr zeigten wir in einer benachbarten Schule oder einem Dorf Stücke, die sich mehr oder weniger ähnelten: Soldaten der Volksbefreiungsarmee retteten Bauern vor bösen Warlords. Manchmal spielte ich einen Soldaten, manchmal eine arme Bauersfrau und manchmal die Tochter eines Grundbesitzers. Der Unterschied zwischen Gut und Böse war immer deutlich zu erkennen.

VIII

Während meiner Grundschulzeit fanden so viele politische Kampagnen für Parteiprogramme zur Weiterentwicklung Chinas und die Landesverteidigung statt, dass ich mich rückblickend frage, wie wir noch Zeit für ernsthaften Unterricht fanden.

Eine der ersten nationalen Kampagnen, an die ich mich erinnere, bestärkte mich in meinem Kindheitstraum, eines Tages Soldatin zu werden. Im Rahmen der Kampagne »Von der Volksbefreiungsarmee lernen« kamen Soldaten aufs Land, um mit den Menschen in den Dörfern zu arbeiten, ihnen zu helfen und sie zu unterweisen.

In Lishi trafen sie eines Nachmittags ohne großes Aufsehen ein. Zufällig begegnete ich auf dem Heimweg von der Schule einer Gruppe Soldaten. Damals hatte ich gerade Schwierigkeiten, komplexe chinesische Schriftzeichen zu schreiben. Ich übte und übte, machte aber immer wieder Fehler. Das ärgerte mich so sehr, dass ich auf dem Heimweg in Tränen ausbrach. Plötzlich blieben die Schülerinnen, die vor mir gingen, stehen, und da ich den Kopf gesenkt hielt, stieß ich mit ihnen zusammen. Als ich aufsah, versperrten uns vier große Männer in Uniform den Weg, die so gut aussahen, wie ich es bis dahin noch nie gesehen hatte.

Einer von ihnen beugte sich zu mir hinunter und fragte: »Warum weinst du denn, kleine Rotgardistin?«

»Ich kann die Schriftzeichen nicht schreiben«, gestand ich schluchzend. »Ich schaffe es einfach nicht, und alle lachen mich aus.«

»Lass mal sehen, ob ich dir helfen kann«, antwortete er. »Wie heißt du denn?«

»Xu Meihong.«

»Gut, Xu Meihong, zeig mir mal dein Heft.« Ich zeigte ihm meine krakeligen Schriftzeichen.

»Das ist doch gar nicht so schlecht«, versicherte er mir. Dann kniete er sich neben mich und malte mir die Schriftzeichen in großen, deutlichen Strichen auf. Anschließend führte er meine Hand und übte die Zeichen immer wieder mit mir. Ich hatte das Gefühl, von einem Gott berührt zu werden. Die anderen Kinder waren neidisch und beobachteten uns ehrfürchtig. Auch ich war so ergriffen, dass ich kaum atmen konnte.

In den nächsten Tagen sah ich die Soldaten noch öfter, und mein Helfer in der Not erinnerte sich sogar an meinen Namen. »Was macht das Schreiben, Xu Meihong?« erkundigte er sich.

»Sehr gut, Onkel Volksbefreiungsarmee«, antwortete ich. »Ich übe fleißig.«

Lächelnd salutierte er und ging weiter.

Zwei Wochen blieben die Soldaten im Dorf, arbeiteten mit den Männern und Frauen des Dorfes auf dem Feld und halfen bei Bauarbeiten. Ihr Lager hatten sie außerhalb des Dorfes aufgeschlagen, kochten mit dem, was sie an Lebensmitteln mitgebracht hatten, und lehnten alle Einladungen der Dorfbewohner ab, weil sie ihnen nichts wegnehmen wollten. Die Erwachsenen bewunderten diese gesunden, fröhlichen jungen Männer ebenso wie die Kinder, und selbst mein Großvater konnte nur Gutes über sie sagen.

Als sie ihre Arbeit in Lishi beendet hatten, zogen die Soldaten, nachdem sie ihr Lager abgebrochen und alles aufgeräumt hatten, so unauffällig weiter, wie sie gekommen waren.

IX

Als ich im dritten Schuljahr war, sollten wir genauso marschieren lernen wie die Soldaten der Volksbefreiungsarmee. Unsere Lehrerin trug uns auf, eine selbst gemachte Spielzeugwaffe mit in die Schule zu bringen.

Wir strengten unsere Fantasie an, schnitten große Bambusstangen und banden grobe Schwertklingen und Speerspitzen daran fest, die unsere Väter für uns aus Holz geschnitzt hatten. So hatten wir eine traditionelle chinesische Lanze (*hong ying qiang*).

In der letzten Schulstunde marschierten wir dann in Reih und Glied um die Schule, schwangen drohend unsere plumpen Waffen und grölten patriotische Parolen. Aus der Ferne wirkten wir wahrscheinlich wie eine Zwergenarmee, aber wir sahen uns als Helden und Beschützer des Volkes.

Unsere Lehrer erzählten uns schreckliche Dinge über die Feinde Chinas, wie sie auch in den Radiosendungen beschrieben wurden, die mein Vater hörte. Am schlimmsten waren die früheren Grundbesitzer und die Spione, die überall lauerten und unerkannt wie die Fische im Meer der Bevölkerung schwammen, um Leute für die Konterrevolution anzuwerben. Jeder Fremde war verdächtig. Wenn Freunde oder Verwandte von außerhalb zu Besuch kamen, mussten sie sich beim Dorfvorsteher melden, sich ausweisen und angeben, bei wem, wie lange und zu welchem Zweck sie bleiben würden. Wer im Dorf übernachten wollte, brauchte eine Sondergenehmigung. Über jeden Ortsfremden, der ins Dorf kam, wurde eine Akte angelegt.

Wir entwickelten eine regelrechte Belagerungsmentalität. Immer wieder mahnten uns Lehrer und Parteikader, dass überall Gefahr lauerte. Also hielten wir nach jedem Ausschau, der sich verdächtig benahm. Es war unsere Pflicht, Mao, die Revolution und unser Vaterland zu beschützen.

Als praktische Übung veranstalteten unsere Lehrer viele Feldmärsche mit uns. Wir trugen unsere Ersatzuniformen und Waffen, nahmen eine Feldflasche und ein weißes Tuch als Bandage mit, falls wir bei einem Feindangriff verletzt würden, und schnallten uns eine Decke und ein Paar Stoffschuhe auf den Rücken.

Dieser Lange Marsch im Kleinen war für uns Acht- und Neunjährige ein großes Abenteuer. Wir marschierten über die Straße, riefen patriotische Parolen und warfen uns auf den Boden, sobald unsere Lehrerin rief: »In Deckung!« Gab sie Bombenalarm, so schützten einige Schüler ihre Klassenkameraden, indem sie sich auf sie legten.

Wir genossen diese Kriegsspiele und fühlten uns wie kleine Helden der Revolution, die für Gerechtigkeit kämpften und Jagd auf Spione machten.

Manchmal wurden im Dorf Verräter wie meine Tante Lingdi entlarvt. Sobald ich draußen den Aufruhr hörte, lief ich hinaus, um zuzusehen, wie die Rotgardisten einen Klassenfeind erbarmungslos anprangerten. Denn mit Menschen, die uns erneut versklaven wollten, durften sie kein Erbarmen haben, erklärten sie uns.

Entschlossen, uns zu retten, indem wir die Schuldigen bestraften, fielen wir übrigen in den Chor der Schmähungen ein. Wir Kinder bekamen kleine rote Fahnen, marschierten hinter den Beschuldigten her, beschimpften sie, bewarfen sie mit Steinen, verlangten Geständnisse und riefen patriotische Parolen. Ganze Familien beteiligten sich an diesen Schmähritualen, und einer versuchte, den anderen in seinem patriotischen Gebaren zu übertrumpfen.

Entlarvten Volksfeinden drohten nicht nur öffentliche Prügelstrafen, Beschimpfungen, Demütigungen und Gefängnis, sondern in einigen Fällen auch die Hinrichtung. Als Kind erlebte ich mehrere öffentliche Hinrichtungen, die als politische Versammlungen und makabre patriotische Spektakel für das ganze Dorf veranstaltet wurden.

Die zum Tode Verurteilten wurden mit gefesselten Armen und Händen auf die Bühne gebracht. Sie trugen ein Schild um den Hals, auf dem ihre Verbrechen aufgelistet und ihr Name mit einem x durchgestrichen war. Man schlug, trat, ohrfeigte und beschimpfte sie als Nichtstuer, Grundbesitzer, Wegbereiter des Kapitalismus und Revisionismus oder Spione mit Verwandten in Taiwan, Hongkong oder Amerika. Anschließend schleifte man sie zur Exekution auf ein Feld am Dorfrand, begleitet von der gesamten Dorfbevölkerung, die begeistert Parolen rief.

Die Familie des Todeskandidaten musste für jede Kugel, die für die Hinrichtung gebraucht wurde, 30 Fen bezahlen. Schließlich sollte der Staat nicht auch noch für die Beseitigung seiner Feinde aufkommen müssen. Eltern drohten ihren ungehorsamen Kindern oft mit folgenden Worten: »Wenn du mal hingerichtet wirst, reicht hoffentlich eine Kugel. Mehr als 30 Fen bist du nicht wert!«

Außer von meinem Großvater hörte ich nie Einwände gegen diese öffentlichen Hinrichtungen. Sie wurden systematisch und erbarmungslos durchgeführt, und niemand fragte danach, ob der Verurteilte sein Schicksal tatsächlich verdient, ob er einen fairen Prozess oder überhaupt eine Gerichtsverhandlung bekommen hatte. Wer hingerichtet wurde, hatte es auch verdient. Zweifel daran waren nicht erlaubt.

Die Angehörigen der Verurteilten trauerten natürlich, wagten aber nicht, es öffentlich zu zeigen, weil man ihnen sonst Komplizenschaft oder mangelnde Loyalität vorgeworfen hätte. Daher mussten sie der Hinrichtung beiwohnen und diese in gewisser Weise unterstützen.

Dass Verräter und Unruhestifter verdorbene Seelen hatten, hielt den Staat nicht davon ab, ihre Organe zu verwenden. Manchmal kamen Ärzte verschiedener Krankenhäuser zu einer Hinrichtung. Sobald der Verbrecher tot war, brachte man ihn in ein Zelt oder ein Haus in der Nähe und entnahm ihm Organe zur Transplantation. Benötigte man sein Herz, so wurde er durch einen Schuss in den Nacken oder den Kopf getötet, benötigte man die Augen, so schoss man ihm von hinten in den Rücken.

Später erfuhr ich, dass die Partei und das Amt für öffentliche Sicherheit Hinrichtungsquoten festsetzten, die jede Provinz, jeder Distrikt und jedes Dorf zu erfüllen hatte. Sie richteten sich nicht nach der Kriminalitätsrate, sondern waren wie alles in China von politischem Kalkül bestimmt. In einem Fall wurde nachts ein junger Mann wegen versuchter Vergewaltigung verhaftet. Er war betrunken in das Haus seiner Freundin geschlichen, hatte sich aber im Zimmer geirrt und ihre Schwester zu küssen versucht. Am nächsten Morgen verkündete ein Plakat im Dorf, dass er wegen »Rowdytums« hingerichtet worden war. Die Quote war damit erfüllt.

Was mich rückblickend am meisten wundert, ist die Tatsache, dass mich diese Praxis damals überhaupt nicht gestört hat. Wir alle, Erwachsene wie Kinder, waren so von Hysterie und Gruppendenken durchtränkt, dass wir diese Vorgänge für notwendig und völlig normal hielten. Wir glaubten, wir könnten uns nur retten, wenn wir das Leben unserer angeblichen Feinde opferten. Nicht für einen Augenblick kamen wir auf den Gedanken, dass unsere eigenen Führer uns manipulieren könnten. Eine solche Vorstellung hätte uns sogar Angst eingejagt, weil sie nur belegt hätte, dass jemand in unseren Köpfen Zweifel und Untreue gesät hätte. Und natürlich hätte man diesen Jemand dann finden und ausmerzen müssen.

X

Da Volksfeinde überall stecken konnten, ließen unsere Lehrer sich unser häusliches Leben in allen Einzelheiten schildern, um Hinweise auf Verrat und politische Unzuverlässigkeit zu entdecken. Sie wiesen uns an, unsere Eltern und Geschwister zu beobachten, weil sie ja Klassenfeinde sein könnten. Unsere Loyalität habe in erster Linie der Partei und der Revolution zu gelten.

Kindern, die von ihren Eltern streng bestraft oder geschlagen wurden, wenn sie ihre Schularbeiten oder ihre Aufgaben im Haus nicht erledigt hatten, bot dies eine Gelegenheit, sich zu rächen. Sie platzten manchmal überraschend auf der Straße oder in der Schule mit antirevolutionären Parolen heraus wie »Nieder mit der Kommunistischen Partei!« oder »Nieder mit dem Vorsitzenden Mao!« und wurden sofort festgenommen und verhört. Wenn sie dann behaupteten, Vater oder Mutter hätten solche Dinge gesagt, wurden die Eltern vernommen. Gestanden sie ihr Vergehen, kamen sie mit einer ausführlichen Selbstkritik und einer Umerziehungsmaßnahme im Dorf davon. Weigerten sie sich, ein Geständnis abzulegen, so mussten sie damit rechnen, dass man sie mit einer Narrenkappe vor die Dorfversammlung zerrte und das ganze Dorf sie beschimpfte, weil sie konterrevolutionäre Äußerungen gemacht und ihre Kinder verdorben hatten.

Körperliche Strafen, die traditionell üblich waren, nahmen ab, da die Eltern eine patriotischere Methode fanden, ihre unfolgsamen Kinder zu bestrafen: Wenn sie sich nicht benahmen, sagten sie ihnen, dass sie den Weisungen des Vorsitzenden Mao nicht gehorchten und keine guten Staatsbürger seien. Dann ließen sie sie manchmal stundenlang vor dem Bild Maos knien und ihn um Verzeihung bitten: »Vorsitzender Mao, es tut mir Leid, ich war böse. Aber jetzt will ich dein braves Kind sein.«

Die Welt war völlig auf den Kopf gestellt. Mein Großvater väterlicherseits verabscheute diese Spektakel natürlich und sagte, die einzigen Volksfeinde seien die Roten Garden. Einmal, als er zu Besuch kam, sagte er zu mir: »Meihong, ich will dich etwas fragen. Deine Großeltern und Eltern haben dich aufgezogen, dir Essen und Kleider gegeben und dich nie schlecht behandelt. Wenn nun deine Mutter oder dein Vater oder sonst jemand aus unserer Familie etwas von dir verlangen würde, was der Vorsitzende Mao als schlecht bezeichnet, würdest du es dann tun?«

Ohne Zögern antwortete ich: »Ich würde natürlich nie was tun, was der Vorsitzende Mao nicht möchte. Ich würde nie ungehorsam gegen den Vorsitzenden Mao sein.«

Mein Großvater wurde wütend. »Was haben sie bloß mit dir gemacht? Du weißt doch gar nicht, was für ein Mensch Mao ist. Du hast ihn noch nie gesehen. Warum würdest du auf ihn hören statt auf deine Eltern und Großeltern?«

Als Antwort brüllte ich eine Parole: »Ohne den Vorsitzenden Mao gäbe es kein neues China. Ohne den Vorsitzenden Mao gäbe es keine Eltern und Großeltern, und dann gäbe es auch mich nicht. Dafür liebe ich ihn. Ich muss auf ihn hören, weil meine Familie sich irren kann, aber der Vorsitzende Mao irrt sich nie. Unsere Feinde sind überall, auch in unserer Familie.«

Rot vor Zorn zischte mein Großvater: »Mit dir haben wir unsere Zeit verschwendet. Was für ein vertanes kleines Leben.«

Als meine Mutter abends nach Hause kam, erzählte ich ihr von dem Gespräch. »Du hast Recht«, sagte sie, »du musst zuerst dem Vorsitzenden Mao gehorchen. Hör nicht auf deinen Großvater, er ist alt und nicht mehr ganz klar im Kopf.« Dann nahm sie mir das Versprechen ab, niemandem zu erzählen, was mein

Großvater gesagt hatte. Ich wusste, dass ich ihn eigentlich melden müsste, aber ich konnte es einfach nicht.

Sorgen machten mir auch die Gewohnheiten meines Vaters. Er hörte gern Radio und besaß ein Batteriegerät der Marke Rote Laterne (*Hong Deng*), das mein Großvater ihm geschenkt hatte. Jeden Abend um acht Uhr hörte er die Nachrichten des staatlichen Rundfunks. Doch spätabends oder frühmorgens, wenn er glaubte, dass alle schliefen, hörte er die chinesischen Sendungen von BBC und Voice of America. Unsere Lehrerin hatte uns gesagt, wir müssten jeden melden, der ausländische Radiosender hörte, aber ich tat es nicht. Ich verdächtigte meinen Vater, ein Spion zu sein, der über Radio verschlüsselte Geheimbotschaften von Amerikanern und Taiwanesen bekam. Die Sendungen machten mich nervös, jeden Moment rechnete ich damit, dass die Sicherheitspolizei durch die Tür stürmte, ihn verhaftete und mich fragte, warum ich ihn nicht gemeldet hätte.

Voice of America schilderte in ihren Sendungen die Armut der Chinesen und brachte kritische Berichte über unsere Regierung. Obwohl ich kein Wort davon glaubte, fand ich die Sendungen faszinierend und musste einfach zuhören. Allerdings konnte ich nicht verstehen, wieso die Menschen in Amerika und England, die von Kapitalisten ausgebeutet und in Armut gehalten wurden, solche Lügen über China verbreiten durften. Die feste Überzeugung, dass kein vernünftiger Chinese diese Geschichten glauben konnte, tröstete mich.

XI

Wenn mein Vater von Dorf zu Dorf fuhr, um Tiere zu behandeln, brachte er uns von den Bauern manchmal einen kleinen Hund oder ein Kätzchen mit, über die wir uns sehr freuten. Doch unweigerlich gaben die Roten Garden oder Parteikader bald darauf die Parole aus, das Halten von Haustieren sei ein Relikt aus den alten Zeiten des Bürgertums, das gegen die Parteidoktrin verstoße. Hunde vergeudeten Nahrungsmittel, verschmutzten die Umwelt, übertrügen Krankheiten und müssten getötet werden.

Wenn ein solcher Befehl kam, weinten die Kinder, die ihr Haustier nicht verlieren wollten. Die Parteipolitik war inkonsequent und unlogisch, denn manchmal verging ein Jahr oder mehr, und niemand hatte etwas gegen Haustiere einzuwenden. Und plötzlich rief die Partei wieder eine Anti-Haustier-Kampagne aus.

Hundefänger durchsuchten alle Häuser im Dorf und töteten jeden Hund, den sie fanden. Als zusätzlichen Anreiz durften sie die toten Tiere mitnehmen und essen.

Aber Haustiere waren nicht die einzigen Feinde der Kommunistischen Partei. Es gab auch landesweite Kampagnen gegen Ratten und Mäuse, die das Getreide fraßen und Krankheitskeime übertrugen. So zogen die Jungen Roten Garden und die Bauern gemeinsam mit Spaten, Hacken, Mistgabeln und angespitzten Bambusstangen von Deich zu Deich, suchten nach verräterischen Mäuse- und Rattenlöchern, schütteten Wasser hinein oder gruben sie auf und schlugen die flüchtenden Nager tot. Die Kadaver übergaben wir dem Gruppenführer, der darüber Buch führte und die erfolgreichsten Jäger zu vorbildlichen Bauern oder Schülern erklärte.

Die Anti-Ratten-Kampagne war noch in vollem Gange, als die Partei die Anti-Fliegen-Kampagne ausrief. Alle Schüler mussten so viele Fliegen wie möglich töten und die Kadaver in einer Schachtel sammeln und in der Schule zählen lassen. Jeder musste täglich ein Soll von hundert toten Fliegen erfüllen. Der erfolgreichste Fliegentöter des Dorfes wurde anschließend namentlich bekannt gegeben.

Kaum waren diese beiden Kampagnen beendet, begann die Kampagne zur Steigerung der Nahrungsmittelproduktion. Da es in jenem Jahr nicht genug Dünger gab und es einen Gesichtsverlust bedeutet hätte, an höherer Stelle Dünger anzufordern, mussten die Schüler, angeführt von den Jungen Roten Garden, jeden Nachmittag losziehen und Dünger sammeln.

Wer in seinem Korb die größte Menge Dünger hatte, bekam einen Anstecker oder eine Medaille und wurde namentlich am schwarzen Brett gelobt. Die begeisterten patriotischen Schüler übten sich also in der Kunst, in kürzester Zeit eine möglichst große Menge Kot von Mensch und Tier zu sammeln. Als Erstes machte natürlich jeder selbst in seinen Korb. Dann liefen wir hinter den Wasserbüffeln her, deren Fladen die größten, nassesten und somit schwersten waren. Andere folgten den Hunden, sofern sie die letzte Anti-Haustier-Kampagne überlebt hatten, und sammelten mit einer kleinen Schaufel ihre Haufen ein. Die langsamsten Schüler mussten sich mit dem Kot von Schweinen, Kaninchen, Hühnern und Vögeln begnügen, der am mühsamsten aufzulesen war. Die Düngerkampagne dauerte über mehrere Jahre hinweg jeweils etwa drei Monate. Da jeder als Meisterdüngersammler anerkannt werden wollte, kam es zu manchen Mogeleien. Wir mischten etwas Stroh unter die Wasserbüffelfladen, hoben ein bisschen Erde mit auf, und manche gaben auch kleine Steine mit hinein.

Wenn der Dorfvorsteher unsere Körbe wog und das Gewicht notierte, lobte er unseren Einsatz für die Revolution.

XII

Ende April 1970, als ich sechs Jahre alt war, brachte die chinesische Regierung ihren ersten künstlichen Satelliten, *Dongfanghong-1*, »Der Osten ist rot-1«, in die Erdumlaufbahn. Das Radio meldete den Erfolg des chinesischen Weltraumprogramms und forderte uns auf, nachts nach dem Satelliten Ausschau zu halten und zu lauschen, denn er sende Musik, natürlich *Der Osten ist rot*, und wenn wir genau hinhörten, könnten wir es hören. Also versammelte sich abends das ganze Dorf und suchte den Himmel nach unserem Satelliten ab. Ich kann mich nicht erinnern, ihn je gesehen zu haben. Aber viele zeigten aufgeregt gen Himmel, bis auch andere behaupteten, ihn zu sehen, und dann lauschten alle gespannt. Schließlich sagte jemand: »Hört ihr das?« Und ein anderer antwortete: »Ja, ich höre die Musik.« Aus Angst, revisionistischer Augen und Ohren bezichtigt zu werden, stimmten auch andere zu. Es war, als schwebe Gott am Himmel vorüber. Zur Feier des großen Vorsitzenden Mao sangen alle voller Stolz *Der Osten ist rot*, bis schließlich jemand sagte, der Satellit sei jetzt fort, und wir alle von Ehrfurcht vor den Leistungen unseres Landes erfüllt nach Hause gingen.

Wenn ich heute daran zurückdenke, habe ich den Eindruck, dass die Erwachsenen auf den geistigen Stand von Kindern reduziert waren und die Kinder auf den Status von Erwachsenen erhoben wurden. In dieser Hinsicht war die Welt wirklich auf den Kopf gestellt.

XIII

Als ich mich am Morgen des 8. Januar für die Schule fertig machte, gab es plötzlich eine lange Unterbrechung in der Nachrichtensendung des Radios. Dann kam ernste Musik, wie sie immer gesendet wurde, wenn eine wichtige Persönlichkeit gestorben war.

Als der Rundfunksprecher schließlich meldete, dass Ministerpräsident Zhou Enlai gestorben war, wurde mir ganz elend. Der größte Mann im Land war zwar der Vorsitzende Mao, aber der beliebteste war Zhou Enlai. Als meine Mutter die Nachricht hörte, brach sie in Tränen aus, und auch ich konnte gar nicht mehr aufhören zu weinen.

In der Schule teilten die Lehrerinnen mit rot verweinten Augen weiße Papierblumen als Zeichen der Trauer aus.

Am 5. April 1976, dem Qing-Ming-Tag, an dem wir traditionell unsere Ahnen feiern und ihre Gräber säubern, versammelte sich eine große Menschenmenge auf dem Tiananmen-Platz in Bejing, um am Denkmal der Helden des Volkes Blumen zum Gedenken an Zhou Enlai niederzulegen. Im Radio wurde jedoch gemeldet, Unruhestifter und Konterrevolutionäre hätten sich dort zusammengerottet und seien von der Polizei und bewaffneten Arbeitern vertrieben worden.

Diese Meldung erstaunte uns. Wie konnten sich in Bejing so viele Konterrevolutionäre und Unruhestifter auf der Straße offen gegen die Regierung wenden? Wer waren diese Leute? Wieso liebten Konterrevolutionäre unseren verstorbenen Ministerpräsidenten? Das war für uns der erste Hinweis, dass es viele Feinde des Vorsitzenden Mao und der Kulturrevolution gab, die gut genug organisiert und mutig genug waren, ihre oppositionelle Haltung offen zum Ausdruck zu bringen. Von offizieller Seite gab es dafür keine Erklärung, und dennoch fragten wir uns, was in Bejing vorgehen mochte.

Im Frühjahr 1976 entspann sich in China eine Debatte zwischen den Verfechtern einer traditionellen höheren Schulbildung und ihren Gegnern. Deng Xiaoping, der für eine Wiedereröffnung der Universitäten und die Wiedereinführung von Prüfungen für die Aufnahme begabter Studenten eintrat, wurde noch vor Beginn des Sommers entmachtet. Die Gegner Deng Xiaopings vertraten eine harte Linie, nach der die herkömmliche Bildung nutzlos sei und die Studenten und Intellektuellen nur verderbe, zu Konterrevolutionären mache und dem Volk und der Partei entfremde. Körperliche Arbeit sei der beste Lehrmeister und der beste Dienst am Volk.

Auch in unserem Dorf und in meiner Familie wurde diese Debatte geführt. Im Frühjahr würde ich die Grundschule beenden, und meine Eltern waren sich nicht einig, ob ich zur Mittelschule gehen oder auf dem Feld arbeiten sollte.

Mein Onkel, der Parteisekretär der Arbeitsbrigade, war der Ansicht, noch mehr Bücher würden mich nur überheblich gegenüber den Arbeitern aus meiner Umgebung machen. »Für einen jungen Menschen ist es am wichtigsten, ein rotes Herz zu haben«, erklärte er. »Wenn sie weiter zur Schule geht und Gedichte und Geschichte lernt, wird sie sich nur gegen die Revolution und die Partei wenden.«

Bei einer Brigadeversammlung fragte ein Parteikader: »Warum sollen unsere Kinder Mathematik oder Literatur studieren? Das Wichtigste ist, sich im Marxismus-Leninismus und den Schriften des Vorsitzenden Mao auszukennen. Mehr brauchen sie nicht zu wissen.«

Meine Eltern konnten sich nicht einigen. Meine Mutter war weniger aus ideologischen als aus wirtschaftlichen Gründen dafür, dass ich auf dem Feld arbeitete, um zum Familieneinkommen beizutragen und allen das Leben ein bisschen zu erleichtern. So könnten sie für die Ausbildung meines Bruders sparen. Im Prinzip hatte sie auch in meinem Fall nichts gegen eine weiterführende Schulbildung, hielt sie aber für das Leben eines Mädchens im Dorf für nicht besonders nützlich.

Mein Vater war dafür, dass ich weiter zur Schule ging. Er hatte eine gute Oberschule in Danyang besucht und anschließend studiert, um Tierarzt zu werden. Ihn habe seine Bildung weder verdorben noch dem Volk entfremdet, erklärte er. Er sei Parteimitglied und seiner Erfahrung nach hätte ich mit einer besseren Schulbildung auch bessere Verdienstmöglichkeiten. Daher sei er durchaus bereit, das geringe Schulgeld für mich aufzubringen.

Vater setzte sich durch. Meine Eltern schlossen den Kompromiss, mich für zwei Jahre auf die Mittelschule zu schicken; anschließend sollte ich dann in der Volkskommune arbeiten.

Ich war natürlich froh, dass ich weiter zur Schule gehen durfte, auch wenn es nur für zwei Jahre war. Ich ging gern zur Schule und war in allen Fächern Klassenbeste. Wenn ich die Oberschule besuchen dürfte, könnte ich anschließend an der Militärakademie studieren und Offizier werden, wie es mein Traum war. Aber ich wusste nicht, wie ich meine Mutter umstimmen sollte. Ich konnte nur weiter fleißig lernen und hoffen.

XIV

Im Sommer 1976, ein paar Wochen nach Schuljahresende, gab es in Tangshan, knapp 200 Kilometer südöstlich von Bejing in der Provinz Hebei, ein verheerendes Erdbeben. Für mich war es ein erschreckendes Erlebnis. Ich hatte noch nie ein Erdbeben erlebt.

In der Nacht vom 28. auf den 29. Juli war es ungewöhnlich heiß im Dorf. Ich wachte früh auf, vor allen anderen, und goss Wasser in einen großen Holzzuber, um mich damit abzukühlen.

Ich saß entspannt in der Morgendämmerung in der Wanne, als ich plötzlich etwas wie eine Erschütterung spürte. Das ganze Haus schwankte, das Wasser schwappte über den Wannenrand. Als das Beben aufhörte, sprang ich aus der Wanne und lief schreiend aus dem Haus, ohne auch nur ein Handtuch mitzunehmen. Entsetzt, zitternd und splitternackt stand ich draußen.

Hysterisch weinend und völlig verängstigt liefen die Menschen hin und her. Manche behaupteten, das sei das Ende der Welt. Auch meine Eltern und meine Geschwister kamen schreiend aus dem Haus gelaufen.

Mein Vater schaltete sein Radio ein, aber die staatlichen Nachrichten meldeten nichts über das Erdbeben – vielleicht aus Angst, dass unsere Feinde die Gunst der Stunde nutzen könnten. Der einzige Rat war, dass wir im Freien schlafen sollten. (Später hörten wir, dass bei dem Erdbeben allein in der Provinz Hebei schätzungsweise 655 000 Menschen getötet und 779 000 verletzt worden waren.)

Natürlich gehorchten alle Einwohner von Lishi den staatlichen

Weisungen und schliefen in den nächsten Tagen und Monaten wie eine Großfamilie in einem riesigen Zelt auf dem Dorfplatz, das uns zwar vor Regen und Sonne, nicht aber vor Hitze schützte. Es hatte weder Lüftungsschlitze im Dach noch Fenster, nur eine große Türöffnung, die nachts wegen der Moskitos geschlossen wurde. Nacht für Nacht brieten wir in unserem Gemeinschaftszelt bei Temperaturen um vierzig Grad. Es war die Hölle.

Als im September die Schule wieder anfing, durften wir das Schulgebäude nicht betreten und uns nicht einmal in den Schatten der Mauern setzen, weil sie bei einem weiteren Erdbeben einstürzen könnten. In der Nähe gab es keine Bäume und so mussten wir in der Sonne lernen. Da der September in diesem Jahr besonders heiß war, schwitzten wir und bekamen einen Sonnenbrand.

Ich fragte mich, ob es überhaupt noch schlimmer kommen konnte. Und es kam noch schlimmer.

Am 9. September 1976 hörten wir um vier Uhr nachmittags eine Nachricht, die unsere Welt ins Wanken brachte. Als wir das Radio einschalteten, erklang eine Stunde lang ernste Musik. Dann sagte ein Nachrichtensprecher ganz langsam, als stocke er nach jedem Wort: »Unser geliebter großer Vorsitzender Mao Zedong ist tot.«

Ich war wie versteinert. Für mich war dies die offizielle Bekanntmachung, dass Gott gestorben war.

Meine Mutter brach sofort in Tränen aus. Draußen hörte ich Menschen weinend und klagend aus ihren Häusern laufen.

Mit dem Tod Maos ging für uns alle eine Welt unter, und eine neue Ära brach an. Damals glaubten wir, die Sonne sei erloschen, und nun könne für China nur ein Zeitalter der Finsternis folgen.

Aber wir irrten uns. Schon bald stellten wir fest, dass wir bisher in der Dunkelheit gelebt hatten und die neue Ära, die wir zunächst fürchteten, uns Veränderung und Licht brachte.

XV

Noch lange nachdem ich das kleine Mädchen sein Pferd hatte füttern sehen, dachte ich an meine Kindheit in Lishi. Das Mädchen hatte ebenso glücklich gewirkt wie ich in seinem Alter.

Am frühen Abend, als es schon dunkel wurde, erreichten wir unser Reiseziel und stiegen aus dem Bus. »Wo sind wir?«, fragte ich.

»Wir sind bald da«, antwortete Lin Cheng. »Wir müssen noch einen knappen Kilometer zu Fuß gehen.« In der Ferne sah ich ein paar Häuser und Schornsteine.

»Dort ist es«, sagte Lin Cheng und deutete auf die Häuser. Langsam gingen wir Seite an Seite wie zwei verirrte Seelen, die Obdach suchten, auf die Siedlung zu. Als der Wind auffrischte, blieb ich stehen und zog mir den Schal über Nase und Mund.

Ich schaute kurz zum Himmel hinauf und sah in einem Loch in den Wolken eine Sternschuppe. Brachten Sternschnuppen nicht Glück? Ich konnte mich nicht erinnern und fragte Lin Cheng, aber er wusste es auch nicht.

Kapitel 9

Zwölf Pandas

»Frühe Sonnenstrahlen scheinen auf den Übungsplatz. Und diese stattlichen Mädchen, heldenhaft mit langen Gewehren im Wind. Töchter Chinas mit beispiellosem Willen, ihr zieht raue Uniformen bunter Seide vor.«

Mao Zedong, *Milizionärinnen* (Februar 1961)

I

Ein Wachmann begrüßte uns in der Zentralverwaltung der Ölgesellschaft Nanyang. Lin Cheng nannte unsere Namen und erklärte, dass wir mit dem Leiter der Niederlassung verabredet seien. Kurze Zeit später erschien der Leiter und begrüßte uns freundlich. Sein Sohn aus Bejing hatte ihm von uns erzählt und er hatte uns schon erwartet. Aus dem kurzen Gespräch entnahmen wir, dass er glaubte, einem Freund seines Sohnes zu helfen, für eine Weile familiären Schwierigkeiten zu entkommen.

Er nahm uns für die Nacht bei sich zu Hause auf und sagte mir, ich könne dort wohnen und für Kost und Logis kochen und Hausarbeiten erledigen. Außerdem hatte er mir eine Arbeit als Nudelverkäuferin auf der Straße besorgt.

Mein Mann blieb zwei Nächte bei mir, bevor er wieder nach Bejing fuhr. Am Morgen seiner Abreise begleitete ich ihn an die Bushaltestelle außerhalb der Siedlung. Als wir uns verabschiedeten, gab ich ihm einen Brief an meine Eltern, den er in Bejing aufgeben sollte. Darin hatte ich ihnen geschrieben, dass es mir gut ginge, ich eine Arbeit hatte und ihnen leider nicht oft würde schreiben können. Durch nichts ließ ich erkennen, dass ich nicht in Bejing war.

Von der Bushaltestelle ging ich geradewegs daran, auf der Straße Nudeln zu verkaufen, und fühlte mich völlig fehl am Platz.

Keiner meiner Kollegen besaß auch nur die geringste Schulbildung. Sie sprachen kein Mandarin, und ihre Hauptleidenschaft bestand darin, einen Fen Gewinn an jedem Beutel Nudel zu machen. Sie bestaunten mich, als käme ich von einem anderen Stern.

Jeden Tag stand ich morgens um halb sechs Uhr auf und machte das Haus sauber, in dem ich wohnte. Anschließend musste ich in der Werkskantine sechs Thermosflaschen heißes Wasser holen und dann für meine Gastfamilie das Frühstück und die Betten machen.

Mittags hatte ich anderthalb Stunde Pause, in der ich schnell nach Hause lief und für die Familie kochte. Anschließend räumte ich den Tisch ab und spülte das Geschirr.

Nach der Arbeit kochte und servierte ich das Abendessen, spülte und wusch die Wäsche der Familie. Ich hatte weder einen Fernseher noch Radio oder Zeitungen und war nicht mehr als ein Dienstmädchen. Meine einzigen Lichtblicke waren die Briefe von Lin Cheng, der meine ganze Hoffnung und Verbindung zur Außenwelt war.

Er schrieb immer sehr liebevoll, besorgt und mitfühlend. Jeden Tag antwortete ich ihm und bat die Frau des Werksleiters, die Briefumschläge für mich an Lin Chengs Freund zu adressieren, der sie persönlich an ihn weitergab. Diese Vorsichtsmaßnahme war notwendig, damit mein Aufenthaltsort nicht durch abgefangene Briefe herauskäme. Umgekehrt schickte Lin Cheng seine Briefe an die Frau des Werksleiters. Meine neuen Kollegen machten sich darüber lustig, dass ich so viele Briefe schrieb, und verstanden nicht, wie ich so viel von meinem Lohn für Briefmarken ausgeben konnte.

Einen Monat nachdem ich meine neue Stelle angetreten hatte, bekam ich von Lin Cheng den Brief, den ich schon gefürchtet hatte. »Ich habe lange darüber nachgedacht«, schrieb er, »und habe das Gefühl, dir sagen zu müssen, dass ich dich nicht mehr liebe. Ich möchte, dass wir uns so bald wie möglich scheiden lassen. Ich weiß, dass du gerade jetzt die schwerste Zeit deines Lebens durchmachst. Aber so zu tun, als würde ich dich immer noch lieben, hieße, dich zu täuschen, und das möchte ich nicht. Jeder von uns muss jetzt sein eigenes Leben führen. Bitte, sei mir nicht böse. Ich glaube, dass du mit der Zeit verstehen wirst, warum das notwendig ist.«

Ich ging in mein Zimmer, verriegelte die Tür und weinte den ganzen Abend. Am nächsten Morgen fing ich wieder an zu weinen und blieb in meinem Zimmer. Als die Frau des Werksleiters an meine Tür kam und fragte, was mir fehle, sagte ich ihr, ich sei krank. Abends kochte ich, immer noch weinend, für den Werksleiter und seine Frau. Sie sahen mich an, sagten aber nichts.

Dann saß ich stundenlang am Fenster und grübelte über mein Leben, an dem mir nichts mehr lag. Ich dachte daran, mich vor einen der Tanklaster zu werfen, die jeden Abend, wenn ich von der Arbeit nach Hause ging, an mir vorüberfuhren. Von einer Minute zur anderen konnte ich meinem Leben ein Ende setzen, schmerzlos. Nur einen Schritt musste ich tun. Ich dachte daran, Lin Cheng einen Abschiedsbrief zu schreiben, entschied mich aber dagegen, weil ich nicht wusste, wie ich ihm erklären sollte, was mit mir geschehen war. Das Einzige, was ich sicher wusste, war, dass ich dieses Lebens müde war.

Ich saß weinend im Dunkeln, fühlte mich ungeliebt, unerwünscht, nutzlos und zum Tode verurteilt. Als ich die Arme auf das Fensterbrett legte und meinen Kopf darauf stützte, spürte ich etwas Kaltes an meinem Gesicht. Es war das Silberarmband, das ich völlig vergessen, aber nie abgenommen hatte.

Mir fiel der Nachmittag ein, an dem Larry es mir gegeben und mir versprochen hatte, es werde mir Glück bringen. Wenn das Armband nicht gewesen wäre, hätte ich beinahe an seiner Existenz gezweifelt.

Ich saß am Fenster, starrte in den Nachthimmel und ließ die winzigen silbernen Kettenglieder durch meine Finger gleiten. Gegen Mitternacht sah ich in der Ferne etwas aufblitzen. Wieder eine Sternschnuppe? Minuten später sah ich es erneut blitzen. Es war keine Sternschnuppe, sondern ein Scheinwerfer, der weit entfernt die Dunkelheit zerschnitt.

II

Mein Leben ist vorbei, sagte ich mir immer wieder. Noch nie war ich so tief in Finsternis und Trauer versunken. So hoffnungslos geweint hatte ich zuletzt nach dem Tod Maos, als ich sicher war, nie wieder lachen zu können. Doch dann fiel mir ein, dass ich mich geirrt hatte. Eigentlich hatte Maos Tod mir Tür und Tor zu einem neuen Leben geöffnet.

Mit dem Tod Maos und der Verhaftung seiner Frau und ihrer engen Verbündeten begann in China eine Zeit dramatischer Veränderungen. Die Kulturrevolution wurde aufgegeben. Die Opfer der Hysterie des vergangenen Jahrzehnts wurden nach und nach aus Gefängnissen und Arbeitslagern freigelassen, wieder in die Partei aufgenommen und viele posthum rehabilitiert.

Deng Xiaoping übernahm die Macht von Hua Guofeng, Maoisten wurden aus Machtpositionen in der Partei entfernt und durch Dengs Freunde ersetzt. Deng erklärte seine Absicht, China zu modernisieren. Er führte zahlreiche grundlegende Reformen durch und legte in der Regierungspolitik den Schwerpunkt auf

Pragmatismus statt auf reine Ideologie. Unter anderem reformierte er auch das Bildungssystem. Universitäten und Hochschulen, die während der Kulturrevolution von linientreuen Gruppierungen übernommen worden waren und den Lehrbetrieb eingestellt hatten, wurden von Akademikern und Professoren geführt. Über die Aufnahme entschieden wieder Prüfungen und nicht die Klassenzugehörigkeit der Kandidaten. In der Schule lag der Schwerpunkt nicht mehr auf der politischen Erziehung, sondern auf schulischen Leistungen.

Plötzlich gab es eine Fülle neuer Lehrbücher und Neuauflagen alter Bücher. In Danyang eröffnete eine große Buchhandlung, in der ebenso viel Betrieb herrschte wie in der örtlichen Leihbibliothek, da bildungshungrige Schüler sich unermüdlich auf die Aufnahmeprüfungen für gute Oberschulen, Hochschulen und Universitäten vorbereiteten.

Nun gab es für Schüler an den Wochenenden keine politischen Kreuzzüge und keine Jagd auf Dünger und Grundbesitzer mehr. Die Lehrer wurden wieder auf die Podeste erhoben, auf denen sie in China traditionell gestanden hatten, und paukten uns ein, dass unsere einzige Möglichkeit, einem Arbeitsleben auf den Feldern zu entrinnen, in noch härterer Arbeit in der Schule bestand, um gut bei den Aufnahmeprüfungen für Oberschule und Hochschule abzuschneiden. Und so lasen wir unsere Bücher und lernten unsere Lektionen mit der gleichen Energie und Begeisterung, die wir vorher in politischen Kampagnen an den Tag gelegt hatten. Unter diesen Umständen war nun auch meine Mutter einverstanden, mich weiter zur Schule gehen zu lassen.

Im Frühjahr 1978 schloss ich die Mittelschule ab und bestand die Aufnahmeprüfung für die Oberschule in Danyang, eine der renommiertesten Oberschulen der Provinz Jiangsu, die etwa die Hälfte ihrer Absolventen an Universitäten schickte.

Unermüdlich lernte ich Tag und Nacht und wurde schon im

ersten Halbjahr in die Kommunistische Jugendliga aufgenommen.

Nach drei Jahren Oberschule legte ich die Aufnahmeprüfung für die Hochschule ab, die sich über drei Tage mit Prüfungen in sechs Fächern hinzog. Als ich am dritten Tag nach einer sechsstündigen Prüfung nach Hause kam, schloss ich mich in meinem Zimmer ein und schrieb einen Brief an den Leiter des Instituts für Internationale Beziehungen der Volksbefreiungsarmee, die zukünftige Führungskräfte der Armee und des Landes ausbildete. Zum ersten Mal seit 1965 sollten im Herbst 1981 wieder weibliche Kadetten rekrutiert werden, die nach schulischen Leistungen und Prüfungsergebnissen und nicht nach Herkunft und Beziehungen ausgewählt werden sollten. Da nur zwölf Bewerberinnen aus dem ganzen Land angenommen wurden, hatte meine Studienberaterin mich gewarnt, dass meine Chancen für eine Aufnahme äußerst gering seien und viele hohe Offiziere ihren Einfluss nutzen würden, um ihre Töchter an diesem Institut unterzubringen. Aber ich hatte die Militärakademie trotzdem ganz oben auf meine Wunschliste gesetzt.

Wie ich auf die Idee kam, meine Bewerbung mit einem Brief zu unterstützen, weiß ich nicht mehr. Vielleicht lag es an meinem Glauben, dass die Armee nur die besten Kandidaten rekrutieren wolle und immer auf der Suche nach den talentiertesten Jugendlichen sei. Ich hatte alles zu gewinnen und nichts zu verlieren. In einem fünfseitigen Brief stellte ich mich dem Leiter der Akademie vor und schilderte meine Herkunft, meinen schulischen Werdegang, meine ehrgeizigen Zukunftspläne und meine Entschlossenheit. Ich schrieb, dass ich schon immer davon geträumt hatte, in die Armee zu gehen, und wenn er mir nur die Chance dazu gäbe, diesen Traum zu verwirklichen, verspräche ich ihm, die beste aller Studentinnen zu werden.

Drei Wochen später erhielt ich meine Prüfungsergebnisse, die zu den besten des Landes gehörten, und musste mich in drei verschiedenen Krankenhäusern für die Aufnahme in die Armee untersuchen lassen. Ende Juli kamen Offiziere des Instituts für Internationale Beziehungen dreimal an meine Oberschule, um mit mir Gespräche auf Chinesisch und Englisch zu führen.

Am 18. August 1981 bekam ich die Mitteilung, dass ich zu den zwölf Mädchen gehörte, die an der Militärakademie aufgenommen wurden. Sofort lief ich zu meiner Mutter aufs Feld, um ihr die Neuigkeit zu berichten. Wie sie mir später sagte, war das der glücklichste Tag in ihrem Leben. Ich war die Erste in ihrer Familie, die eine Hochschule besuchen sollte, und darauf konnten selbst ihre Ahnen stolz sein, erklärte sie.

Abends kochte sie ein großes Festessen für mich, und anschließend fuhren wir mit dem Fahrrad meines Vaters zu unseren Verwandten im Nachbardorf, um ihnen die Neuigkeit zu erzählen. Zum Abschluss des Abends zündete mein Vater einige Feuerwerkskörper an, die er eigens für diesen Anlass vom Frühlingsfest aufgehoben hatte. Er hatte fest an meinen Erfolg geglaubt und sie deshalb so lange verwahrt. Darüber war ich besonders glücklich.

Eine Woche später begleiteten meine Eltern mich im Zug nach Nanyang. Obwohl die Fahrt nur zwei Stunden dauerte, waren weder meine Mutter noch mein Vater je in der Großstadt gewesen.

Die Kadetten wurden am Bahnhof abgeholt und mit dem Bus zur Militärakademie gebracht. Drei junge Männer in Uniform halfen uns, das Gepäck im Bus zu verstauen und Sitzplätze zu finden. Die Busfahrt dauerte über eine Stunde.

Ich brannte darauf, den Ort zu sehen, von dem ich seit meiner Kindheit geträumt hatte. Als wir zur Militärakademie kamen, sah ich bewaffnete Wachen am Tor. Das Gelände war von einer hohen Mauer mit Stacheldraht umgeben und wirkte dadurch geheimnisvoll, aber eigentlich eher wie ein Gefängnis, nicht wie eine Schule. Alle im Bus verstummten, als die Wachen das Tor öffneten und wir hineinfuhren. Mein Herz raste und Tränen stiegen mir in die Augen. Gespannt hielt ich die Hand meiner Mutter.

III

Auf einem großen Exerzierplatz hielt der Bus, und wir stiegen aus. Die älteren Kadetten liefen in ihre Quartiere und ließen meine Eltern und mich allein zurück. Zwei Ordonnanzoffiziere holten uns ab. Einer brachte meine Eltern ins Gästehaus, der andere führte mich in ein Gebäude, wo mich ein freundlicher Offizier mit strahlendem Lächeln begrüßte und sich mit dem Namen Ying vorstellte. Er war einer von drei Offizieren, denen alle neuen Kadetten mit dem Hauptfach Englisch unterstellt waren. Mit einem Blick in meine Unterlagen stellte er fest: »Ach, du bist diejenige, die an den Leiter des Instituts geschrieben hat. Das war ein wunderbarer Brief. Er lässt dich grüßen.«

Ying führte mich in den ersten Stock des Gebäudes, wo die zwölf weiblichen Kadetten einquartiert waren. Unsere Unterkunft bestand aus drei Schlafzimmern, zwei Abstellkammern und einem Waschraum mit Kaltwasserhähnen und fünf abgeteilten Toiletten. Eine Dusche oder Badewanne gab es nicht.

Zwölf Bettgestelle waren die einzigen Möbel in der Unterkunft. Zwei junge Frauen, die schon früher eingetroffen waren, saßen verloren auf einem der Betten und warteten auf die Ankunft der übrigen weiblichen Kadetten. Sie waren froh, mich zu sehen.

Ying führte uns in ein anderes Gebäude, wo wir alles bekamen, was wir für das Leben in der Kaserne brauchten: Matratzen, Bettdecken, Moskitonetze, drei kleine Schalen, einen Löffel, ein Paar Essstäbchen, eine Thermosflasche, eine Waschschüssel und einen niedrigen Schemel, auf dem wir bei Versammlungen sitzen konnten.

Abends aß ich mit meinen Eltern und meinen neuen Klassenkameradinnen in der Kantine, die groß genug war für mehr als 1.500 Kadetten. Nach dem Essen machten wir einen Spaziergang über den Campus und dann nahm ich Abschied von meinen Eltern, da ich früh am nächsten Morgen exerzieren musste und sie nicht zum Bahnhof bringen konnte.

Vier Tage später waren alle Kadetten eingetroffen und hatten sich in ihren Unterkünften eingerichtet. Das Herbstsemester begann offiziell am 1. September. Alle 120 neuen Kadetten mit dem Hauptfach Englisch versammelten sich in einem großen Saal. Ying rief uns einzeln namentlich auf und erklärte uns anschließend feierlich, warum man uns unter Tausenden Bewerbern aus ganz China ausgewählt hatte und was uns erwartete:

»Diese Schule ist einmalig in China. Wir gehören zum Zweiten Büro der Volksbefreiungsarmee, zur Abteilung für militärische Aufklärung, und befassen uns sowohl mit der Beschaffung von Informationen im Ausland als auch mit militärischer Abwehr im Inland. Das werden eure Hauptaufgaben nach dem Ende eures Studiums sein.

Sowohl in China als auch im Ausland gibt es viele, die sich für diese Schule interessieren. Aus Sicherheitsgründen dürft ihr mit niemandem über die Schule und das, was hier geschieht, sprechen, weder mit euren Eltern noch mit euren Freunden. Ihr dürft keine Hefte oder Lehrbücher mitnehmen, wenn ihr den Campus verlasst. Ihr dürft niemandem sagen, welche Bücher ihr hier zu lesen bekommt und in der Bibliothek zur Verfügung habt. Ihr dürft niemandem sagen, wie viele Kadetten hier sind und wer die lehrenden und kommandieren Offiziere sind. Ihr sprecht mit niemandem über eure Ausbildung an den Waffen. Ihr macht keinerlei Angaben zur Lage der Schule, die auf keiner Landkarte verzeichnet ist. Eigene Busse bringen euch vom Bahnhof oder von der Innenstadt hierher. Eure Adresse ist ein Postfach. Ihr gebt niemandem eure Telefonnummer. Ihr könnt zwar von hier aus anrufen, aber euch nicht anrufen lassen.

Manches mag euch jetzt nicht wichtig erscheinen. Aber mit der Zeit werdet ihr die Gründe für diese Geheimhaltung verstehen. Verstöße gegen diese Vorschriften werden strengstens geahndet.«

Die Geheimhaltung und unsere Verantwortung gaben uns das Gefühl, zu einer wichtigen, bevorzugten Elite zu gehören und schweißten uns zusammen.

Anschließend kam Ying zu uns zwölf Mädchen in die Unterkunft, wies uns auf die besondere Stellung hin, die wir als erste weibliche Kadetten seit 1965 hatten, und erklärte, dass wir eine eigene Gruppe innerhalb der 13. Kompanie der Schule bildeten. He Lianzhen und ich wurden zu Gruppenführerinnen ernannt. Schließlich erklärte er: »Ihr seid etwas ganz Besonderes, ihr seid die ›zwölf Pandas‹ – die Schätze der Nation. Verhaltet euch entsprechend und arbeitet hart!«

Und dann sagte er etwas, das wir in den nächsten vier Jahren fast wöchentlich zu hören bekamen, aber damals war keiner von uns die umfassende Wahrheit dieser Aussage klar. »Wir bilden euch tausend Tage lang aus, geben euch Essen und Kleidung und sorgen für euch. Aber wir brauchen euch nur für einen kurzen Augenblick. Seid bereit!«

IV

In den nächsten Wochen lernten wir die Vorschriften und Rituale des militärischen Lebens, lernten die Namen unserer Vorgesetzten, exerzierten, putzten unsere Unterkünfte und Klassenzimmer und bekamen schließlich unsere Uniformen. Als wir sie zum ersten Mal anzogen, konnten wir unseren Stolz kaum verhehlen.

Zum Nationalfeiertag am 1. Oktober gab es eine große Feier, an der das gesamte Institut teilnehmen musste. Geschlossen marschierten wir, nach Kompanien eingeteilt, singend in die Aula.

Als wir saßen, herrschte kurze Zeit völlige Ruhe. Dann stimmte eine Kompanie am anderen Ende des Saales ein martialisches Lied an, in das alle einfielen. Kaum war das Lied zu Ende, stimmte eine andere Kompanie schon das nächste Lied an. Bald war auch den neuen Kadetten klar, dass die Kompanien miteinander wetteiferten, welche am lautesten singen konnte. Nachdem wir eine Viertelstunde lang gesungen hatten, stand ein Offizier auf, gebot Ruhe und befahl den weiblichen Kadetten der 13. Kompanie, aufzustehen und zu singen. Alle wollten sich die Mädchen anschauen. Verlegen sangen wir *Die Rote Blume.* Als wir fertig waren, johlten die Jungs, stampften mit den Füßen und klatschten minutenlang Beifall. Ihre Aufmerksamkeit machte uns zwar verlegen, aber auch stolz darauf, dass wir endlich zu diesen begeisterten, patriotischen Soldaten gehörten. Seit frühester Jugend hatten wir die Soldaten der Volksbefreiungsarmee singen hören und davon geträumt, zu ihnen zu gehören, und nun war unser Traum wahr geworden.

Da wir die ersten Mädchen an der Militärakademie waren,

brachte unsere Anwesenheit einige Probleme mit sich. Unsere drei unmittelbaren Vorgesetzten waren Anfang dreißig und wirkten in unserer Gegenwart etwas schüchtern. Wenn sie in unsere Unterkunft kamen und einige der Mädchen nicht vollständig angezogen waren oder BHs und Unterwäsche zum Trocknen im Waschraum hingen, wurden sie rot und gerieten ins Stottern.

In der ersten Unterrichtswoche erhielten die männlichen Kadetten strenge Anweisungen, wie sie sich gegenüber den Mädchen auf dem Campus zu verhalten hatten. »Jeder Kontakt zu ihnen, der über das rein Förmliche hinausgeht, ist strikt untersagt. Ihr dürft nicht mit ihnen an einem Tisch essen, keinen Ärger machen und nicht mit ihnen flirten. Liebeleien werden nicht geduldet. Ihr seid hier, um zu studieren. Das ist alles. Falls wir hinter etwaige heimliche Kontakte kommen, werden sowohl der Mann als auch die Frau bestraft. Das kann zur Entlassung aus der Armee führen und bedeutet einen schwarzen Fleck in eurer Akte.«

Die Mädchen wurden in einer gesonderten Besprechung ebenfalls gewarnt. Als zusätzliche Sicherheitsmaßnahme lag unsere Unterkunft über den Büros des Fachbereichs Englisch, so dass jeder, der tagsüber zu uns wollte, an den Offizieren und Sekretärinnen in den Büros vorbeigehen musste. Die Jungs waren in drei Gebäuden untergebracht, die zwar eine Aussicht auf unsere Unterkunft hatten, aber zu weit entfernt waren, als dass sie in unsere Fenster hätten schauen können. Ying schrieb mit roter Kreide zwei Worte an die Tafel: »BI XIANG« – *jeden Verdacht vermeiden.* Damals konnte sich keine von uns vorstellen, unsere militärische Laufbahn durch eine Liebesgeschichte zu gefährden. Wir waren an die Militärakademie gekommen, um zu studieren, unsere Ausbildung zu machen und hatten die feste Absicht, unsere Leidenschaft einzig und allein auf unseren Dienst als Soldatinnen zu konzentrieren.

V

In den ersten drei Monaten erhielten wir eine intensive militärische Grundausbildung, die an sechs Tagen in der Woche von Sonnenaufgang bis Sonnenuntergang dauerte. Bis zum Abschluss dieser Grundausbildung galten wir offiziell als Zivilisten in Uniform.

Die ersten Tage der Grundausbildung waren ungemein anstrengend. Morgens um halb sechs wurden wir von einem schrillen Klingeln und Marschmusik geweckt. Den ganzen Tag lang wurden wir gedrillt und mussten exerzieren, unterbrochen lediglich von einem kurzen Frühstück und dem Mittagessen. Anfangs exerzierten wir einzeln, dann in immer größeren Gruppen. Für die zwölf männlichen und zwei weiblichen Gruppenführer gab es eine spezielle Ausbildung, in der wir lernten, gemeinsam Parolen zu rufen und Kommandos für die Bewegungen der Gruppe zu erteilen. Waren diese Übungen anfangs noch neu und interessant, so fand ich sie bald eher amüsant und schließlich nur noch langweilig und ermüdend. Abends fielen wir hundemüde in unsere Betten, ohne uns auch nur zu waschen, und rührten uns bis zum nächsten Morgen nicht mehr.

Nachdem wir gelernt hatten zu marschieren und uns richtig zu bewegen, erhielten wir eine Ausbildung in Selbstverteidigungstechniken und Waffengebrauch. Für den Nahkampf lernten wir Kung-fu und Ringen. Dieses Unterrichtsfach begleitete uns während der gesamten Studienzeit.

Jeder von uns bekam eine 9-mm-Pistole, Modell 54, bei der es sich um den chinesischen Nachbau einer tschechischen Waffe handelte, und automatische und halbautomatische Maschinenpistolen, die Nachbauten der sowjetischen Kalaschnikows des Typs AK-47 waren. Wir lernten, sie blind auseinander zu nehmen, zu reinigen, zusammenzubauen und zu laden, und machten auf dem Schießstand Schießübungen.

In der Nahkampfausbildung mit dem Bajonett lernten wir die besten Techniken, einen Gegner zu entwaffnen und feindliche Soldaten zu erstechen. Dann arbeiteten wir uns die Waffenkette hinauf von Handgranaten über kleine Artilleriegeschütze und Mörser bis hin zu Feldgeschützen.

Diese Ausbildung ging mit einer intensiven politischen Indoktrination einher. Man berichtete uns immer wieder vom mutigen Kampf der Volksbefreiungsarmee gegen Japaner, Nationalisten, Amerikaner, Inder, Russen und Vietnamesen und impfte uns ein, dass wir diese glorreiche Tradition als beste Soldaten der Welt fortzuführen hätten.

Gegen Ende der Grundausbildung gab es mehrere Alarmübungen als praktische Tests und als Training für eine echte internationale Krise. Wenn mitten in der Nacht die Sirene das Alarmsignal gab, mussten wir in 20 Sekunden aus dem Bett springen, unsere Uniformen anziehen und mit Marschgepäck auf dem Exerzierplatz antreten. Das alles musste in völliger Dunkelheit vonstatten gehen, damit feindliche Flugzeuge unseren Posten nicht ausmachen konnten. Dazu mussten wir mit unserer Stube bestens vertraut sein und alles, was wir brauchten, auch im Dunkeln finden können.

Zum Abschluss der Grundausbildung fand im Institut eine Parade statt, bei der wir zwölf Frauen ein rotes Band für die Uniformkragen und einen roten Stern für die Mütze erhielten. Damals gab es in der Volksbefreiungsarmee offiziell keine Dienstgrade, aber man teilte uns mit, dass wir nun Offiziersanwärterinnen seien. Unsere alten Uniformen tauschten wir gegen Offiziersuniformen aus, die statt der zwei Taschen auf der Uniformjacke der Mannschaften vier Taschen hatten. So unterschied eine Armee, die keine Dienstgrade kannte, die verschiedenen Ränge.

VI

Während der gesamten vier Jahre unserer Ausbildung trainierten wir weiterhin körperliche Kondition, Marschieren und Waffengebrauch, aber nach der Grundausbildung lag der Schwerpunkt auf dem Erwerb von Sprachkenntnissen, der militärischen Aufklärung und der Auswertung gewonnener Daten und Informationen. Am intensivsten konzentrierten wir uns jedoch auf fließende Englischkenntnisse, da man uns sagte, dass wir ohne sie die uns übertragenen Aufgaben nicht würden erfüllen können.

Jeden Tag lauschten wir Gesprächen in englischer Sprache und lasen und übersetzten englische Texte. Wir mussten sowohl die englische Umgangssprache als technische Fachsprachen beherrschen, weil Abhörposten in ganz China die privaten und offiziellen Telefon- und Funkgespräche amerikanischer Militärs und Diplomaten abhörten, die in Südostasien und der westlichen Pazifikregion stationiert waren. Wichtige Ziele unserer Abhöreinrichtungen waren die Sechste und Siebte US-Flotte. Wir hörten uns Aufzeichnungen amerikanischer Marineangehöriger an, die von Bord ihrer Schiffe oder aus verschiedenen Häfen in Asien ihre Familie anriefen, und waren schockiert, wenn ein amerikanischer Offizier zuerst seine Frau in den Vereinigten Staaten und unmittelbar danach seine Geliebte auf den Philippinen oder in Hongkong anrief und ihr mit den gleichen Worten Liebeserklärungen machte.

Die Gespräche, die wir hörten, verbesserten nicht nur unsere Englischkenntnisse, sondern weckten in uns auch Verachtung für die amerikanische Moral. Natürlich unterstützten unsere Vorgesetzten solch negativen Einstellungen und erklärten, nun könnten wir aus erster Hand erleben, wie falsch, dekadent und geschmacklos Amerika sei. Wir waren verwundert und entsetzt, denn Liebe und Romantik waren für uns noch weitgehend von Schilderungen in Büchern geprägt. Keine der zwölf jungen Frauen hatte bislang mit einem Mann auch nur Händchen gehalten. Wir erwarteten, dass Liebe so edel und rein sei wie in den Romanen, die wir gelesen hatten. Wir lasen zwar Jane Austen, Charlotte Brontë, Margaret Mitchell und Ernest Hemingway und waren geblendet von Filmen wie *Meine Lieder – meine Träume*, aber wir hätten nie gedacht, solche Ausdrücke zu hören, wenn wir amerikanische Militärs abhörten. Unserer Überzeugung nach waren diese Männer völlig anders als die edel gesinnten Offiziere der Volksbefreiungsarmee, und die Welt könnte nur gewinnen, wenn der Einfluss und die Macht Amerikas auf die eigenen Landesgrenzen reduziert würde. Daran gab es keinerlei Zweifel.

Unsere englische Lektüre war recht bunt zusammengewürfelt: klassische englische und amerikanische Romane, moderne Romane und Sachbücher, Militärhandbücher, Zeitungen, Zeitschriften und Berichte an das Hauptquartier in Bejing, von denen wir Kopien bekamen.

Um die Amerikaner besser verstehen und uns mit ihnen auf einem gewissen Niveau unterhalten zu können, erhielten wir Unterricht in amerikanischer Politik, Außenpolitik, Film und volkstümlicher Kultur, lernten, mit westlichem Besteck zu essen, und Standardtänze. Auch diese Fertigkeiten könnten uns eines Tages neue Bekanntschaften und Informationsquellen eröffnen, erklärte man uns.

Als ich Jahre später jedoch im Zentrum für chinesisch-amerikanische Studien in Nanyang mit Amerikanern zusammenlebte, musste ich feststellen, wie völlig veraltet unsere Ausbildung war. Nur mit Schwierigkeiten verstand ich die modernen idiomatischen Ausdrücke und erfuhr, dass Amerikaner in unserem Alter keine Standardtänze mehr lernten und weder die Musik hörten noch die Filme sahen, die uns gefielen. Wir hatten den Umgang mit einem Amerika geübt, das gar nicht mehr existierte. Während wir glaubten, uns eines Tages unauffällig in die amerikanische Gesellschaft integrieren zu können, ließ das, was wir gelernt hatten, uns bei Amerikanern skurril wirken. Ich erinnere mich daran, wie ich bei einer Party mit Amerikanern mit einer anderen chinesischen Studentin tanzte. Die Amerikaner standen neben der Tanzfläche und beobachteten amüsiert die Tanzschritte, die wir gelernt hatten. Als dann laute Rockmusik gespielt wurde, tanzten die Amerikaner, und die Chinesen standen staunend daneben und beherrschten die Schritte nicht oder waren zu gehemmt und schüchtern, es zu versuchen.

Im Laufe der Wochen intensivierten sich unsere Übungen in Aussprache, Schnelldiktat, Lesen, Analyse und Wortbildung. Regelmäßig gab es Prüfungen und Beurteilungen unserer Fortschritte. In den ersten Semestern übersetzte ich immer und immer wieder dieselben Bedienungsanleitungen. Dabei mussten wir ohne Wörterbücher auskommen und sollten uns im Kopf ein eigenes Wörterbuch anlegen. Natürlich dauerte es eine Weile, bis ich eine akzeptable Übersetzung abliefern konnte.

In jedem Semester kamen neue Fächer hinzu, zum Beispiel militärische Geografie. Wir lernten, uns im Gelände zu orientieren, die Himmelsrichtung und unseren Weg mit einem Kompass und anhand von Anhaltspunkten wie Sonnenstand, Schattenwurf,

Moos an Bäumen und Ähnlichem zu bestimmen. Wir übten grundlegende Überlebenstechniken, lernten militärische Karten zu lesen, selbst Karten zu zeichnen, Entfernungen und die Höhe von Hügeln und Bergen abzuschätzen.

Abends zeigte man uns Ausbildungsfilme westlicher Luft-Streitkräfte und Filme von Marinemanövern der amerikanischen Flotte, damit wir verschiedene Schiffstypen, Waffen und Raketen zu unterscheiden lernten. Wir besuchten einen chinesischen Marinestützpunkt, schauten uns U-Boote und Fregatten an und sprachen mit den Offizieren und Mannschaften über ihre Erfahrungen.

Jeden Donnerstagnachmittag stand Parteipolitik auf unserem Ausbildungsplan. Wir lasen Parteidirektiven, analysierten die gegenwärtige Weltlage und Chinas internationale Stellung. Wenn man uns Material zu lesen gab, das als »geheime Verschlusssache« eingestuft war, fühlten wir uns in einen inneren Zirkel einbezogen, der besonderes Vertrauen genoss und an den als Gegenleistung besondere Erwartungen gestellt wurden, obwohl wir noch keine Parteimitglieder waren.

Fast 90 Prozent der neuen Kadetten waren Mitglieder der Kommunistischen Jugendliga, aus der die Partei ihre Mitglieder rekrutierte. Wir trafen uns wöchentlich in Arbeitsgruppen zu ein- bis zweistündigen Sitzungen, über die ein Gruppenführer Protokoll führte. Manchmal mussten wir in diesen Sitzungen unsere Ansichten über ein bestimmtes Thema oder uns selbst aufschreiben. Immer wieder wies man uns darauf hin, dass persönliche Geheimnisse und in gewissem Sinne jede Form von Privatleben verboten sei. Nichts durfte der Liga und den Parteikadern vorenthalten werden. Die Devise lautete: »Es gibt nichts, absolut gar nichts, was du der Partei nicht sagen kannst«. So schrieb jeder von uns seine Gedanken auf, und wenn sie nicht aufschlussreich genug waren, mussten wir alles noch einmal schreiben. Unsere

Aufsätze wurden laut vorgelesen und von der Gruppe bezüglich selbstsüchtiger Einstellungen, bourgeoiser Wertvorstellungen oder politischer Unwissenheit kritisiert. Wir waren auch verpflichtet, ein Tagebuch zu führen, das hin und wieder vorgelesen wurde.

Diese Sitzungen sollten unser politisches Bewusstsein schärfen, hatten jedoch eher zur Folge, dass wir lernten, uns zu verstellen. Wenn man völlig sicher ist, dass alles, was man schreibt, in der Gruppe vorgelesen wird und Eingang in die Personalakte findet, wird man natürlich vorsichtig. Wir hatten schon früh gelernt, was die Kader in Partei und Jugendliga hören wollten, und füllten unsere Tagebücher mit den gängigen politisch korrekten Lügen über unsere Liebe und Achtung zu unseren Vorgesetzten und Kameraden, auch wenn sie brutal oder dumm waren. Hätte einer von uns seine ehrliche Meinung verraten, so hätte das lediglich langwierige Umerziehungsmaßnahmen und schwarze Flecken in der Akte zur Folge gehabt. Geschickte Lügen konnten uns dagegen in die oberen Ränge der Jugendliga, der Armee und der Partei befördern. Und obwohl wir mittlerweile wussten, dass diese mächtigen Organisationen Lügen und Übertreibungen für bare Münze nahmen, bemühten wir uns unermüdlich, als Mitglieder aufgenommen zu werden.

Wir entwickelten eine öffentliche und eine verborgene Persönlichkeit. Die öffentliche stellte nie die etablierte Ordnung und das offiziell sanktionierte Denken in Frage. Die verborgene Persönlichkeit hatte Zweifel, Ängste, Fragen und Vorbehalte. Nachts im Dunkeln tuschelten wir über unsere wirklichen Gedanken, lachten über einige unserer Vorgesetzten und hinterfragten die Überzeugungen, die man uns eingetrichtert hatte.

Die auf diese Weise geteilten Geheimnisse schweißten uns zusammen. Es gab kaum Konkurrenz zwischen uns, da wir uns als Gruppe fühlten, die vom Rest des Instituts und der Außenwelt abgeschnitten war. Wir teilten unsere Sorgen, kümmerten uns umeinander, wenn eine von uns krank wurde, stellten uns schützend voreinander, logen, wenn nötig, auch füreinander und mochten und achteten uns.

Wir alle blieben nicht von Zweifel und Enttäuschungen verschont. Gegen Ende des ersten Studienjahres fragten sich manche von uns, ob es nicht ein Fehler war, an einer Militärakademie zu studieren. Unsere Freundinnen an zivilen Hochschulen führten ein wesentlich weniger diszipliniertes Leben. Unser patriotischer Eifer ließ bereits nach. Aber da wir das unseren Vorgesetzten und Lehrern nicht zeigen durften, kultivierten wir weiterhin unsere beiden widersprüchlichen Gesichter.

VII

Am besten gefiel uns im ersten Studienjahr der Unterricht über die Geschichte der Volksbefreiungsarmee und ihre großen Schlachten und Führer. Eingehend befassten wir uns mit dem Korea- und dem Vietnamkrieg und hörten Veteranen zu, die uns dramatische Augenzeugenberichte lieferten.

Eines Nachmittags sprach ein Held des Vietnamkrieges, des so genannten Pädagogischen Krieges von 1979, vor den versammelten Kadetten.

Offiziell hieß es, er habe sich bei einem vietnamesischen Angriff auf seine Stellung auf eine Granate geworfen, um seinen Kameraden das Leben zu retten, und dabei ein Bein verloren.

Als er uns von den heftigen Frontkämpfen und seinem bereitwillig erbrachten Opfer erzählte, waren wir tief bewegt. Er war der erste große Held, den wir im Institut erlebten, und die jüngeren Kadetten fragten sich, ob sie sich wohl ebenso selbstlos und patriotisch verhalten würden, wenn sich ihnen die Gelegenheit dazu böte.

Als wir den Hörsaal verließen, sprachen uns einige ältere Kadetten an und behaupteten, der Mann verbreite nichts weiter als Lügen. Manche hatten über ihn gelesen, andere hatten Väter oder Brüder, die ebenfalls im Vietnamkrieg gekämpft hatten. Nach ihrer Version war der angebliche Held tatsächlich ein Feigling, der hatte desertieren wollen. Er hatte geplant, eine Handgranate auf seinen Unterstand zu werfen und so zu tun, als habe er durch die Druckwelle einer feindlichen Granate eine schwere Gehirnerschütterung erlitten, damit man ihn nach Hause schickte. Aber er warf die Handgranate nicht weit genug, sie rollte zurück in den Unterstand und riss ihm das Bein ab.

Als sein Kommandeur die Hintergründe des Unfalls entdeckte, wollte dieser den Vorfall nicht melden, da er Kritik an seinen Führungsqualitäten fürchtete. Er meldete also, der Soldat sei durch eine feindliche Granate verletzt worden, und schmückte die Geschichte noch aus, indem er behauptete, der Soldat habe sich auf die Granate geworfen, um seine Kameraden zu retten.

Beeindruckt von diesem Bericht schickte das Hauptquartier in Bejing ein Propagandateam an die Front, um den Soldaten und seinen Kommandeur zu interviewen. Beide blieben bei ihrer Geschichte, und der verwundete Soldat wurde sofort in die Kommunistische Partei aufgenommen und als Nationalheld gefeiert.

In unserer Unterkunft diskutierten wir über den angeblichen Helden. Wir alle kannten Männer und Frauen, die 1979 in Vietnam gekämpft hatten und völlig »verändert« zurückgekehrt waren. Manche waren melancholisch, andere wirkten völlig von der

Welt losgelöst und wieder andere waren streitsüchtig und tranken. Ich hatte noch keinen einzigen Augenzeugenbericht gehört, der heroische Kämpfe geschildert hätte. Die meisten Veteranen sprachen voller Zorn und Verbitterung über den Krieg. In den offiziellen Armeeberichten über den Vietnamkrieg tat dagegen jeder Soldat der Volksbefreiungsarmee mutig seine Pflicht. Wer also sagte denn nun die Wahrheit?

Eines Tages wurde ein »Kriegsheld«, der am Institut in Nanyang studiert hatte, eingeladen, um vor den Kadetten zu sprechen. Unmittelbar vor seiner Rede erhielt er eine besondere Auszeichnung. Allerdings fragte ihn niemand, was er über Vietnam zu sagen hatte.

Seinen Bericht vergaßen wir nie.

»Wir wurden an die Front geschickt, um gegen die Vietnamesen zu kämpfen. Wir hatten nichts gegen die Vietnamesen und wollten nicht gegen sie kämpfen. Wir haben nur um unser Leben gekämpft. Wir wollten einfach nur überleben. Es war ein schmutziges Geschäft.« Über eine Stunde lang schilderte er uns die Schrecken des Vietnamkrieges, in dem auf beiden Seiten Gefangene getötet und Dörfer grundlos verwüstet wurden. »An der Front kann man nicht lügen. An der Front lernt man schnell die Wahrheit. Wir haben gelernt, Lügen und Propaganda zu durchschauen. Wir haben gelernt, dass die Partei uns nur benutzt und unser Leben ihr nichts bedeutet. Mehrfach wurden wir von unserer eigenen Artillerie unter Beschuss genommen. Einige meiner Kameraden sind an der Front durchgedreht. Das ist wahr. Ich habe es selbst gesehen. Manche sind durchgedreht und haben die eigenen Offiziere angegriffen.«

Seine leidenschaftliche Schilderung fraß wie Säure an unseren Illusionen. Die Offiziere, die mit ihm auf der Bühne saßen, waren offenbar so schockiert von seiner Rede, dass sie gar nicht auf die Idee kamen, ihn zu unterbrechen oder das Mikrofon abzuschalten. Schließlich stand einer auf, doch der Veteran blickte ihn so zornig an, dass er sich sofort wieder setzte.

»Ja, es ist wahr«, fuhr er fort. »Einige unserer Soldaten haben die eigenen Offiziere angegriffen. Einer ging in das Hauptquartier seiner Einheit und erschoss sämtliche Offiziere mit seiner Maschinenpistole. Als er fertig war, tötete er sich selbst. Und warum hat dieser einfache Soldat ein solches Verbrechen begangen? Weil man ihm nicht erlaubt hatte, nach Hause zu seiner sterbenden Mutter zu fahren. Als er die Nachricht erhielt, dass seine Mutter krank war, und er um Heimaturlaub bat, antwortete sein Kommandeur ihm: ›China ist deine Mutter, um sie musst du dich kümmern.‹«

Als der Veteran schließlich schwieg, herrschte völlige Stille im Saal. Nach einer Weile trat einer unserer Vorgesetzten ans Mikrofon und entschuldigte sich bei den Kadetten, der Mann fühle sich offensichtlich nicht wohl. Er werde dafür sorgen, dass er nie wieder vor Kadetten sprechen werde. An den Soldaten gewandt sagte er: »Irgendetwas ist mit Ihnen geschehen. Einen solchen Mann hätten wir gar nicht eingeladen. Sie sind hier nicht mehr willkommen.«

Wir aber konnten nicht umhin festzustellen, dass die Schilderung dieses Soldaten mit denen anderer Veteranen übereinstimmte, die wir in Nanyang sahen und hörten. Und diese Schilderungen hatten mit der offiziellen Darstellung des Krieges nichts gemein. Unsere Skepsis wuchs.

VIII

Eine weitere beunruhigende Erkenntnis brachte uns das Frühjahr während unseres ersten Studienjahres. Der März ist offiziell der »Zivilisationsmonat« der Armee. Wir fürchteten diese Zeit, in der die Armee der Zivilbevölkerung in einer landesweiten Kampagne mit gutem Beispiel vorangehen sollte. Einen Monat lang mussten wir putzen und gute Werke tun.

Wir stürzten uns in den Frühjahrsputz, reinigten Fenster, Böden, Toiletten, Duschen und Kacheln, beschnitten Bäume, kehrten Laub und schrubbten Betonböden. Wir reinigten sogar die Gebäude von außen und die Dächer, bis der gesamte Campus makellos sauber war.

Anschließend wurden wir aufs Land geschickt, um die Häuser der Bauern zu putzen und ihre »Liebe zur Volksbefreiungsarmee« zu fördern. Wir hassten diese Arbeit, mussten aber gute Mine dazu machen. Wir zwölf jungen Frauen wurden gemeinsam in ein Dorf in der Nähe geschickt. Als wir, revolutionäre Lieder singend, ins Dorf marschierten und die Kinder uns anstarrten, fiel mir ein, wie beeindruckt wir als Kinder gewesen waren, wenn die Soldaten nach Lishi kamen. Alle hatten ihre Hilfe aufrichtig zu schätzen gewusst.

Aber mittlerweile lagen die Dinge anders. Ein Mann in den Siebzigern sagte zu uns, als wir sein Haus putzten: »Ich weiß wirklich nicht, warum ihr herkommt und das macht. Ich habe es gern schmutzig. Ich will mein Haus gar nicht sauber haben. Bitte, kommt nicht mehr wieder.«

Wir hatten geglaubt, er würde sich bei uns bedanken und die

Einsatzbereitschaft der Armee loben, und waren von seinem Verhalten enttäuscht und peinlich berührt. Armeefotografen machten bei der Arbeit Bilder von uns und Armeejournalisten schrieben begeisterte Artikel über unseren Einsatz und die Anerkennung und Zuneigung, auf die unsere Bemühungen bei den Bauern stießen. Aber wir wussten, dass die Bauern im Grunde keinen Wert auf unsere Hilfe legten und durchschauten, dass wir nicht für sie, sondern nur für uns arbeiteten. Ich bemerkte ihre Verachtung, wenn wir uns mit ihren Kindern fotografieren ließen. Im Verhältnis zwischen Bauern und Armee hatte sich seit meiner Kindheit etwas Grundlegendes geändert. Die Ursachen dafür waren mir nicht ganz klar, aber ich vermutete, dass es mit der fortdauernden Armut auf dem Land zusammenhing, die in krassem Gegensatz zum Wohlstand in den Städten und in den Kasernen stand.

Nach unserem Einsatz auf dem Land mussten wir einen Bericht schreiben. Ohne Absprache verzichteten wir alle darauf, die Bitte des alten Mannes und die zurückhaltende Aufnahme im Dorf zu erwähnen. Unsere Berichte klangen wie offizielle Armeeverlautbarungen, die freundliche Bauern und unseren freudigen Hilfseinsatz schilderten. Damals wurde mir klar, dass wir die Einstellungen, die wir an Armee und Partei in Frage stellten, bereits selbst übernommen hatten.

Unsere Berichte wurden zu den Mahlzeiten und abends über Lautsprecher verlesen. Als ich hörte, wie übertrieben positiv mein Bericht und die meiner Kameradinnen klangen, war ich peinlich berührt. Später hörten wir die Berichte männlicher Kadetten, die in Nanyang »Alten und Gebrechlichen geholfen hatten, die Straße zu überqueren und in Busse einzusteigen«. Viele hatten ihre Geschichten ebenfalls erfunden, wie wir nachträglich erfuhren. Aber niemand überprüfte, ob sie der Wahrheit entsprachen. Solange wir überschwängliche Berichte über unsere guten Taten schrieben, waren unsere Vorgesetzten zufrieden. Wir spielten die Helden und taten dabei nichts anderes, als heldenhaft klingende eigennützige Berichte über unsere Selbstlosigkeit zu verfassen. Allmählich begriff ich, wie die optimistischen Frontberichte aus Vietnam entstanden waren: Vermutlich stammten sie von Soldaten, die genauso waren wie wir.

IX

Ein letzter Vorfall, der uns endgültig die Augen öffnete, ereignete sich im Juli 1982 bei der Abschlussfeier, die kurz vor den Sommerferien stattfand.

Vor der offiziellen Feier bekamen die Absolventen der Militärakademie ihre zukünftige Dienststelle zugewiesen. Wir alle waren an das Institut gekommen und arbeiteten hart in der Erwartung, dass wir eines Tages einen wichtigen Offiziersposten erhalten würden. Ein paar Minuten vor Beginn der Feier erfuhren wir, dass einige der Absolventen nach Tibet geschickt wurden. Über Tibet hatten wir oft gesprochen. Einige Kadetten, deren Freunde in Tibet stationiert waren, hatten erzählt, dass das Leben dort gefährlich und voller Schwierigkeiten war. Trotz anders lautender offizieller Berichte wollten die Tibeter uns nicht im Land haben, waren unfreundlich und sogar offen feindselig. Kein chinesischer Soldat fühlte sich sicher, wenn er allein über die Straße ging, zumal nicht nachts. Ständig wurden Terroranschläge verübt: Bombenattentate auf Kinos, Schießereien mit Heckenschützen auf dem Land und

Vandalismus gegen Armeebestände. All unsere Soldaten hassten die Tibeter, die sie als Tiere und Barbaren betrachteten. Offenbar beruhte diese Einschätzung auf Gegenseitigkeit. Eine Stationierung in Tibet war die Hölle und bedeutete nicht nur völlige Isolation in einer feindseligen Umgebung, sondern auch eine Sackgasse für die militärische Laufbahn. Kein in Tibet stationierter Soldat hatte die Chance, die für eine Beförderung erforderlichen Beziehungen zu knüpfen oder sich einen Namen zu machen.

Davon abgesehen bedeutete das Leben in Tibet für die meisten Soldaten auch gesundheitlich das reinste Elend. Ständig hatten sie mit Schwindel, Kopfschmerzen und Nasenbluten zu kämpfen, konnten kein eigenes Gemüse anbauen und mussten Konserven essen. Zeitungen kamen mit zwei Wochen Verspätung, und chinesische Fernsehsendungen konnte man gar nicht empfangen. Heimaturlaub gab es nur alle drei Jahre. Da in Tibet nur wenige chinesische Frauen lebten und eine Ehe mit einer Tibeterin völlig undenkbar war, konnten die dort stationierten Soldaten außerdem keine Familie gründen.

Als 1981 ein Teil der Absolventen unserer Akademie nach Tibet geschickt wurde, machte die Institutsleitung den entscheidenden Fehler, sich auf die Opferbereitschaft und den Patriotismus der Kadetten zu verlassen. Aber die Kadetten, die aufgrund der guten Beziehungen ihrer Eltern an das Institut gekommen waren, betrachteten ihre Ausbildung lediglich als Sprungbrett zu einer aussichtsreichen Position in einer der Metropolen Chinas oder im Ausland. Wie selbstverständlich ging jeder davon aus, dass man unbeliebte Stellen an Kadetten vergeben würde, die vom Land kamen und keinerlei Beziehungen hatten. Das System der Begünstigung, das überall in Armee und Partei florierte, sollte also auch in unserem Institut gelten. Leider hielt sich die Institutsleitung 1981 nicht an dieses Prinzip, und das führte bei der Entlassungsfeier zu einem peinlichen Vorfall.

An dem Festessen nahmen sämtliche Offiziere des Instituts teil. Die jungen Männer, die nach Tibet geschickt wurden, saßen bestürzt an einem Tisch zusammen. Kameraden, die bessere Stellen bekommen hatten, gingen zu ihnen, schütteln ihnen die Hand, umarmten sie und machten Fotos, wagten aber nicht, ihre eigene Freude zu zeigen.

Es wurde viel getrunken, und bald standen die Tische voller leerer Bier- und Weinflaschen. Je weiter der Abend fortschritt, umso betrunkener, lauter und rüpelhafter wurden die entlassenen Studenten. Als ihre Trinksprüche lauter wurden, spürte ich, dass etwas geschehen würde. Schließlich stellte sich einer der Absolventen, die nach Tibet gehen sollten, auf einen Stuhl, um eine Rede zu halten. Einige andere an seinem Tisch klopften an ihre Flaschen, um für Ruhe zu sorgen.

»In unserem ersten Jahr hier habt ihr uns gesagt, wir würden für wichtige Aufgaben ausgebildet und das, was wir hier tun, sei wichtig für unser Land. Jetzt wissen wir, dass das alles Scheiße war. Und ihr wisst es auch. Jeder hier weiß es.«

Die Kadetten an dem Tisch bejubelten die trunkene Ansprache ihres Freundes, bis er sie mit einer Handbewegung zum Schweigen brachte. Ungläubig starrten die Offiziere den jungen Mann an, der sie wütend musterte. »Jeder von euch, jeder Einzelne von euch hat nur Scheiße im Kopf. Ihr habt uns an jedem einzelnen Tag angelogen. Und wenn wir in Tibet sind, seid ihr immer noch hier und belügt die neuen Kadetten. Aber sie können nicht sagen, wir hätten sie nicht gewarnt. Jetzt nicht mehr.«

Einer der höheren Offiziere stand auf und verließ den Saal. Der junge Mann beschimpfte ihn als »Scheißer«.

Als auch die anderen Offiziere hinausgingen, rief er ihnen hinterher: »Ihr Scheißer, ihr werdet für euer Verhalten bezahlen. Merkt euch das, ihr werdet dafür bezahlen! Wir haben euch unsere Jugend gegeben, und was habt ihr damit gemacht? Nur Scheiße.

Ihr habt unser Leben und unsere Träume genommen und uns diese verdammten Uniformen gegeben. Die sind auch Scheiße.«

Nach jedem Satz klopften immer mehr Kadetten beifällig auf die Tische und johlten. Einer nach dem anderen kletterten die in Tibet Stationierten auf ihre Stühle und beschimpften das Institut und die leitenden Offiziere.

Als es im Saal kein Bier und keinen Wein mehr gab, stürmten die Absolventen die Küche und schleppten die restlichen Kästen Bier und Wein als Beute in ihre Unterkunft. Kurz darauf hörten wir, wie sie dort randalierten, Fenster einschlugen, Glühbirnen zertrümmerten und Möbel auf den Hof warfen. Einige junge Offiziere kamen in die Kantine, um die Frauen in unser Quartier zu begleiten. Sie rieten uns, die Tür abzuschließen, das Licht auszuschalten und uns vom Fenster fernzuhalten, da der Entlassungsjahrgang völlig »außer Rand und Band« sei.

Noch fast eine Stunde lang hörten wir Glas splittern. Die Kadetten zogen sich bis auf die Unterwäsche aus, saßen draußen, sangen, grölten und schleuderten leere Flaschen in die Fenster. Wir kauerten am Fenster und beobachteten sie. Mehrmals standen sie auf, hoben ihre Flaschen in unsere Richtung und tranken uns zu, bevor sie wieder auf den Rasen sackten.

Der Kommandeur des Instituts gab Befehl, den Kadetten des Entlassungsjahrgang in dieser Nacht nicht nahe zu kommen. Sie ließen nur Dampf ab, erklärte er. Aber er verstärkte die Wachen, damit niemand das Gelände verlassen konnte.

Mitten in der Nacht zog ein Gewitter herauf, doch lauter als das Toben der Natur hörten wir immer noch die jungen Männer draußen fluchen, schimpfen und gegen ihre Vorgesetzten wüten. Schließlich zogen sie sich in ihre Unterkunft zurück.

Früh am nächsten Morgen weckte uns das Motorengeräusch mehrerer Lastwagen. Eins der Mädchen eilte zum Fenster und rief: »Sie bringen sie weg!« Schnell zogen wir uns an und liefen auf den Exerzierplatz. Die Kadetten des Entlassungsjahrgangs standen vor ihrer Unterkunft, einige umarmten sich, andere schüttelten sich die Hände. Einer nach dem anderen warf sein Gepäck auf einen der Lastwagen und kletterte hinauf.

Als sie uns kommen sahen, wurden sie still. Wir hatten noch nie ein persönliches Wort miteinander gewechselt, aber wir hatten ihnen im Unterricht und bei Versammlungen zugehört. Verlegen schauten wir uns eine Weile lang wortlos an. Als einer der Lastwagen schließlich anfuhr, brach der Damm, der männliche und weibliche Kadetten das ganze Jahr über getrennt hatte. Eines der Mädchen rief plötzlich: »Auf Wiedersehen! Passt auf euch auf! Wir werden euch nie vergessen.«

Die Kadetten winkten uns von den Lastern aus zu und riefen: »Wir werden euch auch nie vergessen! Hoch lebe die 13. Kompanie!«

Bald riefen wir alle ihnen zum Abschied nach und einige von uns weinten, weil sie uns so Leid taten.

Als jemand *Die Internationale* anstimmte, fielen wir aus vollem Halse ein. Langsam rollten die Lastwagen zum Tor, dann waren sie fort und es kehrte wieder Stille ein. In kleinen Gruppen standen wir auf dem Exerzierplatz zusammen und trösteten uns gegenseitig.

Wir waren traurig, hilflos und verängstigt und stellten uns vor, dass wir vielleicht in drei Jahren das Institut verlassen würden, um gleichfalls nach Tibet zu gehen. Der Gedanke war erschreckend.

In unserer Unterkunft hockten wir noch lange beisammen und tuschelten über die Vorfälle des gestrigen Abends. Einige der Mädchen begannen wieder zu weinen und eines fragte, ob wir nicht zu viel für ein Studium an diesem Institut geopfert hätten. »Kein Spaß, keine Liebe, keine Rendezvous. Nur Lernen, Laufen, Drill, Selbstkritik und Kampftechnik. Und wozu? Für Tibet? Dafür noch drei Jahre Arbeit und Opfer?«

Aber wir hatten keine Wahl. Als Gegenleistung für unsere Ausbildung hatten wir uns verpflichtet, dort hinzugehen, wo die Armee uns hinschickte. Aber wir hatten nicht einmal in unseren schlimmsten Alpträumen daran gedacht, dass es Tibet sein könnte. Und wenn es nicht Tibet war, dann gab es vielleicht einen anderen hinterwäldlerischen Außenposten in Westchina oder wo auch immer. Wir hatten geglaubt, unser Eifer würde uns eines Tages eine wichtige Stellung einbringen, nicht die Verbannung in eine Sackgasse.

Einer der Absolventen hatte auf uns Mädchen gezeigt und gesagt: »Ihr müsst für alles bezahlen, was sie euch geben. Ihr bekommt eine Uniform, freie Kost und Logis und eine Ausbildung. Und dafür müsst ihr nichts weiter geben als den Rest eures Lebens. Denkt daran.«

»Scheiße«, flüsterte eine der Frauen nun in einer Gesprächspause. Wir schauten sie ungläubig an. »Scheiße«, wiederholte sie lauter und ahmte den Ton nach, in dem der Kadett unsere Vorgesetzten beschimpft hatte. Kichernd fassten wir uns an den Händen und stimmten ein: »Scheiße!« Wir konnten gar nicht mehr aufhören zu lachen.

Als ich in den Sommerferien mit dem Zug nach Hause fuhr, saßen in meinem Abteil zwei der Absolventen des Instituts, die ihre Eltern besuchten, bevor sie ihre neue Stellung in Bejing antraten. Beide warnten mich: »Sei vorsichtig, sei weder zu aggressiv noch zu aktiv, sonst fällst du als besonders opferbereit auf. Wenn du allzu gut bist und allzu hart für sie arbeitest, nutzen sie dich aus. Andere Studenten beneiden dich, und die Offiziere denken sich: ›Oh, Xu Meihong ist wirklich sehr patriotisch, sie tut, was wir von ihr verlangen.‹ Und dann schicken sie dich nach Tibet oder an einen anderen gottverlassenen Ort. Also halte dich immer schön in der Mitte, bei den Noten, auf dem Schießplatz, bei den Geländeübungen, immer. Halte dich in der Mitte, dann wirst du es weit bringen.«

X

Anfang August begann mein zweites Studienjahr. Bei unserer Rückkehr aus den Ferien hörten wir als Erstes, dass einige der Absolventen auf dem Weg nach Tibet desertiert waren, noch bevor sie in Lhasa eintrafen. Die Armee hatte sie eingefangen und versucht, sie unter Zwang nach Tibet zu bringen, aber sie hatten sich geweigert. Zur Strafe hatte man sie aus der Armee entlassen. Aber um die anderen Kadetten nicht zu demoralisieren, hatte man dafür gesorgt, dass der Vorfall nicht an die Öffentlichkeit gelangte. Außerdem kamen diese jungen Männer alle aus einflussreichen Familien, mit denen es sich die Institutsleitung nicht verderben wollte. Wie wir hörten, hatten die Kadetten aufgrund ihrer guten Sprachkenntnisse sofort hoch bezahlte Stellen bei Joint Ventures in ihren Heimatstädten bekommen. Es schockierte uns, wie reibungslos sie dem militärischen Zwangsapparat entkommen waren und neue Freiheit gefunden hatten. Und obwohl wir wussten, dass sie sich falsch verhalten hatten, empfanden wir eine gewisse Bewunderung für ihren Widerstand gegen die Armee.

Die Institutsleitung lernte aus ihren Fehlern und schickte im nächsten Frühjahr nur noch junge Männer nach Tibet, die vom Land stammten und keine einflussreichen Beziehungen hatten. Sie wussten die Parteimitgliedschaft zu schätzen, die sie bei der Stationierung in Tibet bekamen, und freuten sich über die Zertifikate, die ihnen den Heldenstatus bescheinigten. Für sie war der Dienst im Himalaya eine Ehre, und so waren sie dankbare und bereitwillige Opfer der Armeeführung.

In unserem letzten Studienjahr am Institut waren wir zwölf Mädchen sowohl melancholischer als auch mutiger als zu Beginn des Studiums. Viele von uns hatten inzwischen einen Freund, rebellierten in Kleinigkeiten gegen unsere Vorgesetzten und waren sich zunehmend bewusst, dass sie nach vier gemeinsam verbrachten Jahren bald getrennte Wege gehen würden. Zudem mussten wir der Tatsache ins Auge sehen, dass wir der Armee für unsere Ausbildung fünfzehn Jahre Dienst schuldeten. Angesichts dieser Verpflichtung dachte ich oft an die Träume, die ich bei meinem Eintritt in die Militärakademie gehegt hatte, und konnte mich des Gefühls nicht erwehren, ich hätte vielleicht doch besser den Rat meiner Oberschullehrer befolgt und eine zivile Universität besucht. Abgesehen von der Tatsache, dass ich Lin Cheng kennen gelernt hatte, empfand ich die Jahre in Nanyang zum großen Teil als vergeudet.

Am Tag unserer Abschlussfeier, bei der wir unsere Offizierspatente erhielten, ließen wir zwölf Frauen uns gemeinsam fotografieren. Obwohl wir lächelten, lachten und Scherze machten, war unser Abschied von einer tiefen Traurigkeit überschattet. Vier Jahre lang hatten wir uns gegenseitig unterstützt und Kraft gegeben, uns vertraut und beschützt, waren gemeinsam reifer, klüger und skeptischer geworden und hatten einen Großteil unseres Optimismus und unserer jugendlichen Träume verloren.

Als wir nach Nanyang kamen, waren wir jung, naiv, rot und galten als kostbarer Schatz der Nation. Und das waren wir auch.

XI

Abend für Abend, wenn ich nun allein in Nanyang in meinem Zimmer saß, dachte ich an meine Zeit an der Militärakademie und die elf Frauen, mit denen ich meine Studienzeit geteilt hatte. Wenn ich mir anschaute, wohin mein Weg mich vom Institut aus geführt hatte, musste ich feststellen, dass alles, was ich mir je erträumt hatte, in Schutt und Asche lag: mein Idealismus, mein Glaube, meine Hoffnung, meine Karriere, meine Ehe und bald auch mein Leben. Ich fragte mich, ob die anderen Frauen aus meiner Gruppe wohl Verständnis oder Mitgefühl für meine missliche Lage hätten und ob sie je erfahren würden, wie sehr ich sie nun vermisste.

Kapitel 10

Vergiss nicht

»Die Pferde werden weiter laufen und die Tänzer – sie werden weiter tanzen.«

Deng Xiaoping

I

Jeden Abend, wenn ich von der Arbeit auf den Straßen der Ölgesellschaft Nanyang nach Hause ging, fuhren die großen Tanklaster an mir vorbei. Einer nach dem anderen rumpelte vorüber und hüllte den Abendhimmel in einen sepiafarbenen Nebel aus Auspuffgasen und Staub.

Es wäre leicht gewesen, einfach vor einen Lastwagen zu springen und meinem Leben ein Ende zu setzen. Oft blieb ich für eine ganze Weile reglos am Straßenrand stehen und sammelte Mut für diesen Schritt. Bis heute weiß ich im Grunde nicht, warum ich es nicht tun konnte. Ich frage mich, ob es vielleicht ein Funke Hoffnung war, der noch irgendwo in meiner Erinnerung glimmte und mich zögern ließ. Schon früher hatte ich erlebt, wie launisch das Schicksal war und wie unvermittelt sich das Blatt wenden konnte. Obwohl mich nur wenig am Leben hielt, klammerte ich mich doch daran fest.

Ich zog mich mehr und mehr in mich zurück, wurde stiller und fühlte mich völlig von meiner Umwelt losgelöst. Ich lief umher wie eine Schlafwandlerin. Als ich mir eines Abends beim Gemüseputzen in den Finger schnitt, spürte ich zwar einen leichten Stich, bemerkte aber erst, was geschehen war, als ich einige Minuten später das blutrot gefärbte Wasser in der Waschschüssel sah.

Wenn ich abends das Licht ausgeschaltet hatte, lag ich im Bett, starrte an die Decke und lauschte auf das nächtliche Wispern des Windes in dem nahe gelegenen Wäldchen. Dann schloss ich die Augen und kramte Bilder aus meinem Leben vor der Militärakademie aus der Erinnerung hervor. Sobald ich mich auf einen schönen Tag oder sogar einen glücklichen Augenblick konzentrierte, versank ich in barmherzigen Schlaf.

Sobald das wachsbleiche Licht des nächsten Tages mich weckte und mir bewusst wurde, dass ich immer noch an mein Leben gefesselt war, stand ich pflichtschuldig auf und vollzog mechanisch die alltäglichen Rituale. Ich zog mich an, machte Feuer, bereitete das Frühstück zu, wusch mir das Gesicht, ohne in den Spiegel zu schauen, zog Pullover, Jacke und Schal an und ging zur Arbeit.

Drei Tage nachdem Lin Cheng mich um die Scheidung gebeten hatte, traf ein Telegramm von ihm ein. Er bat mich darin um Verzeihung und schrieb, dass er, nachdem er Zeit gehabt habe, darüber nachzudenken, es sich anders überlegt habe. »Ich liebe dich und werde dich nie verlassen«, schrieb er. »Ich will alles tun, um dir zu helfen und uns aus dieser schrecklichen Lage herauszuholen.« Ebenso wie ich mühte auch er sich, die Verstrickung aus romantischen Erinnerungen und Hoffnungen einerseits und unausweichlichen Zwängen andererseits zu entwirren, der wir uns gegenübersahen. Die Erinnerungen und Schuldgefühle hatten seine anfängliche Entschlossenheit wohl ins Wanken gebracht, und nun wusste er nicht, was er tun sollte oder konnte.

Ich verstand seine Unsicherheit. Auch ich war hin- und hergerissen. Ich bedauerte zutiefst all die Schwierigkeiten und das Leid, das ich verursacht hatte. Oft fragte ich mich, ob Lin Cheng bereute, dass er mir je begegnet war, und was er wohl empfand, wenn er an die glücklichen Zeiten dachte, die wir miteinander verbracht hatten. Aber diese Fragen stellte ich ihm nicht. Unsere ersten flüchtigen Begegnungen im Institut, unsere harmlose Verschwörung, Liebende zu werden, unsere gemeinsamen Pläne, unsere Liebe und Treue – all das waren Dinge, die andere Menschen in einer anderen Welt erlebt hatten; mit mir hatte das nichts zu tun. Vielleicht hatte ich nur in einem Roman davon gelesen?

Damals, als wir noch jung und unschuldig waren, hatten wir uns so geliebt. Aber wir waren in ein Gewirr aus finsteren Realitäten geraten, das ich mir in meinen schlimmsten Träumen nicht ausgemalt hätte. Die Welt drängte sich zwischen uns. Seit Herbst drifteten wir auseinander. Ich verstand Lin Cheng und seine Enttäuschung, seine Schwächen und seine trügerischen Träume. Ich war ihm dankbar, dass er in schweren Zeiten zu mir hielt. Ich fragte mich, ob ich mich im umgekehrten Fall stärker und loyaler verhalten hätte als er. Da ich ihn achtete und verstand, konnte ich nicht von ihm verlangen, noch weitere Opfer für mich zu bringen.

Ich fuhr mit dem Bus nach Nanyang, um mir die Zukunft vorhersagen zu lassen. Einige Arbeiter hatten begeistert von einer Frau erzählt, die eine begnadete Seherin sei und ihre übernatürlichen Kräfte angeblich schon von ihrer Mutter und Großmutter geerbt hatte. Ich fand die alte Wahrsagerin auf der Straße und zahlte für eine Sitzung die verlangten fünf Yuan, die sie in ihren Schuh steckte. Sie bat mich, meine Handschuhe auszuziehen, studierte eingehend meine Handflächen und sah mir lange in die Augen. »Deine Ehe ist in Gefahr«, sagte sie leise und besorgt. »Dein Mann macht sich große Sorgen um eure Beziehung.« Ihr Scharfblick verblüffte mich.

»Weiter«, sagte ich aufgeregt. »Was siehst du sonst noch? Was wird geschehen?«

Wieder betrachtete sie meine Handflächen und zog die Linien mit dem Finger nach. »Du wirst bald von hier fortgehen. Du wirst eine weite Reise machen. Sehr weit. Es warten viele Abenteuer auf dich. Und du wirst ein Kind bekommen – nur eins, mehr nicht. Du wirst ein langes Leben haben und deine Enkelkinder sehen.«

Sie ließ meine Hand los und sagte, mehr könne sie nicht sehen. Als ich ihr weitere fünf Yuan zusteckte, kehrten ihre Kräfte wundersamerweise zurück. Sie studierte wieder meine Handflächen.

»Wenn du deine Ehe retten willst, musst du hierbleiben«, sagte sie. »Geh morgen in einen Tempel und zünde hundert Räucherstäbchen an. Dann wende das Gesicht nach Osten und bete, während die Stäbchen brennen. Die Götter werden dein Gebet erhören und deine Ehe retten.«

In jener Nacht konnte ich nicht schlafen. Immer wieder las ich Lin Chengs Brief und dachte an unsere glücklichsten gemeinsamen Augenblicke – unsere Hochzeit, unsere Versprechen und Träume. Meine Schwierigkeiten betrafen nicht nur mich, schon jetzt hatten sie ebenso Auswirkungen auf seine militärische Laufbahn. Nach dem Frühlingsfest war eine erwartete Beförderung ausgeblieben. Eigentlich hätte er General Zhang Zhen, den Rektor der Hochschule für Nationale Verteidigung, auf einer Reise in die Vereinigten Staaten und nach Südostasien begleiten sollen, aber in letzter Minute hatte man ihn durch einen untergeordneten Offizier ersetzt. Seit seine Frau einer Affäre mit einem amerikanischen Spion beschuldigt wurde, sahen die Leute auch ihn mit anderen Augen. Außerdem hatte die konservative alte Garde der Armee Lin Cheng nach wie vor in Verdacht, einer Untergrundgruppe von Offizieren anzugehören. Man wartete nur auf eine Gelegenheit, ihn und seine Komplizen zu verhaften.

Wenn ich Lin Cheng verließe, könnte ich ihn vor weiteren Verdächtigungen und sogar vor einer Verhaftung bewahren, überlegte ich. Damit könnte ich mich bei ihm für die peinliche Lage und das Leid entschuldigen, die ich ihm eingebracht hatte. Er könnte ein neues Leben beginnen und mit der Zeit die meisten seiner Träume doch noch verwirklichen. Und wenn ich die Folgen meines Verhaltens akzeptierte und losließe, was ohnehin verloren war, könnte auch ich mit der Zeit Frieden in meinem Entschluss finden. Wenn ich schon hoffnungslos verloren war – und davon war ich überzeugt –, dann gab es keinen vernünftigen Grund, weitere Opfer von Lin Cheng anzunehmen. Seine Liebeserklärung berührte mich zutiefst und würde mir immer viel bedeuten. Aber falls das Leben für mich noch etwas Glück und Geborgenheit bereithalten sollte, dann sicher nicht in China, das war mir völlig klar. Der General hatte mir geraten, einen günstigen Moment abzuwarten, vielleicht eine chaotische nationale Krisensituation, um das Land zu verlassen. Um meinen Mann zu schonen, brauchte ich lediglich die Realitäten zu akzeptieren. Um mich zu retten, musste ich auf ein Wunder hoffen. Ich beschloss, beides nach besten Kräften zu versuchen.

Am nächsten Tag ging ich nicht in den Tempel. Ich wollte meine Ehe nicht retten. Lin Cheng hatte ein besseres Leben verdient.

Anfang Mai bekam ich einen dicken Brief von Lin Cheng, dem er Briefe meiner Eltern und meiner Schwester und eine kurze Mitteilung meiner Schulfreundin Zhong Yuhua beigelegt hatte. Sie unterrichtete an der Qinghua-Universität in Bejing und schrieb: »Liebe Meihong, erinnerst du dich an unser Gespräch in Lishi? Ich muss dir sagen, dass hier die Hölle los ist. Komm nach Bejing!«

Mein Herz raste. Wovon redete sie? Seit ich Nanyang vor drei Monaten verlassen hatte, hatte ich weder Radio gehört noch Zeitung gelesen. Ich lief zurück ins Postamt und fragte die Frau am Schalter nach einer Zeitung. Sie kramte auf ihrem Schreibtisch herum und fand schließlich eine Ausgabe der *Volkszeitung*, die schon eine Woche alt war.

Es stand auf der ersten Seite. Studenten und Arbeiter waren

seit der Gedenkfeier für den verstorbenen Hu Yaobang in Bejing auf der Straße und forderten Demokratie und die Abschaffung der Korruption. Tausende waren unterwegs nach Bejing, um sich den Demonstrationen anzuschließen, und in anderen Städten waren ähnliche Unruhen ausgebrochen.

»Mein Güte«, sagte ich und zitterte so sehr, dass ich die Zeitung kaum halten konnte. »Gott sei Dank, Gott sei Dank.« Die junge Frau starrte mich an, als ob ich verrückt wäre.

Ich ging hinaus, schaute mich um und überlegte, ob ich zum Abendessen nach Hause gehen sollte, entschied mich aber dagegen. Lange stand ich da und dachte darüber nach, was ich tun sollte. Meine Brieftasche hatte ich zwar bei mir, aber kein Geld eingesteckt. Egal, dachte ich, ich komme schon durch. Ich wusste genau, was ich zu tun hatte, und wollte keine Zeit verschwenden.

Von der Post ging ich zur Landstraße und sah mir die vorüberfahrenden Lastwagen an. Schließlich entdeckte ich einen Fahrer, den ich kannte, und winkte ihm anzuhalten. »Ich muss nach Nanyang. Kannst du mich mitnehmen?«, fragte ich.

»Klar«, grinste er. »Ich kann immer Gesellschaft brauchen, besonders von einem hübschen Mädchen.«

Ich kletterte auf den Beifahrersitz und stupste ihn gegen die Schulter. »Du alter Halunke!« Er lachte laut, und ich fiel glücklich in sein Lachen ein und verspürte den unbändigen Drang, ihn zu umarmen. »Kannst du mich am Bahnhof absetzen?«

»Klar«, antwortete er. »Willst du uns verlassen?«

»Nur für ein paar Tage«, log ich. »Ich muss eine kranke Freundin besuchen.«

»Ohne Gepäck?« Er schaute mich skeptisch an. Darauf wusste ich nichts zu sagen, aber es war auch nicht nötig, denn er grinste nur und erklärte: »Ich hab gewusst, dass du eines Tages abhaust, Xu Meihong. Du gehörst nicht hierhin. Du passt nicht hierher. Das sieht doch jeder. Aber sei vorsichtig.«

Den Tränen nahe sagte ich: »Danke. Ich werde dich nie vergessen.« Er nickte grinsend.

Am Fenster huschten die Bohrtürme der nahen Ölfelder vorüber, die Leute, die am Straßenrand gingen, verschwammen zu flüchtigen Schatten. Mir stiegen Tränen in die Augen.

Ich war ängstlich und aufgeregt zugleich. Eine Weile beobachtete ich im Seitenspiegel, wie die untergehende Sonne am Horizont ihre Strahlen wie züngelnde Flammen eines Waldbrandes in den dunstigen Abendhimmel streckte. Dann wandte ich den Blick nach vorn auf den Schatten, den unser Lastwagen auf das dunkle Band der Straße warf. Wir fuhren nach Osten in die Nacht hinein. Der Fahrer summte ein altes Liebeslied, und ich hörte ihm lächelnd zu. Vor mir lag bald die sternenlose Dunkelheit, aber jenseits der Finsternis erwartete mich ein neuer Tag und hoffentlich eine neue Welt.

II

Der Fahrer setzte mich am Bahnhof ab, wünschte mir viel Glück und versprach, dem Werksleiter und seiner Frau Bescheid zu geben, dass ich nach Bejing müsse.

An den Bahnhofsschaltern drängten sich Tausende Menschen, um Fahrkarten zu kaufen. Da ich ohnehin kein Geld hatte, brauchte ich mich gar nicht erst in der Schlange anzustellen. Ich schaute lediglich auf dem Fahrplan nach, wann der nächste Zug nach Bejing fuhr, und ließ mich dann von dem Menschenstrom auf den Bahnsteig treiben. Bald saß ich im Zug nach Bejing.

Jetzt musste ich nur noch die nächsten sechzehn Stunden dem Schaffner ausweichen. Anfangs stand ich mit Dutzenden anderen Passagieren, die sich nur einen Stehplatz leisten konnten, auf dem Gang, wo ich in meiner Arbeitskleidung nicht auffiel. Sobald ich einen Schaffner kommen sah, der die Fahrscheine kontrollierte, verschwand ich auf der Toilette.

Gegen Mitternacht wurde das Licht gedämpft und die meisten der sitzenden Fahrgäste schliefen ein. Andere unterhielten sich leise, rauchten und schauten aus dem Fenster in die Nacht. Ich beschloss, ein Risiko einzugehen und ging durch mehrere Wagen, bis ich ein leeres Abteil fand. Ich schlüpfte hinein und machte die Tür zu, dann ließ ich mich erschöpft auf eines der unteren Betten fallen und schlief augenblicklich ein.

Ich wachte auf, weil ein Mann mich an der Schulter rüttelte und brummig fragte: »He, was machst du da? Was machst du in meinem Bett?«

Ich setzte mich auf, rieb mir die Augen und antwortete: »Das ist mein Platz.«

»Zum Teufel, das ist mein Bett. Ich bin der Cheftechniker in diesem Zug, und das ist mein Bett.« Erst bei Licht merkte ich, dass ich in das Dienstabteil geraten war.

»Aber ich arbeite auch im Zug«, sagte ich. Es war absurd, aber mir fiel nichts anderes ein.

»Was machst du denn?«

»Ich … bin Hilfstechnikerin.«

Er brüllte vor Lachen. »Das ist gut. Sehr gut. Einen Hilfstechniker wie dich habe ich im Leben noch nicht gesehen.«

Die Tür ging auf und zwei weitere Techniker kamen herein. »Seht mal, wen ich hier habe«, sagte der Cheftechniker zu den anderen. »Das ist der neue Techniker an Bord.« Lachend setzten sie sich auf das Bett mir gegenüber.

»So, du erschleichst dir also die Fahrt nach Bejing. Gut für dich. Was geht mich das an? Du kannst bleiben. Aber leg dich in das obere Bett, hier unten wollen wir Karten spielen. Und wir rauchen und fluchen. Wenn dir das nicht passt, kannst du ja gehen«, sagte der Cheftechniker mit breitem Grinsen und einem Augenzwinkern. Er wusste genau, dass ich bleiben würde.

Die Götter wachten offenbar über mich, denn mein Blatt hatte sich gewendet. Ich bedankte mich immer wieder bei dem Mann und kletterte auf das obere Bett, das er für mich herunterklappte. Die vier Männer setzten sich auf die unteren Betten und spielten an einem Tischchen Karten, rauchten eine Zigarette nach der anderen und tranken mehrere Flaschen Schnaps.

Ich schlief tief und fest, während die Techniker nachts kamen und gingen. Am nächsten Morgen blieb ich auf dem oberen Bett liegen, bis die Männer mir etwas zu essen brachten. Ich fragte sie nach den Vorfällen in Bejing, und obwohl auch sie nichts Genaueres wussten, unterstützten sie die Forderung nach mehr Demokratie und einer Abschaffung der Korruption. Sie hatten Kinder, die in einem besseren China ohne die Kämpfe und Ungerechtigkeiten aufwachsen sollten, die sie selbst erlebt hatten. Als wir nach Bejing kamen, sagte der Cheftechniker, er habe sich gern mit mir unterhalten, und fragte, ob ich etwas brauchte, da ich offensichtlich kein Gepäck hatte. Als ich ihn bat, mir Geld für den Bus zu »leihen«, steckte er mir zwei Zehn-Yuan-Scheine zu. »Nimm es nur«, sagte er, als ich ihm einen Schein wiedergeben wollte. »Aber sieh zu, dass du nicht in Schwierigkeiten gerätst, Hilfstechniker.«

»Vielen Dank, Cheftechniker. Du bist ein netter Mann«, antwortete ich.

Er zwinkerte mir zu und winkte mir nach, als ich aus dem Zug sprang und mich mit der Menge aus dem Bahnhof treiben ließ. Tausende Studenten, die mit verschiedenen Zügen angekommen waren, drängten sich vor dem Bahnhof, suchten ihre

Freunde und eilten in verschiedene Richtungen davon, manche zu den Universitäten, andere auf den Tiananmen-Platz. Ich fragte mich zum Bus an die Qinghua-Universität durch. Als ich aus dem Busfenster das geschäftige Treiben auf den Straßen Bejings sah, hatte ich das Gefühl, in einem wunderbaren Traum genau da zu sein, wo ich hinwollte – mittendrin. Wenn ich an den freundlichen Lastwagenfahrer und den Cheftechniker im Zug dachte, konnte ich gar nicht aufhören zu strahlen. Ich schaute auf das Silberarmband an meinem Handgelenk und fragte mich, ob es wohl endlich seine magische Wirkung zeigte.

III

Zhong Yuhua freute sich sehr, als sie mich in meinem staubigen Arbeitskleidern vor ihrer Tür stehen sah. Sie zog mich ins Zimmer und hielt meine Hände. »Jetzt wird alles gut«, versicherte sie mir. »Für uns bricht eine neue Zukunft an.«

Übersprudelnd vor Begeisterung erzählte sie mir, was seit dem Tod Hu Yaobangs Mitte April in Bejing geschehen war. Es war unglaublich. Die Universitäten waren zu Zentren der Protestbewegung und Auflehnung geworden. Nach Jahren der Korruption und politischer Misswirtschaft brach sich der Ärger in öffentlichen Demonstrationen und offenem Widerstand gegen die Partei Bahn. In den Universitäten hingen riesige Transparente an den Wänden, die ein Ende der Korruption und demokratische Reformen forderten. Li Peng und Deng Xiaoping wurden öffentlich angeprangert, und täglich wuchs die Zahl derer, die nach Veränderung verlangten.

Noch nie hatte ich Yuhua so optimistisch erlebt. Wir stammten vom Land und die offizielle Parteipropaganda hatte unsere Erwartungen an einen Wandel in China kanalisiert. Dramatische Veränderungen würden zur Erosion und Zerstörung des Sozialismus und letzten Endes zu Anarchismus und der erneuten Herrschaft der Warlords und Grundbesitzer führen, hatte man uns eingetrichtert. Plötzlich erschienen uns diese Behauptungen absurd. Veränderungen konnten nur zu Verbesserungen führen, fanden Millionen Studenten und Arbeiter. Das alte Regime bröckelte stündlich mehr.

Wir waren beide davon überzeugt, dass eine neue Welt greifbar nahe war und die Makel der Vergangenheit hinweggespült würden. Es herrschte allgemein das Gefühl, dass China sich an einem Wendepunkt befand. Das Volk würde sich erneut erheben und Geschichte machen. Studenten, die im Herbst 1989 ein Auslandsstudium beginnen wollten, änderten ihre Pläne und beschlossen, in China zu bleiben und an der Verwirklichung der neuen Welt mitzuwirken.

Nachdem Yuhua mir saubere Kleider geborgt hatte, gingen wir über den Campus, hörten uns die Reden der Studenten an und lasen die Plakate, die an fast jeder Wand hingen. Abends rief ich Lin Cheng in der Hochschule für Nationale Verteidigung an und sagte ihm, dass ich in Bejing war. Er machte sich sofort auf den Weg.

An jenem Abend aßen Lin Cheng und ich gemeinsam mit einem Freund und dessen Freundin, einer Studentin. Ich hörte ihren Erzählungen von den Demonstrationen und dem Aufruhr an ihrer Hochschule zu. Später sagte Lin Cheng zu mir, sein Freund habe Glück, eine solche Freundin zu haben. Früher hätte mir eine solche Bemerkung nichts ausgemacht, doch nun tat sie weh. Was für ein Pech für ihn, eine Frau wie mich zu haben, dachte ich.

Als wir nach dem Essen allein waren, sagte ich, dass ich so bald wie möglich die Scheidung einreichen wollte. »Ich bin eine Belastung für dich. Das wissen wir doch beide, Lin Cheng. Und ich werde so lange eine Belastung für dich sein, bis ich weggehe. Ich verstehe, dass du wegen der Scheidung unsicher bist. Aber sie ist notwendig, für mich ebenso wie für dich. Ich muss mich scheiden lassen, weil ich dich liebe und möchte, dass du glücklich wirst.« Wir fingen beide an zu weinen und lagen uns lange in den Armen. Wir waren uns einig, dass wir stark sein und uns gegenseitig helfen mussten. Unsere gemeinsame Vergangenheit konnte uns niemand mehr nehmen, damit mussten wir uns nun begnügen. Und wir mussten akzeptieren, dass wir keine gemeinsame Zukunft hatten. Das war zwar nicht allein unsere Schuld, aber es war unser Schicksal. Und ich glaubte an das Schicksal.

Er erklärte sich bereit, alles in seiner Macht Stehende zu tun, um mir zu helfen.

Sobald wir uns entschlossen hatten, die Scheidung einzureichen, empfand ich einen gewissen Frieden. Wir wurden gute Freunde, die sich auf einer anderen Ebene treu waren. Er war immer noch lieb und rücksichtsvoll. Wir gingen Hand in Hand spazieren, und wenn wir uns trennten, küsste er mich zum Abschied. Wir kochten gemeinsam, aßen zusammen und besuchten Freunde, die uns nach wie vor für das perfekte Paar hielten. Manche, die uns Händchen halten sahen, hatten den Eindruck, wir seien frisch verheiratet. Aber unsere gemeinsamen Tage waren gezählt und jeder Augenblick war jetzt kostbar.

IV

Sobald wir die Scheidung eingereicht hatten, musste ich mir eine Arbeit suchen, um meinem Mann oder Yuhua nicht länger auf der Tasche zu liegen.

Nach einer Woche fand ich durch einen alten Bekannten aus der Armee eine Stelle. Er war Offizier an der Hochschule für Nationale Verteigung gewesen, hatte dann ein Jahr an der Stanford University in den USA studiert und war inzwischen ein hochrangiger Offizier in Bejing. Seine Frau leitete ein großes Luftfrachtunternehmen in China mit Niederlassungen in der ganzen Welt. Im Frühjahr 1989 veranstaltete diese Gesellschaft eine große internationale Tagung in Bejing, für deren Organisation man mich vorübergehend engagierte.

Es war eine schwere Arbeit, aber die langen Arbeitszeiten machten mir nichts aus. Manchmal ging ich in der Mittagspause zum Tiananmen-Platz und mischte mich unter die Studenten und Arbeiter, die sich dort versammelt hatten. Hunderte Ausländer fielen mir auf dem Platz auf, darunter auch viele Amerikaner. Ich fragte mich, ob man mir bei den Verhören wohl die Wahrheit gesagt hatte. War Larry tatsächlich wieder in Amerika oder hatte der Oberst mich auch in diesem Punkt belogen? Ich konnte mir sogar vorstellen, dass er in Bejing war, und rief mehrmals im Hotel Jianguo an, um mich zu erkundigen, ob er dort wohnte. Als ich meine Neugier nicht mehr bezwingen konnte, beschloss ich, in Nanyang anzurufen.

»Aber was ist, wenn die Telefonistin im Studienzentrum meine Stimme erkennt und den Anruf zurückverfolgen lässt?«, fragte ich mich. »Wird sie mich dem Staatssicherheitsdienst oder dem Institut melden?« Ich beschloss, dieses Risiko einzugehen. Ich musste herausfinden, was mit Larry geschehen war.

Ich bat die Telefonistin im Studienzentrum, mich mit Zimmer 506 zu verbinden, in dem Larry gewohnt hatte. Nach dem ersten Klingeln meldete sich eine Frauenstimme. Ich fragte nach Professor Engelmann.

»Wer?«, fragte sie. »Tut mir Leid, den kenne ich nicht.«

»Aber Sie müssen ihn kennen. Er unterrichtet seit September dort. Können Sie mir sagen, wo er ist?«

»Ich habe keine Ahnung«, antwortete sie. »Ich kenne ihn nicht. Ich bin seit ein paar Monaten hier und habe noch nie von ihm gehört.« Als ich ihn beschrieb, sagte sie: »Es tut mir wirklich Leid, aber ich kann Ihnen nicht helfen.« Dann legte sie auf.

Da Larry mir auch am nächsten Tag nicht aus dem Kopf ging, beschloss ich, noch einmal anzurufen. Ich ging zum Postamt, rief im Studienzentrum an und fragte nach Tao Xiaoying, meiner Freundin und Komilitonin von der Militärakademie, die damals am Studienzentrum studierte.

Sie erkannte meine Stimme sofort. »Wo bist du?«, flüsterte sie.

»In Bejing«, antwortete ich. »Was ist mit ihm?«

»Ich kann dir nichts sagen, weil ich nichts über ihn weiß«, antwortete sie angespannt. Ich vermutete, dass ihr Telefon abgehört wurde.

»Wo ist er?«

»Ich weiß es nicht.« Nach einer langen Pause sagte sie barsch: »Ich muss arbeiten. Ich kann nicht weiterreden. Auf Wiederhören.« Dann legte sie auf.

Ich fürchtete, dass Larry etwas Schreckliches zugestoßen war, und rief ein drittes Mal im Studienzentrum an. Diesmal ließ ich mich mit Carol Chu verbinden. Vielleicht wusste sie, wo er war.

Man sagte mir, sie sei in Schanghai und käme erst am folgenden Tag zurück.

Am nächsten Abend rief ich wieder im Studienzentrum an und fragte nach ihr. Als sie ans Telefon ging, sagte ich: »Ich bin's.« Sie erkannte meine Stimme. Ich erzählte ihr, dass ich in Bejing sei. Ihre Antworten auf meine Fragen waren kurz und vorsichtig. Keine von uns nannte Namen.

»Bist du o.k.?«, fragte sie.

»Ja. Wo ist unser Freund? Ist er o.k.?«

»Er ist in Hongkong oder Thailand. Ich weiß es nicht genau. Er schreibt an seinem Buch. Ja, er ist o.k..«

»Ich muss dich treffen. Ich muss mit dir sprechen.«

»Warum?«, fragte sie.

»Ich muss dich sprechen.«

»Wann?«

»Ende des Monats«, sagte ich.

»Gib mir Bescheid, wann du kommst.« Wir legten beide auf.

Ich war sicher, Angst in ihrer Stimme gehört zu haben.

Als die Tagung vorüber war, bot meine Chefin mir an, weiter für sie zu arbeiten. Ich willigte ein, bat aber um ein paar Tage Urlaub.

Von dem verdienten Geld kaufte ich eine Bahnfahrkarte nach Nanyang.

V

Mein Zug nach Nanyang ging abends um halb elf. Am Morgen desselben Tages rief der General mich an, den man wegen des nationalen Notstandes zu einer Sitzung der Armeeführung nach Bejing beordert hatte. Er wollte mir einen Fahrer schicken und sich nachmittags mit mir am Kunming-See treffen.

Zuerst fragte er mich nach dem Grund für meine plötzliche Rückkehr nach Bejing. Dass ich die dramatischen Veränderungen in China nicht versäumen wollte, beeindruckte ihn nicht.

»Es gibt keine Veränderungen«, sagte er. »Die Armee wird die Studenten auslöschen. Wenn Ihnen Ihr Leben lieb ist, bleiben Sie dem Platz fern.«

Ich konnte es nicht glauben. »Das kann doch nicht wahr sein. Schauen Sie sich doch all die amerikanischen Korrespondenten und ausländischen Studenten an, die dort sind. Auf der ganzen Welt schauen Menschen am Fernseher zu. Das kann nicht geschehen. Das wagen sie nicht.«

Er lächelte kopfschüttelnd. »Wie kommen Sie nur auf so eine alberne Idee. Sie tun es bestimmt. Glauben Sie mir, die Armee ist die Armee. Für die Herrscher dieses Landes ist Macht das Wichtigste. Begreifen Sie das immer noch nicht? Wie kurz ist Ihr Gedächtnis? Was Ausländer denken, ist ihnen egal. Was die Studenten wollen, ist ihnen egal. Die Demonstranten bedrohen ihre Macht. Das ist das Einzige, woran sie denken. Also werden die Studenten sterben. Sie waren in der Armee. Seien Sie doch nicht so naiv.

Hören Sie, Meihong. Man hat ihnen schon einmal Ärger gemacht. Wenn man Sie hier erwischt, sind Sie tot. Das ist Ihnen doch klar, oder muss ich Sie erst daran erinnern?«

»Was soll ich denn machen?«

»Die Studentenbewegung ist für Sie nicht wichtig. Sie wird zerschlagen. Das Wichtigste für Sie ist, aus China herauszukommen.«

»Ich möchte ja weg, aber ich weiß nicht, wie.«

»Sie sind ein kluges Kind. Ich denke, Sie finden schon einen Weg.«

»Ich habe über verschiedene Möglichkeiten nachgedacht. Ich kenne jemanden, der mir helfen kann, Larry zu finden. Sie ist in Nanyang. Ich habe sie im Studienzentrum angerufen. Heute Abend fahre ich hin.«

»Seien Sie vorsichtig«, sagte er. »Jetzt könnte der beste Zeitpunkt sein, aber Sie müssen vorsichtig sein. Sprechen Sie mit niemandem über Ihre Reise. Nutzen Sie das Chaos, das hier herrscht.«

Als wir uns verabschiedeten, riet er mir noch einmal, nach Amerika zu gehen, warnte mich aber auch vor Enttäuschungen. »Amerikaner sind anders als Chinesen. Die Chinesen halten treu zu ihren Freunden. Es könnte sein, dass dieser Larry Engelmann Ihnen nicht helfen will – Sie sollten darauf vorbereitet sein, dass er Sie fallen lässt. Überlegen Sie, wer Ihnen sonst noch helfen könnte. Verlassen Sie sich nicht nur auf einen Menschen und erwarten Sie nicht, dass ein Amerikaner sich Ihnen verpflichtet fühlt. Die Vergangenheit bedeutet den meisten Amerikanern nichts.«

Aber ich vertraute auf Larry. Ich wusste nicht, warum ich mir so sicher war, aber wenn es einen Menschen auf der Welt gab, der mir helfen konnte, so schwierig es auch sein mochte, dann war er es. Aber wie sollte ich ihn nur finden?

Die Zugfahrt nach Nanyang dauerte vierundzwanzig Stunden, die ich stehend verbrachte. Als ich mir ein Zimmer in einer kleinen Pension in der Nähe des Rundturms Gulou nahm, fiel mir das kleine Mädchen ein, das Schuhe reparierte und mit dem Larry sich unterhalten hatte. Es war nicht mehr da. Ich erinnerte mich, wie ich mit Larry in dem kleinen Park auf der anderen Straßenseite gesessen und gelacht hatte.

Vom Postamt aus rief ich Carol an. Eine Stunde später wollte sie sich mit mir vor dem Restaurant Zhou treffen.

Ich konnte es gar nicht abwarten und war plötzlich sehr nervös. Um mich zu beruhigen, ging ich auf dem Campus der Universität von Nanyang spazieren und sah die Mauer, an der Larry und ich an unserem letzten Abend gestanden hatten. Die Umgebung des Studienzentrums war voller schöner Erinnerungen.

Ich ging an dem Restaurant vorbei und stellte mich ein paar Häuser weiter vor ein Schaufenster. Der verabredete Zeitpunkt ging vorüber. Alle paar Sekunden schaute ich auf die Uhr und fragte mich, ob etwas schief gegangen und Carol verhaftet worden war. Ich beschloss, noch zehn Minuten zu warten, und falls sie bis dahin nicht käme, würde ich sofort nach Bejing zurückfahren. Fünf Minuten später sah ich sie.

Ich tat, als schaue ich mir die Auslagen vor dem Geschäft an. Zuerst bemerkte Carol mich nicht. Vor dem Restaurant zögerte sie, schaute hinein und sah dann die Straße hinauf und hinunter. Als ich ihre Augen sah, wusste ich, dass etwas nicht stimmte.

Sie sah ängstlich aus. Als sie auf mich zukam, sah ich an ihr vorbei, damit sie weiterginge. Dann wartete ich ein Weilchen und beobachtete die Straße hinter ihr, um festzustellen, ob jemand ihr folgte. Als ich sicher war, dass sie allein war, ging ich hinter ihr her.

Nebeneinander bogen wir in eine kleine Gasse ein und gelangten auf eine Hauptstraße, auf der wir rasch weitergingen. Wir waren beide nervös und schauten uns mehrfach um. Vor einem halben Jahr, als ich noch am Studienzentrum studierte, hatte

Carol kein gutes Wort für China und die chinesische Regierung übrig gehabt. Oft hatte sie gesagt, China zu verlassen und nach Amerika zu gehen sei das Beste, was ihr und ihrer Familie je widerfahren sei. Aber jetzt sprach sie positiv über China und die Partei. »Ich habe meinem Bruder geschrieben und ihn hierher eingeladen. Ich glaube, dieser Sommer wird herrlich hier.« Es klang wie auswendig gelernt. Sie wägte jedes Wort sorgfältig ab, als ob es aufgezeichnet würde. Ich fragte sie nach Larry. »Ach, ihm geht es gut. Er ist in Hongkong und schreibt an seinem Buch.« Als ich sie fragte, ob sie Kontakt zu ihm habe, antwortete sie, sie schreibe ihm gelegentlich und höre ab und zu von ihm.

Ich sagte, dass ich Larry unbedingt erreichen müsse. »Ich brauche deine Hilfe. Kannst du mir seine Adresse und Telefonnummer in Hongkong geben?«

Sie schwieg eine Weile, dann sagte sie: »Hast du eigentlich eine Ahnung, was du ihm angetan hast?«

»Wie meinst du das?«

»Du hast eine Aussage unterschrieben – die Staatssicherheitspolizei hat sie dem chinesischen Co-Direktor vorgelegt und er hat der amerikanischen Verwaltung davon erzählt.«

»Welche Aussage, Carol? Ich habe nichts getan, was Larry hätte schaden können. Wirklich nicht.«

»Xu Meihong, sag mir die Wahrheit! Du hast doch eine Aussage unterschrieben, dass Larry dich im Zentrum überfallen hat. Du …«

»So etwas habe ich nie gesagt oder unterschrieben, Carol. Niemals! Du musst mir glauben.«

»Sie haben das Dokument dem chinesischen Co-Direktor gezeigt. Er hat den Vorfall den chinesischen Studenten auf einer Versammlung geschildert, um Larry in Misskredit zu bringen. Die amerikanischen Stellen haben verlangt, dass er kündigt und China verlässt.«

»Carol, so etwas habe ich nie unterschrieben!«

»Die amerikanischen Dozenten haben versucht, ihn zu schützen. Aber er musste China verlassen. Und es hat ihm hier so gut gefallen. Die Leute im Zentrum sagen, du hast ihm absichtlich wehgetan. Warum? Er hat dir doch gar nichts getan.«

»Carol, ich hatte nichts damit zu tun. Ich muss ihn erreichen. Ich werde alles erklären. Sag mir nur, wo er ist.«

»Nein! Auf keinen Fall«, erklärte sie so entschieden, dass es mir einen Stich versetzte. Nach einer Weile fügte sie hinzu: »Ich werde nicht den Mittelsmann für dich spielen. Ich werde dir nicht helfen! Du kannst dir jemand anderen suchen.«

»Wenn du so denkst, warum hast du dich dann überhaupt mit mir getroffen?«

»Ich wollte dich noch einmal sehen und dir sagen, was geschehen ist.« Sie klang wie eine Fremde.

»Carol, wer hat dir diese Dinge über mich erzählt?«

Ohne auf meine Frage einzugehen, sagte sie: »Weißt du, Meihong, Larry hat nie geglaubt, dass du diese Aussage unterschrieben hast. Bis zu dem Tag, an dem er fortging, war er davon überzeugt, dass sie dich dazu gezwungen hätten. Ich bin sicher, Larry wird sich freuen, dich in Kalifornien zu sehen, falls du es je dorthin schaffst. Aber ich will nicht, dass du dich mit ihm in Verbindung setzt, solange er in Asien ist, weil das eine Katastrophe wäre. Wir wissen beide, dass er unvernünftig genug ist, dir zu helfen, wenn du ihn darum bittest. Und damit will ich nichts zu tun haben. Er ist verrückt, weißt du. Ständig schreibt er Briefe, um dich zu finden oder jemanden aufzutreiben, der nach dir sucht. Er hat jedem im Studienzentrum seine Visitenkarte geschickt und darum gebeten, sie dir zu geben, falls jemand dich sehen sollte. Ich habe meine weggeworfen, andere haben es genauso gemacht, glaube ich. Ich lese nicht mal mehr seine Briefe. Er ist völlig besessen von dir. Du hast ihm schon einmal wehgetan. Hast du vor, es wieder zu tun? Diesmal wird es nur noch schlimmer werden.«

Wir waren einmal um die Universität Nanyang gegangen. Als wir uns nun dem Studienzentrum näherten, wurde mir klar, dass Larry für mich unerreichbar war.

»Siehst du ihn in diesem Sommer?«, fragte ich.

»Vielleicht.«

»Ich möchte, dass du ihm etwas von mir gibst. Würdest du das tun?«

»Keinen Brief. Nichts, wo dein Name oder deine Adresse draufsteht.«

Ich trug immer noch das Armband, das Larry mir gegeben hatte, aber davon wollte ich mich nicht trennen – noch nicht. Es hatte mir geholfen, schwere Zeiten durchzustehen, und vermutlich würde ich auch in Zukunft viel Glück brauchen. Aber ich trug auch noch die Uhr, die Carol und Larry mir in Bejing als Dank für meine Dienste als Fremdenführerin geschenkt hatten. Ich reichte sie ihr. »Ich bin im Augenblick sehr arm. Das ist das Wertvollste, was ich besitze. Bitte gib sie Larry, wenn du ihn siehst. Sie wird ihn an unsere schöne Zeit in Bejing erinnern. Ich möchte ihm keine Schwierigkeiten machen. Und ich möchte ihn und dich nicht weiter belästigen. Ich habe schon genug Probleme verursacht.«

»Gut.« Sie nahm die Uhr und verabschiedete sich. Ich schaute ihr noch eine Weile nach, dann ging ich zurück in meine Pension. Später erfuhr ich, dass sie die Uhr wegwarf, sobald sie außer Sichtweite war. Sie erzählte Larry, sie hätte befürchtet, ich könnte die Uhr als gestohlen melden und sie anzeigen. Oder es könnte eine Wanze oder eine Bombe darin versteckt sein. Sie hatte Todesangst vor mir. Aber ich weiß es immer noch zu schätzen, dass sie sich an jenem Tag mit mir getroffen hat; andere hätten vielleicht nicht einmal den Mut aufgebracht, einen Anruf von mir entgegenzunehmen.

An jenem Abend in Nanyang glaubte ich, Larry würde die Uhr bald bekommen und wissen, dass ich noch lebte und ihn vermisste. Es konnte lange dauern, aber falls er mich wirklich finden wollte, würde er es auch schaffen. Davon war ich überzeugt.

Am nächsten Abend, am 2. Juni, fuhr ich nach Bejing zurück.

VI

In Bejing war es heiß und schwül. Ich fuhr mit dem Bus zur Hochschule für Nationale Verteidigung, die etwas außerhalb liegt. Bis ich meine neue Stelle antrat, wollte ich bei Lin Cheng bleiben und dann in das Wohnheim meiner Firma ziehen.

Auf der Fahrt durch Bejing sah ich Truppen in Armeelastwagen Stoßstange an Stoßstange am Straßenrand in Richtung Bejing stehen. Offiziere rasten in Geländewagen an der Kolonne entlang. Die Soldaten trugen Uniform und Helm und hatten ihre Waffen im Anschlag. Die Szenerie erinnerte mich an Fotos von der Armee auf dem Weg in den Kampf. Fußgänger, Radfahrer und Busfahrgäste, die an den Soldaten vorüberkamen, forderten sie auf, die Stadt zu verlassen. Manche schüttelten drohend die Fäuste und beschimpften sie. In meinem Bus lehnten sich Leute weit aus dem Fenster und brüllten: »Haut ab! Haut ab! Was wollt ihr in Bejing? Geht nach Hause!« Andere bedachten die Soldaten mit Flüchen, aber diese starrten nur stur geradeaus. Langsam rollte die Kolonne ohne Flaggen oder militärische Symbole in die Stadt.

Die Soldaten waren jung, vielleicht siebzehn oder achtzehn Jahre, so alt wie ich, als ich zur Armee kam. Sie sahen aus, als kämen sie aus der Provinz, und wirkten durch die Menschenmenge ziemlich eingeschüchtert.

Lin Cheng hatte ein halbes Dutzend seiner Kollegen eingeladen, in seiner Wohnung fernzusehen. Während der Nachrichten diskutierten sie, was sie über die Truppenbewegungen gehört hatten. Manche hatten Gerüchte aufgeschnappt, dass die Soldaten den Tiananmen-Platz mit Tränengas und Gummigeschossen räumen sollten. Alle waren sich darin einig, dass niemand ernstlich zu Schaden kommen würde. Es würde ein paar Prellungen und Verletzungen durch das Tränengas geben, aber mehr auch nicht.

In den Nachrichten wurden immer wieder dieselben Anweisungen wiederholt. »Allen, die auf der Straße sind, empfehlen wir dringend, nach Hause zu gehen. Und die Menschen auf dem Tianamen-Platz fordern wir auf, in ihre Universitäten oder in ihre Wohnungen zurückzukehren. Bitte bleiben Sie nicht auf der Straße.«

Keiner von uns konnte in jener Nacht schlafen. Gegen Mitternacht hörten wir entfernte Schüsse. Vom Tiananmen-Platz waren wir zu weit entfernt, um von dort etwas hören zu können. Es wurde also in der Nähe aus Maschinengewehren geschossen. Da es um diese Zeit keine Fernsehsendung mehr gab, schalteten wir das Radio ein und hörten Voice of America und BBC. Die Truppen waren auf dem Tiananmen-Platz eingetroffen und dabei, den Platz zu räumen. Mehr erfuhren wir nicht. Wir saßen herum, redeten und warteten auf die Morgensendung im Fernsehen, um zu erfahren, was geschehen war.

Gegen sechs Uhr morgens erschien ein Freund und berichtete: »Sie haben die Studenten umgebracht. Sie haben alle umgebracht!«

Wieder schalteten wir Voice of America ein. Dort wurde gemeldet, dass Hunderte Studenten getötet worden waren. Wir hörten Aufnahmen von Gewehrfeuer, Schreien und Kämpfen. Auf dem Campus und im Radio kursierten Gerüchte, dass Kämpfe zwischen verschiedenen Einheiten der Armee ausgebrochen seien.

Im Laufe des Vormittags fanden wir einen Kleinbus, der uns in die Stadt brachte. Wir wollten selbst sehen, was geschehen war. Und das, was wir sahen, war unglaublich. Autos und Armeelastwagen säumten die Straße, wo ich sie am Abend vorher gesehen hatte. Aber sie waren leer und ausgebrannt. Aus manchen quollen immer noch dichte Rauchschwaden. Es war wie in einem Film. Je mehr wir uns der Innenstadt näherten, umso größer wurden die Verwüstungen. Die Leitplanken in der Fahrbahnmitte waren umgestürzt und zerdrückt. Wracks von PKWs und Lastwagen säumten die Straße bis in die Stadt. Passanten beobachteten, wie sie brannten. Soldaten waren nicht zu sehen, bis wir uns der Innenstadt näherten, wo Panzer auf den Boulevards patrouillierten.

Im Fernsehen verkündete der Nachrichtensprecher später, die Armee habe »einen weiteren Sieg« errungen und Bejing unter ihre Kontrolle gebracht.

Auf der Rückfahrt aus der Stadt sah ich überall aufgebrachte Menschenmengen, die die Brutalität der Armee anprangerten. Die Soldaten hatten jeden getötet – Studenten, Frauen, Kinder, Babys und Neunzigjährige, berichteten sie – und wahllos in alle Fenster geschossen, hinter denen sie Licht oder eine Bewegung gesehen hatten.

Es gab auch Schilderungen, dass die aufgebrachte Menge Armeelastwagen angehalten hätte und über die Soldaten hergefallen sei. Die Offiziere hätten die Kontrolle verloren und einige Soldaten seien getötet worden. Jemand erzählte, in Bejing sei eine ganze Kompanie verschwunden. Eine ganze Kompanie! »Sie können sie nicht finden«, ergänzten andere lachend. »Sie ist einfach verschwunden.« Wieder andere erklärten, die Soldaten seien ebenso getötet und verbrannt worden, wie die Armee die Studenten getötet und verbrannt habe.

Die Uniformierten wurden mit Lebensmitteln, Steinen und allem beworfen, was gerade zur Hand war. Frauen und Kinder warfen Topfpflanzen, Bücher und Ziegelsteine von den Balkons an der Straße. Manche Soldaten warfen ihre Uniformjacken weg und versuchten, unerkannt zu entkommen. Aber an ihren weißen Armeehemden und Hosen waren sie auch ohne Jacken zu erkennen und wurden von der Menge verprügelt oder gar getötet.

Dieses China war nicht mehr mein Land. Was bislang Einzelnen in aller Heimlichkeit geschehen war, widerfuhr nun vor den Augen der Welt einer riesigen Menschenmenge. Partei und Armee fürchteten nichts und niemanden und zahlten jeden Preis, um ihre Macht zu erhalten.

Zwei Wochen nach dem Massaker auf dem Tiananmen-Platz trat ich meine neue Stelle an. Doch schon vier Wochen später spürten mich Agenten des Zweiten Büros auf und sagten meiner Chefin, ich hätte politische Probleme und dürfe keinen Kontakt mit Ausländern haben. Falls ich gegen diese Auflage verstieße, mache man sie dafür verantwortlich. Am nächsten Tag teilte sie mir mit, dass sie mir bald kündigen müsse und ich besser andere Pläne machen solle.

Die Agenten des Zweiten Büros gingen auch zu meinem Mann und wiesen ihn darauf hin, dass sich nach dem Massaker auf dem Tiananmen-Platz niemand in Bejing aufhalten dürfe, der keine Aufenthaltsgenehmigung für die Stadt habe. Als er erklärte, dass ich in Bejing bleiben müsse, bis über unsere Scheidung entschieden sei, forderten sie ihn auf, sich sofort zu melden, falls ich gegen Vorschriften verstieße.

An jenem Abend rief Lin Cheng mich an und sagte, ich müsse das Land so schnell wie möglich verlassen. Er fürchte, dass man mich mein Leben lang verfolgen würde. »Für dich wird es nie wieder ein normales Leben in China geben. Du musst fort.«

»Aber wie?«, fragte ich.

Ich erfuhr, dass seit dem 4. Juni sämtliche Auslandstelefonate abgehört und Briefe ins Ausland zensiert wurden. Ich konnte es mir nicht leisten, dass man mich bei dem Versuch erwischte, mit Larry Kontakt aufzunehmen. Als ich Yuhua um Hilfe bat, stellte sie mich einem Freund vor, der im August in die Vereinigten Staaten reisen sollte, um an der University of Kansas zu studieren. Er erklärte sich bereit, einen Brief an Larry aufzugeben, sobald er dort war. So schrieb ich einen kurzen, förmlichen Brief: »Lieber Professor Engelmann, erinnern Sie sich an eine junge Frau namens Xu Meihong, die Sie in China kennen gelernt haben? Sie denkt oft an Sie und braucht Ihre Hilfe. Wenn Sie sich an sie erinnern und ihr helfen möchten, setzten Sie sich bitte mit mir in Verbindung.« Dann gab ich die Telefonnummer meiner Arbeitsstelle und Yuhuas Adresse an der Qinghua-Universität an und unterschrieb: »Ihre Rose.«

Ich gab dem Freund die Telefonnummer von Larrys Büro und bat ihn, sich mit einem Anruf zu vergewissern, ob Larry noch an der San Jose State University war, bevor er den Brief abschickte.

Ich rechnete mir aus, dass Larry den Brief nicht vor Ende August bekommen würde. Falls er bis dahin nicht geantwortet hatte, musste ich davon ausgehen, dass er sich nicht mit mir in Verbindung setzen wollte.

Mir blieb nicht mehr viel Zeit. Ich musste täglich damit rechnen, meine Arbeit zu verlieren und aus Bejing an einen abgelegenen Ort gebracht zu werden, von dem aus jeder Kontakt mit der Außenwelt unmöglich wäre. Da ich Larry so bald wie möglich erreichen musste, beschloss ich, mein Glück zu versuchen und ihn von meinem Büro aus anzurufen. Zwei Tage nachdem die Offiziere vom Zweiten Büro mit meiner Chefin gesprochen hatten, ging ich früher zur Arbeit und nahm die Telefonnummern seiner Wohnung und seines Büros auf einem Zettel mit, den ich sorgfältig in einem Buch aufbewahrt hatte. Um sieben Uhr morgens, als nur eine Kollegin mit mir im Büro war, rief ich an. Ein Mann antwortete. Als ich nach Larry fragte, sagte er, ich hätte die falsche Nummer, und legte auf, bevor ich noch etwas fragen konnte. Da ich annahm, dass ich mich verwählt hatte, versuchte ich es noch einmal, diesmal ganz langsam. Derselbe Mann antwortete und reagierte nun ungehalten auf meine Frage nach Larry. Da ich noch nie ins Ausland telefoniert hatte, war ich sicher, dass ich mich verwählt hatte, und bat meine Kollegin, eine gute Freundin, für mich zu wählen. Wieder antwortete derselbe Mann.

Am nächsten Tag rief ich in Larrys Büro an. Während ich dem Rufzeichen lauschte, überrollte mich eine Welle der Panik. Und wenn die Leitung abgehört wurde? Da ich kein Risiko eingehen wollte, beschloss ich, meinen Namen nicht zu nennen, und betete, dass er meine Stimme erkannte. Ein Anrufbeantworter schaltete sich ein, ich hörte seine Stimme; er war nicht im Büro und bat den Anrufer, eine Nachricht zu hinterlassen. Leise, als hätte ich Angst, dass jemand mich hören könnte, sagte ich: »Professor Engelmann, ich brauche Ihre Hilfe. Bitte, rufen …« Aber da ich so leise sprach, schaltete der Anrufbeantworter sich ab.

Ich wählte noch einmal und sprach diesmal lauter: »Professor Engelmann, ich brauche Ihre Hilfe. Bitte, rufen Sie mich an.« Dann legte ich auf. Ich hatte keine Telefonnummer genannt, weil ich fürchtete, dass jemand den Anruf abhören und herausfinden könnte, was ich vorhatte. Ich betete, dass Larry meine Stimme erkennen und meine Telefonnummer vielleicht über die Telefongesellschaft zurückverfolgen lassen würde. Das war meine einzige Chance.

Mehrere Tage vergingen. Ich wusste nicht, was ich noch tun konnte, mir fiel nichts mehr ein, wie ich Larry hätte mitteilen können, wo ich war. Aber ich klammerte mich verzweifelt an die Hoffnung, dass einer von uns einen Weg finden würde, einen Kontakt zum anderen herzustellen.

Am Freitagmorgen, den 25. August, ging ich früh zur Arbeit, weil ich schlecht geschlafen hatte und nach weiteren Möglichkeiten suchte, Larry zu erreichen. Als ich gegen sieben Uhr ins Büro kam, klingelte das Telefon. Eine Kollegin, die den Anruf entgegengenommen hatte, reichte mir den Hörer und sagte, es klinge wie ein Auslandsgespräch. Ich versuchte, ruhig zu bleiben, nahm den Hörer und sagte auf Englisch: »Hello.«

»Spreche ich mit Xu Meihong?«

Ich erkannte seine Stimme und fing an zu weinen.

Er sagte: »Weine nicht. Ich habe deinen Brief bekommen. Ich denke an dich und ich liebe dich.«

»Ich dich auch.«

»Wir müssen über vieles reden«, sagte er.

»Ja. Ich möchte dir alles erklären.«

Er schien zu verstehen. Nach einer Weile fragte er: »Du brauchst meine Hilfe, nicht wahr?«

»Ja, ich brauche Hilfe. Du bist meine letzte Chance, Larry. Ich muss China verlassen. Ich bin in Schwierigkeiten. Kannst du mir helfen?«

»Ich kann, Xu Meihong.« Das waren die schönsten, beruhigendsten Worte, die ich seit Monaten gehört hatte. »Ich tue alles für dich. Alles. Beruhige dich und denke darüber nach, was du brauchst. Wir regeln das gemeinsam.«

»Du bist mir nicht böse?«

»Nein. Ich habe nie auch nur einen Augenblick an dir gezweifelt, Meihong. Keinen Augenblick.«

»O.k..« Ich atmete tief durch und rang um Fassung.

»Möchtest du nach Amerika kommen?«, fragte er.

»Ja.«

»Dann werden wir dafür sorgen. Hast du schon einen Plan?«

»Noch nicht.«

»Dann machen wir einen. Oder zwei oder drei.«

»Gut.«

»Hast du eigentlich noch das Armband, das ich dir gegeben habe?«

»Ja, natürlich.«

»Gut, ich möchte es nämlich wiederhaben, wenn du herkommst«, sagte er lachend.

Als ich ihm zuhörte, wusste ich, dass ich mich nicht in ihm getäuscht hatte. Er versprach, mich am Montagmorgen um die gleiche Zeit wieder anzurufen. Während der folgenden Woche rief er jeden Tag an und schrieb am Wochenende zwei lange Briefe – ohne Absender und an Yuhuas Adresse an der Qinghua-Universität. Gemeinsam schmiedeten wir Pläne, wie ich China verlassen könnte.

Eigentlich hatte ich keine Ahnung, wie er mir helfen sollte. Er erkundigte sich nach einem Stipendium für ein Studium, aber ich war sicher, dass ich keinen Pass bekommen würde, damit ich in Amerika studieren konnte. Das hätte bedeutet, eine verurteilte Kriminelle auch noch zu belohnen.

»Ich habe noch eine andere Idee«, sagte er. »Aber sie ist ziemlich dramatisch. Was wäre, wenn du mit einem amerikanischen Staatsbürger verheiratet wärst? Würde das die Sache einfacher machen?«

»Schon möglich. Aber würdest du das denn für mich tun?«, fragte ich überrascht.

»Ob ich das tun würde? Ich liebe dich. Natürlich würde ich das tun.«

»Das wäre vielleicht meine beste Chance.«

»Wir können uns ja scheiden lassen, wenn du dich hier eingelebt hast. Dann kannst du dein eigenes Leben führen.«

Sollte das ein Scherz sein? »Warum sollte ich das tun?«, fragte ich. »Ich liebe dich.«

»Ich dich auch«, versicherte er. »Ich habe jeden Tag an dich gedacht, seit ich China im Januar verlassen habe, Meihong. Ich habe daran gedacht, dich hierher zu holen. Ich habe daran gedacht, wie wir getanzt haben. Ich habe an unsere Spaziergänge gedacht. Ich habe an jedes Wort gedacht, das wir miteinander gesprochen haben. An jedes einzelne Wort!«

»Ich auch, Larry«, gestand ich.

»Und …« Es entstand eine Pause, bevor er weitersprach. »Du warst immer bei mir – in meinem Herzen und in meinen Gedanken, seit einem Jahr. Du warst in meinen Träumen. Jede Nacht. Wir gehen ein Risiko ein. Aber ich glaube, wir haben keine andere Wahl. Wenn du mich haben willst, möchte ich dich sehr gern heiraten und dein Mann sein, solange du mich brauchst und willst und liebst. Wie klingt das?«

»Larry, ich werde dich immer lieben. Du warst auch in meinen Träumen. Ich werde nie aufhören, dich zu lieben, und ich werde nicht zulassen, dass irgendjemand uns noch einmal auseinander bringt. Niemals!«

Ich glaube, wir waren beide überrascht über unsere Entschlossenheit. Wieder entstand eine lange Pause, dann lachte er sein optimistisches, zuversichtliches Lachen, das tief aus seinem Inneren zu kommen schien und all meine Zweifel daran zerstreute, ob wir unsere Pläne wohl jemals würden verwirklichen können.

»Welche Schwierigkeiten wird es geben?«, fragte er. »Glaubst du, dass die Behörden uns mit Flakfeuer belegen?«

»Larry, mehr als du dir vorstellen kannst.«

»Glaubst du an Happyends?«

»Ich weiß nicht.«

»Glaub daran, denn wir werden es schaffen, ganz egal, welche Steine sie uns diesmal in den Weg legen. Sie haben ihre Chance gehabt, jetzt sind wir dran. Also geben wir ihnen ein Happyend.«

VII

Wir machten einen Zeitplan: Larry wollte in der ersten Januarwoche nach China kommen. Bis dahin hatte ich Zeit, die nötigen Vorbereitungen zu treffen. Er wollte mit einer nicht-amerikanischen Fluggesellschaft, der Cathay Pacific, über Hongkong fliegen, um nicht allzu sehr aufzufallen.

Ich musste mich um die erforderlichen Papiere kümmern und die Genehmigungen einholen, die man für eine Eheschließung mit einem Ausländer benötigte – das war selbst für jemanden, der den Behörden noch nie aufgefallen war, keine leichte Aufgabe. Ich wusste nicht, wie ich das alles schaffen sollte. Aber immer wenn ich der Verzweiflung nahe war, machte Larry mir Mut: Beinahe alles sei möglich, wenn ich es nur hartnäckig genug versuchen würde. Wir müssten es nur immer wieder probieren und flexibel und kreativ sein. Offenbar verließ ihn nie der Mut.

Zuerst musste ich so schnell wie möglich von Lin Cheng geschieden werden. Während der Unruhen im Frühjahr hatte man unseren Scheidungsantrag nicht weiter bearbeitet. Ich bat Lin Cheng, seine Beziehungen zu nutzen, um möglichst innerhalb einiger Tage von mir geschieden zu werden.

Unterdessen teilte meine Chefin mir mit, dass ich die Firma sofort verlassen musste. Sie habe versucht, mich zu halten, aber jemand im Büro habe mich beobachtet und den Behörden gemeldet, dass ich Ferngespräche aus den Vereinigten Staaten erhielte. Sie habe genug für mich gewagt und könne das Risiko nicht länger tragen.

Als ich meinen Schreibtisch ausräumte, kamen einige meiner Kollegen, um mir zu helfen und sich zu verabschieden. Sie gaben mir ihre Adressen und Telefonnummern für den Fall, dass ich ihre Hilfe benötigte. In jenen Tagen nach dem Massaker auf dem Tiananmen-Platz hatte plötzlich jeder, der Ärger mit den Behörden hatte, viele Freunde, die bereit waren, nach Kräften zur Unterminierung der Regierung beizutragen.

Durch seine Beziehungen erreichte Lin Cheng, dass wir Anfang Dezember endlich geschieden wurden. Wir mussten unsere Heiratsurkunde abgeben und 50 Yuan Gebühr bezahlen. Lin Cheng wollte die Urkunde eigentlich als Andenken behalten und den Behörden sagen, er hätte sie verloren, aber letzten Endes begnügte er sich damit, sie zu fotografieren.

Wir fuhren mit seinem Fahrrad zum Standesamt, wo wir die erforderlichen Dokumente unterschrieben und unsere Scheidungsurkunde erhielten. Noch am selben Abend brachte er mich mit einem Dienstwagen der Armee zum Bahnhof. Während der Fahrt hielt er meine Hand. Als ich ausstieg, sagte er: »Mach dir keine Sorgen, Meihong. Ich glaube an dich. Du hast es weit gebracht. Du bist fähig und verdienst etwas Besseres.«

Ich küsste ihn zum Abschied, doch als ich zum Zug gehen wollte, hielt er mich zurück und sagte: »Es tut mir Leid, dass ich uns kein besseres Leben bieten konnte. Ich lasse dich gehen, weil du ein besseres Leben an einem besseren Ort verdienst. Ich habe nicht einmal etwas Wertvolles, was ich dir zum Abschied schenken könnte.« Er reichte mir die Kamera, die er während seiner

Amerikareise gekauft hatte, und bestand darauf, sie mir zu schenken.

Dann trug er mein Gepäck in den Zug und verstaute es in der Gepäckablage. Zum Abschied nahm er mich noch einmal in die Arme. »Leb wohl! Pass auf dich auf und mach's gut.«

Er blieb auf dem Bahnsteig stehen und sah dem Zug nach. Ich war sicher, dass ich ihn zum letzten Mal sah, und schaute ihn durch einen Tränenschleier hindurch an, bis er außer Sicht war.

VIII

Am Tag nach meiner Rückkehr in mein Heimatdorf stürzte ich mich sofort in den Papierkrieg. Larry hatte angekündigt, dass er am Abend des 7. Januar in Schanghai einträfe und eine Woche in China bliebe – ich nahm an, dass sieben Tagen reichten, um zu heiraten. Anschließend wollte er mit unserer Heiratsurkunde nach Hongkong fliegen und sich für meine Ausreise einsetzen.

Da ich keine Ahnung hatte, welche Formalitäten für eine Eheschließung mit einem Ausländer notwendig waren, schickte ich eine Jugendfreundin nach Nanyang, die beim General die entsprechenden Informationen einholen sollte. Nachmittags kehrte sie mit dem Namen und der Telefonnummer einer Kontaktperson zurück und überbrachte mir als Hochzeitsgeschenk des Generals einen Umschlag mit 5.000 Yuan: »Er sagt, du wirst das Geld brauchen, um dir den Weg freizukaufen.«

Ich fuhr mit dem Zug nach Nanyang und traf mich mit dem

Freund des Generals. Er zeigte mir eine Liste der Dokumente, die ich brauchen würde. Da es keinen Fotokopierer gab, musste ich die erforderlichen Formulare und Vorschriften Wort für Wort abschreiben.

Nach den geltenden Bestimmungen konnte ich einen Ausländer nur im Standesamt der Hauptstadt meiner Heimatprovinz, also in Zhenjiang, heiraten. Die Behörden konnten so den Hintergrund der Antragsteller leichter überprüfen und hatten eine weitere Möglichkeit, Kontakte der Bevölkerung zu Ausländern streng zu kontrollieren. Ich fürchtete, dass mein Name auf einer schwarzen Liste stehen könnte. Falls etwas schief ging und die Armee von meiner Absicht erfuhr, Larry zu heiraten, konnte ich im Gefängnis landen. Aber was blieb mir übrig? Ich beschloss, jedes Risiko einzugehen, um für meine Liebe, mein Leben und meine Freiheit zu kämpfen.

Zunächst brauchte ich vom Nachbarschaftskomitee eine Bescheinigung, dass ich allein stehend war, und eine Heiratserlaubnis. Dieses Komitee besteht meist aus alten Frauen der Nachbarschaft, die über sämtliche Gerüchte auf dem Laufenden sind, die über die Dorfbewohner kursieren. Als ich die beiden Frauen des Nachbarschaftskomitees zum ersten Mal aufsuchte, erklärten sie mir, sie seien beschäftigt, ich solle am nächsten Tag nachmittags wieder kommen. Das bedeutete keineswegs, dass sie tatsächlich beschäftigt waren. Sie wollten mir lediglich zu verstehen geben, dass ich sie um eine Gefälligkeit bat, ohne Geschenke mitzubringen.

Ich fuhr mit dem Zug nach Zhenjiang und konnte dort über eine Freundin eine Stange Marlboro-Zigaretten und eine Stange Zhonghua-Zigaretten besorgen, die in China nur hochrangige Kader rauchten. Am nächsten Tag ging ich wieder zu den beiden Frauen und gab ihnen die Zigaretten. Nachdem sie sie zweimal abgelehnt hatten, wie es üblich war, nahmen sie sie scheinbar widerstrebend an. Nun erklärte ich, dass ich eine Heiratserlaubnis brauchte, sagte aber nicht, dass ich einen Ausländer heiraten wollte, weil das für sie ein Problem dargestellt hätte. Sie gaben mir ein Formular, in das ich Larrys Namen ganz klein auf Chinesisch eintrug, um später den englischen Namen daneben schreiben zu können. Als Arbeitseinheit trug ich die San Jose State University auf Chinesisch ein. Sie brauchten nur noch ihren Stempel unter das Formular zu setzen. Als sie sich erkundigten, wo diese ›San-Jose-Staats-Universität‹ in China sei, sagte ich, es handele sich um eine neue Hochschule.

»Kein Wunder, dass wir noch nie davon gehört haben«, antworteten sie. »Wir kennen die Universität Bejing und die Qinghua-Universität, aber nicht die San-Jose-Staats-Universität. Wir sind zu alt, um uns in solchen Dingen noch auf dem Laufenden zu halten.«

Ich konnte nur Gott für ihre Unwissenheit danken. Sie stempelten das Dokument ab und gaben es mir.

Am nächsten Tag ging ich zum Standesamt in Zhenjiang. Die beiden zuständigen Beamten befragten mich eine halbe Stunde lang und erklärten dann, dass ich für die Eheschließung eine Bescheinigung brauche, aus der hervorginge, dass mein zukünftiger Mann allein stehend sei. Zu spät fiel mir auf, dass es eine solche Bescheinigung in den Vereinigten Staaten wahrscheinlich gar nicht gab.

Außerdem musste er ein Leumundszeugnis, eine Bankauskunft über seine Vermögensverhältnisse, eine Bescheinigung seines Arbeitgebers und eine Kopie seiner Einkommenssteuererklärung vorlegen.

Und schließlich brauchten sie von uns beiden ein Gesundheitszeugnis mit einem Aids-Test.

Um Zeit zu sparen, beschloss ich, die Gesundheitszeugnisse zu besorgen, bevor Larry nach China kam. Er wäre ohnehin in jedem chinesischen Krankenhaus so sehr aufgefallen, dass er nur schwer der Aufmerksamkeit des Staatssicherheitsdienstes entgangen wäre.

Also suchte ich eine gute Freundin auf, die als Oberschwester im Volkskrankenhaus in Danyang arbeitete, und erklärte ihr, was ich brauchte. Sie war trotz des Risikos bereit, mir zu helfen. Am nächsten Morgen holten wir die Anmeldeformulare und gingen zum Chefarzt der Klinik, einem Sechzigjährigen, der nur noch sehr schlecht sehen konnte. Ich erzählte ihm, mein Mann und ich müssten von Danyang nach Zhenjiang umziehen und benötigten sofort ein Gesundheitszeugnis. Er erklärte sich bereit, uns aus Gefälligkeit gegenüber meiner Freundin unverzüglich zu untersuchen. Nun musste ich gestehen, dass mein Mann gar nicht bei mir war. Ich sagte, er sei auf einer Geschäftsreise und käme erst in zehn Tagen zurück. Aber da die Behörden in Zhenjiang die Unterlagen sofort haben wollten, sei ich auf seine Unterschrift und den Stempel angewiesen. Meine Freundin schlug vor, das Gesundheitszeugnis vorab auszustellen und die Untersuchung später durchzuführen. Der Arzt überlegte ein Weilchen, nahm das Formular und stellte mir einige Fragen. »Ihr Mann ist 1,84 Meter groß? Das ist ziemlich groß.«

»Ja«, antwortete ich. »Er ist Basketballspieler.«

»Wozu brauchen Sie einen Aids-Test? Das ist ziemlich ungewöhnlich.«

»Mein Mann ist bei der Armee. Das Militär stellt besondere Anforderungen an das Gesundheitszeugnis.«

Der Arzt wirkte verwirrt. »Ach, er ist Soldat.« Das schien ihn jedoch von der Legitimität meines Ansinnens zu überzeugen. Er überprüfte einige Eintragungen in meinem Formular. Dabei fiel ihm auf, dass es auf den 10. Januar 1990 vordatiert war. Als er mich danach fragte, antwortete ich: »Es tut mir Leid. Das war ein Irrtum. Können wir es nicht einfach dabei belassen, statt ein neues Formular auszufüllen?«

Und schließlich musste der Arzt noch die Fotos abstempeln, die dem Formular beigefügt waren. »Mit diesem Foto stimmt etwas nicht«, sagte er. »Dieser Mann ist kein Chinese.«

»Sie haben Recht, Doktor«, platzte ich auf gut Glück heraus, »er ist kein Han wie wir. Er gehört einer Minderheit aus der Provinz Xinjiang an.«

»Ach, ich verstehe«, sagte der Arzt. »Er sieht aus wie … wie ein Uigure. Ist er denn einer?«

»Ja«, bestätigte ich. »Seine Vorfahren waren sogar halbe Russen.«

»Jetzt verstehe ich.«

Ich konnte kaum fassen, mit welchem Lügengespinst ich ans Ziel gelangt war: Mein zukünftiger Mann war ein uigurischer Offizier und Basketballspieler. Was für eine Kombination!

Nun musste ich noch in Zhenjiang Zimmer für uns buchen. An der Rezeption des Hotels Jinshan gab ich mich als Mitarbeiterin des Außenministeriums aus und erklärte, ich müsse einen Amerikaner dort unterbringen. Man war sehr nett und reservierte sofort zwei Zimmer für uns. Es machte mich traurig und entbehrte nicht einer gewissen Ironie, dass ich die Taktiken, die man mich gelehrt hatte, um in einem feindlichen Land zu überleben, nun in meinem eigenen Heimatland einsetzen musste.

An dem Tag, an dem Larry eintreffen sollte, fuhr ich nach Schanghai und nahm ein Hotelzimmer. Das Flugzeug sollte um sechs Uhr abends landen. Gegen vier Uhr klopfte jemand an die Tür meines Hotelzimmers. Als ich öffnete und einen Soldaten in Uniform sah, fiel ich beinahe in Ohnmacht. Er wirkte wie ein Offizier. Ich dachte, er sei gekommen, um mich festzunehmen, aber der Mann sagte: »Ein Freund schickt mich, um Sie zum Flugplatz zu fahren und Ihren Freund abzuholen.« Ich war erleichtert, denn ich wusste, wer dieser Freund war.

Er parkte am Flughafen und begleitete mich zum Terminal,

um mit Larrys Gepäck behilflich zu sein. Auf dem ganzen Weg wurde ich den Verdacht nicht los, dass jemand aus den oberen Rängen des Staatssicherheitsdienstes mich lediglich benutzte, um Larry wieder nach China zu holen. Es war zwar nicht sehr wahrscheinlich, aber ausschließen konnte ich es auch nicht. Es war möglich, dass ich irgendeinen Fehler gemacht und wie 1988 die Zeichen nicht erkannt hatte, die mir hätten sagen können, dass ich in eine Falle tappte. Ich hatte mit Larry Signale vereinbart: Winken bedeutete: alles in Ordnung, ein flüchtiger Blick hingegen Gefahr; dann sollte er sofort umkehren und einen Rückflug buchen.

Das Flugzeug landete pünktlich. Es war schon dunkel und schneite heftig. Nervös und unsicher hielt ich in der Menge nach bekannten Gesichtern Ausschau, nach einem Agenten des Staatssicherheitsdienstes, nach jemandem, der meinen Blick erwidern und damit den wahren Grund für seine Anwesenheit verraten würde. Aber niemand achtete auf mich. Dann sah ich Larry durch die Tür kommen. Ich winkte ihm, und der Soldat trat vor und nahm sein Gepäck. Larry lief auf mich zu und umarmte mich. »Willkommen in China«, sagte ich.

Er küsste mich auf die Stirn und sagte: »Bist du es wirklich? Ist das alles wirklich wahr?« Wir hielten uns ganz fest. Zum ersten Mal seit dreizehn Monaten waren wir wieder zusammen.

Der Fahrer brachte uns zum Swan Cindic. Larry hatte mir viele nachträgliche Geburtstags- und Weihnachtsgeschenke mitgebracht, Schuhe und Kleider und einen goldenen Ehering. »Aber den kann ich dir erst an den Finger stecken, wenn wir verheiratet sind.« Als ich sein Lächeln sah und seine Stimme hörte, war ich sicher, das Richtige zu tun. Ich liebte ihn und hatte zu Recht darauf vertraut, dass er mich in ein neues Leben bringen würde.

Er erzählte mir von der Kampagne, die der Staatssicherheitsdienst und der chinesische Co-Direktor im Studienzentrum kurz nach meinem Verschwinden gegen ihn geführt hatten. Es sei eine schwere Zeit gewesen, aber sein Glaube an mich habe ihm Kraft gegeben. Tief im Inneren habe er gewusst, dass ich niemals die Aussage unterschrieben hätte, die die Chinesen angeblich besaßen. Und als die Amerikaner sie zu sehen verlangten, hätten sie behauptet, sie sei als geheim eingestuft. Nur der chinesische Co-Direktor habe sie einsehen dürfen und sie den Amerikanern beschrieben. Als die Amerikaner Beweise für Larrys angebliche Vergehen verlangten, habe der Co-Direktor geantwortet: »Die Vorwürfe sind so schwer wiegend, dass sie keiner Beweise bedürfen.«

Um die Lage zu entschärfen, hatte die amerikanische Leitung des Studienzentrums Larry die Fortzahlung seines vollen Gehalts versprochen, wenn er das Zentrum verließ. Außerdem hatten sie ihm ein gutes Zeugnis über seine Lehrtätigkeit ausgestellt und ihn von allen Beschuldigungen entlastet. Er hatte dieses Angebot angenommen und Nanyang verlassen.

Wir unterhielten uns bis spät in die Nacht. Ich gestand ihm, dass ich mir ein sehr romantisches Bild von ihm gemacht hatte, wie ein kleines Mädchen, das von einem Prinzen träumt, der auf einem Schimmel reitet und es mit sich fortnimmt. Darauf antwortete er, er sei tatsächlich ein Prinz, nur habe er sein Pferd und seine Lanze am Flughafen in San Francisco vergessen. Wir lachten, doch dann meinte er, eigentlich sei ich die Heldin unserer Geschichte, denn schließlich sei ich verhaftet und verhört worden. Vielleicht hätte ich ihn gerettet und er revanchiere sich jetzt dafür. »Wir waren beide leichtsinnig und naiv«, sagte er. »Wenn einer etwas falsch gemacht hat, dann bin ich es. Und jetzt bin ich hier, um es wieder gutzumachen. Wenn du es erlaubst.«

Über drei Monate lang waren wir im Studienzentrum befreundet gewesen; seitdem kannte ich ihn vor allem durch seine

Briefe und unsere Telefonate, auf die sich mein Optimismus gründete. Und als ich nun den Ernst in seinem Ton und seiner Miene las und seine Arme um mich spürte, wusste ich, dass diese Zuversicht gerechtfertigt war.

Bevor ich in mein Hotelzimmer ging, sagte ich, dass wir am nächsten Morgen früh nach Zhenjiang aufbrechen mussten. Mir ging so vieles durch den Kopf, und ich konnte meine Ängste nicht abschütteln. Jeden Augenblick konnte alles zusammenbrechen. Immer noch schaute ich ständig über die Schulter zurück.

Morgens warteten wir auf dem Bahnhof von Schanghai in dem höhlenartigen Wartesaal für Ausländer auf unseren Zug. Als Larry ein Jahr zuvor hier gewesen war, hatten Tausende auf ihre Züge gewartet. Jetzt, nach dem Massaker auf dem Tiananmen-Platz, waren wir beide allein in der großen Halle.

In Larrys Gegenwart fühlte ich mich zum ersten Mal seit einem Jahr sicher. Er war so stark und zuversichtlich, sein Lachen war so ansteckend und seine Umarmung so beruhigend. Er war überzeugt davon, dass es für jedes Problem eine Lösung gab und wir alles erreichen könnten, wenn wir nur genügend Vertrauen ineinander hätten. Ich glaubte ihm, dass er diesmal nicht zulassen würde, dass jemand uns trennte. Ich glaubte, dass er für mich sterben würde, wenn es sein müsste, und ich für ihn.

Um vier Uhr nachmittags trafen wir in Zhenjiang ein und nahmen ein Taxi zu unserem Hotel. Larry bekam ein Zimmer im dritten Stock und ich eines im Erdgeschoss in einem Trakt für Übersetzer und Fremdenführer ausländischer Besucher. Wir aßen im Hotel zu Abend und unterhielten uns bis tief in die Nacht. Bei einem Spaziergang im Jinshan-Park schauten wir den Männern beim Angeln zu und kauften Andenken bei den Straßenhändlern.

Ich rechnete damit, dass wir am nächsten Morgen heiraten würden, aber plötzlich tauchten neue Komplikationen auf. Die beiden zuständigen Beamten des Standesamtes hatten herausgefunden, dass meine ehemalige Arbeitseinheit die Armee war. Wütend fuhren sie mich an: »Warum haben Sie uns das nicht gesagt? Jetzt können wir Ihnen keine Heiratsurkunde ausstellen. Wir brauchen zuerst eine Genehmigung von Ihrem Institut.«

Ich geriet in Panik. Ich war viel zu optimistisch gewesen. Jetzt würde ich China nie mehr verlassen können und vermutlich die nächsten Jahre im Gefängnis verbringen.

In einem letzten verzweifelten Versuch rief ich vom Hotel aus den General an. Er versicherte, zu tun, was er könne, aber für diese Genehmigung sei ausgerechnet sein Erzfeind, der Oberst, zuständig. Nach dem Telefonat glaubte ich, dass nun alles vorbei sei.

Larry ließ sich jedoch nicht entmutigen, als ich ihm von diesen neuen Schwierigkeiten erzählte. Wenn es diesmal nicht klappte, würde er eben im Sommer wiederkommen und dann heiraten. Doch ich konnte seinen Optimismus nicht teilen. Wenn uns jemand auf die Schliche kam, wäre unser Plan aufgedeckt und man würde mich in Zukunft besser überwachen.

Mir war klar, dass der Oberst mir niemals erlauben würde, Larry zu heiraten. Ich hatte das Gefühl, an meinem eigenen Grab zu stehen. Doch dann fiel mir ein alter Freund meines Großvaters väterlicherseits ein, der früher Bürgermeister von Zhenjiang gewesen war. Obwohl er inzwischen im Ruhestand war, besaß er noch einflussreiche Freunde in der Stadt. Mein Großvater hatte seiner Familie vor Jahrzehnten einmal geholfen und nie eine Gegenleistung dafür eingefordert. Zu diesem Mann ging ich nun und erklärte ihm, dass ich die Enkelin von Herrn Xu sei und seine Hilfe benötigte. Er erklärte sich bereit, sich nach Kräften für mich einzusetzen.

Unterdessen hatten die Standesbeamten am 8. Januar im Institut in Nanyang angerufen, um einen Bericht über mich und die Genehmigung zur Eheschließung mit einem Ausländer einzuholen. Man hatte sie an den Oberst verwiesen, der jedoch ein Privileg seiner Machtposition nutzte und gerade für mehrere Wochen mit seiner Familie in Bejing Urlaub machte. Seine Adjutanten erklärten, ihnen lägen zwar Informationen über mich vor, die sie aber ohne Genehmigung des Obersts nicht weitergeben konnten.

Großvaters Freund ging zum Standesamt und erklärte, er sei bereit, für mich zu bürgen. »Und was ist, wenn die Armee Ihre Anfrage gar nicht beantwortet? Was machen Sie dann? Wollen Sie diesen amerikanischen Freund ewig warten lassen?«, hielt er den Beamten vor. »Wenn die Armee nicht Nein gesagt hat, können Sie doch davon ausgehen, dass sie nichts gegen diese Heirat einzuwenden hat, oder?«

Die Beamten dachten darüber nach. Großvaters Freund mahnte sie: »Wie können Sie einen amerikanischen Professor warten lassen, nur weil unsere Bürokratie so langsam arbeitet? Wir müssen einen guten Eindruck machen, ihnen zeigen, wie gut unsere Verwaltung funktioniert. Wenn Xu Meihong den amerikanischen Professor nicht heiraten dürfte, hätte die Armee das ja wohl mitgeteilt.«

Dieses Argument ließen die Standesbeamten gelten, wollten aber noch ein bisschen abwarten. Falls sie bis Samstag, den 13. Januar, immer noch nichts von der Armee gehört hätten, könnte ich heiraten. Ich war so nervös, dass ich tagelang nicht schlafen konnte. Am Samstagspätnachmittag teilte mir das Standesamt schließlich telefonisch mit, dass die Armee nichts von sich habe hören lassen und wir, wie versprochen, am Sonntag, den 14. Januar, um acht Uhr morgens heiraten könnten.

Das war mehr als Glück, das war ein Wunder.

Larry und ich waren glücklich und aufgeregt, aber zugleich war ich auch nervös und angespannt. Für mich ging es um Leben und Tod. Jede Minute zählte. Was, wenn der Oberst in seinem Büro anriefe (oder seine Adjutanten ihn anriefen) und er hörte, dass Larry und ich heiraten wollten? Ich war fest davon überzeugt, dass der Oberst mich nicht würde heiraten lassen. Ich bezweifelte sogar, dass er tatsächlich verreist war. Die Reise konnte auch nur ein Vorwand sein, um Zeit zu gewinnen und uns in aller Stille zu verhaften. Larry erzählte ich von diesen Befürchtungen nichts, um sein Glück nicht zu schmälern.

Am Samstagabend gingen wir zur Feier unseres letzten Tages in Zhenjiang in einem guten Restaurant essen.

Wir beschlossen, dass Larry sofort nach unserer Heirat China mit unserer Heiratsurkunde verlassen sollte. Ich wusste nicht, ob ich ihn je wiedersehen würde, und so schlug ich ihm vor, unsere Hochzeitsnacht vorzuziehen.

An diesem Abend ging ich in sein Zimmer, zog die Vorhänge zu, schloss die Tür ab und lauschte auf Geräusche auf dem Korridor. Dann verbarrikadierte ich die Türklinke mit einem Stuhl. Larry lachte, sagte, er fühle sich wie bei einer Belagerung, und fragte, was wir denn machen sollten, wenn Ninja-Kämpfer sich an der Hauswand abseilten und durchs Fenster einstiegen. Wir mussten beide über meine Vorsichtsmaßnahmen lachen, die das Hotelzimmer in eine Festung verwandelten. Ich fürchtete immer noch, dass plötzlich jemand im letzten Moment unsere Pläne zunichte machen könnte.

Aber wir hatten Glück.

Am nächsten Morgen standen wir um sechs Uhr auf. Es war noch dunkel, und es schneite. Zhenjiang ist eine kleine Stadt, in die nur wenige ausländische Besucher kommen. Als wir aus dem Hotel kamen, stellte ich fest, dass so früh noch keine Taxis unterwegs waren, und da die Taxifahrer zu Hause kein Telefon hatten, konnten wir auch keines rufen. Das Standesamt war gute acht Kilometer entfernt, und eine direkte Busverbindung gab es nicht.

Es blieb uns nichts anderes übrig, als mit unserem Gepäck zu Fuß durch den Schnee zu stapfen.

Larry bestand darauf, beide Taschen zu tragen. So schnell wir konnten, gingen wir Richtung Innenstadt. Larry sah ständig auf die Uhr, und ich dachte immer wieder: »Es muss einfach klappen. Wir müssen es rechtzeitig schaffen. Gott, steh uns bei!«

Larry hatte keine Handschuhe bei sich. Wir waren fast eine halbe Stunde gegangen, als ich einen Mann mit einem Dreirad voller Gemüse sah. Ich winkte ihm, anzuhalten, und erklärte, dass wir dringend in die Stadt müssten. Er war bereit, uns für fünf Yuan zum Standesamt zu fahren. Als ich mit ihm handeln wollte, sagte Larry: »Meine Güte, warum streitest du dich mit ihm? Ich will heute Morgen heiraten. Gib ihm 100 Yuan, aber sieh zu, dass wir pünktlich sind!«

Da der Dreiradfahrer ein alter Mann war, der nicht sehr kräftig wirkte, stieg ich hinten auf die Ladefläche, und Larry stellte unser Gepäck dazu, lief aber selbst nebenher, damit der Mann schneller fahren konnte. Um fünf Minuten vor acht standen wir vor dem Standesamt.

Als wir das Büro betraten, eröffneten uns die beiden Beamten: »Es tut uns Leid, aber wir können Ihnen heute keine Heiratsurkunde ausstellen.« Sie erklärten, dass Larrys Bescheinigung nur für einen amerikanischen Bundesstaat galt, denn dort hieß es, dass er in den letzten 25 Jahren in Kalifornien nicht geheiratet hatte. »Was ist, wenn er vor dieser Zeit geheiratet hat? Oder in einem anderen Bundesstaat? Sie können ihn nicht heiraten, solange wir nicht mit Sicherheit wissen, ob er dazu berechtigt ist.«

Ich konnte kaum glauben, dass all unsere Pläne diesem Unsinn zum Opfer fallen sollten. Ich bat die Beamten, Larrys Einkommensteuerbescheid zu prüfen, auf dem er als allein stehend ausgewiesen wurde. Aber da sie kein Englisch verstanden, blieben sie hart. Schließlich fanden wir einen Kompromiss. Larry sollte in Druckbuchstaben auf Englisch mit Unterschrift bestätigen: »I AM NOT MARRIED.« Darunter würde ich die chinesische Übersetzung seiner Erklärung schreiben. Leider ergab sich dabei ein weiteres Problem: Larrys Finger waren von der Kälte so steif, dass er den Stift kaum halten konnte. Er versuchte es immer wieder, sogar mit beiden Händen, aber er fiel ihm immer wieder aus den Fingern. Er brummte: »Mein Gott, nach allem, was wir durchgemacht haben, jetzt auch das noch!«

Die Beamten schafften Abhilfe. Sie gossen heißes Wasser in einen großen Becher, an dem Larry sich die Hände wärmen konnte, bis es ihm schließlich gelang, krakelig zu schreiben. Nachdem er die Erklärung unterschrieben und ich sie als Zeugin gegengezeichnet hatte, wurde sie gestempelt.

Anschließend mussten wir eine schier unglaubliche Befragung über uns ergehen lassen: Wann hatten wir uns kennen gelernt, wie lange liebten wir uns schon, wie hatten wir uns ineinander verliebt? Sie stellten uns ein gutes Dutzend Fragen und behandelten uns wie Kinder. Als sie fertig waren, berieten sie sich ein Weilchen in einer Ecke des Raumes, bauten sich dann vor uns auf und sagten: »Herzlichen Glückwunsch, Sie sind jetzt Mann und Frau.«

Ich reichte den beiden zwei Stangen Marlboro, die ich am Tag zuvor gekauft hatte, und sie lehnten sie zweimal ab, bevor sie die Zigaretten endlich annahmen und uns im Gegenzug eine Orange gaben. Alle waren mit dem Verlauf des Vormittags zufrieden.

Wir bekamen unsere Heiratsurkunden – eine für Larry und eine für mich – und verabschiedeten uns mit Handschlag von den Beamten. Draußen küsste Larry mich und hielt mich in der kalten Morgenluft fest umschlungen. »Wir haben es geschafft! Jetzt lass uns bloß hier verschwinden, bevor die Burschen es sich noch anders überlegen.«

Wir liefen die Treppe hinunter auf die Straße und fanden ein

Taxi, das uns zum Bahnhof brachte. Als wir dort ankamen, sagte Larry plötzlich: »Ich habe etwas vergessen.« Dann zog er einen kleinen blauen Umschlag aus der Tasche und holte den Ring heraus, den er in Hongkong für mich gekauft hatte. Er nahm meine Hand und streifte ihn mir über den Finger. »Herzlichen Glückwunsch, Mrs. Engelmann. Jetzt sind wir schon beinahe zu Hause.«

IX

Wir frühstückten in einem kleinen Restaurant gegenüber vom Bahnhof, hielten uns an den Händen und lachten gemeinsam über den hektischen Verlauf des Vormittags. Ich hätte mir eine etwas feierlichere Zeremonie gewünscht, aber für Larry war es die schönste Hochzeit, die er je erlebt habe, und er sagte, dass er sich so etwas nicht im Traum hätte ausmalen können. Zu Hause würde ihm diese Geschichte sicher niemand glauben.

Während der gesamten Zugfahrt nach Schanghai drückte Larry mich fest an sich. Mittlerweile strahlte ich vor Zuversicht. Bald würde ich China verlassen. Ich war schon fast zu Hause.

Am Flughafen von Schanghai aßen wir Kuchen – Larry nannte ihn unseren Hochzeitskuchen – und Eis. Noch nie hatte ich so leckeren Kuchen und so köstliches Eis gegessen. Uns blieb noch eine Stunde. Doch während die Minuten verstrichen, begann ich plötzlich zu weinen. Ich sah einige Amerikanerinnen, die ebenfalls auf das Flugzeug warteten. Sie wirkten so frei, dass ich sie beneidete. Am liebsten hätte ich sofort mit meinem Mann das Land verlassen.

Larry steckte seine Heiratsurkunde in eine Innentasche seines Jacketts und knöpfte es fest zu. Ich hatte Angst, dass die Zollbeamten versuchen könnten, sie ihm abzunehmen. Ich rechnete immer noch mit der Möglichkeit, dass man uns Steine in den Weg legen würde.

Als Larry unsere Rechnung bezahlte und mir in den Mantel half, spielte im Lokal Musik. Larry fragte: »Darf ich um diesen Tanz bitten?« Bevor ich antworten konnte, legte er den Arm um meine Taille und wirbelte mich herum in Richtung Tür. Die Kellnerin und die Kassierin drehten sich nach uns um und schauten uns nach, aber Larry beachtete sie gar nicht, sondern summte das Lied und hielt mich fest im Arm, als seien wir in einem Ballsaal von anderen Tänzern umgeben. Dann hob er mich hoch, küsste mich und sagte: »Sei nicht unglücklich. Bald sind wir zusammen. Bleib zuversichtlich, ganz egal, was die Leute sagen.«

»Ich will mir Mühe geben.«

Ohne Ticket und Pass durfte ich das internationale Terminal nicht betreten. Als wir uns zum Abschied küssten, flüsterte Larry: »Wir sehen uns in Kalifornien!« Dann wandte er sich ab und ging davon. Ich sah durch die Glastür, wie er an den Zollschalter trat. Als er gerade sein Gepäck abstellte, schalteten sich die Fernsehgeräte im Terminal ein und ein Donald-Duck-Film begann. Die Zollbeamten schauten auf, nickten den abreisenden Passagieren zu und winkten sie durch. Der Zeichentrickfilm war viel interessanter. Larry klopfte auf seine Brusttasche, als er in den Warteraum ging, dann konnte ich ihn nicht mehr sehen.

Ich musste zwei Stunden auf meinen Zug warten. Meine Heiratsurkunde steckte ich in eine Innentasche meiner Jacke, damit sie mir nicht von Taschendieben gestohlen werden konnte. Das Zugabteil teilte ich mit anderen Fahrgästen, die während der ganzen Fahrt nach Zhenjiang rauchten, gesalzenes Hühnchen aßen und Bier tranken. Ganz tief im Inneren war ich zum ersten Mal seit einem Jahr glücklich und fühlte mich geborgen.

X

Am Montagmorgen machte Larry in Hongkong Kopien der Heiratsurkunde und faxte sie an einen Freund in den Vereinigten Staaten, der sie mit vorbereiteten Begleitschreiben an die kalifornischen Senatoren Alan Cranston und Pete Wilson schickte, die uns helfen sollten, mich aus China herauszuholen. Weitere Kopien gingen an mehrere kalifornische Kongressabgeordnete, unter anderem an Tom Campbell, den Abgeordneten von Palo Alto, der sich für die chinesisch-amerikanischen Beziehungen interessierte, sowie an andere prominente Kongressabgeordnete, den Außenminister, den Verteidigungsminister, den Präsidenten und den Vizepräsidenten. Larry hatte vor, so viel Aufsehen wie möglich zu erregen, bis ich wohlbehalten an seiner Seite war.

Am 15. Januar ging ich mit meiner Heiratsurkunde zum Amt für öffentliche Sicherheit in Danyang und beantragte einen Reisepass.

Der zuständige Beamte erkannte mich, sah mich mit unverhohlener Verachtung an und sagte: »Ich könnte wetten, dass Sie gern einen Pass hätten. Wohin wollen Sie denn? Nach Amerika vielleicht? Warum gehen Sie nicht nach Hause, statt meine Zeit zu verschwenden?«

»Ja, ich möchte nach Amerika«, antwortete ich.

»Und was wollen Sie dort?«

»Ich möchte zu meinem Mann. Ich bin mit einem Amerikaner verheiratet.«

Er sperrte erstaunt den Mund auf und die Zigarette fiel von seinen Lippen auf den Tisch. Langsam stand er auf und starrte mich eine Weile sprachlos an. Er wurde so blass, dass ich schon glaubte, er falle in Ohnmacht. Seine Lippen bewegten sich, aber er brachte keinen Ton heraus.

Langsam zog ich meine Heiratsurkunde aus der Tasche und reichte sie ihm. Er prüfte sie sorgfältig, sah die Unterschriften und Stempel und stellte fest, dass sie nicht gefälscht war.

Wir wussten beide, dass er nichts mehr dazu sagen konnte. Er setzte sich, hielt das Dokument dicht vor seine Augen und dann weiter weg. Als er sich wieder gefasst hatte, fragte er ganz leise: »Was haben Sie getan?« Ich bemühte mich nicht einmal um eine Antwort. Er brummte etwas vor sich hin und sagte schließlich, ich benötige eine Einladung meines Mannes nach Amerika und eine Genehmigung meiner Eltern, dass ich China verlassen dürfe.

»Ich bin sechsundzwanzig Jahre alt. Wollen Sie mir etwa sagen, dass ich die Erlaubnis meiner Eltern brauche, um zu meinem Mann zu fahren?«

»Das ist äußerst ungewöhnlich«, brummte er immer wieder vor sich hin, »äußerst ungewöhnlich.«

Als ich meine Frage wiederholte, fuhr er auf und rief: »Selbst wenn Sie sechzig wären, ginge nichts ohne die Erlaubnis Ihrer Eltern. Das ist Gesetz!«

Ich fuhr nach Hause und dachte einen Tag lang darüber nach. Meinen Eltern hatte ich weder von meiner Scheidung noch von meiner Heirat mit Larry erzählt. Je weniger sie wussten, umso sicherer waren sie vor eventuellen Nachforschungen der Behörden. Ich verfasste also die Einverständniserklärung und fälschte ihre Unterschriften, indem ich mit der linken Hand schrieb. Larry schickte mir die Einladung innerhalb weniger Tage per Express. Mit diesen Papieren ging ich wieder zum Amt für öffentliche Sicherheit. Der Beamte erklärte: »Das dauert mindestens drei Monate. Vorher brauchen Sie gar nicht erst wiederzukommen.«

Larry rief jeden Tag an, um sich nach den Fortschritten zu erkundigen. Ich musste feststellen, dass ich meine Beziehungen und meinen Einfluss in Danyang restlos ausgeschöpft, aber immer noch nichts vom Passamt gehört hatte. Schließlich teilte man mir mit, man habe ein Schreiben von der Armee erhalten: Ich dürfe unter keinen Umständen einen Pass erhalten oder das Land verlassen.

Regelmäßig besuchten mich Vertreter des Staatssicherheitsdienstes und der Armee und fragten mich, wie wir unsere Heirat organisiert, wen wir bestochen, welche Beziehungen wir genutzt hätten. Sie verfügten über sämtliche Unterlagen und Dokumente, die vorschriftsmäßig unterschrieben und gestempelt waren. Sie forderten mich auf, als gute Staatsbürgerin die Ehe annullieren zu lassen, und stellten mir eine gewisse Rehabilitierung in Aussicht. Aber ich erklärte unbeirrt, ich wolle lediglich zu meinem Mann nach Amerika.

Larry konnte die beiden kalifornischen Senatoren und den Kongressabgeordneten Campbell dazu bewegen, an die chinesische Botschaft zu schreiben, um ihre Besorgnis darüber auszudrücken, dass er mich nicht aus China zu sich holen dürfe, und sich nach den Gründen für die Verzögerung zu erkundigen. Im Außenministerium sprach Larry mit dem für China zuständigen Beamten, Patrick Freeman, der an der San Jose State University studiert hatte. Als Larry mir das erzählte, lachte er und sagte, er habe doch gewusst, dass das Schicksal auf unserer Seite sei. Als ich ihn fragte, warum all diese Menschen so freundlich seien und sich für meinen Fall Zeit nahmen, antwortete er: »So muss es doch sein.«

Bis Ende Juni sah alles danach aus, als machten wir Fortschritte, doch dann wurde ich ins Amt für öffentliche Sicherheit bestellt und erfuhr, dass die Armee meine Auswanderung als Sicherheitsrisiko betrachtete, da ich mit Geheimdienstmethoden und -operationen vertraut sei. Deshalb würde mein Antrag auf einen Pass abgelehnt und ich könne erst sieben Jahre später einen neuen stellen. Bis dahin seien meine Kenntnisse über den Sicherheitsapparat überholt und stellten keine Bedrohung mehr dar.

Ich rief Larry an und sagte ihm, dass ich mich lieber scheiden lassen wollte, als ihn sieben Jahre auf mich warten zu lassen. Allmählich wurde er ungeduldig. »Verdammt! Das wird nicht sieben Jahre dauern. Sie bluffen nur. Glaub ihnen nicht. Hör einfach nicht auf sie. Das dauert keine sieben Jahre. Auf keinen Fall.«

Wir verabredeten, uns zwei Wochen später in Guangzhou zu treffen.

Seine Worte trösteten mich, obwohl ich keine Ahnung hatte, wie ich das Land ohne Pass verlassen sollte.

Im Juli flog Larry nach Hongkong, um für sein neues Buch über das Elend der vietnamesischen Boat-People zu recherchieren. Von dort fuhr er mit dem Zug nach Guangzhou. Er hatte für uns ein Zimmer im White Swan Hotel in Guangzhou reserviert. Wir gingen zum amerikanischen Konsulat, um für mich ein Visum für Amerika zu beantragen. Larry war nach wie vor davon überzeugt, dass die chinesischen Behörden schließlich nachgeben und mich innerhalb kurzer Zeit ausreisen lassen würden, wenn er nur weiterhin durch amerikanische Senatoren und Kongressabgeordnete genügend Druck auf chinesische Diplomaten in Washington ausübte.

Eines Nachmittags, als wir am Swimmingpool des Hotels saßen, zog Larry sein Notizbuch hervor und forderte mich auf, mir eine Zeichnung darin anzusehen. Er sprach leise, und wir saßen weit weg von anderen Gästen. »Schau dir das an. Präge es dir genau ein!« Er hatte eine Karte von Nordvietnam, dem Golf von Tonkin (Beibu Wan), der Insel Hainan und der chinesichen Küste bis Hongkong gezeichnet. »Ich habe in den Lagern in Hongkong mit Hunderten von Boat-People gesprochen. Sie erzählen fast alle die gleiche Geschichte. Etwa 90 Prozent von ihnen kommen aus Nordvietnam, aus der Umgebung von Hanoi.« Er zog eine Linie. »Sie kommen auf diesem Weg aus Vietnam über das südchinesische Meer und landen hier, an der Nordwestküste von Hainan. Auf der Insel kaufen sie Vorräte, bleiben einige Tage und bestechen die Behörden. Wenn sie weiterfahren, macht ihnen niemand Schwierigkeiten. Ich habe folgenden Plan: Weihnachten fliege ich wieder nach Hongkong. Dann reise ich nach Hainan, und wir treffen uns in Haikou wie ganz normale Urlauber. Anschließend fahren wir hier an die Küste und warten auf die Schiffe. Sobald ein vietnamesisches Schiff kommt, um Vorräte an Bord zu nehmen, erkaufe ich uns einen Platz an Bord.«

Sein Plan, uns als Boat-People außer Landes zu bringen, faszinierte mich.

»Geht das denn?«

»Aber natürlich. Es besteht die Chance, dass uns ein Schiff im südchinesischen Meer aufnimmt. Ich werde das Außenministerium und das Konsulat in Hongkong benachrichtigen. Dort wird man uns erwarten.«

»Und was geschieht, wenn uns chinesische Küstenwachen erwischen?«

»Großartig!«, lachte er. »Das wird eine tolle Story: Amerikanischer Staatsbürger und seine Frau fliehen verzweifelt als Boat-People aus China. Wenn wir erwischt werden, geht die Nachricht um die ganze Welt. Wir können gar nicht verlieren – außer wenn das Schiff untergeht. Aber das wird es nicht. Willst du es versuchen?«

Ich dachte eine Weile darüber nach und sah ihm in die Augen. Er meinte es völlig ernst. Ich vertraute ihm. »Ja. Ich komme mit dir.«

»Wenn wir es schaffen, können wir unseren Enkeln eine großartige Geschichte erzählen. Und wenn wir es nicht schaffen, sind wir wenigstens zusammen. Und nur das will ich.« Er strich mir sanft über das Haar.

Er wollte die Karte noch einmal mit mir durchgehen. »Ich bin davon überzeugt, dass wir es schaffen, sie so unter Druck zu setzen, dass sie dich gehen lassen. Das habe ich einfach im Gefühl.«

Bevor ich nach Schanghai flog und er mit dem Zug nach Hongkong fuhr, umarmten wir uns lange, denn wir wussten nicht, wann wir uns wiedersehen würden und zu welchen verzweifelten Schritten wir Ende des Jahres gezwungen wären. »So kann das nicht weitergehen«, seufzte Larry. »Ich kann nicht immer wieder Abschied von dir nehmen. Wenn ich China das nächste Mal verlasse, fahre ich nicht ohne dich, das verspreche ich dir.«

Am Tag nach meiner Rückkehr besuchten mich Beamte des Staatssicherheitsdienstes und fragten, ob ich mich in Guangzhou gut amüsiert hätte. Als ich das bejahte, wollten sie wissen, warum ich dann mehrmals geweint hätte, während Larry und ich uns unterhalten hatten. Ich antwortete, das liege an unserer Trennung. »Daran sollten Sie sich besser gewöhnen«, sagten sie hämisch.

Im Oktober erschien Larrys Buch *Tears Before The Rain.* Bevor er eine Lesereise durch zehn amerikanische Städte antrat, bat er seinen Verlag, Oxford University Press, in die Informationsmappe, die an Zeitungen, Rundfunk- und Fernsehsender im ganzen Land verteilt wurde, eine Seite über seine Heirat mit einer »ehemaligen Offizierin der Volksbefreiungsarmee, Xu Meihong« in Zhenjiang,

China, beizulegen, um deren Ausreise aus China er sich zurzeit bemühe. In Interviews bei verschiedenen regionalen und nationalen Rundfunksendern, unter anderem bei Monitor Radio in Boston und NPR in Philadelphia, erkundigten sich die Interviewer im Anschluss an die Besprechung von Larrys Buch nach seiner Frau und den Schwierigkeiten, sie aus China herauszuholen. Da die amerikanische Öffentlichkeit sich nach den Vorfällen auf dem Tiananmen-Platz immer noch für die chinesisch-amerikanischen Beziehungen interessierte, erregte diese Geschichte von chinesischen Schikanen und die rätselhafte Geheimhaltung der Gründe dafür einiges Aufsehen. In seinem Buch dankte Larry unter anderem auch mir: »Und schließlich möchte ich Xu Meihong danken, die mir geholfen hat, während meines Chinaaufenthaltes einen Großteil des Materials zu ordnen und zu Papier zu bringen. Unsere ausführlichen Gespräche über die Ereignisse, die in diesem Buch beschrieben werden, über das Wesen des asiatischen Kommunismus, die amerikanische Außenpolitik, Chinas Rolle in Südostasien und die Zukunft der Region waren für mich ein provozierender und erhellender Dialog. Meihong musste für unsere Freundschaft einen hohen Preis zahlen. Ihre Träume und Ängste und ihr Schicksal haben mir geholfen, die Bitterkeit und das Verhalten jener besser zu verstehen, die in Vietnam gekämpft und verloren haben, und zu begreifen, warum sie kämpften.« Diesen Dank hatte Larry geschrieben, bevor wir uns im August 1989 wiederfanden. Später sagte er mir, er habe damit deutlich machen wollen, wie wichtig unsere langen Gespräche und Spaziergänge in Nanyang gewesen seien und wie tief er mein Verschwinden und seine mögliche Rolle dabei bedauert habe.

Er bemühte sich weiterhin, Prominente dazu zu bewegen, der chinesischen Botschaft in Briefen ihre Besorgnis darüber auszudrücken, dass China der Ehefrau eines amerikanischen Staatsbürgers die Ausreise verweigere. Unter anderem wandte er sich schriftlich an Brent Scowcroft, Henry Kissinger, die ehemaligen amerikanischen Präsidenten Gerald Ford und Jimmy Carter, Winston Lord und seine Frau, Bette Bao Lord, General William Westmorland sowie an Mitarbeiter des DIA, des CIA, des Außenministeriums und an verschiedene Thinktanks und Universitäten des Landes. Der Kongressabgeordnete Campbell und Senator Wilson hielten Larry über ihre Anfragen an die chinesische Botschaft und das Außenministerium auf dem Laufenden.

Als Larry auf seiner Lesereise in Washington eintraf, teilte Patrick Freeman vom Außenministerium ihm telefonisch mit, dass jemand von der chinesischen Botschaft ihn sehen wolle. Larry suchte den Mann am Mittwoch, den 24. Oktober, auf.

Im Botschaftsgebäude im Nordwesten von Washington führte man Larry in einen Konferenzraum, in dem er grinsend ein nur schlecht als Spiegel getarntes Fenster bemerkte. Der erste Botschaftssekretär, Wang Maoheng, begrüßte ihn freundlich, hielt aber wesentlich mehr Fragen als Antworten bereit:

»Dr. Engelmann, ich kann nachempfinden, in welch misslicher Lage Sie und Ihre Frau sich befinden, und würde Ihnen gern helfen. Aber ich verstehe nicht, weshalb man Ihre Frau in China festhält. Haben Sie dafür eine Erklärung?«

»Nein, Sir. Deshalb bin ich hier. Ich dachte, Sie könnten es mir sagen.«

»Ich kann nur vermuten, dass es mit ihrer früheren Arbeitseinheit zusammenhängt. Wissen Sie, welche das war?«

»Ungefähr. Sie war bei der Volksbefreiungsarmee, glaube ich.«

»Haben Sie jemanden aus dieser Arbeitseinheit kennen gelernt?«

»Nein.«

»Haben Sie je den kommandierenden General kennen gelernt?«

»Nein.«

»Hat sie Ihnen einen General vorgestellt, als Sie 1988 in Nanyang waren?«

»Nein.«

Die Befragung dauerte etwa eine halbe Stunde. Abschließend erklärte Wang: »Ich weiß nicht, was da vorgeht. Wie Sie wissen, muss ihre Arbeitseinheit die Ausreise Ihrer Frau genehmigen. Daher weiß ich nicht, was ich für Sie tun kann. Wenn Sie mir helfen, kann ich vielleicht Informationen beschaffen, die möglicherweise hilfreich wären.«

»Ich wüsste nicht wie«, antwortete Larry. »Deshalb bin ich ja hier. Ich dachte, Sie könnten mir helfen. Meine Frau ist für niemanden eine Bedrohung. Sie möchte lediglich hier bei mir leben. Wir begreifen einfach nicht, warum die chinesischen Behörden das verhindern wollen.«

Der Botschaftssekretär schloss seinen Aktenordner, stand auf und reichte Larry die Hand. »Dr. Engelmann, ich kann Ihre missliche Lage gut nachempfinden und werde Ihnen helfen, wo ich kann, um Sie und Ihre Frau zusammenzuführen. Falls Sie also etwas Nützliches erfahren sollten, lassen Sie es mich bitte wissen.«

Larry berichtete Patrick Freeman von seinem Gespräch in der chinesischen Botschaft und von seinem Plan, mich auf einem vietnamesischen Flüchtlingsboot aus China herauszuholen. Anfangs glaubte Freeman, er mache Witze, doch Larry versicherte ihm, dass er es durchaus ernst meinte und seinen Plan mit oder ohne Unterstützung des Außenministeriums in die Tat umsetzen würde. Dann bat er, das Außenministerium möge dem amerikanischen Konsulat in Hongkong mitteilen, dass vermutlich noch im Laufe des Jahres ein Schiff mit vietnamesischen Flüchtlingen dort eintreffen werde. Freeman erwiderte: »Mr. Engelmann, wir können Sie zu diesem Plan wirklich nicht ermutigen, und ich hoffe sehr, dass Sie es sich noch einmal überlegen. Das ist mir sehr ernst.«

»Mir ist es auch sehr ernst, Patrick. Und ich werde es tun«, antwortete Larry.

Innerhalb weniger Tage setzte sich David Chang vom amerikanischen Konsulat in Schanghai, der sich sehr für meine Sache eingesetzt hatte, telefonisch und per Fax mit Larry in Verbindung und teilte ihm mit, dass er mit dem Amt für öffentliche Sicherheit in Danyang gesprochen habe und man sich dort sehr zurückhaltend geäußert hatte. Chang hatte vor, persönlich nach Danyang zu fahren, um stärkeren Druck auszuüben. Larry dankte ihm und versicherte, dass wir ihm seinen Einsatz nie vergessen würden.

Unterdessen flog ich nach Bejing, um in der amerikanischen Botschaft um Hilfe zu bitten. Ich sprach lange mit Katherine Dee Robinson, die sich sehr hilfsbereit zeigte und mir zusagte, sich so lange für meine Sache einzusetzen, bis eine Lösung gefunden sei, und dass ich nicht sieben Jahre auf eine Ausreisegenehmigung warten müsse.

Am Morgen des 10. Dezember erhielt Larry einen Anruf von Patrick Freeman: »Haben Sie etwas von Ihrer Frau gehört?«

»In den letzten Tagen nicht. Warum?«, antwortete Larry.

»In China tut sich was«, sagte er.

»Was?«

»Machen Sie sich keine allzu großen Hoffnungen. Es könnte schlecht für unsere Sache sein, es könnte aber auch gut sein. Wir wissen es nicht. Die chinesischen Behörden haben lediglich angedeutet, dass sie den Fall regeln werden.«

Larry war besorgt. »Mein Gott, was glauben Sie, was sie tun werden?« Er fürchtete, dass sie mich unter irgendeinem Vorwand verhaften würden und ich für immer verschwinden könnte.

Kurz darauf erhielt Larry ein Fax von Katherine Dee Robinson aus Bejing: »Mr. Engelmann, ich habe zwar noch nicht mit

Ihrer Frau gesprochen, aber die chinesischen Behörden haben zu verstehen gegeben, dass sie ihren Fall innerhalb der nächsten Stunden regeln werden. Bitte setzten Sie sich mit ihr in Verbindung und geben Sie uns Bescheid, was sie darüber weiß.«

Larry hatte mit mir vereinbart, mich am Mittwochmorgen anzurufen, und konnte mich vorher nicht erreichen, da ich zu Hause kein Telefon hatte. Aber ich rief ihn schon am Dienstagabend an.

»Was ist los? Ist bei dir alles in Ordnung?«, fragte er.

»Die Beamten vom Amt für öffentliche Sicherheit waren heute Morgen bei mir.«

»Und?«

»Sie haben Anweisung erhalten, mir einen Pass auszustellen. Ich soll das Land so schnell wie möglich verlassen.«

»Mein Gott, wir haben es geschafft«, seufzte er erleichtert. Dann bat er mich, so schnell wie möglich einen Flug nach San Francisco zu buchen und ihn jeden Tag anzurufen, um über die Fortschritte zu berichten.

»Es ist seltsam«, sagte ich. »Die Anweisung, mir einen Pass auszustellen, kommt offenbar direkt vom Zentralkomitee der Partei in Bejing. Nanyang wurde übergangen. Warum, weiß ich nicht. Ich weiß nicht, wer die Anweisung gegeben hat, und die Beamten wissen es auch nicht.«

»Mach dir darüber keine Gedanken, das können wir später immer noch tun«, sagte Larry. »Besorg dir ein Flugticket, sobald du deinen Pass hast, und sieh zu, dass du das Land so schnell wie möglich verlässt.«

Eine Woche später bekam ich meinen Pass. Als ich ihn im Amt für öffentliche Sicherheit abholte, erklärte der zuständige Beamte wütend, das sei äußerst ungewöhnlich, und versuchte, mich über Freunde in Bejing auszufragen, aber ich gab keine Antwort. Schließlich erinnerte er mich drohend: »Sie mögen

China zwar verlassen, Xu Meihong, aber denken Sie daran, dass Ihre Familie immer noch hier ist. Vergessen Sie das nicht, niemals! Ihre Familie ist immer noch hier.«

Wortlos drehte ich mich um und verließ das Büro.

Am nächsten Tag flog ich nach Guangzhou und holte mir beim amerikanischen Konsulat mein Einwanderungsvisum ab. Anschließend buchte ich einen Flug von Schanghai nach Los Angeles und von dort weiter nach San Francisco. Das Flugzeug sollte am 29. Dezember um 12.30 Uhr dort eintreffen.

Als ich Larry anrief, um ihm die gute Nachricht zu erzählen, war er so glücklich, dass er kaum ein Wort herausbrachte. Allerdings waren wir beide immer noch auf der Hut, denn uns war klar, dass die Ausreisegenehmigung, die man mir offenbar auf Weisung von höchster Stelle erteilt hatte, jederzeit zurückgenommen werden konnte. In Sicherheit würde ich erst in den Vereinigten Staaten sein.

»Ich erwarte dich in San Francisco«, sagte Larry.

»Ich komme bestimmt«, antwortete ich.

Es entstand eine kleine Pause, bis wir beide gleichzeitig sagten: »Ich liebe dich.«

»Sei pünktlich.«

»Bestimmt.«

»Wie es aussieht, müssen wir auf unsere Schiffsreise von Hainan nach Hongkong verzichten. Das wäre sicher ein Abenteuer geworden.«

»Ich finde, wir hatten für unser ganzes Leben genug Abenteuer.«

Kapitel 11

Eine andere Welt

»Pfirsichblüten treiben auf Wasser.
Es gibt eine andere Welt, besser als diese.«

Li Bai

I

Am Morgen des 29. Dezember 1990 landete ich in Los Angeles. Nachdem ich die Zollkontrolle passiert hatte, erhaschte ich am Flughafenterminal den ersten Blick auf Amerika. Alle Menschen schienen zu lächeln und wirkten fröhlich. Mein Anschlussflug nach San Francisco ging noch am selben Vormittag. Sobald das Flugzeug gelandet war, holte ich einen kleinen Taschenspiegel hervor und prüfte, ob ich nach dem langen Flug einigermaßen präsentabel aussah. Als ich ein bisschen Lippenstift und Puder auflegte und mir mit den Fingern durchs Haar strich, berührte ich sanft die Grübchen, die meine Großmutter bei meiner Geburt mit ihren Fingern an meinen Schläfen hinterlassen hatte. Ich zitterte vor lauter Aufregung. Um mich zu beruhigen, atmete ich mehrmals tief durch.

Als ich aus dem Flugzeug stieg, wünschten die Flugbegleiterinnen mir zum Abschied viel Glück. Ich ging die lange Gangway entlang zum Terminal und sah in der Ferne viele, viele Menschen, die auf die ankommenden Passagiere warteten. Ich suchte nach dem vertrauten Gesicht meines Mannes, und plötzlich sah ich, wie er sich aus der Menge löste und strahlend mit weit ausgebreiteten Armen auf mich zukam. In seinen Augen schimmerten Tränen.

Ich ließ meine Tasche fallen und lief ihm entgegen. »Willkommen zu Hause«, sagte er, nahm mich in die Arme und hob mich hoch.

An diesem Abend gab ich Larry das Silberarmband zurück. Wir beschlossen, dass keiner von uns es noch einmal tragen sollte. Stattdessen wollten wir es gut aufheben, um es später unseren Kindern zu geben und ihnen zu erzählen, welche Wunder es bewirkt hatte.

Noch Wochen nach meiner Ankunft in Amerika wachte ich nachts oft weinend und schweißgebadet auf. Wenn ich dann zitternd im Bett saß, völlig verängstigt von meinem Alptraum, dass ich immer noch in China sei, Tag und Nacht verhört würde und zwischen Leben und Tod schwebte, nahm Larry mich in die Arme, trocknete meine Tränen und beruhigte mich mit den Worten, dass ich in Sicherheit sei und niemand mir mehr etwas anhaben könne. Er versprach mir, nichts könne uns je wieder auseinander bringen. Gar nichts. Dann legte ich mich wieder hin und schlief friedlich in seinen Armen ein.

Und so endete mein altes Leben, und ein neues begann.

II

Drei Jahre nachdem ich China verlassen hatte, schrieb mir Lin Cheng, dass er die Volksbefreiungsarmee verlassen und wieder geheiratet hätte. Als ich den Brief las, musste ich weinen, obwohl ich schon lange mit dieser Nachricht gerechnet hatte. Ich war traurig, aber ich freute mich auch für ihn. Ich werde diesen gut aussehenden Kadetten immer lieben, der 1984 in Nanyang mein Herz eroberte, als wir beide noch so jung, rot und voller Jugendträume waren.

Kurz nach meiner Ausreise aus China wurde der General verhaftet und aus der Armee entlassen. Danach verschwand er spurlos. Ich weiß bis heute nicht, was aus ihm geworden ist.

Die zwölf Pandas sind inzwischen alle aus der Armee ausgeschieden. Drei von uns leben heute im Ausland, die Übrigen sind in China geblieben. Das Bild von unserer Abschlussfeier steht immer noch in meinem Schlafzimmer. Ich schaue es mir oft an und wünsche meinen Kameradinnen ein glückliches Leben.

III

Jedes Jahr am 1. September beginnt am Institut für Internationale Beziehungen der Volksbefreiungsarmee in Nanyang das Semester für die neuen Rekruten mit einer Einführungsveranstaltung über die Geschichte, die Helden und die Erfolge der Militärakademie. Man erzählt ihnen, was von ihnen erwartet wird und welche Rolle sie einmal spielen werden, um die Hegemonialstellung der größten Nation der Erde zu fördern. Als Mahnung hält man ihnen einen der seltenen, aber lehrreichen Fehlschläge des Instituts vor Augen. Wie ich von verschiedenen ehemaligen Kadetten erfahren habe, erzählt man den Studienanfängern meine Geschichte als warnendes Beispiel dafür, was geschehen kann, wenn eine naive junge Soldatin vergisst, was sie gelernt hat, und schließlich eine unbedachte Entscheidung mit katastrophalen Folgen trifft. Das Licht im Saal wird gelöscht und ein Foto von mir in Kadettenuniform auf eine große Leinwand projiziert. Mit trübsinniger Stimme erzählt ein Sprecher die tragische Geschichte von »Xu Meihong, einem naiven Mädchen aus einem Dorf in der Provinz Jiangsu, das große Begeisterung mitbrachte und viel versprechende Leistungen zeigte. Sie war fleißig, wurde Gruppenführerin und brachte es zum Oberleutnant. Man setzte große Erwartungen in sie. Doch an einem ihrer ersten Posten ließ sie sich von einem amerikanischen Spion hinters Licht führen und verriet ihr Land. Bevor sie jedoch die Sicherheit Chinas ernstlich gefährden konnte, wurde ihr Verrat entdeckt. Wegen ihrer Jugend und ihrer bis dahin guten Leistungen ließ man nach ihrem tränenreichen Geständnis Milde walten. Da der Schaden, den sie hätte anrichten können, sich dank ihrer Kooperation in Grenzen halten ließ, schenkte man ihr das Leben. Sie wurde unehrenhaft aus der Armee entlassen und zur Umerziehung durch schwere körperliche Arbeit aufs Land verbannt. Dort starb sie im Winter 1990.«

Wie alle Geschichten, die man in China eifrigen jungen Kadetten erzählt, entspricht auch diese der Wahrheit.

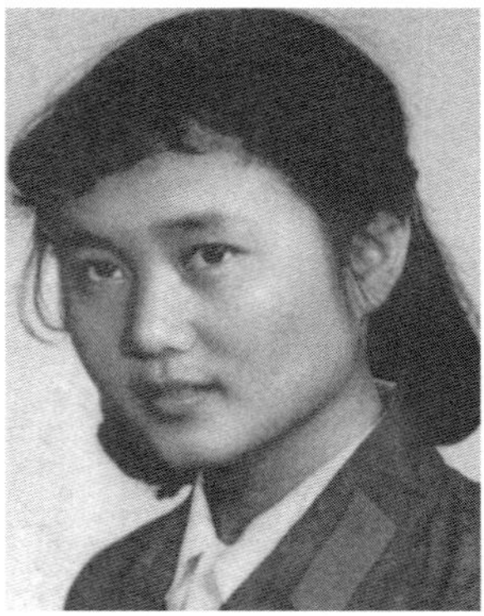

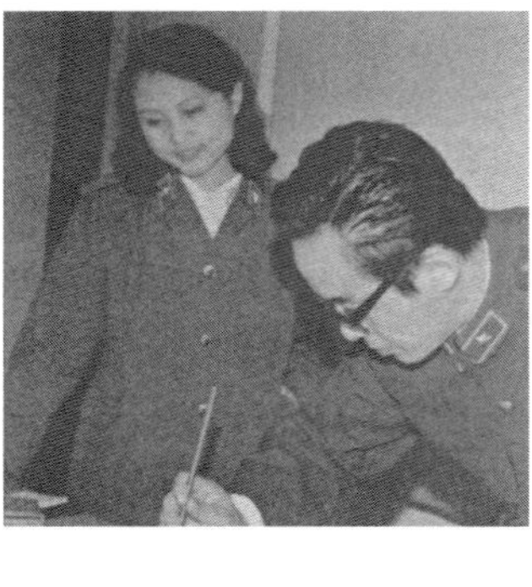

Nachwort

Der Stoff, aus dem Träume sind

»Die Freunde,
die sich hier begegneten und umarmten,
sind auseinander gegangen,
jeder zu seinen eigenen Fehlern.«

W.H. AUDEN, *THE CROSSROADS*

Sie war immer eine Träumerin.

Schon als ich Meihong Xu kennen lernte, bemerkte ich, dass ihr Kopf voller Träume steckte. Bei unseren Spaziergängen in Nanyang im Herbst 1988 war sie am lebhaftesten, wenn sie über ihre Hoffnungen für die Zukunft sprach, über die Orte, die sie bereisen wollte, und die Dinge, die sie erreichen wollte. Sie wollte die ganze Welt sehen: Amerika, Europa, Afrika, die übrigen Länder Asiens, alles. Sie hörte mir gern zu, wenn ich über mein Zuhause, mein Leben in Kalifornien und meine Reisen erzählte. Und wenn ich ihr schilderte, wie das Leben außerhalb Chinas aussah, sah ich Verwunderung in ihren Augen. Manchmal, wenn ich etwas Amüsantes oder Überraschendes über einen fernen Ort sagte, rief sie: »Oh, da möchte ich auch hin. Das möchte ich selbst sehen.« Dann versicherte ich ihr jedes Mal, dass ihr Wunsch sich eines Tages erfüllen werde.

Lange ahnte ich nicht einmal, dass sie mich beobachtete und über unsere Gespräche Bericht erstattete. Mir war auch nicht klar, dass sie mich zu schützen und vor Schwierigkeiten zu bewahren versuchte. Und ich hatte keine Ahnung, dass sie mich auch nach ihrer Verhaftung weiter in Schutz nahm. Ich wusste nichts.

Sicher war ich mir jedoch, dass sie die faszinierendste, lebendigste, beredteste und intelligenteste Träumerin war, die ich je getroffen hatte. Sie war einfach unvergesslich.

Nach Meihongs Verschwinden aus dem Studienzentrum hörte ich verschiedene Gerüchte, manche waren rätselhaft, andere verwirrend und wieder andere erschreckend. Jemand erzählte, eine Freundin habe sie Mitte Dezember in Bejing mit einigen Offizieren gesehen. Offenbar sei sie versetzt und zum Hauptmann befördert worden. Andere wollten wissen, dass sie das Leben am Studienzentrum leid geworden und zu ihrem Mann an die Hochschule für Nationale Verteidigung gegangen sei. Wieder andere behaupteten, sie sei mitten in der Nacht verhaftet und hingerichtet worden.

Keines dieser Gerüchte ließ sich erhärten. Wenn ich andere Studenten nach Meihong fragte, warnten sie mich vor möglichem Ärger. »Vergessen Sie sie einfach«, riet man mir meist. »Vergessen Sie sie und kümmern Sie sich um Ihre Angelegenheiten.«

Auch den amerikanischen Mitarbeitern des Studienzentrums war es offenbar ganz recht, das Verschwinden der jungen Frau einfach zu vergessen. Das sei Sache der Chinesen, erklärten sie.

Aber ich vergaß sie nicht. Ich konnte es nicht.

Im Februar 1989 verließ ich Nanyang und fuhr nach Hongkong, um mein Buch über den Vietnamkrieg zu beenden. Ich hatte vor, Mitte Juni als Tourist noch einmal nach Bejing zu fahren, gab diesen Plan aber nach dem Massaker auf dem Tainanmen-Platz auf. Ich kehrte in die Vereinigten Staaten zurück und dachte immer noch ständig an Meihong. Ich schrieb alles auf, woran ich mich erinnerte: Was sie mir erzählt hatte und was ich an ihr bemerkt hatte. Ich versuchte mich an ihre Stimme, ihre Berührungen und die Art zu erinnern, wie sie beim Lachen den Kopf in den Nacken warf. Sie ging mir nicht aus dem Sinn. Ich wusste, dass ich keinen Frieden finden würde, bevor ich nicht herausgefunden hatte, was ihr zugestoßen war.

In der ersten Woche, nachdem ich im August 1989 meine Lehrtätigkeit an der San Jose State University wieder aufgenommen hatte, rief mich ein chinesischer Student von der University of Kansas an und sagte mir, er habe eine Nachricht von Meihong für mich und eine Telefonnummer. Als ich an jenem Nachmittag ihre Stimme hörte, wusste ich, was ich zu tun hatte. Im Januar 1990 fuhr ich wieder nach China und heiratete Meihong. Obwohl die chinesischen Behörden uns beträchtliche Schwierigkeiten machten, traf sie noch vor Ablauf des Jahres sicher und wohlbehalten bei mir in Kalifornien ein.

Drei Monate nach Meihongs Ankunft in Kalifornien erlebten wir einen herben Rückschlag. Wir hatten den Beginn unseres neuen Lebens mit einem gemeinsamen Kind feiern wollen. Doch im März hatte Meihong eine Fehlgeburt mit ernsten Komplikationen, die sie für zwei Tage ins Krankenhaus brachten. Ich saß an ihrem Bett, während sie schlief, und fürchtete, sie nach allem, was wir gemeinsam durchgemacht hatten, doch noch zu verlieren. Es war für uns beide ein Alptraum. Meihong war körperlich und seelisch so mitgenommen, dass sie einige Wochen brauchte, um sich einigermaßen zu erholen. Lange Zeit war mir nicht klar, wie tief dieses Erlebnis sie verletzt hatte.

Wir stellten unseren Kinderwunsch zurück. Meihong schrieb sich an der San Jose State University ein, probierte einige Studienfächer aus und entschied sich schließlich für Betriebswirtschaft. Im Frühjahr 1995 schloss sie ihr Studium als eine der Besten ab und bekam eine Stelle als Spezialistin für internationales Marketing bei einer Computerfirma. Im Sommer desselben Jahres schickte die Firma sie als Repräsentantin für eine Woche nach China, und im August nahm sie als Mitglied der amerikanischen Delegation an der Internationalen Frauenkonferenz in Bejing teil. Ich war sehr stolz auf sie.

Auf Anraten unserer Freunde begannen wir 1994 damit, unsere Liebesgeschichte aufzuschreiben. Jeden Tag setzten wir uns gemeinsam vor ein laufendes Tonbandgerät und sprachen über unser Leben. Erst da erfuhr ich in allen Einzelheiten, was Meihong nach ihrer Verhaftung durchgemacht hatte. Als wir schließlich fast 90 Stunden Tonbandaufzeichnungen zusammen hatten, machte ich mich daran, das Material zu Papier zu bringen, zu ordnen und die Geschichte unseres Lebens und unserer Liebe zu schreiben. Wir waren überzeugt davon, dass unser Triumph andere ermutigen könnte. Denn wir hatten festgestellt, dass Liebe, Entschlossenheit, Treue und Glauben tatsächlich Berge versetzen können.

Dieses Buch zu schreiben hielt uns ebenso zusammen, wie die widrigen Umstände uns 1988 und 1989 zusammengeschweißt hatten. Gleichzeitig spürte ich aber Meihongs wachsendes Unbehagen, eine Melancholie und Traurigkeit, die ich in China nicht an ihr gekannt hatte. In China hatten wir unsere Gemeinsamkeiten entdeckt, in Amerika entdeckten wir unsere Verschiedenheit.

Meihong hatte noch nie ein eigenständiges Leben geführt. Aufgewachsen war sie in ihrer Familie in dem Dorf Lishi. Von dort aus war sie zur Armee gegangen, wo jeder Schritt überwacht und kritisiert wurde. Noch in der Armee heiratete sie, ließ sich scheiden und heiratete kurz darauf erneut.

Nachdem sie sich in Amerika eingelebt hatte, empfand sie die Ehe als Gefängnis. Mehrmals erklärte sie mir, sie wolle ihre eigenen Entscheidungen treffen und selbständiger werden. Am Morgen des 7. Februar 1998 sagte sie mir, sie wolle ausziehen, um mehr Freiraum zu haben und nach den Gründen für ihre unterschwellige Unzufriedenheit in unserer Ehe zu suchen. Ich versuchte, es ihr auszureden, aber ohne Erfolg. Schließlich half ich ihr beim Packen und sah ihr nach, als sie abfuhr.

In den nächsten Monaten glaubte ich, sie werde zurückkommen. Wenn ich spätabends Scheinwerferlicht auf der Straße sah, dachte ich, es sei Meihong, die nach Hause käme. Aber sie kam nicht.

Meihong war auf der Suche nach einem einfachen, ruhigen Leben, das sie bei mir nicht finden konnte, wie sie sagte.

Im Frühjahr und Sommer 1998 trafen wir uns wöchentlich, um dieses Buch zu beenden. Oft kamen uns dabei die Tränen, dann lagen wir uns in den Armen und trösteten uns gegenseitig. Meihong sagte später, sie habe in jenem Sommer so viel geweint, dass ihr keine Tränen mehr geblieben seien. Aber zu einer Versöhnung kam es nicht.

Dennoch ist dies kein unglückliches Ende. Meihong kommt beruflich gut voran und wird es noch weit bringen. Schon jetzt hat sie in Amerika Würde, Achtung und Selbstvertrauen gefunden. Ihre Kollegen respektieren sie, ihre Freunde mögen sie und alle, die sie kennen, bewundern sie. Sie ist voller Energie, intelligent, selbstlos und hat hohe moralische Grundsätze.

Gelegentlich telefonieren wir miteinander. Ich schaffe es immer noch, Meihong zum Lachen zu bringen. Wir haben den gleichen Sinn für Humor. In unseren Gesprächen erinnern wir uns an das Gute und Schöne, das wir gemeinsam erlebt haben. Aber es gibt kein Zurück.

Ich sage Meihong, dass ich sie immer noch liebe und sie immer lieben werde. Wenn ich es noch einmal vor mir hätte – nach China zu fahren und sie in die Vereinigten Staaten zu holen – und vorher wüsste, wie es endet, ich würde es wieder tun. Wir hatten sieben wunderbare Jahre zusammen. Sie waren die beste Zeit meines Lebens, ein Geschenk Gottes, glaube ich, vielleicht der Lohn für eine gute Tat.

Meihong hat das Silberarmband wieder, das ich ihr im Dezember 1988 um das Handgelenk gelegt habe. Sie weiß: Sollte sie je wieder in eine Lage kommen, in der sie Hilfe braucht, werde ich da sein. Immer.

Ich bete dafür, dass sie das Glück und den Frieden findet, die sie schon so lange sucht. Sie hat es verdient, denn sie hat in ihrem Leben manche Opfer bringen müssen und viel durchgemacht.

Wenn ich an Meihong denke – und das tue ich jeden Tag –, sehe ich sie vor mir, wie sie in jenem Herbst in Nanyang war, als wir zusammen spazieren gingen und uns über Amerika und die Zukunft unterhielten. Damals riss sie mich aus meinen trüben Stimmungen und machte mich ebenso glücklich, wie ich sie offenbar glücklich machte. Es gefiel mir, wie sie über ihre Träume sprach und wie entschlossen sie wirkte, sie eines Tages zu verwirklichen. Sie regte mich an und faszinierte mich. Keiner von uns konnte in die Zukunft sehen und ahnen, welchen Preis wir für unsere Gespräche, unsere Freundschaft und die daraus erwachsende Liebe würden zahlen müssen. Ebenso wenig ahnten wir, dass ihre Träume einmal wahr werden sollten. Und meine ebenfalls, immerhin für eine gewisse Zeit.

Im Laufe der Jahre hat sich meine Einstellung zu Meihong nicht geändert. Noch heute sehe ich sie so wie in jenem Herbst 1988 in Nanyang, als ich ihr zuhörte, wenn sie mir von ihren großen Träumen erzählte, und sie selbst für mich zu jenem Stoff wurde, aus dem die Träume sind.

Ich bin ein glücklicher Mensch. Als ich 1988 nach China ging, ahnte ich nicht, was das Schicksal dort für mich bereithielt. Ich hätte nie erwartet, in Nanyang die Frau meiner Träume zu finden – aber so kam es. Und sicher hätte ich auch nicht damit gerechnet, dass ich Gelegenheit bekäme, sie aus einem schweren Leben herauszuholen, zu heiraten und nach Amerika zu bringen. Aber auch das trat ein. Die Jahre meiner Ehe mit Meihong waren die glücklichsten meines Lebens. Sie wird immer meine große Liebe bleiben.

Am 6. Januar 1999 wurden wir geschieden.

Und so endete mein altes Leben und ein neues begann.

Larry Engelmann